우리나라 협동조합의 현실과 미래

한국형 사회적경제 대안을
국제비교와 필리핀 협동조합에서 찾아본다.

윤해진·채영제·방태형·황선영 공저

진원사

머 리 말

- 좀 더 건강하고 인간 중심적인 사회적경제 구축을 위하여 -

우리나라 협동조합기본법의 2012. 12. 제정은 대한민국 사회에 사회적경제에 대한 관심을 증폭시킨 대대적인 사건이었음에 틀림이 없다. 그리고 금년에 들어와 사회적경제를 활성화시키고자하는 정계, 학계, 관계 그리고 민간의 다각적인 노력이 가칭 '사회적경제기본법' 제정을 중심으로 활발하게 진행되고 있다. 이러한 시점에 우리 저자 4명은 같은 생각을 하고 있었다. 사회적경제조직이 협동조합, 마을기업, 농어촌공동체, 인증 사회적기업 등 다양하게 존재하고 활동하고 있지만 가장 전통적이고 오랜 기간을 거쳐 전세계적으로 검증 받은 협동조합 모델이 사회적경제의 핵심이 되어야 하며 이것의 협동조합 제도의 개선을 통하여 사회적경제 생태계를 창조적이고 더욱 인간 중심적으로 재편성할 필요가 있다는 점에 인식을 같이 하고 있었다.

대표저자인 윤해진은 필리핀 국립대학교에서 수학할 당시 인민의 힘(people's power)에 의하여 마르코스 독재정권이 무너지고 아퀴노 정부의 등장과 함께 새로운 헌법에 협동조합의 중요성과 정책선언이 포함되어 있음과 이에 근거하여 협동조합을 전담하는 정부기구가 설립되어 있으며 또한 한국국제협력단(KOICA) 근무 당시 필리핀 현지 협동조합과 개발프로젝트를 같이 진행한 이야기를 하게 된 것이 이 책의 시발점이다. 공저자 4명은 즉각 필리핀의 협동조합기본법과 제도를 비교 분석하면서 필리핀 관련법과 제도의 완성도에 비하여 우리나라 법과 제도가 아직 미흡한 점이 많음을 확인하게 되었다.

그 미흡함은 우리나라 협동조합기본법 준비 과정에서 영국, 스페인, 독일, 일본, 스페인 등 14개국의 예를 참조하였으나 협동조합의 다양한 역사적 경험을 가지고 사회경제구조의 열악함에서 어렵게 발전을 거듭해 온 필리핀 협동조합법이 고려되지 않은 점도 있지 않나 판단하였다. 선진국이 아닌 우리나라 보다 사회경제적 발전이 뒤쳐진 나라의 협동조합을 연구하여 정책적 시사점을 도출하겠다는 저자 4인의 기획에 약간 의아한 시선도 일부 있었지만 협동조합기본법의 교과서로서의 가치가 충분할 정도로 세계에서 가장 완성도가 높은 필리핀 협동조합기본법과 제도를 분석하여 우리나라의 사회적경제기본법의 제정과정 및 향후 좀 더 건강하고 인간 중심적인 사회적경제 구축에 필히 참고가 되어야 한다는 신념으로 뜻을 모아 책을 저술하기로 하였다.

그래서 즉각적인 역할 분담이 이루어지게 되었다. 윤해진은 필리핀 협동조합개발청(CDA)에 연락하여 관련 자료를 수집 정리하였으며, 채영제는 세계의 협동조합 역사와 국제 비교를 하였고 방태형은 우리나라 협동조합기본법과 현황을 정리하였으며 황선영은 전체적인 구도 조정 및 정책적 시사점을 도출하는 역할을 분담함에 따라 빠른 시간에 이 책이 완성될 수 있었다. 빠른 시간에 출간되다 보니 부족한 점도 많으리라 본다. 하지만 이 책을 통하여 우리 공동저자 4인이 전달하고자 하는 것은 협동조합 등 사회적경제조직을 육성하는 데 있어서 인간 중심형 사회적경제 생태계 조성을 목표로 정책적 시사점을 도출하여 향후 사회적경제기본법 제정 및 제도 개선에 조금이라도 도움이 되었으면 하는 희망이다. 이러한 희망은 남북통일을 향한 한반도 사회적경제 구축으로 이어진다.

우리는 또한 우리나라 협동조합에 대한 통합적 이해와 더불어 실무적 차원에서 설립과 운영에 즉각적 참고가 되도록 협동조합 업무지침 및 관련서식을 부록에 첨부하기로 하였다.

본 책이 성공적으로 집필되도록 후원해주신 사회적경제전문가(SEC) 협동조합의 강윤자 이사장님과 김학성 이사님 그리고 정수화 팀장님께 특별한 감사를 드린다. 자료수집 과정에서 여러모로 도와주신 필리핀 협동조합개발청의 최근 심장병으로 고인이 된 전 청장인 Niel A. Santilan에 감사와 애도를 표하며 늘 정열적으로 일하시는 Jo Bitonio 박사에게 감사드린다. 그리고 본 내용을 보시고 흔쾌히 출판을 결정하신 사회적기업인 진원사의 양진수 사장님을 비롯하여 편집자 및 여러 임직원들에게도 깊은 감사드린다.

2014년 겨울

윤해진·채영제·방태형·황선영

목 차

우리나라 협동조합의 현실과 미래

1. 협동조합 국제비교와 우리나라의 현실
2. 왜 필리핀인가?
3. 필리핀 협동조합의 역사
4. 필리핀 협동조합의 특징
5. 필리핀 협동조합 사례
6. 우리나라 사회적경제 발전을 위한 정책적 시사점

1. 협동조합 국제비교와 우리나라의 현실

가. 들어가는 말

우리나라는 2012년 12월 「협동조합기본법」이 시행되면서 중앙정부, 지방자치단체 그리고 사회의 일각에서 협동조합에 대한 관심이 크게 제고되었다. 협동조합 당국인 기획재정부와 지방자치단체 그리고 협동조합 주창자들은 우리에게 익숙한 미국의 선키스트, AP통신, 스페인의 명문 축구단 FC 바르셀로나, 뉴질랜드의 제스프리 등의 법인체가 협동조합이며 5명만 모이면 쉽게 공동 이익을 위한 법인체를 설립할 수 있음을 국민에게 홍보하면서 협동조합이 우리의 일상생활과 가깝고 친밀한 활동체로 인식시키는 데 커다란 성과를 거두었다고 본다. 기본법이 시행된 이후 협동조합이 5600여 개나 발족되었으며 이 추세는 계속 진행될 것으로 보인다. 우리나라의 협동조합 육성책은 국제적 보편적 가치와 궤를 같이 하고 있다.

국제연합(UN)은 2012년을 '세계협동조합의 해'로 선포하였다. 이것은 협동조합이 2008년 세계적 금융위기를 잘 극복하고 저성장 시대에도 불구하고 지역경제의 활성화와 일자리 창출에 역할이 높음에 대한 관찰과 인식에 근거하여 UN이 2009년 채택한 '사회개발에서의 협동조합(Cooperatives in Social Development)' 결의안에서 비롯한다.[1] 이 결의안은 2012년을 '세계협동조합의 해'로 선포하고 각국이 협동조합관련 법과 제도를 구비하고 정비할 것을

1) UN과 국제협동조합연맹(ICA) 보고서에 따르면 GM, 애플, 나이키와 같은 다국적 기업이 8억 명의 근로자를 고용하고 있으나 협동조합은 그보다 많은 10억 개의 일자리를 창출하고 있다고 한다.

권고하고 있다. 또한 협동조합을 국가의 사회경제적 양극화뿐만 아니라 선진국과 개도국의 격차를 완화시키는 사회통합의 주요 수단으로 주목하고 이를 촉구하고 있다.

협동조합에 대한 국민적 관심이 증대되면서 관련 서적이나 논문도 봇물처럼 출판되고 있다. 대부분 협동조합 원리와 정신, 해외사례, 사회경제적 역할, 설립 및 운영 방법에 대한 내용들이다. 그렇다면 본서에서는 협동조합에 대하여 무엇을 이야기 하려고 하느냐를 먼저 정리할 필요가 있다.

본서의 취지는 우리나라 협동조합관련 법과 제도가 외국에 비하여 무엇인가 부족하고, 무엇인가 더 채워져야 한다는 희구에서 시작한다. 예를 들어 협동조합을 하면 일반기업에 비하여 실질적으로 어떠한 혜택이 있는가라는 질문에 대한 자가 답변의 답답함에서 본서가 시작되었다고 보면 된다. 그래서 저자들은 우선 기존의 관련 서적, 논문, 보고서, 면담 등을 통하여 협동조합은 무엇이고 세계적으로 언제부터 어떻게 시작되었으며 다른 나라는 어떻게 하고 있는지, 우리나라 협동조합기본법은 어떻게 만들어 졌으며 우리나라 협동조합의 성격은 무엇인지에 대하여 종합적인 고찰을 할 것이다. 그리고 앞으로 협동조합의 사회통합적 기능을 더 잘 수행하기 위하여 우리는 무엇을 더 보완해야 하는 것에 대한 이야기를 전개하고자 한다.

먼저 인터넷 사전 ‘위키백과’에서 협동조합을 조회해 보면 다음과 같이 설명되어 있다.

“2012년 12월 1일, 대한민국은 「협동조합기본법」을 시행했다. 금융 분야를 제외하고 누구나 5인이면 출자금 없이도 시·도지사에 법인신고만으로 영리 또는 비영리 협동조합을 간단하게 설립할 수 있게 되었다. **협동조합에 대한 기본법을 시행하는 나라는 협동조합 선진국으로 불리며, 전 세계에 캐나다, 프랑스, 이탈리아 등 몇 개국밖에 없다.** 그동안 민법상 조합이 있었으나 법인으로 인정되지 않았다. 법인으로 인정되는 협동조합은 8개 특별법으로 설립된 농협, 신협, 새마을금고 등 8개 협동조합만이 있었다.”

본서의 결론적 차원에서 본다면 상기의 내용에 상당한 모순점이 지적된다. 기본법을 시행하는 협동조합 선진국가가 몇 개국밖에 없다고 하면서 예시 국가가 3개국에 불과하여 상당한 선입견과 오류를 줄 수 있기 때문이다.2)

우리가 협동조합으로부터 사회 경제적 차원에서 기대하는 것이 무엇인지 그것을 위하여 무엇을 더 보강해야 하는지에 대한 대안 모델과 답변을 찾고자 하는 것이 본서의 과업이다.

나. 세계 협동조합의 역사

세계 협동조합의 역사는 영국의 맨체스터 지역에서 '로치데일공정선구자조합'이 출범한 1843년부터 시작하여 160여 년이라고 하지만, 이보다 협동이 생활의 가장 중요한 방식이었던 것은 인류 역사가 출발한 시점부터라고 봐야 할 것이다. 하지만 자본주의가 발전하면서 이런 협동은 사라지는 듯 보였다.

수천 년간 경제를 책임졌던 공동체들은 시장의 논리 속에서 파괴되면서 사회와 경제는 분리되었다. 개인들의 경제생활은 각자 알아서 해야 하는 것처럼 느껴지게 되었다. 이를 '자유'라는 이름으로 불려졌지만, 강한 개인은 자본의 힘을 빌려 '자유'를 누릴 수 있을지는 몰라도 자본은 없고 일할 수 있는 건강한 신체만 있는 대다수의 사람들은 함께 힘을 모아 소득을 더 높이는 방법을 찾았고 생활비를 줄이는 방법을 찾게 되었던 것이다. 자본가와 협상을 통해 소득을 높이기 위해서는 '노동조합'이 필요했고, 생활비를 줄이기 위해서는 '소비자협동조합'이 필요했던 것이다. 공동체가 깨진 상황에서 질병이나 사고를 당했을 때 도움이 되도록 '공제조합'이 필요했고, 작은 사업

2) 실제 우리나라 기본법의 제정과정에서 참고가 된 협동조합 선진국은 독일, 스웨덴, 핀란드, 스페인, 캐나다, 포르투갈, 브라질, 코트디브아르, 헝가리, 인도, 요르단, 케냐, 멕시코, 태국 등 14개국으로 알려져 있다.

을 하기 위해서는 '신용협동조합'이 필요했던 것이다.

어느 시대에나 힘없는 많은 사람이 힘을 모아 삶의 처지를 개선하기 위해, 가장 중요한 삶의 요구들이 있는데 이런 요구들을 사업적인 방식으로 해결하려는 노력은 언제나 있었으며, 이런 사업적 해결 노력이 지속 가능한 제도로 발전을 거듭한 것이 세계 협동조합의 역사를 만들었다고 볼 수 있다.

1) 세계 협동조합운동의 흐름

초기 협동조합이 지녔던 기본적 이념 즉 인간존중은 계승하면서도 이를 단지 인간만을 위한 것이 아니라 생태계 전체를 배려한 생명존중으로 확대 해석할 필요가 있다. 또한 협동조합을 통해 이루고자 하는 구체적 실현과제를 단지 그 구성원에 대한 경제적 이익의 확보라는 차원을 넘어 구성원의 삶을 질적으로 보다 풍요롭게 하기위한 방안들이 고려되어야 한다.

따라서 한솥밥을 먹는다 할 때, 밥의 양적 측면과 더불어 쌀의 생산과정에서의 보이지 않게 작용하는 자연환경의 노력, 밥이 인간의 건강에 미치는 질적 측면, 그리고 밥의 생산과 유통 및 소비과정에서의 인간 중심적 관계 등이 고려되어야 한다.

이렇게 시대와 상황이 변화하는 속에서 새로운 사회운동의 흐름들이 나타나고 있다. 자원 재활용운동, 유기농업운동, 환경보호운동, 적정기술운동, 소공동체운동, 자연건강운동, 노동자자주관리제, 주민자치운동 등이 그것이다.

이러한 시대적 환경의 변화와 새로운 사회운동의 태동 속에서 1980~90년대에 들어 협동조합 내에서도 새로운 흐름들이 나타나기 시작하였다. 이러한 새로운 흐름은 지금까지는 볼 수 없었던 새로운 유형의 협동조합의 출현과, 기존 협동조합의 변신이라는 두 가지 측면에서 살펴볼 수 있다.

1992년 국제협동조합연맹(ICA : International Cooperative Alliance) 제30회 도쿄 대회에 제출된 보고서 「변화하는 세계에서의 협동조합의 가치」(일명 베이

크 보고서)에서는 1990년대 협동조합을 둘러싼 배경의 하나로 1970~80년대부터 시작된 새로운 유형의 협동조합의 출현을 들고 있다. 이 보고서에 의하면 새로운 유형의 협동조합으로서 다음과 같은 것들을 제시하고 있다.

① 스페인·포르투칼·이탈리아·영국 등에서 경우에 따라 지방정부의 협력을 얻어 고용과, 보다 좋은 노동조건을 창출하기 위해 설립된 협동조합
② 여성·청년·신체장애자들을 위한 혹은 그들에 의해 설립된 다양한 협동조합
③ 건강식품·자원절약제품·무농약제품·지역의 자립 등과 같이 특수한 목적을 위해 설립된 협동조합
④ 설계사·정보기술자·경영분석가 등과 같은 높은 교육수준을 지닌 사람들에 의한 새로운 서비스 분야에서의 다양한 협동조합
⑤ 탁아소·노약자 보호·예방적 의료·알코올중독자와 마약중독자의 치료 등과 같은 사회복지분야의 협동조합
⑥ 영화제작자·연극인·오케스트라를 위한 협동조합과 같은 다양한 종류의 문화협동조합 등이 그것이다.

이러한 새로운 협동조합의 출현이 아직은 충분히 발달되지 못하였고, 따라서 많은 경우 비공식적 조직형태로 활동하고 있다 할지라도 생활의 질적 향상과 자연과의 공생을 통한 지속가능한 사회의 구현을 그 궁극적 목적으로 하고 있음을 알 수 있다.

1984년에 개최된 제28회 ICA 함부르크 대회에서는 협동조합이 앞으로 활동해 가는 데 있어 지침이 되어야 할 사항에 대해 평화를 위한 투쟁, 발전도상국의 협동조합에 대한 원조, 식량·원료·에너지의 생산과 분배구조의 개선, 환경보호의 네 가지를 채택하였다. 이는 앞으로 협동조합이 나아갈 방향이 경제적 이익의 양적 증대라기보다는, 인간이 보다 인간답게 살 수 있는 생활의 질적 향상과 자연과의 공생을 통한 지속가능한 사회의 구현에 있음을 보여주는 것이다. 이것은 UN이 주창하고 국제사회에서 보편적 가치로 확립되

고 있는 휴먼시큐리티(human security, 인간안전보장) 정신과 부합된다. 휴먼시큐리티 개념은 이 책의 마지막 부분에서 우리나라의 사회적경제 정책방향과 관련하여 상세하게 거론하고자 한다. 기존의 협동조합이 이룬 성과를 바탕으로 하면서 이러한 방향으로 협동조합의 활동이 이루어질 때 협동조합의 사회운동성은 다시 회복될 수 있는 것이다.

국제협동조합연맹(ICA : International Cooperative Alliance)

전 세계 협동조합의 정체성을 보호하고 협동조합사업이 시장경제에서 경쟁력을 가질 수 있도록 지원하기 위해 만들어진 비정부기구이다.

국제협동조합연맹은 1895년 영국 런던에서 아르헨티나, 오스트레일리아, 벨기에, 영국, 덴마크, 프랑스, 독일, 네덜란드, 인도, 이탈리아, 스위스, 세르비아, 미국 대표가 참석한 가운데 설립되었다. 1900년까지 54개 회원 조직이 가입했다. 1922년 국제협동조합은행과 국제보험위원회를 만들었고, 두 조직은 현재 국제협동조합은행연합과 국제협동조합상호보험연맹이 되었다. 1951년에는 국제협동조합농업기구의 전신인 노동위원회를 만들었다.

국제협동조합연맹은 세계 각국의 정부와 연구단체, 개인들에게 협동조합 모델의 사업적인 가능성을 이해시키기 위해 협동조합운동의 대변인 역할을 하고 있다. 또한 협동조합이 성장하는 데 필요한 새로운 법률의 도입과 협동조합을 지원하는 효과적인 행정 절차를 만들어내기 위한 로비스트 역할도 겸하고 있다. 그밖에 개별 협동조합에서 진행된 활동에 대한 정보를 회원들이 공유할 수 있도록 출판·회의·워크숍 등을 조직하고 있다.

국제협동조합연맹은 최고의 정책결정단위는 2년에 한 번씩 개최되는 총회이다. 산하 조직으로 국제협동조합농업기구, 국제협동조합은행연합, 세계소비자협동조합, 국제협동조합어민기구, 국제보건협동조합기구, 국제협동조합주택기구 등을 두고 있다. 본부는 스위스 제네바에 있다.

ICA(국제협동조합연맹)이 천명한 협동조합 7대 원칙

1. 자발적이고 개방적인 조합원 제도 : 협동조합은 자발적이며, 모든 사람들에게 성(性)적·사회적·인종적·정치적·종교적 차별 없이 열려있는 조직
2. 조합원에 의한 민주적 관리
   1) 조합원들은 정책수립과 의사결정에 활발하게 참여하고 선출된 임원들은 조합원에게 책임을 갖고 봉사
   2) 조합원마다 동등한 투표권(1인 1표)을 가지며, 협동조합연합회도 민주적인 방식으로 조직·운영
3. 조합원의 경제적 참여
   1) 협동조합의 자본은 공정하게 조성되고 민주적으로 통제
   2) 자본금의 일부는 조합의 공동재산이며, 출자배당이 있는 경우에 조합원은 출자액에 따라 제한된 배당금을 받음.
   3) 잉여금은 ① 협동조합의 발전을 위해 일부는 배당하지 않고 유보금으로 적립 ② 사업이용 실적에 비례한 편익제공 ③ 여타 협동조합 활동 지원 등에 배분
4. 자율과 독립 : 협동조합이 다른 조직과 약정을 맺거나 외부에서 자본을 조달할 때 조합원에 의한 민주적 관리가 보장되고, 협동조합의 자율성이 유지되어야 함.
5. 교육, 훈련 및 정보 제공
   1) 조합원, 선출된 임원, 경영자, 직원들에게 교육과 훈련을 제공
   2) 젊은 세대와 여론 지도층에게 협동의 본질과 장점에 대한 정보를 제공
6. 협동조합 간의 협동 : 국내, 국외에서 공동으로 협력 사업을 전개함으로써 협동조합 운동의 힘을 강화시키고, 조합원에게 효과적으로 봉사
7. 지역사회에 대한 기여 : 조합원의 동의를 토대로 조합이 속한 지역사회의 지속가능한 발전을 위해 노력

※ 출처 : ICA(국제협동조합연맹) 홈페이지, 기획재정부 자료 참조

2) 주요국의 협동조합

가) 이탈리아의 협동조합

(1) 이탈리아의 협동조합 운동

이탈리아에서는 1970년대 후반부터 공공부문의 손길이 미치지 못하는 공공서비스 제공을 목적으로 등장하였으며, 1991년 사회적 협동조합의 설립에 관한 법이 통과되었다.[3] 협동조합은 다음과 같은 사실에 의해 가능하게 되었다.

첫째, 이탈리아의 헌법은 협동조합의 개념이 명확하게 설명되지 않는다 할지라도 사회적 기능을 승인했다. 이는 초기의 사회적 협동조합이 지원봉사자들 간의 상호성으로 그리고 폭넓은 상호공제 원리의 작용으로서 소외된 사람들의 이익을 위한 활동을 금지했으나 "광범위한 상호성(extended mutuality)"이란 용어로 더 많이 통상적으로 사용되었다.

둘째, 협동조합 설립을 위해 요구되는 자본은 매우 적으며 민간단체 설립을 위해 요구되는 것보다는 높지 않다. 나아가 협동조합은 회원들의 책임이 제한되었고 법적 인격과 분리되어 민주적으로 그들의 제안(initiative)을 관리하도록 요구되어 1인 1표 원칙에 따라 이론적으로 민간단체보다 민주적인 형태가 되었다.[4] 사회서비스를 생산하는 협동조합은 "사회적 협동조합"으로 명명된다.

이탈리아의 사회적 협동조합은 사회서비스를 공급하기 위한 사회적 경제조직의 자발적 활동에서 비롯되었다. 이들은 처음부터 협동조합이 아니었고 주로 각 지역에서 빈곤으로 어려움을 겪는 이들을 지원하는 활동을 하던 자

3) 최용주, "사회적경제의 도래와 협동조합운동 : 유럽과 캐나다의 논의동향을 중심으로", 농협경제연구소, 한국협동조합학회 2009년 추계학술대회(10.16)에서 발표한 논문임, p.10.

4) Carlo Borzaga, Jacques Defourny 엮음, 박대석, 박상하, 고두감 옮김, 「사회적 기업」, 시그마프레스, 2009, pp.198～199.

발적인 자선조직들에 뿌리를 두고 있다. 이들은 사회서비스를 제공하는 과정에서 발생하는 법적 제약을 벗어나기 위한 경로로 협동조합이라는 방식을 택했던 것이다. 기업이라는 지위도 가지면서 조세 감면의 유리한 측면이 있으며, 구성원들의 참가와 민주적 경영을 특징으로 하고 설립에 많은 자본금이 들지 않는다는 점이 그 이유였다.[5] 사회적 협동조합법 제정 이후 사회적 협동조합이 크게 확산되었고, 사회적 협동조합에 대한 사회서비스의 위탁도 증가하면서 사회적 협동조합은 활성화되기 시작한다.[6]

(2) 이탈리아 협동조합의 현황과 종류

2004년 전국적으로 약 7,100개의 사회적 협동조합이 활동하고 있는 것으로 파악되고 있다.[7]

이탈리아의 사회적 협동조합은 사회, 보건, 교육 서비스로 건강 영역 안에서 활동을 실행하는 "A유형"이라는 사회적 협동조합이 있으며 취약계층을 노동시장에 통합시키는 목적을 둔 "B유형"이라는 사회적 협동조합이 있다. 두 유형 간에 엄격한 구분을 두어서, 두 가지 활동을 병행하는 것을 금지하고 있다. 이는 두 유형의 목적이 다른데다 "B유형" 사회적 협동조합의 참여자가 사회서비스를 담당하기 어렵다고 보는 것이 큰 원인이다. "B유형" 사회적 협동조합은 전체 근로자의 30% 이상을 취약계층으로 채워야 하는데, 여기서 취약계층은 장애인, 약물중독자, 알코올중독자, 문제가정의 약자, 집행유예(보호관찰 probation)중인 죄인을 지칭한다. 이처럼 구분을 짓는 것은 "B유형" 사회적 협동조합 참여자의 성격상 사회서비스를 제공하기 어렵다고 판단한 것이다. 물론 그렇다고 엄격하게 이 유형이 지켜지는 것은 아닌 것으로 보인다. 로스(Ross)에 의하면 2004년 현재 이탈리아의 사회적 협동조합은 약

---

5) 이성수, "사회적 협동조합", (사)한국협동조합연구소 부설 노동자기업인수지원센터, 2000.
6) 김정원, 「사회적 기업이란 무엇인가?」, 도서출판 아르케, 2009, p.73.
7) 최용주, 전게서, p.10.

7,000여 개에 이르는데 이중 59%가 "A유형"이고 33%가 "B유형"이며, 혼합유형 또는 컨소시엄이 8%를 차지하고 있다.

노동통합기업이라고 할 수 있는 "B유형" 사회적 협동조합은 직업훈련의 기회를 제공하는 특성을 지니고 있기 때문에 최저임금보다 급여를 낮게 줄 수 있다. 또한 "B유형" 사회적 협동조합과 일반 기업 간에 지역협약을 통해 사회적 협동조합은 취약계층의 현장훈련 책임을 지고 일반 기업은 사회적 협동조합에 훈련 내용을 주문하고 이 훈련 프로그램을 마친 취약계층에게는 좀 더 안정적인 일자리를 제공해주는 역할을 맡기도 한다.[8)]

그리고 사회적 협동조합에 대한 정부의 재정적 지원은 일종의 보호된 시장의 형성을 통해 이뤄지고 있다. 예를 들어 정부는 "B유형" 사회적 협동조합과 계약을 체결해 상품과 서비스(의료와 사회서비스 제외)를 제공할 수 있는데, 이때 경쟁 입찰이 아닌 수의계약이 가능함을 명시하고 있다. 사회적 협동조합의 주요 고객에 대한 비율로 봐도 정부는 77%로 가장 큰 비중을 차지하고 있다. 정부 외에는 타 비영리 기구(5.9%), 민간 개인(4.7%), 민간 영리기업(3.1%) 순이다. 물론 사회적 협동조합이 정부와 반드시 수의계약을 하는 것은 아니다. 지방정부로부터 얻는 소득 대부분은 경쟁 입찰을 통해서 얻어지거나 서비스 제공에 따른 대금지불에 의해서 획득되며, 사회적 협동조합이 정부로부터 얻은 전체 소득의 81%는 경쟁 입찰로부터 얻은 것이고 나머지 19%는 공적 보조금의 형태로 받은 것이다. 이처럼 주요 고객으로서의 역할 외에 사회보장기여금(노동비용의 약 33%)을 면제해주는 것도 정부의 재정적 지원에 포함할 수 있다.

한편 이탈리아의 사회적 협동조합들은 서비스 수요의 증가에 대응하기 위해서 개별 조합의 규모를 키우기보다는 컨소시엄을 시도한다. 이 컨소시엄은 주로 지역단위에서 이뤄지지만 경우에 따라서는 전국단위로 이뤄지기도 한다. 사회적 협동조합의 평균 조합원 규모는 40~50명이고, 25명 정도가 급여

8) 황덕순, 박찬임, 황준욱, "사회적 일자리 창출사업 중장기 발전방안", 노동부, 2004.

를 받는 노동자들이다. 수백 명 규모의 조합은 몇 개 되지 않는다. 지역 컨소시엄은 마케팅 개발, 행정적 상담, 인적자원의 교육개발, 신설 조합과 파트너들에 대한 조직적·경영적 지원을 통해 여기에 참여하고 있는 해당 지역 협동조합에 대해 지원을 하고 전국 컨소시엄은 연구활동, 지역 컨소시엄의 경영자와 교육 담당자들에 대한 훈련, 상담과 개발 기획 등 장기적인 전략적 기능 수행과 함께 필요한 경우 전국적인 규모의 사업에 대한 계약자로서의 역할을 수행한다.[9] 2000년 지역명부(Regional Registers)에 오른 이탈리아 내 사회적 협동조합 컨소시엄 수는 총 207개에 달했는데 이 숫자는 1998년 이후 50%가 증가한 것이다.[10]

나) 영국의 협동조합

(1) 영국의 협동조합 운동

영국은 인류역사상 자본주의가 제일 먼저 성립된 나라로 다른 나라에 비해 먼저 공업화가 이루어지고 자본가와 노동자의 계급이 생성되었다. 자본주의 초기에 공업화를 위한 자본축적 과정에서 발생된 노동자의 궁핍한 생활은 노동자 스스로 생활 상태를 개선하기 위한 근대적인 협동조합의 탄생을 가져왔다. 영국의 초기 협동조합 운동은 윈스타리, 브록보이, 존 벨러즈와 같은 협동조합 사상가들의 영향을 받은 로버터 오웬에 의해 본격적으로 전개되었고 윌리엄 킹과 톰슨에 의해 계승 발전되었다.[11]

초기의 협동조합 영역을 보면, 그 기원이 일방적으로는 양질의 제품을 제공하는 시장의 실패에 있으며, 다른 한편으로는 소매부분에서 국가 규제의

---

9) 이성수, "사회적 협동조합", (사)한국협동조합 연구소 부설 노동자기업인수지원센터, 2000.

10) 김정원, 「사회적 기업이란 무엇인가?」, 도서출판 아르케, 2009, pp.74~76.

11) 이동산, "금융 환경 변화와 신용협동조합의 발전방안", 석사학위논문, 경상대학교 경영대학원, 2011, p.11.

결여에 있어서[12] 협동조합의 출현을 초래했던 것이다.

1844년 모직물로 특화된 영국의 한 마을인 로치데일(Rochdale)에서 협동조합이 처음 등장했다. 로치데일의 선구자로 칭해지는 로버트 오웬(Robert Owen)과 윌리엄 킹(William King)의 사상이 초기 협동조합 운동을 지탱하고 있었다. 로봇 오웬은 뉴 래너트(New Lanark)에서 초등교육과 인간적 노동조건의 창출을 선구적으로 도입하여 작업하는 방적공장 경영자였으며 윌리엄 킹은 지방의 직공학교 설립을 지원하였다. 두 사람은 생계의 문제 즉 급변하는 사회 속에서 노동자가 생활의 자원을 획득하기 어렵다는 문제를 인식하였다.[13] 로치데일 공정선구조합은 성공한 대표적인 협동조합으로 여러 가지 사업목적 가운데 식료품과 의료품 판매를 위한 점포설립 목적만이 성공을 거두어 오늘날 소비협동조합의 효시가 되었다. 이전에도 1777년 버밍검 양복조합, 1832년 협동우애기금조합 등 반세기 동안 많은 협동조합이 설립되었으나 지속적인 발전을 이룩하지 못하고 소멸하였다. 로치데일 조합의 영향으로 1851년에는 영국 북부에서 중부에 이르기까지 약 130개의 협동조합이 설립되었고 다른 협동조합을 위한 도매상의 역할과 1863년에는 영국협동조합도매 연합회를 창립시키는 데 주도적인 역할을 담당하였다.[14]

(2) 영국 협동조합의 현황과 종류

2010년, 영국이 경제적 불확실성과 재무적 대변동에 빠졌다. 2010년 4월의 영국의 국가공채는 62%를 넘었고 실업률은 노동력의 8%가 되었다. “The UK is the country with the fourth largest gap between the richest and the poorest people" the Equality Trust, 2009. 즉 The Equality Trust에 의하면 영

12) Carlo Borzaga, Jacques Defourny 엮음, 박대석, 박상하, 고두감 옮김, 「사회적 기업」, 시그마프레스, 2009, p.296.

13) 이희정, “Carit union and commn-bond : the concepts and policies”, 고려대학교 석사학위논문, 2010, p.5.

14) 최광택, 배홍렬, 「협동조합론」, 신용협동조합중앙회, 2006, pp.46～49.

국이 세계에서 빈부격차가 가장 높은 나라들 가운데 제4위에 해당한다. 이러한 문제를 해결하기 위하여 영국은 방안을 모색할 필요가 있다.[15] 빈부격차와 실업문제를 해결할 수 있는 수단으로 협동조합이 알려져 있다. 따라서 현재 영국에서도 협동조합 활동을 활성화시키면서 영국의 사회경제적 위상을 개선시킬 수 있다고 보고 있다.

"2010년도의 co-operatives UK" 조사에 따르면 영국의 독립된 협동조합 4,992개이고 이들을 운영하는 조합원은 12.9백만 명이며, 매출량은 335억 파운드이다. 협동조합들이 점점 늘어나고 있는데, 협동조합의 기본 목표는 조합원들이 협동적으로 회사를 운영함으로써 공동 욕구를 충족시키는 것이다. 전국의 모든 경제부문에서 건강관리 산업을 비롯하여 주택산업까지, 농장부터 축구팀까지, 신용조합부터 편의까지, 협동조합은 소유권을 공유하면서 동등한 의결권을 가지고 있으며, 평등한 결정을 내리면서 조합원들을 위하여 가치를 창출한다.[16]

영국에서는 생협사업 협동조합(CWS), 보험 협동조합, 협동조합 은행, 소매 협동조합 같은 많은 협동조합의 종류들이 있으며 분류의 범위가 워낙 넓다.

(가) 소비자 협동조합과 노동자 협동조합

산업에 관한 협동조합, 또는 소비자 협동조합과 노동자 협동조합이 여러 가지 사업부문에서 성공적으로 활동하고 있다. 소비자협동조합의 경우에 경제위기에도 불구하고 매출량이 2007년에서 2009년까지 36억 파운드로 증가하고 노동자협동조합의 매출량은 2009년에 86.7억 파운드에 이르며 좋은 성과를 얻었다. 소비자협동조합의 성과비결은 소비자가 분명한 사회목적을 가지고 기업을 스스로 소유하고 운영하는 것에 숨어 있다고 할 수 있다. 노동자

---

15) Co-operatives UK "The UK co-operative economy : A review of co-operative enterpise 2010", 2010, 3쪽을 일부 번역한 것이다.

16) Co-operatives UK "The UK co-operative economy : A review of co-operative enterpise 2010", 2010, 4~8쪽을 일부 번역한 것이다.

협동조합의 특징은 영국의 협동조합의 일부분에 불과하지만 항상 영향력이 크다. 1980년대 이후, 노동자 협동조합은 크게 성장했고 많은 분야에서 사업전개를 하고 있고, 특히 서비스 부문에서 현저하다. 노동자 협동조합의 대부분은 실업자를 위한 일자리를 만들거나 실패한 사업에서의 일자리 확보를 위한 이니셔티브(initiative) 조직으로부터 생겨가고 있다. 장기실업자, 복직하는 여성, 소수민족 그룹, 장애인 등을 지원하기 위한 이니셔티브 조직으로부터 발생하는 경우는 상당히 적다.

(나) 금융 산업에 관한 협동조합

금융 산업에 관한 협동조합은 주로 3가지로 나눌 수 있다. 즉, 협동조합은 행(Co-operative Bank), 보험협동조합(Co-operative Insurance)과 투자 협동조합(Co-operative Investment)이다. 금융 산업 협동조합의 고객인 수 650만 명이며, 금융 협동조합으로써의 신용조합의 역할이 커졌다. 예를 들면 “ABCUL credit unions”의 저축률이 2008~2009년 사이에 15%로 증가했다.

(다) 농업협동조합

농업관련 협동조합은 농민을 지원하기 위해 조직되었다. 농업협동조합은 보통 농민이 자기 생산물을 판매하는 것과 기계를 사용하는 것을 도와준다. 많은 농민들이 농업협동조합으로 가입한다. 2009년에 농업협동조합의 매출량은 49억 파운드에 달하며 회원 수는 155,000명이 넘었다.

(라) 사회적 협동조합

영국에서 사회적 욕구를 충족시키는 사회적 협동조합은 두 종류로 구분된다. 즉 하나는 재가 간병 등의 서비스를 제공하는 사회적 케어 협동조합이며, 다른 하나는 사회적 고용을 위한 협동조합으로 소수 그룹에게 고용을 제공하고 있다. 이들 종류는 서로 일치하는 부분이 있는데 사회적 케어 협동조합은 장애인이나 소수 그룹을 고용하는 경우이다. 사회적 협동조합은 노동자 협동조합과 많이 흡사하지만 차이점으로는 첫째, 대인 서비스라고 하는 사회적 협동조합의 성격 때문에 이용자가 어떤 수준에서 협동조합의 운영상의 일에 참가하기도 한다. 다만, 이 참가는 공식적인 것이 아니라 자문활동과 같은 경우가 많다. 둘째, 사회적 고용 협동조합의 경우 장애인의 고용상의 지위, 기간, 조건이 문제가 되고 그들이 다른 구성원과 다르다는 경향이 있다. 그 이유는 정부로부터 지급되는 장애인 급부금을 놓칠 위험이 있기 때문이다. 장애인이 자원봉사에서 피고용자인 경우도 있지만, 설령 피고용자라 할지라도 장애인이 일반적으로 임금을 지불 받지는 않는다. 그들에게는 경비만이 지불되는 경우가 보통이다. 경비 이외의 지불을 받으면 실업에 따를 장애인 수급금을 놓칠지도 모르기 때문이다. 협동조합에 따라서는 분명하게 다른 유형의 돈을 맡는 제3자, 예를 들면 자원봉사자, 준회원의 노동 제공자, 고용 노동자 등이 존재하며, 또한 때에 따라서는 조합원으로서 직원으로 참가하는 지원 스태프가 있다. 그렇지만 소비자/이용자 협동조합을 만들고 있다는 흔적은 아직 없다.

장애인 고용주로서 협동조합은 적합하며 좋은 사례를 많이 갖고 있다. 다음이 가장 잘 알려진 성공사례이다. 데일리 브레드(Daily Bread)는 자연식품의 소매·도매업자이며 정신 장애인에서 회복된 사람들을 고용하고 있다. 패들라스 샌드위치(Pedlars Sandwiches)는 급식 서비스 협동조합이며, 정신장애를 안고 있는 사람들을 고용하며, 로완우드(Rowanwood)는 학습장애가 있는 사람을 고용하며 목재 판넬 제품을 제조한다. 테딩턴 자연식품 협동조합(Teddington Wholefood Co-op)은 런던에 있는 데이케어 센터가 확장된 것으로 학습장애가 있는 사람을 고용하고 있다.[17)]

17) Carlo Borzaga, Jacques Defourny 엮음, 박대석, 박상하, 고두감 옮김, 「사회적 기업」, 시그마프레스, 2009, pp.299～301.

다) 프랑스의 협동조합

(1) 프랑스의 협동조합운동

프랑스는 영국에 비해 산업혁명이 50~60년 정도 후에 일어났고 영국만큼 급속하고 포괄적으로 산업혁명이 이루어지지 않아 협동조합운동의 양상이 영국과 다르게 진행되었다. 또한 프랑스에서는 비교적 많은 자영업자와 소농들이 자신들의 경제적 기반을 가지고 있었고 그들은 협동을 통해 영세한 사업규모를 확대함으로써 자본의 지배로부터 자신들을 방어하려 했다. 이에 따라 프랑스가 생산협동조합운동의 발생지가 되며 이의 협동조합은 생산자협동조합 위주로 발전하게 되었다.

1831년에 프랑스에서 협동조합이 발생하였고 그 최초의 협동조직은 그루노블(Grenoble)에서 설립된 소비조합이었다. 그 후 여러 도시에서 신용조합, 소비조합, 생산조합이 설립되었다. 이러한 협동조합이 설립 발전할 수 있었던 것은 협동조합에 대한 입법자들의 연구, 조사, 지도가 있었기 때문이었다. 그들 협동조합 지도자들은 항상 다른 나라의 협동조합법과 실태를 조사 연구하고 프랑스의 협동조합운동의 나아갈 방향을 제시하고 입법의 자료로 활용하였다. 독일이나 영국의 협동조합사에서와 마찬가지로 프랑스에서도 협동조합운동의 초기에는 노동조합과 깊은 관련을 맺고 있었다. 프랑스의 노동운동의 발달은 1830년 내지 1848년의 헌법에서는 노동권(Droit au travail)이 확립되고 노동자 단체가 인정되게 되었다. 프랑스에 있어서도 2월혁명 이후 다수의 협동조합이 결성되었지만 그것들은 종래의 조직보다도 협동조합 고유의 성질을 나타나게 되었다. 그리고 노동조합은 집단적 행동을 취하면서도 기업전체의 이익증진을 고려하게 되었고, 자본의 본질과 경제적 기능을 인식하게 되면서 협동조합운동의 지주가 되었다.

(2) 프랑스 협동조합의 현황과 새로운 자본조달 방법 도입

프랑스의 협동조합은 농업분야 뿐만 아니라 생산협동조합, 소비협동조합, 신용협동조합, 신용협동조합의 각 분야에 걸쳐 있고 노동자, 수공업자, 소매상, 주택, 서비서업의 전 분야에 폭넓게 존재한다. 그 중에서 농업분야의 협동조합은 경제사업문의 농업협동조합(Co-operation Agricole), 신용사업전문의 농업상호신용조합(Credit Agricole) 및 공제전문의 농업상호공제조합(Mutualite Agricole)의 3 부문에서 제각기 단영조합으로 구성되어 있다.

프랑스에서 1992년 개정 법률에 의거하여 기존의 전통적인 협동조합의 개념과 방향이 상당부분 수정되었다. 이 법률은 협동조합의 목적 및 수행, 설치, 운영과 관련된 협동조합 공통법상의 관련규정을 포함한다. 즉, 소비자협동조합, 소매상협동조합, 생산자협동조합, 서민주택업자협동조합, 은행협동조합 및 농업협동조합 등의 운영, 정관작성 및 의결기구의 설치 등에 관한 사항의 제 규정을 일시에 개정하는 것을 그 내용으로 하고 있다.

1990년 이후 금융증권화의 발달은 일반 주식회사 등에 있어서는 자금조달력의 강화나 자기자본 증강의 수단을 제공하게 되었다. 증권시장을 통한 자금조달의 방법이 없거나 있어도 제한적일 수밖에 없는 협동조합은 자본의 열세로 인해 타 경제 주체와의 경쟁력 면에서 뒤쳐질 수밖에 없는 상황과 직면하였다. 그래서 협동조합은 자본조달의 갭을 극복하기 위해서 협동조합으로서의 정체성을 일부 수정해서라도 새로운 경제상황에 대응하기로 하였다. 그 결과 협동조합의 자금조달을 원활하게 하기 위하여 새로운 자본조달 방법을 도입하게 되었는데, 그 내용은 [무의결권이익우선배당 출자금](part a interet prioriqire sans droit de vote, 공통법 제11조의2) 제도의 도입, [협동조합투자증권](certificate cooperative d'inverstissement, 공통법 제19조의5 내지 제19조의 11) 제도의 도입에 이어서 [협동조합출자증권](certificate cooperatif d'associe 공통법 제19조의 12) 제도를 도입한 점이다.

1992년에 도입된 새로운 자금조달방법의 내용 중 일정범위 안에서 의결권을 수반하는 비이용자의 출자제도는 기존의 전통적인 협동조합의 개념에는 없었던 것이라 할 수 있다. 이와 같이 비이용자에게도 출자를 인정하고 또한 조합운영에 일정한 발언권을 인정하는 사고방식은 협동조합이 단순한 자금조달이 아닌, 보다 많은 이해관계자와 지원자를 나아가서는 참여자를 확보하려는 수단으로 고안된 것이기 때문에, 의결권이 전혀 없는 우선출자보다는 출자금에 의결권을 수반하는 비이용자에 의한 출자가 오히려 더 협동조합적이라 할 것이다. 이러한 인식을 바탕으로 1992년에 이르러서는 협동조합공통법에서도 비이용 출자자를 인정하여 협동조합을 원외자에게 일부 개방하게 되었다. 이러한 법 개정의 배경에는 프랑스에서 발달하고 있는 사회적경제의 개념 속에 협동조합을 포함시켜, 협동조합의 사회적 기능을 확대하고자 하는 정책적인 배려도 있었을 것이다.

라) 독일의 협동조합

(1) 독일의 협동조합운동

신용협동조합의 발생지인 독일은 19세기 중엽까지만 해도 영국보다 반세기 이상 경제상태가 낙후된 나라였다. 그러나 1830년대의 관세동맹 조직, 1840년대부터 철도부설이 성행하는 한편, 정치적으로 1871년 보불전쟁의 승리를 계기로 비스마르크에 의해 중앙집권적 통일국가를 이룩하고 보호경제정책을 채택하여 단시일 내에 자본주의적 경제체제를 확립하고 산업혁명에 진입하게 되었다.

노동자 계급의 정치운동이 탄압을 받게 됨에 따라 노동운동은 소비자조합운동을 주 내용으로 발전하는 한편, 농촌에 있어서 19세기 초기에 단행된 농지개혁 및 공유지의 분배각 이루어진 것을 계기로 농업혁명이 산업혁명에 앞서서 일어나게 되었다.

특히, 19세기 중엽 교통의 발달과 산업의 발전은 인구증가와 더불어 식량

증산과 농업의 생산을 촉구하게 되었으며, 농촌경제는 상품생산 경제로의 변혁이 불가피하게 되었다. 그러나 농촌에는 자본 축적이 빈약하여 상품생산을 위한 기술혁신을 수행하기 어려웠고 더구나 자본주의의 급속한 부흥에 따라 유통과정에서의 상인 자본에 의한 수탈이 전형적으로 나타나게 되었다.

슐체델리치가 제창한 도시 신용협동조합은 초기에 상업자본의 수탈에 신읍하는 수공업자들을 조직화하여 상업 자본에 대항하는 동시에 수공업자들의 몰락을 방지하는데 공헌하였고, 라이파이젠이 제창한 농촌 신용협동조합은 농촌 고리채자본의 수탈에 신음하는 농민을 조직화하여 고리채자본에 대항하는 동시에 농민들이 임금노동자로 전락해 감을 방지하는데 공헌하였다.

1989년 독일 통일 이후, 동독 지역에 있던 생산자협동조합의 다수가 문을 닫았으며, 서독의 협동조합 운동에서는 신규 협동조합 설립 지원에 소극적인 분위기였다. 일부 농업협동조합 및 산업근로자협동조합이 살아남은 경우도 있다. 기존의 협동 조합운동에서는 최근 들어 신규 협동조합 설립을 지원해야 한다는 입장을 보이기 시작했다.

(2) 독일 협동조합의 현황과 종류

독일시장경제에서 협동조합이 중요한 역할을 가지고 있다. 또한 독일에서 시민 4명 중 한 명이 협동조합의 회원으로 가입되어 있으며 거의 모든 농민이 1개 이상 협동조합에 가입되어 있다. 전체 공예가의 60%, 소매자의 75%, 제빵사와 도살업자의 90%의 사람들이 다양한 협동조합들에 가입되어 있다. 그리고 780만 명 정도 협동조합에서 근무하여 일자리를 구하게 됐다.

독일에서는 협동조합으로 활동하고 있는 사회적 기업들은 연합에 반드시 가입되어 있어야 하고 관련 감사의 대상이 된다. 독일협동조합제도가 협회중심의 수직적 통합에 오래된 전통을 가지고 있기 때문이다. 이는 기초단위의 협동조합과 그 조합원의 필요성에 의해 자율적으로 조직된 협동조합간 협동이란 특징을 지닌다.

[표 1－1]을 보면 독일 협동조합 제도의 구성과 현황을 알 수 있다. 또는 20세기 라이프아이젠과 슐체델리취 계통의 신용조합들을 회원으로 하는 “독일 폴크스방크-라이프아이젠방크 연방협회(Bundesverband der Deutschen Volksbanken undRaiffeisenbanken : BVR)”가 조직되었다. 또한 농촌과 도시에서 경제 사업을 전담하는 라이프아이젠과 슐체델리취 계통의 협동조합은 각기 “독일 라이프아이젠 협회(Deutscher Raiffeisenverband : DRV)”와 산업 네트워크 그룹의 중앙협회(Zentralver-band Gewerblicher Verbundgruppen : ZGV)로 발전하였다.

이처럼 전국단위로 조직된 BVR, DRV, ZGV 연방협회를 회원으로 하는 “독일 협동조합 라이프아이젠협회(Deutscher Genossenschafts-und Raiffeisenverbande. V : DGRV)”가 협동조합의 최상층 기구로 조직되어 있다. 또한 여기에는 소비협동 조합의 이해를 대변하는 연방조직으로써 “독일소비협동조합중앙협회(Zentralverbanddeutscher Konsungenossenschaften e. V : ZDK)”가 회원으로 가입되어 있다.

[표 1－1] 독일 협동조합협회의 구성 및 현황

<table>
<tr><td colspan="4">독일 협동조합협회의 자유협의회</td></tr>
<tr><td colspan="4">독일 협동조합 및 라이프아이젠(DGRV)</td></tr>
<tr><td>독일 폴크스방크 및 라이프아이젠방크 연합회(BVR)</td><td>독일 라이프아이젠 협회 (DRV)</td><td>산업 네트워크 그룹의 중압협회 (ZGV)</td><td>독일소비협동조합 중압협회 (ZDK)</td></tr>
<tr><td colspan="4">• 6개의 지역감사협회 : Baden-Wuttemberg, Bayern, Weser-Ems, Mitteldeutschland, Frankfurt, Rheinland-Westfalen.
• 6개의 전문감사협회 : PSD, Sparda, FPD, EDEKA, REWE, Vekehr.</td></tr>
<tr><td>1,156개
협동조합은행
(폴크스방크/라이프아이젠방크/Sparda/PSD 등)</td><td>2,675개
농촌협동조합
(농산품/낙농/포도/육류 등)</td><td>1,447개
산업협동조합
(상업/수공업/노동자협동조합 등)</td><td>195개
소비협동조합</td></tr>
</table>

2개 중앙은행 (DZ Bank, WGZ)	6개 주(主) 협동조합 이외 중앙낙농, 중앙가축－육류 협동조합이 있음	7개 중앙기업 (BAKO, EDEKA, Rewe, ZEDACH, Zentrag)	1개 중압협동조합

DRV와 BVR의 현황을 구체적으로 살펴본다.

① **DRV의 회원구성** : 2009년 말 기준으로 6개의 지역협회와 1개의 전문감사협회 그리고 2,675개의 농산품서비스협동조합이 DRV의 회원으로 참여하고 있다.

[표 1－2] DRV의 회원구성

	구 분	총 계
1	농산품서비스협동조합	1,652
2	경제 사업을 병행하는 신용협동조합	165
3	구동독의 농업생산협동조합(LPG)에서 구조 변경한 농협동조합	855

상기 협동조합을 상품분야별로 보면 다음과 같다.

[표 1－3] 상품분야별 DRV의 회원구성

	구 분	총 계
1	구-판매협동조합	339
2	중앙단위를 포함한 낙동협동조합(유제품생산협동조합 포함)	281
3	축산협동조합	108
4	중앙단위를 포함한포도생산자협동조합	216
5	과일-원예협동조합	100
6	화주 양조, 목초지, 바이오에너지, 산림조합 등 기타	608

DRV 회원의 조합원은 180만 명이며, 임직원은 101,500여 명이다. 독일 농촌 지역의 경제활동인구가 850,000여 명인 점을 감안하여, DRV는 독

일의 농업을 책임지는 중심적 조직이며 독일 농민의 중요한 파트너임을 알 수 있다. DRV의 2009년도 매상고는 375억 EURO이며, 이는 같은 해 독일의 국내총생산 2조 4,072억 EURO의 1.6%에 해당한다.

② **BVR의 회원구성** : 2009년 말 기준으로 5개의 지역협회와 2개의 지역단위 중앙은행 그리고 1,156개의 협동조합은행이 BVR의 회원으로 참여하고 있다. 협동조합은행의 조합원 수는 1,640여만 명이며, 자산총액은 6,900억 EURO이다. 그리고 고객예탁금은 4,822억 유로이다. 이는 전체시장점유율의 약 19%에 해당하며, 순위로는 27%의 스파르카쎄(Sparkasse)와 21%의 시중대형은행들에 이어 3위를 확보하고 있다.

마) 스페인의 협동조합

(1) 스페인의 협동조합운동

(가) 협동조합의 역사

스페인의 협동조합운동은 20세기 초부터 시작되었는데, 1923년 처음으로 협동조합 전국회의가 열렸으며, 255개의 협동조합이 참여하였고, 협동조합은 가톨릭 교리를 기본이념으로 삼아 크게 발전하였다.

그러나 1936년에서 1939년 사이의 스페인 내란기간 동안에는 협동조합이 전혀 발전하지 못했으며, 프랑코 독재체제에서는 협동조합들이 없어지고, 소수 농협만 겨우 명맥만 유지되었으나 프랑코 사후 정부는 사문화된 협동조합법을 1975년에 살려내어 정책적으로 협동조합을 육성하게 되었다.

스페인의 협동조합은 1980년대에 일대 전환기를 맞았는데, 당시 심각한 경기침체로 인한 심각한 실업문제해결의 대안으로 자리 잡게 되면서, 단위조합 수가 증가하였으며, 집중화와 통합화 과정의 일환으로 2단계 조직으로 통합되었다.

현재 연합회 형태(secondary cooperatives)의 협동조합 중 80%는 1985년 이후

설립된 것이며, 이들 연합회 조직은 단위조합 합병에 있어서 중요한 역할을 하고 있으며, 특히 이러한 현상은 자치지역에서 현저하게 나타나고 있다.

(나) 협동조합 관련 법체계

유럽연합 국가 중 헌법에서 협동조합에 대해 규정하고 있는 나라는 스페인, 이탈리아, 포르투갈 등 세 나라뿐인데, 스페인은 정부가 적절한 입법을 통해 협동조합 운동을 촉진하여 스페인의 사회경제체를 구성하고 있는 협동조합을 민간경제단체로서 장려해야 한다고 규정하고 있다.[18]

또한 스페인에는 일반협동조합과 신용협동조합에 관한 법률로서 「국가협동조합법(State Co-operative Act)」, 법 3/1987과 법 2/1999가 있으며, 이밖에 5개의 자치지역(Andalućia, Cataluña, Valencia, Pais Vasco, Navarra)에서 협동조합법을 자체적으로 제정할 수 있도록 허용하고 있다.

스페인의 협동조합관련 법률은 국제협동조합연맹(ICA)이 제정한 협동조합 원칙의 영향을 많이 받고 있는바, 「국가협동조합법」에서도 협동조합의 조직과 운영은 국제협동조합연맹에서 정한 원칙에 부합해야 한다고 규정하고 있다.

(다) 협동조합의 조직과 제도

① **조직구조와 의사결정** : 스페인의 협동조합은 일반적으로 총회, 이사회, 경영이사회, 감독위원회 등 4개의 조직이 있다. 총회는 최고의 의결기관으로 정관 개정과 조합원 징계, 합병 승인 등의 권한을 갖으며, 협동조합은 최소한 5명의 조합원이 있어야 설립이 가능하고, 이사회는 관리면에서 조합원을 대표하며, 조합원은 이사회의 임원으로 선출될 수 있으며, 이사회의 의장은 대외적으로 협동조합을 대표한다.

이사회는 경영이사회에 생산, 재정, 판매 문제에 대한 결정권을 부여하며, 감독위원회는 협동조합의 경영상태를 감독하는데, 경영이사회의 인

18) 스페인 헌법 제129조 제2a항.

원은 법에 의해 최소 1명 이상으로 구성되며, 감독위원회는 이사회 또는 총회에서 선출된 위원으로 구성된다.

협동조합은 기업의 주식을 보유할 수 있으나 사업유형에 따라 보유주식의 최고 한도가 정해져 있는데, 협동조합 사업과 관련된 경우는 최고 40%의 지분을, 사업과 관련이 없는 경우는 최고 10%의 지분을 보유할 수 있으며, 또한 협동조합은 자신들의 사업영역이 지방인지 또는 전국적인지를 정관에 명시해야 한다.

② **조합원 제도와 협동조합 문화** : 조합원은 협동조합의 구성원이자 조합의 각종 서비스를 이용하는 이용자이기도 하나 Andalućia, Cataluña, Valencia, Pais Vasco 지역에서는 투자협력자(investment partners) 등 비조합원도 조합에 참여할 수 있는데, 이들은 보통 '지원조합원(supporting members)' 또는 '협력조합원(collaborating members)' 등으로 불린다.

또한 국가법(State Law)은 일반법인 및 자연인들도 협동조합에 투자할 수 있도록 준조합원제도를 인정하고 있는데, 이를 통해 조합원 탈퇴로 인한 자본의 유출을 방지할 수 있는데, 준조합원은 출자 자본에 대한 이자를 받는다.

이 밖에도 Cataluña, Pais Vasco 지역에서는 조합원 출자금에 대해 고정이율 또는 제한된 이율로 이자를 지급하는 원칙을 법에서 수정하였는데, 반드시 조합원이 아니더라도 지분 보유자에 대해서는 수익에 따른 변동이율로 배당을 받는다.

한편 협동조합은 비조합원을 대상으로 사업을 할 수 있는데, 조합원은 적어도 생산물의 25%를 협동조합에 출하해야 하며, 조합은 총 구입액의 40%까지 비조합원으로부터 구입할 수 있다.

비조합원을 대상으로 하는 사업이 사업량의 5% 이상일 경우 조합원을 대상으로 하는 사업과 분리 경영해야 하는데, 이와 같은 상황을 피하기 위해 일부 대규모 협동조합은 조합원들에게 생산물을 100% 출하할 의무를 지우고 있다.

스페인의 협동조합은 1인 1표 주의와 조합원 개방원칙을 고수하고 있으며, 준조합원과 투자협력자에 대해 투표권을 행사하지 못하도록 제한하고 있다.

「국가 협동조합법」과 다섯 개의 자치주의 법은 조합원 개방원칙을 인정하고 있으면서도, 조합원이 조합 탈퇴를 원할 경우 조합은 조합원에게 최소 5년간 조합원 자격을 유지해야 한다고 규정할 수 있는 제한(Andalucia, Navarra 지역에서는 이 기간을 최고 10년까지 규정)으로 조합운영의 안정화 기반을 마련해주고 있다.

③ **재 정**: 스페인 협동조합의 적립금 제도는 대체로 다음과 같이 4가지 종류가 있는 데, 이들 적립금은 의무적으로 충당되는 것과 자발적으로 충당되는 것으로 구분할 수 있으며, 앞의 두 가지 적립금은 협동조합의 경제적인 안정에, 세 번째 적립금은 협동조합의 발전 및 조합원 교육에 사용된다.

자본금은 협동조합 자본을 구성하는 가장 중요한 재원으로 조합원의 가입비로 적립된다. 의무적립금은 협동조합의 잉여금 중 일부를 조합 내부에 적립하는 것으로 적립 비율은 정관에서 정하나, 법에 의해 최소한 20%를 적립[19]한다. 교육진흥적립금은 협동조합 발전과 조합원 교육을 위해 사용되는 의무적인 사회 적립금으로 박애주의적 성격을 지닌다.

임의적립금은 앞의 기금들과는 달리 조합원에게 배당되는 것으로 이 기금은 매년 잉여금의 일정비율을 적립하는 방법과 완전히 임의적으로 적립하는 두 가지 방법이 있다.

임의적립금은 새로운 투자를 위해 자발적으로 조달될 때도 사용되며, 지불이자율은 법에 따라 스페인 국립은행의 기본 이자율을 기준으로 최고 이율

---

19) 우리의 경우 정관으로 정하는 금액에 달할 때까지 매 사업연도의 잉여금의 1/10 이상을 준비금으로 적립하여야 함(중소기업협동조합법 제60조 제1항).

로 설정되며, 이 적립금은 투자조합원, 준조합원에게도 적용될 수 있다. 또 다른 자본증대 방안에는 내부은행제도(seccíon de crédito)가 있는데, 이 방법은 외국환 업무를 취급하는 조합에서 볼 수 있으며, 조합원과 협동조합에게만 엄격히 적용된다.

이밖에도 Cataluña, Pais Vasco 주법은 협동조합이 외부로부터 자금조달을 위해 주식을 발행하는 것을 허용하고 있는데, 이 주식을 보유하고 있는 자연인은 투자금에 비례하여 배당받을 수 있다.

국가법과 Andalućia의 주법에서는 투자자들의 투표권을 제한하고 있는데, Cataluña 주법에서는 조합 내에서의 조합원의 활동내용에 기초하여 최고 3표까지 투표권을 부여하고 있다.

④ **조세제도** : 스페인에서 법인에 대한 조세근거는 1990년에 제정된 법인세법인데, 협동조합이 이 법에서 정한 요건을 충족시킬 경우 다양한 우대를 받을 수 있으며, 그 대표적인 예로 협동조합이 본연의 사업을 통해 얻은 이익에 대해서는 법인세를 20% 감면해 주고 있다.

비조합원을 대상으로 한 사업, 협동조합이 아닌 기업에 대한 투자 이익, 해외 투자 등에서 발생한 이익에 대해서는 표준세율 35%가 적용되며, 법에서 특별히 보호받아야 하는 협동조합에 대해서는 법인세 중 절반을 환불받아 결국 17.5%의 법인세만 납부하면 된다.

협동조합이 최고 40%의 지분을 소유하고 있는 자회사에 대해서도 동일한 세율이 적용되나 자회사의 수익이 협동조합과 관련이 없거나 비조합원과의 거래, 또는 투자이익에 대해서는 표준세율 35%가 적용된다.

한편 조합원 출자지분에 대한 이자가 조합내부에 자본으로 적립될 경우 세금을 공제 받으나 조합원에게 지급된 배당금에 대해서는 15%의 과세가 부과된다.

⑤ **연구개발** : 과일·채소 부문에서는 많은 조합이 새로운 재배기술(온실건설, 관개기술)과 품종을 개발하고 있으며, 대표적인 예로 수출품목으로 유망

한 긴 오이, 브로콜리, 아이스 잎상추 등의 개발을 들 수 있다.

Anecoop가 꽃양배추처럼 맛이 뛰어난 로마네스코(Romanesco) 품종과 씨 없는 멜론을 개발한 것도 좋은 사례이며, 또 다른 예로는 Oleicola el Tejar 조합과 대학 간의 협력하에 올리브 폐기물을 이용한 전력개발을 들 수 있다.

⑥ **마 케 팅** : 마케팅에 대해서 최근 스페인의 협동조합들이 큰 관심을 갖고 있는데, 특히 올리브유, 포도주 등을 원료상태로 판매하는 협동조합에서는 마케팅 문제가 당면과제가 되고 있으며 낙농과 과일·채소 부문의 협동조합은 마케팅에 매우 적극적이다. 이들 조합이 갖고 있는 유명한 브랜드로는 RAM, Leyma, Complesa 등을 들 수 있으며, Anecoop 조합은 자체 브랜드인 Anecoop를 프랑스, 미국, 일본 등에 수출할 때 부착하고 있다.

협동조합의 마케팅 활동은 연합회 차원에서 공동으로 이루어지고 있기 때문에 대체로 브랜드에 관한 권리는 지역 또는 부문별 연합회가 소유하고 있다.

⑦ **국 제 화** : 포도주, 과일, 채소부문의 조합들이 국제화를 지향하고 있는데, 이들 조합은 주로 이탈리아에 올리브유, 유럽과 미국에 채소, 일본에 레몬 등을 수출하고 있으며, 절화 부문에서는 Andalucia, Canary Islands 등 주로 스페인 남부지역의 협동조합이 국화와 카네이션 등을 네덜란드의 알스메어 화훼경매장에 수출하고 있다.

현재 여름에만 수박을 생산하고 있는 Anecoop의 경우 우루과이에서 겨울에 수박을 재배하여 년 중 공급하려는 계획을 세우고 있는 가운데 스페인의 협동조합은 해외로부터 관심의 대상이 되고 있다. 예로 프랑스의 낙농기업이 스페인의 협동조합인 CLAS와 협력관계를 모색하고 있다.

(2) 스페인 협동조합의 현황과 종류

(가) 협동조합의 현황

① **구조조정** : 스페인 협동조합의 당면과제는 건실한 재정구조 유지와 마케팅 활동을 적극 수행할 수 있는 2단계 연합회 조직을 설립하는 것으로, 최근 새로운 시장개척과 새로운 브랜드 및 신규사업 개발 등에 필요한 재원을 위해 새로운 재원조달 방안들이 모색되고 있다.

② **새로운 협동조합의 설립** : 2단계 연합회 조직
GLG(Grupo lacteo Gallego)는 우유를 생산·가공·판매하고 있으며, 조합원 농가의 경영개선과 출하 우유의 품질 향상을 위해 노력하고 있다. Agrofit는 569개의 단위조합과 6개의 연합회로 구성되어 있으며, 18만 명의 조합원을 위해 농약을 생산·판매한다. 이처럼 최근에 설립된 2단계 연합회는 단위조합에 대한 통제를 최소한으로 유지하고 비용을 절감하기 위해 연합회가 경영업무를 담당하며, 또한 연합회는 단위조합의 조합원에게 농약을 독점적으로 생산. 공급하며, 다른 자치지역의 연합회조직과 마케팅 정보 등을 상호 교환한다.

(나) 전국 협동조합 대표조직

스페인 협동조합의 전국단위 연합조직으로는 CCAE(Confederaction de Cooperativas Agrarias de Espana)가 있는데, 이 CCAE는 의회군주제 실시 이후 「단합자유법(Freedom to Unite Act)」이 통과됨에 따라 1989년 AECA와 UCAE가 합병하여 설립되었다. 이 CCAE는 현재 4500여 개의 협동조합과 15개의 지역연합회를 대표하며, 각 협동조합이 다양한 형태의 사업에 참여할 것을 장려하고 조합간 상호 협력을 증진시키는 것을 목표로 삼고 있으며, 아울러 회원조합과 조합원의 이익을 보호하기 위해 많은 노력을 기울이고 있다.

(다) 스페인 협동조합 운영사례 조사결과 : UCMTA(생산자협동조합연합회)

UCMTA(Union de Coopertivas Madrienas de Trabajo Asociado)는 스페인 마드

리드 지역의 "생산자협동조합연합회"로서 건축, 농업 및 교육관련 부문을 제외한 1,300개 협동조합이 가입되어 있으며, 협동조합의 설립 및 운영지원, 협동조합 직원교육, 여성기업 및 사회 소외자 지원사업을 수행한다.

특히, 스페인 내 설립되는 조합에 대하여 동 조합이 인증할 경우 EFQM (European Foundation for Quality Management)[20]으로부터 인증을 받을 수 있는 업무를 추진 중에 있다.

여성기업 지원사업의 경우 4년 전부터 마드리드 외곽(일명, 잠자는 마을)지역에 거주하는 여성들에게 일감을 제공하는 사업을 통해 협동조합 조직화를 유도하고, 불법이민자, 마약중독자에 대하여 재교육 및 일감제공을 통해 자활을 지원한다.

협동조합 설립지원 사업으로 조합이 설립을 신고할 경우 연합회에서 설립에 따른 법률적인 지원을 하고 설립이후 직원교육 및 은행과의 연계를 통한 융자(25,000~30,000유로) 지원을 한다.

연합회에 가입하는 협동조합은 통상 8.5%의 세금만 납부하여(미가입시 35%의 세금부담) 미가입자에 비해 많은 세금혜택이 있다. 연합회의 운영자금 조달방법은 연합회 회원가입시 1조합당 1,800유로의 가입비를 징수하며, 또한 융자거래 알선시 일정 수수료(6%)를 받아 운영자금으로 조달한다.

(라) 협동조합의 종류

스페인의 협동조합의 유형으로는 직원협동조합, 농업협동조합, 토지공동경작협동조합, 서비스협동조합, 소비자/이용자협동조합, 교사협동조합, 교통협동조합, 주택협동조합, 신용협동조합 등으로 나눌 수 있으며 총 협동조합의 수는 12,720개이고 고용인원은 218,513명으로 알려져 있다.

---

20) EFQM : EU를 중심으로 한 14개 국가가 1988년에 유럽품질경영재단(EFQM)을 설립하고 세계시장에서 유럽기업 및 조직의 경쟁력을 향상시킬 목적으로 1991년에 유럽품질상(EQA : European Quality Award)을 제정.

[표 1-4] 스페인 협동조합 수 및 고용인원 현황

(단위 : 개, 명)

협동조합 유형	협동조합 수	고용인원
직원협동조합	7,051	84,458
농업협동조합	3,415	64,108
토지공동경작협동조합	446	2,046
서비스협동조합	388	9,315
소비자/이용자협동조합	299	17,131
교사협동조합	289	14,007
교통협동조합	221	928
주택협동조합	128	632
신용협동조합	77	18,585
어업협동조합	17	366
교육협동조합	2	3
보험협동조합	1	26
보건협동조합	1	1,000
기타협동조합	213	4,359
미 분 류	172	1,189
	12,720	218,513

※ 자료 : 신명호 외(2012), 자활사업 협동조합 모형개발 및 발전방안 연구, 사회투자지원재단, 29.

지금까지 이탈리아, 영국, 프랑스, 독일, 스페인의 협동조합과 관련하여 언급된 내용과 데이터를 수집하여 [표 1-5]로 정리해 보았다.

[표 1－5] 이탈리아, 영국, 프랑스, 독일, 스페인의 협동조합 비교

	기본 종류	출현원인	역 할
이탈리아 협동조합	"A형" 사회적 협동조합 "B형" 사회적 협동조합	빈곤으로 어려움을 겪고 있는 사람들을 지원하고 사회서비스를 제공하는데 법적 제약을 벗어나기 위해서 설립되었음.	공공(사회, 보건, 교육, 건강, 노동) 서비스를 제공하는 역할
영 국 협동조합	소비자협동조합 노동자협동조합 협동조합은행 보험협동조합 투자협동조합 농업협동조합 사회적 협동조합	노동자의 자활인식, 시장실패, 소매부분에서 국가규제의 결여	빈부격차와 실업문제를 해결하는 역할
프랑스 협동조합	노동자협동조합 농업협동조합 생산협동조합 소비협동조합 신용협동조합	사업규모 확대, 기업 이익증진, 자본의 본질과 경제적 기능 인식	영세한 사업규모를 확대하는 수단, 실업과 빈부격차를 해결하는 역할
독 일 협동조합	협동조합은행 농촌협동조합 산업협동조합 소비협동조합	노동자 계급의 정치운동 탄압, 상업자본의 수탈, 농촌 고리채 자본의 수탈	독일협동조합제도가 협회 중심의 "협동조합간 협동"이란 특징을 지니며 사회통합의 역할을 맡음.
스페인 협동조합	직원협동조합 농업협동조합 토지공동경작협동조합 서비스협동조합 소비자/이용자협동조합 교사협동조합 교통협동조합	20세기 초 시작. 1923년 협동조합 전국회의 개최, 255개의 협동조합이 참여, 협동조합은 카톨릭 교리를 기본이념으로 삼아 크게 발전. 1980년대 당시 심각한 경	다양한 형태의 사업에 참여를 장려하고 조합간 상호 협력을 증진시키는 것을 목표. 아울러 회원조합과 조합원의 이익 보호를 위함.

	주택협동조합 신용협동조합 어업협동조합 교육협동조합 보험협동조합 보건협동조합 기타협동조합	기침체로 인한 심각한 실업문제해결의 대안	

다. 우리나라 협동조합

1) 역 사

일제 치하 초기 1907년에 총독부에 의하여 식민지경제 관리의 수단으로 금융조합 설립을 시작으로 농촌지방금융조합, 어업조합 등이 설립되었다. 하지만 일제에 의하여 설립된 관제 협동조합은 민중의 참여와 지지는 거의 배제된 채 운영되었다. 일본은 협동조합 정신에 기초한 우리 민족의 자발적 협동조합의 설립을 육성하고자 하는 의지를 갖고 있지 않았기에 협동조합운동이 전개될 수 있는 토양이 없었다. 하지만 1920년대에 들어 많은 변화를 가져왔는데 1920년에 설립된 경성소비조합과 목포소비조합이다. 이것이 우리나라 협동조합의 효시로 보고 있지만 이들은 민족경제와 농촌사회가 붕괴되는 시점에서 조선물산장려운동, 외화배척운동, 납세거부운동, 소작쟁의와 같은 자립 자활 자조의 협동조합정신과 맥을 같이 하는 민족운동으로 보는 관점이 지배적이다. 결국 일제는 독립운동으로 확대되는 것을 우려하여 1930년대에 탄압을 강화하여 활동이 중단되었다.

1958년 충남 홍성군 홍동면에 소재한 풀무농업기술학교(풀무학교)에서 교사와 학생들이 물건을 공동구입하는 협동조합 매점을 설립함으로서 풀무생활협동조합이 탄생되었고 이것이 민간협동조합의 효시로 알려져 있다. 지금도 홍동면에는 풀무생협과 풀무신협이 든든하게 지역경제를 지탱하고 있다. 또한 이 지역이 유달리 협동조합운동이 활발하며 친환경 유기농업의 메카로 떠오를 수 있었던 배경도 우리나라 최초의 협동조합이라는 역사성에 기인한다고 볼 수 있다.

우리나라 최초의 신용협동조합은 1960년 5월 메리 가브리엘라 수녀가 부산 메리놀 병원에서 설립한 성가신용협동조합이다. 그리고 동년 6월 서울의 장대익 신부가 '협동경제연구회'를 중심으로 가톨릭중앙신용협동조합을 발족하였다. 그 후 신용협동조합은 정부주도 협동조합과 달리 협동조합정신에 입각하여 지도자 양성교육, 조합원 교육, 홍보, 조직지도 등을 통하여 활발하게 확대되어 나가 1964년에는 50여 개로 늘어나게 되었다. 그리고 1972년에 신용협동조합법이 제정된 이후 약 1,600여 개의 신용협동조합이 설립되어 활동하였지만, 방만한 대출과 전문인력 부족으로 1990년대 말 IMF 위기를 계기로 433개소가 해산 혹은 청산하게 되는 등 오늘 날까지 어려움을 겪고 있다.

1957년 농업은행법과 농업협동조합법이 제정되었다. 5·16에 의한 국가재건최고회의와 박정희 정부는 1961년에 농업은행과 농업협동조합이 합친 농협이 발족하고 1962년에 중소기업협동조합, 수산업협동조합을 그리고 1963년에 엽연초협동조합을 설립하고 1972년에 신용협동조합을 시작하였다.

그러나 농협중앙회장은 대통령이 임명하고, 중앙회장이 임명하는 관제 협동조합 즉 지역 농협조합장은 조합원들의 자조와 자립의 자율적 조직보다는 준정부기관 같은 성격으로 발전해 온 점이 있다. 장기간에 걸친 농협민주화 투쟁으로 1987년부터 농협조합장 직선제가 도입되면서 농협의 자율성은 크게 강화되었다. 농협은 1980년에 축산업협동조합을 2000년 7월에 합병하여 거대 농업협동조합으로 재탄생하게 되었다.

생활협동조합의 발전도 주목할 만하다. 1985년 안양에서 무점포 형태의 바른생활협동조합과 1986년의 생산자－소비자 직거래를 목적으로 한살림농

산가 대표적이다. 그리고 2000년에 생활협동조합법이 발효되고 2010년에 개정되어 식품뿐만 아니라 일반 생활용품도 취급이 가능해지고 연합회 설립 등의 기반이 형성되었다. 생활협동조합의 활동은 직거래운동, 친환경농산물, 지역식품, 외국의 생산자를 보호하고 친환경적 생산과정을 유지하는 공정무역 등 소비생활 의식의 선진화에 많은 역할을 하였다고 평가되고 있다.

그러나 정부는 새로운 경제사회 발전의 대안으로 협동조합을 활성화에 대한 필요성을 인식하고 '협동조합기본법'을 2012년 12월 1일 시행하게 된다. 협동조합의 설립 운영에 관한 기본적인 사항을 정하여 자주, 자립, 자치적인 협동조합의 활동을 촉진하고 사회통합과 국민경제의 균형 있는 발전을 목적으로 하고 있다. 이것은 협동조합의 역사뿐만 아니라 우리나라 경제사회 발전에 있어서도 획기적인 개혁이자 사건으로 평가받을 가능성이 많은 것으로 판단된다.

이 법은 기존의 농업협동조합법 등 8개의 특별개별법 체제에 포괄되지 못하거나 상법에 의한 회사설립이 어려운 경우에도 생산자 또는 소비자 중심의 '협동조합'을 설립하여 경제적 활동이 가능하도록 하였다는 점이 가장 큰 특색이다.

즉, 5인 이상이면 쉽게 협동조합을 설립하여 조합원간 공유경제와 가치공유를 추구하고 시장을 창출하고 확대할 수 있도록 한 것이다. 또한 취약계층에 대한 사회서비스 또는 일자리 제공, 지역사회 공헌활동 등을 주로 수행하는 '사회적협동조합'을 추가로 도입하였다.

2) 우리나라 협동조합 기본법의 문제점[21)]

우리나라 협동조합기본법은 2011년 10월 최초 발의가 이루어져 12월 29일 제정된 시기부터 개정의 필요성을 안고 있었다. 시기적으로 촉박하였고, 정기국회가 진행 중인 상황에서 회기 내 처리를 최우선의 목표로 진행하여 법의 내용과 체계에 있어 보완이 필요한 사항을 다수 안고 있었다.

특히 협동조합은 비영리적 성격이 있음에도 불구하고 일반협동조합의 경우 이를 명확하지 않았고, 신용과 공제사업을 허용하지 않고 있으며, 협동조합의 유형을 명확히 하지 않아서 직원, 사업자, 소비자 등 각 협동조합의 특징을 반영하기 어려운 점 등이 한계로 지적되었다.

다행히 기획재정부가 2013년 5월 협동조합기본법을 일부 개정할 법률안을 발의하였다. 기획재정부에서 발의한 '협동조합기본법 일부 개정 법률안'은 그동안 제기된 문제를 보완하고자 노력하였다는 점에서 의미를 찾을 수 있으나, 여전히 협동조합의 활성화를 위해 법 제정 당시부터 지적되었거나 이후 협동조합 현장에서 지속적으로 요구한 사항들이 반영되지 못한 아쉬움이 있다.

협동사회경제연대회의 제도개선분과에서는 지난 몇 개월에 걸쳐 현장 및 전문가의 의견을 반영하여 협동조합기본법 개정안을 작성한 바 있다. 이는 현행 협동조합기본법의 체계가 미흡하여 전면 개정이 필요하다는 의견과 앞서 제기된 문제들에 대해서도 법 개정시 반영하여야 한다는 의견을 제기하였다. 다만 이번 법 개정에는 필요한 최소 요구만 제출하고 나머지 법 체계 등과 관련한 내용에 대해서는 중장기적 전망을 갖고 준비하기로 하였다 한다.

이상은 기획재정부에서 발의한 '협동조합기본법 일부 개정 법률안' 중 연대회의와 입장을 달리하거나 반영되지 않은 부분을 중심으로 제출된 의견을

---

21) 자료 : 협동조합 활성화 3차 포럼 '협동조합 활성화를 위한 법률 개정의 필요성' (2013.7.11.)을 인용하여 정리(공동주체 : 국회의원 김기준, 김현미, 설훈, 이언주, 이학영, 최원식, 한정애, 홍의락).

정리하였다.

또한 한국사회적경제신문에서는 사회적경제기본법에 대한 논의가 다시 물살을 타기 시작했다고 전제하면서, 다음과 같이 의견을 제시하고 있다.[22]

4월 10일 새누리당 사회적경제기본법 공청회 이후 한동안 잠잠했던 사회적경제기본법이 다시 수면 위로 떠올랐다. 6·4 지방선거와 7·30 재보궐선거로 인해 정치 판도가 크게 바뀌며 사회적경제기본법이 좌초될 것이라는 비관적인 전망이 있었으나, (사)한국사회적기업중앙협의회를 중심으로 사회적경제 민간지원조직, 기업 대표, 단체 등 당사자, 입법 관련 전문가와 단체가 모여 '사회적경제기본법 입법 대응을 위한 범사회적경제 대책 준비위원회(이하 대책위원회)'가 조직되면서 급물살이 일고 있다.

대책위는 지난 8월 11일 서울사회적경제지원센터에서 '사회적경제기본법 입법 대응을 위한 범사회적경제 제1차 서울공청회'를 개최했다. 오는 9월 정기국회를 앞두고 새누리당, 새정치민주연합, 정의당 등 각 정당에서 사회적경제기본법 발의를 준비하는 등 입법이 진행됨에 따라, 사회적경제 영역이 한자리에 모여 기본법 제정의 의미와 필요성을 확인하고 사회적경제 활성화에 바람직한 조직과 지원체계를 논의하며 이 뜻을 각 정당에 전달하기 위해 공청회가 기획되었다.

공청회에서 김혜원 한국교원대학교 교수는 해외 사례를 통한 사회적경제 기본법 제정의 의미와 필요성을 제시하였고, 양동수 재단법인 동천 상임변호사가 사회적경제기본법의 입법 진행도와 절차, 쟁점을 설명했다. 이어 이홍균 새누리당 사회적경제특별위원회 자문의원, 이회수 새정치민주연합 사회적경제정책협의회 간사, 이승민 정의당 사회적경제위원회 간사가 각 정당의 사회적경제기본법 입법 취지와 방향을 설명하고 토론을 벌였다. 이후 사회적경제계를 대표하여 이은애 서울사회적경제지원센터장이 사회적경제기본법 거버넌스와 전달 체계가 어떻게 조직되어야 하는지 토론에 임했으며 유정균

22) http://ksen.co.kr/(한국사회적경제신문). 장이슬 기자의 내용을 발췌하여 기술하였다.

지역재단 상임이사가 사회적경제 정의와 범주를 확정지으며 난상토론으로 이어졌다.

정치권이 사회적경제에 관심을 가진 것은 두 번이다. 먼저 2012년 대선이다. 지자체에 과중한 부담을 주고 여러 곳으로 분산된 현행 제도를 일신하기 위해 한국사회적기업중앙협의회는 각 후보에게 사회적경제 공통공약을 제시했고, 후보 측도 긍정적인 반응을 보였다.

두 번째로 관심을 기울인 때는 2014년 전국지방동시선거였다. 1월 22일 새누리당 사회적경제특별위원회가 발족했고 2월 7일 민주당에서는 당내에 사회적경제정책협의회를 설치했다. 10일 민주당 문재인 의원이 「사회적가치기본법」 제정 토론회를 열었고 12일 새누리당 사회적경제특별위원회가 「사회적경제기본법」을 추진하겠다고 밝히기도 했다. 이후 재창당한 새정치민주연합 또한 제6회 전국동시지방선거를 앞두고 전주시장 후보에 사회적기업 '이음' 김병수 대표를 내세우고 당 공통 공약으로 사회적경제 부흥을 거는 등 사회적경제에 큰 관심을 보였으나 선거로 인해 정치 판도가 바뀌어 야권의 영향력이 축소되면서 한동안 사회적경제에 대한 정치권의 관심이 점차 줄어들었다. 사회적경제기본법이 좌초될 것이라는 비관적인 전망도 있었으나 9월 국회를 앞두고 사회적경제 구성원 스스로의 필요로 대책위가 조직되자 분위기가 바뀌고 있다.

특히 지지세력이 절실한 야권에서 열성적이다. 새정치민주연합 사회적경제정책협의회는 8월 12일 부산·울산·경남, 13일 대구·경북, 18일 전북대학교 등 전국 순회 공청회를 개최하는 등 사회적경제계의 지지를 호소하고 있다. 새정치민주연합은 9월 17일까지 모두 7차례 공청회를 거친 후 정기국회에서 본격 관련법 제정을 위한 논의를 할 예정이다.

새정치민주연합 사회적경제기본법 초안은 사회적경제기업 간 협력과 연대체계 강화, 사회적경제의 법적 범위를 소비자생활협동조합, 신용협동조합, 미소금융 뿐 아니라 사회적기업협의회, 중간지원조직, 그 외 사회적경제 지원 조직 등으로 크게 확대하여 민간 협력을 유도하고 자생력을 강화, 대통령 소속, 기획재정부 업무총괄로 '사회적경제발전위원회'를 개설하고 이를 중심으로 관련부처와 지자체에 전문위원을 파견하여 사회적경제육성사업 간 통합적인 지원체계 구축과 지역, 업종, 전국단위 협의체, 민간네트워크 구축을 촉진시키는 것이 주된 내용이다. 현행 고용노동부 소속 한국사회적기업진흥원은 고용노동부, 보건복지부, 기획재정부가 공동 운영하는 '한국사회적경제진흥원'으로 격상한다. 전반적으로 사회적경제의 범주를 확대하고 민관협력 네트워크를 구축하는 것이 특징인 법이다.

새누리당 사회적경제기본법은 정책의 수립과 총괄, 조정을 위해 필요한 사항과 사회적경제조직의 설립 운영 및 지원에 관한 운영방침과 규정이 주된 내용이므로 합의를 위해 정치이해를 떠나 더 좋은 법안을 위해 여야의 건전한 토론이 요구되는 시점이다. 또한 지난 2월 문재인 의원실에서 공공기관과 공무원의 사회적 책임을 강조한 「사회적가치기본법」을 제안한 바 있는데, 전문가들은 각 법안의 장점을 합친다면 2002년 영국 '사회적기업 지원전략' 못지않은 법안이 마련될 수 있다는 희망적인 전망을 내놓고 있다.

대책위 측은 "사회적경제기본법이 사회적경제 구성원은 물론 시민 사회에 미칠 중대한 영향력을 지니고 있음에도 불구하고 입법 논의가 여야 정당에 의해 주도되고 있으므로 사회적경제 구성원이 주도하여 시급히 공론을 형성할 필요가 있다. 서울공청회 이후 전국 광역단위별 순회공청회를 통해 대책위 참여 단체를 확대할 예정이다." 라고 밝혔다.

새정치민주연합도 사회적경제기본법의 연내 입법을 위하여 「사회적경제기본법」 제정 입법배경과 논의 경과를 일반에 공유하고 쟁점내역을 설명하고 현장과 지역의 의견을 수렴하기 위해 17일 국회도서관 강당에서 오전 10시부터 12시 30분까지 약 2시간 반 동안 입법공청회를 열었다.

이번에 열리는 국회 공청회는 전국 종합 공청회로, 지난 8월 동안 전국 순회 공청회의 내용을 종합하고 성과를 공유하는 것이 주된 목적이었다.

이번 공청회에는 새누리당, 새정치민주연합 외에도 전국사회적경제매니패스토실천협의회, 전국 사회연대경제정부협의회, 한국사회적기업중앙협의회, 한국협동사회경제연대연대회의, 서울사회적경제지원센터, 한국사회투자재단 인사와 박원순 서울시장이 참여하여 의견을 나누었다.

박원순 서울시장은 축사에서 "아직 우리나라 사회적경제는 고용분담률이나 인프라 측면에서 여전히 초기 걸음마 단계로, 사회적경제 활성화과 지속가능한 사회적경제 생태계 구축을 위한 범정부 차원의 법·제도적 기반이 정말 필요한 때이다."라며 사회적경제 기본법의 취지와 입법을 위해 보다 신중하고 노력해줄 것을 주문하였다.

새정치민주연합은 2013년 김기준, 김현미 의원이 중심이 되어 여야의원으로 구성된 국회 협동조합 활성화 포럼, 신계륜 의원이 대표를 맡은 국회사회적경제연구포럼 등을 결성해 활동했으며 2014년 국회 본회의 교섭단체 연설에서 사회적경제 활성화 방안을 위한 특별위원회 설치를 제안하였다. 2월 26일 50여 명의 국회의원, 지방자치단체장, 자문위원, 지도위원 등으로 구성된 사회적경제정책협의회가 출범하였으며 국회에 신계륜 의원이 대표로 발의한 "사회적경제기업을 위한 구매촉진 및 판로지원에 관한 특별법안", 문재인 의원의 "공공기관의 사회적 가치 실현에 관한 기본법안"이 제출되어 있다. 10월 8일 국회헌정기념관에서 여야의 지방자치단체장으로 구성된 전국사회적경제지방정부협의회가 공식적으로 출범할 예정이다.

새정치민주연합 사회적경제기본법 초안은 사회적경제기업간 협력과 연대체계 강화, 사회적경제의 법적 범주를 소비자생활협동조합, 신용협동조합, 미소금융 뿐 아니라 사회적기업협의회, 중간지원조직, 그 외 사회적경제 지원 조직 등으로 크게 확대한다. 그와 더불어 민간 협력을 유도하고 자생력을 강화, 대통령 소속, 기획재정부 업무총괄로 '사회적경제발전위원회'를 설치하여 관련 부처와 지자체에 전문위원을 파견, 사회적경제육성사업간 통합적인 지원체계 구축과 지역, 업종, 전국단위 협의체, 민간네트워크 구축을 촉진시키는 것이 주요 내용이다. 이에 따르면 현행 고용노동부 소속 한국사회적기업진흥원은 고용노동부, 보건복지부, 기획재정부가 공동으로 운영하는 '한국사회적경제진흥원'으로 격상한다. 전반적으로 사회적경제의 법적 범주를 확대하고 민관협력 네트워크를 구축하는 것이 특징이다.

새누리당 사회적경제기본법은 정책의 수립과 총괄, 조정을 위해 필요한 사항과 사회적경제조직의 설립과 운영, 지원에 관한 운영방침과 절차, 규정이 주된 내용이다. 정의당 사회적경제법안은 아직 발표되지 않았으나 이 틀에서 크게 벗어나지 않을 것이라는 전망이다. 따라서 여야가 합의를 통해 양쪽의 사회적경제기본법을 하나로 합쳐 병합 발의할 수도 있다는 예측이 조심스럽게 나오고 있는 상황이다.

이이재 새누리당 사회적경제특별위원회 총괄간사는 "사회적경제가 우리 사회의 구조적 문제를 해결하고 본격적인 도약을 하기 위한 정책과 제도가 뒷받침되어야 한다는 필요성이 강조되어 새누리당도 「사회적경제기본법」을 발의한 상황이다. 여야를 막론하고 사회가 국가의 복지와 자유시장경제의 성장만으로 건강한 공동체를 만드는 데에는 한계가 있다고 생각한다. 여야가 함께 서로의 법안의 장단점을 잘 검토하고 토의하여 지속가능한 사회적경제로 더 발전시킬 수 있는 실질적인 결과물이 만들어질 것을 기대하고 노력하겠다."라고 말했다.

박영선 새정치민주연합 국민공감혁신위원장은 "우리나라도 다양한 지원제도와 정책이 있지만 부처별로 분리되어 있어 현장에서 많은 어려움을 호소하고 있다. 이제 사회적경제를 위한 생태계 조성에 국가가 나서야 할 때이다. 전국 각지에서 와주신 패널 분들에게 감사드리며, 오늘의 대한민국 경제의 패러다임을 바꾸는 전환점이 될 수 있도록 사회적경제기본법 제정에 최선을 다하겠다." 라고 말했다.

서울시의회 역시 지난 9월 16일 초중고교에 사회적경제 교육을 의무적으로 이수하는 제도 마련을 위해 '서울특별시 사회적경제 기본 조례'를 일부 수정, 홈페이지를 통해 입법을 예고했다.

개정안은 서울시 사회적경제 기본조례 중 교육훈련 및 연구 지원 등의 내용을 담은 16조에서 '④ 시장은 관계기관과 협력하여 예산의 범위에서 초중등 경제교육에 사회적경제 관련 내용이 반영될 수 있도록 자료의 개발·제작·보급과 교육·홍보 등에 필요한 비용의 전부 또는 일부를 지원할 수 있다.'라는 문구가 추가된다.

이 개정안으로 입법되면 서울시는 현행 초중등학교에서 이루어지는 경제교육에 사회적경제 관련 내용이 포함될 수 있도록 연구지원을 할 수 있게 된다. 이 조항 자체로 당장 제도권 학교에 사회적경제 교육이 신설되는 것은 아니다. 그러나 점진적으로 미래 세대가 사회적경제를 보다 일찍 접할 수 있는 기반을 마련한다는 점에서 긍정적으로 평가할 수 있다.

개정안의 대표발의자 김현아 의원은 "고용불안과 양극화에 따른 위기 극복을 위한 방안으로써 사회적경제가 대두되고 있다. 사회적경제 활성화를 위하여 사회적경제 참여자 및 학생·사회적기업가 등 미래 사회적경제 참여 대상자에 대한 교육 확대와 대시민 교육·홍보 강화를 추진할 필요가 있어 관련 규정을 개정하려 한다."라고 제안 이유를 밝혔다.

한편 '서울특별시 사회적경제 기본조례'는 사회적경제 활성화와 지속가능한 사회적경제 생태계 조성에 필요한 각종 시책과 지원근거를 종합적으로 반영한 시책으로, 2014년 5월 15일 공포, 시행하고 있다. 사회적경제 기본이념과 원칙, 사회적경제 활성화와 가치실현을 위한 서울시장(市長)과 사회적경제기업의 책무, 사회적경제 지원기관의 역할, 사회적경제 활성화를 위한 행·재정적 지원근거 및 국제협력 노력 등에 관한 내용을 담고 있으며, 이번 개정으로 교육 훈련과 연구 지원에 박차를 가할 수 있게 된다.

3) 일부 개정법률안에 대한 의견[23)]

가) 명칭사용(제3조)

현행「협동조합기본법」에 의하면 이 법에 의하지 않을 경우 협동조합이라는 명칭을 사용할 수 없다. 그러나 이는 이 법에 의하지 않고도 협동조합을 설립할 수 있는 자유를 제한하는 것으로 협동조합의 자유로운 설립을 보장하고자 하는 법 취지와 맞지 않다는 것이다. 따라서 협동조합의 자유로운 설립을 허용하되, 이 법에 의한 설립 여부는 당사자들의 의상에 맡기는 것이 필요하다.

나) 출자금의 성격

현행법에는 출자금의 성격에 관한 규정이 명확치 않아 회계 처리시 논란의 소지가 있었으며, 부채로 해석되어, 금융권으로부터의 대출을 어렵게 할 우려가 존재하였다. 기획재정부의 일부 개정법률안에서도 협동조합의 자본금을 조합원이 납입한 출자금의 총액으로 하고 있다.

연대회의의 안은 출자금이 개별 협동조합 정관이나 해당 국가 법령에 의해 '총회의 승인'을 통해 탈퇴한 출자자레게 돌려준다는 명시가 있으면 부채가 아니라 자본으로 본다는 국제회계표준기구의 해석을 구체적으로 반영하였다.

다) 협동조합의 기관(제32조)

소규모 협동조합이 이사회를 필수기관으로 두도록 하는 것은 실질적으로는 총회와 중복될 수 있어, 오히려 협동조합의 설립 및 운영에 불필요한 장애가 될 것이므로, 일정규모 이하(10인 미만)의 협동조합에 대해서는 이사회를

23) 자료 : 전게서, pp.2～8.

두지 않을 수 있도록 하였다. 이 경우에도 법인의 필수기관인 이사는 두도록 하였다. 또한 이사의 과반수를 조합원 중에서 선임하도록 함으로써 협동조합의 정체성과 경영의 측면에 균형을 도모하기로 하였다.

라) 임원의 연임제한(제35조)

일부 개정법률안은 조합의 민주성 확보를 이유로 협동조합의 임원 중 이사장만 2차에 한하여 연임할 수 있도록 하고 있는 현행법을 개정하여, 임원에게까지 연임제한을 확대하려하고 있다. 그러나 임원의 임기까지도 연임으로 제한하는 것은 오히려 자주적·자립적·자치적인 협동조합 활동을 촉진(제1조 목적)하고자 하는 협동조합기본법의 목적을 훼손할 우려가 있다.

마) 임원 결격사유(제36조)

일부 개정법률안에 의하면 '협동조합의 임원이 결격사유가 있는지를 확인할 필요가 있는 경우 범죄의 경력조회 등'을 요청할 수 있도록 하고 있으나, 이렇게 할 경우 협동조합의 자유로운 활동을 위축시킬 우려가 있다.

바) 임직원의 겸직 금지(제44조)

현행법과 일부 개정법률안에서는 대통령령으로 정하는 바에 따라 임원의 겸직 금지를 배제하도록 하고 있다. 그러나 감사는 업무관계자가 배제되는 것이 기본적 원리이므로 원칙적으로 금지하는 것이 협동조합의 투명성 제고를 위해 바람직할 것이다. 따라서 감사의 경우 겸직을 금지하되, 일정한 경우에 감사의 역할을 총회가 대신할 수 있도록 하여, 감사제도의 원칙을 지키되, 운영의 탄력성을 확보하고자 하였다.

사) 경영공시(제49조의 2)

일부 개정법률안은 협동조합이 경영공시 자료를 게재할 홈페이지와 게재할 자료를 명확화하고 구축될 정보화시스템에 경영공시할 수 있도록 관련 근거를 마련하기 위해 관련조항을 신설하려고 한다. 그러나 정관, 규약, 규정, 사업계획서, 결산보고서, 총회, 대의원총회, 이사회 활동상황, 사업실적 등 지나치게 많은 자료를 요구하고 있어, 협동조합의 활동을 위축시킬 우려가 있다. 따라서 사업계획 및 실적에 관한 내용만 공시하게 되어 있는 주식회사 수준으로 간소화 할 필요가 있다.

아) 법정적립금 및 임의적립금 경영공시(제50조)

현행법에 조직변경 이전의 법인 또는 사업체에 적립되어 있는 내부유보금은 주주 및 구성원의 결의를 통해 적립금으로 할 수 있도록 하는 조항을 추가한다.

자) 합병 및 분할(제56조)

「협동조합기본법」의 입법취지에 따라 원칙적으로는 「협동조합기본법」에 의한 협동조합과 「협동조합기본법」 외 법률에 의한 법인, 단체, 협동조합 등과 합병하는 것은 금지하되, 「협동조합기본법」에 따른 협동조합에 의한 흡수합병은 허용함으로써 「협동조합기본법」에 의한 협동조합의 활성화를 도모할 필요가 있다.

차) 잔여재산처리(제59조)

현행법에는 협동조합 해산시 잔여재산이 있을 경우 정관에 따라 처리하게 되어 있으나, 이렇게 할 경우 협동조합으로의 조직변경 전 사업보조금 등에 의해 조성된 사내유보금이나 영업에 의한 이익에 대해 개인이나 신규 조합원들의 무임승차가 가능해지는 문제가 있어, 이를 예방하고자 하는 취지이다.

카) 조직변경(신설)

그동안 법인의 유형과 관계없이 조직변경이 가능함에도 구체적인 규정이 없어, 실제 조직변경에 어려움을 겪는 사례가 발생하고 있었다는 점에서 바람직하다고 할 수 있다. 다만 조직변경에 필요한 의결정족수를 소속 구성원 전원 동의로 함으로써, 신설취지가 무색하게 조직변경을 어렵게 할 수 있는 바 이를 소속구성원의 3분의 2 이상으로 함으로써 실효성을 확보하고자 하였다.

타) 감독(신설)

법 제정당시 일반 협동조합의 경우 인가가 아닌 신고사항으로 하고 감동조항을 삭제하여 설립과 활동의 자유를 보장하고자 하였다. 그러나 일부 개정 법률안에서는 이를 다시 포함함으로써 법제정 취지를 무색하게 하고 있다.

파) 협동조합연합회의 사업(제80조)

현행법에는 협동조합연합회의 경우에도 금융 및 보험업을 할 수 없도록 함으로써 타법상 연합회에 비해 현저하게 활동을 제약하고 있다. 이에 연합회 기능 강화 차원에서 자금의 조성 및 공제상업을 할 수 있도록 관련조항을 신설하였다.

하) 출자금환급청구권관 환급정지(제89조)

사회적협동조합의 경우 법정적립금이 자기자본의 3배에 달하기 전까지 출자금 환급 청구를 못하도록 ①항의 단서를 두고 있다. 이의 취지는 이해하나

조합원의 재산권 행사를 제약하고 있어, 사회적협동조합 설립을 제약하는 요인이 되고 있다. 이에 출자금 환급에 대한 총회의 동의를 얻어 처리하도록 하는 조항을 신설해(연대회의 안2) 조합원들의 판단과 결의를 통해 협동조합의 자본금 불안정을 예방할 수 있도록 한다.

거) 조합원에 대한 소액대출 및 상호부조(제94조)

이 조항은 법제정 당시 취약계층을 중심으로 확대되고 있는 소액대출 및 상호부조 목적의 협동조합의 활동을 활성화시키기 위함이었다. 그러나 이를 주사업 이외의 사업으로 할 수 있도록 함으로써, 사회적협동조합으로의 인가를 저해하는 요소로 작용하고 있어, 관련내용을 삭제하기로 하였다.

너) 사회적협동조합에 있어 사업의 이용(제95조)

현행법에는 일반협동조합과 사회적협동조합을 막론하고 조합원이 아닌 자에게 협동조합의 사업이용을 금하고 있다. 그러나 사회적협동조합은 지역사회 공헌, 취약계층에 대한 사회서비스 또는 일자리의 제공, 국가 및 지방자치단체로부터의 위탁사업 등 공익증진을 목적으로 하고 있어 조합원이 아닌 자에게도 사업을 이용할 수 있도록 하였다.

더) 조세감면(신설)

협동조합 등 사회적협동조합 등의 지역발전과 공익적 성격을 감안하고 유사한 성격의 농업회사법인, 농업협동조합, 사회적기업 등의 조세감면과의 형평성을 고려하여 조세감면에 필요한 근거규정을 신설할 필요가 있다. 또한 협동조합과 사회적협동조합으로의 전환을 촉진하기 위하여 전환시 발생하는 조세감면에 필요한 근거규정을 신설할 필요가 있다. 아울러 조세특례제한법,

소득세법, 상속세 및 증여세법 등 관련 타법의 개정도 필요하다.

러) 협동조합 등에 대한 경과조치(부칙 제2조)

조직변경 신설과 함께 한시적으로 전원동의가 아닌, 2/3 동의라는 예외를 인정하고 있다. 이에 조직변경 의결정족수를 2/3로 수정하고 부칙을 삭제할 필요가 있다.

4) 우리나라 협동조합기본법 제정에 참고가 된 국가와 누락된 국가

우리나라 「협동조합기본법」 제정과정에서 참고가 된 국가는 독일, 스웨덴, 핀란드, 스페인, 캐나다, 포르투갈, 브라질, 코트디브아르, 헝가리, 인도, 요르단, 케냐, 멕시코, 태국 등 14개국의 관련법과 제도가 참고되어 법체계가 구성 되었다. 이는 세계적인 경제위기에 처해 있던 2009년, 유엔(UN)은 협동조합이 저성장 시대에 새로운 일자리를 창출할 수 있다는 점에 주목하고, 2012년을 '세계 협동조합의 해'로 지정하였다. 이에 각국 정부가 협동조합 활성화에 동참할 것을 권고하면서 이러한 흐름에 발맞추어 2012년 12월 「협동조합기본법」을 공포하여 시행하게 된 것이다.

하지만 협동조합기본법의 제정에 꼭 포함시켜야 할 필리핀의 협동조합에 대한 사례 연구는 제외된 것으로 보인다.

오랜 기간을 거쳐 계층간 빈부격차 및 지역간 발전격차가 큰 필리핀은 저개발지역의 개발을 도모하고 인구의 70%를 차지하는 빈곤층의 삶을 개선하여 사회경제적 공동선(共同善)을 달성하려는 주요 정책적 수단으로 협동조합 육성정책을 실시하여 왔다. 필리핀의 사회경제구조는 상당히 계급화 되어 있으며 이에 따라 소수 상위계층 중심적인 경제정책이 보편적으로 실시되고 있다고 볼 수 있다. 그만큼 다수의 취약계층과 서민계층을 위한 정책적 수단은 매우 제약되어 있는 가운데 그나마 이들을 위한 유용한 정책수단중 하나가 협동조합 육성정책이라는 점을 인식할 필요가 있다. 이러한 관점에서 필리핀의 협동조합 정책은 우리에게 많은 함의를 내재하고 있다고 볼 수 있다.

우리나라도 빈부격차와 기회의 불평등성이 점차적으로 고착화되어 가고 있다. 협동조합 등 사회적경제조직의 활성화를 통하여 이러한 구조적인 사회경제적 문제를 타결해 나가야 하는 입장에서 필리핀 협동조합의 제도와 법령에 대한 연구는 우리에게 건설적이고 유용한 정책적 시사점을 풍부하게 제공하리라 본다.

사회적경제 구축에 민주적이고 참여적이며 인간 중심적인 조직체인 협동조합의 육성은 매우 중요하다. 그러한 노력의 일환으로 우리나라는 협동조합기본법을 2012년 말에 제정하였으며 최근에는 이를 사회적경제기본법으로 승화 발전시키려는 노력을 기울이고 있다. 이러한 관점에서 협동조합기본법 제정 과정에서 누락된 필리핀의 협동조합 사례는 매우 중요한 함의를 제공하리라 여겨진다.

2. 왜 필리핀인가?

가. 필리핀 협동조합 개요

필리핀은 2012년 말 기준현재 '협동조합개발청'에 22,555개가 등록되어 있다. 유형별로 보면 다목적협동조합이 전체의 약 65%인 14,558개로 제일 많다.[24] 그 다음으로 신용협동조합(12%, 2,690개), 생산자협동조합(6.1%, 1,379개), 서비스협동조합(5.6%, 1,270개), 소비자협동조합(4.9%, 1,101개), 유통협동조합(4.6%, 1,062개) 순으로 많다. 그리고 우리나라의 연합회에 해당하는 연맹은 총 201개로 0.89%를 차지한다.

〈유형별 협동조합 분포〉

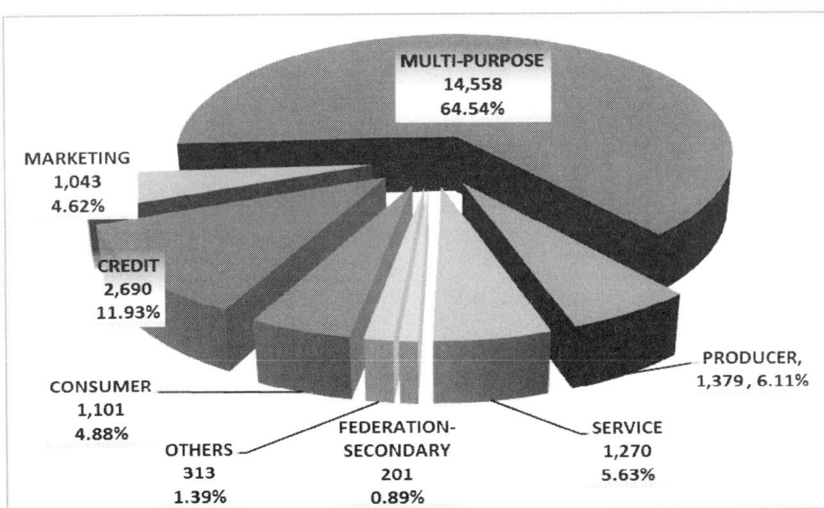

24) 다목적협동조합은 후술하겠지만 협동조합 설립 후 2년간 운영하여야 다목적협동조합으로 등록할 수 있다.

〈지역별 협동조합 분포〉

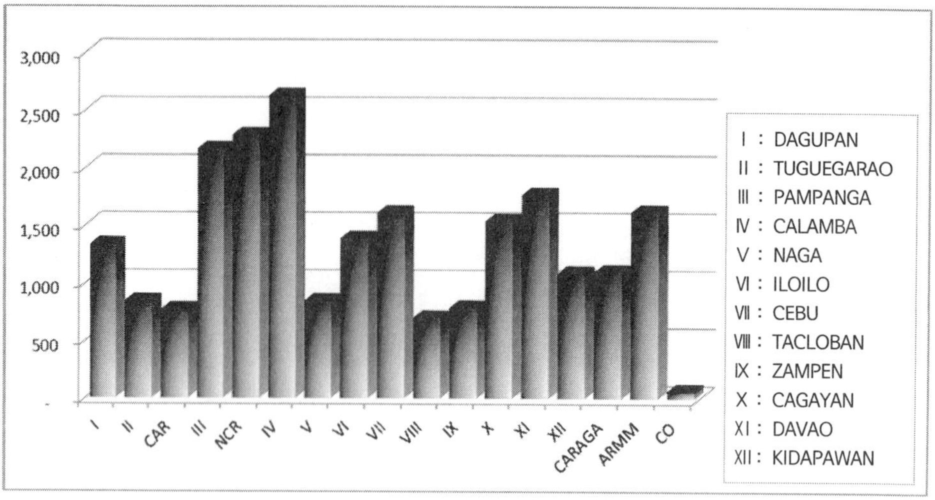

협동조합에 참여하고 있는 조합원수는 2012년 말 기준 1,162만 명이다. 필리핀 20~60세 성인 기준 5명 당 1명꼴이다. 그만큼 협동조합은 인구의 대다수인 서민층과 하층민의 생활과 밀접하다는 것을 알 수 있다. 협동조합 유형별 조합원수는 유형별 협동조합 수와 대체적으로 궤를 같이 한다. 다목적협동조합이 전체 조합원 1,162만 명의 62%인 725만 명으로 제일 많고 그 다음으로 신용협동조합원이 220만 명으로 19%를 차지한다. 다목적협동조합 대부분이 조합원들을 위한 신용사업을 하고 있음을 고려하면 협동조합은 서민들에 대한 중요한 대출 기능을 제공하고 있음을 알 수 있다.[25] 그리고 협동조합 수로 보면 생산자, 서비스, 소비자 순이지만 조합원수 기준으로 보면 서비스, 전기, 소비자, 생산자, 유통 순이다. 이것은 사업유형에 따라 소비 수혜적 관점에서 조합원의 참여가 많음을 알 수 있다.

25) 실제 필리핀에서 서민들이 상업은행에서 대출을 받는 것은 일반적이지 않다.

[표 2] 협동조합 유형별 조합원수

유 형	명	%
다 목 적	7,246,313	62.3474
신 용	2,220,722	19.1071
서 비 스	1,585,858	13.6447
전 기	272,082	2.3410
소 비 자	115,372	0.9927
생 산 자	91,366	0.7861
유 통	79,667	0.6855
교 통	3,169	0.0273
근 로 자	1,861	0.0160
농지개혁	1,792	0.0154
어 민	1,587	0.0137
낙 농	1,078	0.0093
의식개선	514	0.0044
주 택	500	0.0043
금융서비스	181	0.0016
수 자 원	166	0.0014
건강서비스	133	0.0011
교 육	117	0.0010
합 계	11,622,478	100

나. 필리핀 역사와 사회구조

오늘 날의 필리핀 협동조합을 분석하여 의미 있는 정책적 시사점을 도출하려면 필리핀 역사에 대한 이해와 아울러 필리핀의 문화 그리고 사회경제적 구조에 대한 이해가 선행되는 것이 필요하다.[26] 그렇지 않으면 고도성장으로 세계 10대 경제대국으로 향하는 우리나라 입장에서 경제적 지표로 우리나라와 필리핀을 단순하게 비교하여 우리보다 경제적 발전과 수준이 많이 떨어진 '후진국' 필리핀에서 특별한 것을 기대할 만한 것이 있겠느냐는 자만적 선입견에 빠질 수 있기 때문이다.

필리핀은 약 400여 년간 식민통치를 받았다. 이에 대한 필리핀 사람들의 감정은 어떠할까? 이에 답변을 바로하기 전에 먼저 당시의 시대적 배경과 식민국인 스페인과 미국의 통치 방식에 대해 간략히 살펴보기로 한다.

15~16세기 유럽은 자본 축적에 대한 욕구가 팽배해지면서 로마제국 시대의 노예생산력과 대토지 소유에 대한 의식이 팽배해졌고 부를 축적하고자 하는 강렬한 사회적 시대적 욕구는 국제무역 차원을 넘어서 식민지 개발을 앞 다투는 원동력이 되었다.[27] 이것은 소위 대항해시대라고 하는 제국주의 시대를 열었는데, 유럽 국가들은 아시아, 아프리카 그리고 미주 대륙을 경쟁하듯이 정복해 나갔다. 당시 유럽국가 중 최강국이었던 스페인이 미주 대륙

---

26) 특정 국가의 제도와 역사를 연구하여 유익한 시사점을 도출하려면 단편적이고 부분적으로 접근하는 경우 학문적 오류뿐만 아니라 실질적 적용 면에서도 많은 위험요소를 가질 수 있다. 그래서 본 연구는 필리핀의 국제적 역사적 문화적 정치적 경제적 상황에 대한 다면적인 이해를 통한 접근을 시도하려고 상당한 노력을 기울였다. 이를 위하여 초고가 완료된 후 소상공인진흥원의 해외 진출 교육프로그램의 필리핀 전문가 5명으로 구성된 평가회를 2차례 개최하여 보완 및 수정을 하였다.

27) 국제무역과 식민지 경영에 의한 대규모 이익과 자본 창출은 유럽의 봉건제 붕괴와 절대왕정 성립 이후 산업자본이 국정을 지배하는 명예혁명(1688)에 영향을 미쳤으며 중상주의 확산에 크게 기여하였다. 중상주의 핵심은 상업에 의한 이익추구이다. 아담 스미스의 국부론(1776년)이 나오기까지 유럽 경제의 주류 이론으로 작용했다.

에 대한 식민지 개발의 첨단에 있었다. 1492년 콜럼버스가 아메리카 대륙을 발견하고서부터 중남미에 대한 진출이 본격화 되었다. 1519년 스페인 코르테스는 멕시코의 아스텍제국을 몰살시켰고 1533년 피사로는 페루의 잉카 문명을 멸망시켰다. 그리고 마젤란이 남미를 돌아 태평양을 횡단하여 필리핀 세부를 발견한 것이 1521년이다.

필리핀은 스페인이 오기 전에는 통일국가가 아닌 약 50~100개 가구의 바랑가이(Barangay, 마을)로 구성되어 있고 족장(Datu, 오늘날의 동장이나 이장)이 지배하는 통치 체제였다. 족장이 대부분의 토지를 갖고 있었고 일부 소수 주민은 자가 농지를 갖고 있었다. 그리고 대부분의 사람들은 원시공동체 생활을 하고 있었다. 그러다가 스페인에 의하여 최초로 통일국가가 되었으며 역사시대에 편입된 것이다. 스페인은 멕시코의 은을 가져와 마닐라에서 중국 상인에게 되파는 무역중개국으로 활용을 하였다. 당시 명나라는 은을 최고화폐로 사용하였기에 은에 대한 수요가 많아 스페인으로서는 상당한 무역 이익을 가질 수 있었다. 그리고 1755년부터 필리핀을 사탕수수 생산지로 개발을 하였다. 그 후부터 지금까지 필리핀은 사탕수수 수출국이다. 스페인은 유럽의 다양한 문화와 교육제도를 필리핀에 도입하였다. 그 중 한 예가 1611년에 설립된 '산토 토마스 대학교(UST : University of Santo Thomas)'인데 아시아에서 가장 오래된 대학으로 알려져 있다.

스페인은 귀족 관료, 군인, 선교사, 교사, 의사들을 약 5,000명 파견했는데 이들의 대부분이 가족을 데려 오지 않았기에 현지인들과의 혼인에 의한 혼혈이 많이 태어났다. 이에 따라 소수의 스페인인과 혼혈들이 필리핀을 지배하는 구조가 형성되기 시작하여 오늘 날까지 이어지고 있다.[28] 스페인은 식민화에 공헌이 많은 군인과 성직자 그리고 상인 등 스페인계뿐만 아니라 일부 토착

28) 종종 스페인 혈통이 많이 남아 있는 필리핀인을 볼 수 있는데, 이들은 지금도 대체적으로 부유한 집안의 사람이 많음은 그들의 계급주의가 현재까지 이어져 내려옴을 간접적으로 표현한다.

지배층들에게 토지를 분배해주면서 사법권도 부여하였고 이들로부터 토지세를 걷어 드렸으며 이들은 지역의 농민들로부터 소작료를 받았다. 이것은 유럽의 봉건시대에 존재했던 영주제도와 유사한 시스템으로 정착하였다. 여기에 중국인들이 축적한 상업자본으로 대규모로 토지를 구매하면서 신흥 지주로 부상하였다. 18세기 후반 수출용 농산물인 사탕수수 재배를 독려하면서 대지주들은 토지와 고리 대부금을 농민들은 노동과 농기구를 부담하는 체제 속에서 고리대금에 의하여 자가 농지를 갖고 있던 농민들 대다수가 토지를 넘기며 소작농으로 전락하고 말았다. 미국 통치시절에는 파인애플, 코코넛, 바나나 등 대규모농장이 개발되면서 소작농의 비중은 더 크게 늘어났다.

19세기 말에 미국은 아시아 태평양 진출을 위한 교두보로 괌, 사이판, 필리핀을 지배하기 시작하였다. 스페인과의 전쟁에서 승리한 미국은 파리조약(1998년 12월)으로 2천만 달러에 필리핀을 스페인으로부터 양도받는다. 독립을 희망하는 필리핀 혁명군과 3년여의 전쟁을 치렀지만 필리핀의 지배층이 미국편을 들면서 미국은 쉽게 필리핀을 속국으로 전락시킬 수 있었다. 여기서 필리핀 지배층은 그들이 스페인 통치시대의 토지, 상권 등의 기득권자로서 독립군의 대다수인 농민들의 토지개혁 요구를 반대하였기 때문이다. 미국은 스페인시대의 기득권층을 식민지 지배의 협력자로 활용했다. 이에 따라 이들 상류계층은 스페인 통치시대에 확보한 기득권을 갖고 미국 통치시대뿐만 아니라 오늘 날에도 필리핀을 지배하는 상류층으로 남아 있다.

필리핀에서는 인구 약 1억 명의 2%인 200만 명이 지배층을 형성한다. 이들은 필리핀 토지의 60%를 그리고 전체 부의 30%를 차지하고 있다. 2012년 포브스가 발표한 1,200여 명의 억만장자 중 필리핀 사람은 6명이며 이 중 제일 부자인 중국계 헨리 씨(Henry Sy)의 재산은 80억 불로 삼성그룹의 이건희 회장의 83억 불보다 다소 작지만 화교자산의 특성상 실제적으로는 훨씬 더 많은 부를 갖고 있는 것으로 추정되고 있다. 필리핀의 1인당 국민소득은 우리나라의 약 10%에 불과하고 인구가 약 1억으로 경제규모는 23% 정도

됨을 고려하면 이러한 부자들이 상당수가 있다는 점은 그만큼 빈부격차가 크고 사회 전체가 경제적 계급에 의하여 통합되고 있지 못함을 간접적으로 보여주고 있다고 할 수 있다.

필리핀의 상류계층은 우리나라의 역사가 반만 년이나 되며 문화민족이라는 주장에 자신들은 그리스 로마시대 이전의 역사까지 아우르는 유럽의 문명과 현대의 중심국인 미국의 제도를 갖추고 있으며 혈통적으로는 15~16세기 세계 최강국이었던 스페인과 20세기 최강국인 미국 그리고 아시아 최강국인 중국의 후손들이라고 자신들을 생각한다. 이것이 자신들을 지배했던 국가에 대한 그들의 생각인 것이다. 그리고 서민들도 500년간에 걸친 피지배층으로서의 삶을 당연시하거나 종교적으로 수용하고 만다. 그리고 우리나라에 대해서는 15세기 이전의 우리나라 역사에는 전혀 관심이 없다. 다만 최근에 들어와 한류와 노동자 진출로 인하여 한국에 대한 관심이 상당히 높아지고 있다.

토지개혁 등을 통한 빈부 격차를 줄이자는 노력은 수차례 있었으나 상류층의 이익에 반하는 정책은 성공적으로 진행되지 못하였을 뿐만 아니라 오히려 대지주들이 더 많은 토지를 보유하게 하는 계기를 제공하였다. 예를 들어 미국은 1902년 농민들이 정부로부터 토지를 구입하여 등기하게 하는 법안을 만들었다. 바티칸과 협상을 벌여 교회 소유지의 90% 매입에 성공했으나 분배 과정에서 토지 구입비용이 없었던 농민들은 극소수만 참여하게 되었고 대부분의 토지가 기존 대지지주와 미국계 설탕회사에 판매되거나 임대되고 말았다. 미국으로부터 독립 후 첫 대통령이었던 로하스 대통령은 지주와 소작농의 배분을 7:3으로 정하기도 하였다.

그리고 국민의 힘에 의한 코라손 아퀴노 대통령(1986~1992 재임)은 '포괄적 토지개혁법(CARP : comprehensive Agrarian Reform Program)'을 제정하고 대규모 농장에서 일하는 소작농과 토지가 없는 농민들이 토지를 소유하는 정책을 강력하게 추진하였으나 지주들이 법 규정의 시행 과정에 개입하는 등 반발로 오늘 날까지 답보상태로 있다. 또한 서민 출신인 에스트라다 대통령

(1998~2000 재임)도 소작농들이 협동조합 등 자발적인 조직을 통하여 대단위 농업을 추진할 수 있도록 하고 정부와 민간기업이 협력하는 것을 추진하였으나 그 역시 지배층의 쿠데타로 실각하게 되면서 그러한 노력은 무위로 돌아갔다.

다. 우리나라와의 비교

여기서 우리나라와의 간략한 비교를 통하여 필리핀을 더욱 이해하는 노력이 필요하다고 본다.

필리핀이 1950~70년대 우리나라보다 경제적, 사회적으로 앞섰으며 아시아 선진국이었으나 마르코스 18년간의 독재와 부패로 우리나라에게 추월되었다고 보는 사회학자 또는 경제학자들이 많다. 하지만 필자의 분석에 의하면 그러한 관점은 지극히 부분적 해석이거나 우리나라와의 현대사와의 억지 대비에서 비롯되었다고 사료된다.

필리핀은 족장이 지배하는 마을 국가였다가 스페인에 의하여 통일국가로 성립된 것이 1520년경에 불과하다. 우리나라는 기원전에 이미 고조선이라는 단일 국가가 있었고 왕권이 확립된 삼국시대를 거쳐 668년에 신라가 삼국을 통일한 이후 고려와 조선의 단일국가로 오다가 일제식민지(1905~45년) 이후 국제질서 재편에 따라 남북한으로 분리되어 오늘에 이르고 있다. 그리고 필리핀은 스페인이 통치하기 이전에는 문자가 없었다. 하지만 우리나라는 황하문명 영향권 속에 한자의 도입이 기원전에 이루어졌으며 삼국사기 등 자체적으로 역사기록을 남겼으며 성리학 등 고도의 사상체계를 이룩하였고 세계에서 가장 사용하기 쉽고 우수한 '한글'을 개발하여 사용해 온 문화 국가이다.

필리핀이 15~16세기 세계 최강국인 스페인으로부터 선진 문명을 받아들이기 시작한 시점으로부터 약 400년간 우리나라는 중국과 일본 사이에서 전쟁 패전국이자 약소국으로 세계사에서 존재가치를 전혀 드러내지 못하였다. 필리핀 사람들은 우리나라에 대해서 잘 모르는 사람들이 많다. 정확히 이야기하자면 한국에 대하여 관심을 갖지 않는다.[29] 자기들이 세계 최강국의 문화가 유입되던 시절 우리나라는 변두리 국가였기 때문이다.

하지만 그들이 진정으로 모르는 것이 있다. 그것은 우리 민족이 5,000년의 역사를 이어 온 문화민족으로서의 저력과 일제 해방 후 토지개혁에 성공하였고 한국전쟁을 거치면서 과거의 기득권을 가진 소수를 제외한 대부분의 국민이 비교적 동등한 경제적 환경에서 출발한 점은 오늘 날의 경제적, 사회적, 정치적 성과를 이룩하는 데 커다란 요인으로 작용한 점이다.[30] 왜냐하면 국민 대다수는 스스로의 발전과 공평한 사회를 향한 노력과 더불어 정부와 정치인에게 공평한 정치, 사회 그리고 경제적 발전을 요청을 해 왔다. 그리고 시대별 정치지도자마다 차이는 있지만 대체적으로 소수 기득권층보다는 일반 대중의 요구와 희망에 부응하여 왔다고 할 수 있다.

이에 반하여 필리핀의 정치지도자들 대부분은 기득권 출신들이기도 하지만, 자신들의 정치적 입지와 영향력이 가난하고 소외되어 있는 대중이 아니라 기득권층인 상류계층에 의하여 결정됨을 잘 알고 있는 터라 자원의 분배 등 국가정책에 상류계층을 우선적으로 고려하게 된다.

제2차 세계대전 후 미국과 소련의 양극 체제 속에서 중국에 이어 베트남, 라오스, 캄보디아가 공산화됨에 따라 미국은 긴장을 하지 않을 수 없었고 이에 따라 필리핀에 대한 대대적인 경제 원조를 실시하게 되었다, 이에 따라

---

29) 최근 한류는 필리핀 서민들에게 우리나라에 대한 관심을 크게 제고시켰다. 그리고 최근에 들어서는 상당히 높아진 Korea 브랜드 때문에 우리나라에 대한 상류층의 관심도 조금씩 형성되고 있다.

30) 우리나라의 정치 지도자들도 남북 대치상황에서 경제력 우위를 확보하기 위하여 훌륭한 경제 리더십을 발휘하였다고 평가된다. 특히, 수출 주도의 경제개발정책을 성공적으로 이끈 점은 높은 평가를 받을 수 있다. 이것은 제2차대전 이후 미국과 소련의 양극 냉전체제 속에서 미국을 중심으로 편성된 자본주의 시장에 우리나라가 자연스럽게 편입되어 무역의 이익을 통한 경제발전의 초석을 이루었다고 할 수 있다.

필리핀은 유럽의 잔재된 문명과 미국식민지를 통한 선진 제도와 시스템 그리고 미국의 대대적인 경제적인 지원에 힘입어 1950~70년대 일시적 풍요를 누리는 것처럼 보였으나 이러한 유럽문화, 미국식 제도와 미국의 지원은 일반 대중이 아닌 기득권을 가진 상류계층 중심으로 이루어짐에 따라 겉으로 화려할 뿐, 중산층의 확대가 동반하는 지속 가능한 경제 체제를 구축하지 못하였다고 보아야 한다.

토지개혁을 비교해 보면 두 국가는 극명하게 다르다. 우리나라는 1950년 3월에 농지개혁법을 제정하여 한국전쟁 직전까지 농지의 70~80%를 재분배하였다.[31] 필리핀에서는 우리나라보다 훨씬 먼저부터 토지개혁을 시도하였는데 100년간 약 10여 차례의 토지개혁 시도가 있었지만 실질적으로 모두 실패하였다. 실패한 이유는 식민지 시대 초기부터 스페인정부에 의한 토지정책에 의하여 생성된 토지경제 수혜층이 오늘 날까지도 지주 계급으로 정치 사회 경제의 주인공이기 때문이다. 이들은 자신들의 기득권에 위협이 되는 정책이나 법 제정에 자신들의 권력과 부를 이용하여 물리적으로도 저항할 정도로 자신들의 기득권 보호에는 매우 민감하다.

라. 필리핀 협동조합의 의의

필리핀 협동조합의 역사는 거의 100년에 이른다.[32] 식민지, 제2차 세계대

31) 우리나라의 농지개혁 단행이 6·25 전쟁 전에 이루어짐에 따라 북한군이 남한의 대부분을 점령할 때에도 동조하지 않은 효과도 있었다는 견해도 있다.

32) 일각에서는 필리핀의 독립전쟁 영웅인 호셀 리잘 박사가 1986년에 민다나오 북부 잠보암가 지역의 다피탄(Dapitan)에 농업마케팅협동조합을 조직하였다고 알려져 있으나 그 실체와 내용에 대한 기록은 거의 없다. 그 이유 중 하나가 협동조합 조직을 하고 나서 몇 달 되지 않은 시점에 스페인 정부에 의하여 처형되었기 때문이 아닐까 한다.

전, 독립, 계엄, 민주화시대를 거치면서 국가의 정치 경제 사회적 환경의 변화와 아울러 협동조합 관련 정책도 많은 변화를 경험하였다. 필리핀 협동조합의 태동은 미국 식민지 정책과 함께 시작했다고 볼 수 있다. 식민통치 차원에서 농촌지역사회 발전의 도구로서 협동조합은 연구되고 실시되어 왔다. 따라서 필리핀의 협동조합은 자생적, 자조적, 자율적 조직과 운영이라는 협동조합정신이 결여된 상태에서 정부 주도로 추진되어 왔으며 이에 따라 수많은 시행착오를 겪을 수밖에 없었다. 아시아에서는 비교적 오랜 협동조합 역사를 갖고 있으며 그 태동이 미국인에 의하여 도입된 아시아에 대한 적용의 모델로서 연구의 가치가 매우 높다.

필리핀 협동조합은 다음과 같은 관점에서 이제 막 협동조합을 사회경제적 조직의 중요한 수단으로 육성하려는 우리나라의 입장에서 보면 필리핀은 우리에게 많은 시사점을 주고 있다고 판단할 수 있다.

첫째, 필리핀은 상기 역사에서 살펴보았듯이 16세기 초부터 스페인 통치가 시작되면서 오늘날에 이르기까지 500여 년간 지배계급과 피지배계급의 계급문화가 형성되어 뿌리 깊게 지속되어 왔다. 미국식 정치문화가 정착된 오늘날에도 사회 경제적 제도와 관습은 과거와 약간의 차이는 있을지 모르나 아직도 강력한 계급사회 문화가 팽배되어 있다. 단적인 예로 필리핀은 토지개혁을 실패한, 아니 추진하지 않은 세계 유일의 국가라고 평가할 정도로 지주와 소작인, 지배층과 피지배층의 사회경제적 이중구조를 갖고 있는 드문 국가이다. 이러한 구조 속에서, 국가재정으로 농촌개발사업이나 소작인과 소상공인 육성정책을 대대적으로 실시하는 것은 지배층의 이익에 반할 수 있는 여지가 많아 그들의 반발을 최소화하는 수준에서 민간의 자율적 자립적 조직육성을 통한 개발과 지원 방식이 필요하다 할 수 있겠다. 이러한 정치 사회경제적 배경 속에서 오늘날의 필리핀 협동조합은 하류층을 위한 매우 유효하고 채택이 가능한 경제적인 수단으로 활용되어 왔다는 점은 의의가 크다.

둘째, 위키 백과에 의하면 「협동조합기본법」을 시행하는 나라를 협동조합 선진국으로 정의하고 있는데 여기에 크게 이의를 제기할 수는 없다고 본다. 그러나 우리나라에서 지리적으로 가까운 필리핀은 이미 수십 년 전부터 「협동조합기본법」을 제정하여 최근 2008년에 일부 개정하기까지 협동조합기본법을 시행하여 온 나라이다. 그리고 「필리핀 협동조합법」은 내용과 형식에 있어서도 우리나라뿐만 아니라 어느 선진국에 비하여도 부족함이 없을 정도로 우수하다. 특히 협동조합의 이상과 현실성을 법으로 반영하기 위하여 시대적 상황과 요구를 수용하려는 노력이 수많은 개정을 통하여 오늘날에 이르는 법으로 이해할 필요가 있다.

셋째, 필리핀의 협동조합의 역사를 보면 일련의 법안 상정과 개정의 연속에 따른 정책의 잦은 변화로 점철되어 왔다. 1907년 최초의 법안 마련에 이어 1915년에 「농촌신용법」(Rural Credit Act : ACT 2508)의 발효가 시작된 이후 2008년의 「필리핀 협동조합법」(Philippine Cooperative Code of 2008, RA 9520)에 이르기까지 잦은 법령 개정 및 신설 그리고 다양한 조치들에 대하여 혼란스럽다고 할 수도 있겠으나 한편으로는 필리핀 정부는 협동조합운동에 대한 높은 기대와 희망을 가지고 끈질긴 노력을 해왔다고 평가하는 것이 적절하다고 볼 수 있다. 이러한 이유 중 하나는 미국 식민지 당시에 미국인에 의하여 협동조합 운동과 제도가 도입되고 지원된 것에 기인한다. 당시 필리핀 정부의 엘리트 계급이었던 고위 공무원들은 미국의 선진제도 도입에 매우 열성적이었고 신뢰를 갖고 있었기 때문이다.

넷째, 필리핀은 '협동조합개발청(CDA : Cooperative Development Authority)'이라는 협동조합을 전문적으로 육성하고 관리하고 지원하는 협동조합 주무관청을 별도로 설립하여 운영하고 있다. 마닐라의 중앙본청 외 전국 16개 지역(region : 한국의 도에 해당)에 지역사무소를 운영하고 있다.

다섯째, 필리핀은 약 720만 명의 조합원이 2만 개의 협동조합에 가입하여 활동하고 있는 나라이다. 필리핀 협동조합은 GDP의 약 5%를 담당하며 하층민에게 수만 개의 일자리를 창출하고 있다.[33] 필리핀의 인구는 약 9천8백만 명으로 우리나라의 인구 5,000만 명과 단순 비교할 경우 우리나라 협동조합이 약 10,000개 정도가 되면 필리핀 수준의 협동조합이 조직되었다고 여기면 된다. 그만큼 협동조합은 필리핀에서 특히, 농촌사회와 하층민에서 매우 중요한 사회적경제 조직을 담당하는 수단으로 작용하고 있음을 알 수 있다.

33) 상류층 8%가 필리핀 전체 부의 60%를 보유하고 있다는 점을 고려하면 협동조합의 생산액이 GDP의 5%를 차지함은 협동조합이 서민과 하류층에서 얼마나 중요한 역할을 담당하는 지 엿 볼 수 있다.

3. 필리핀 협동조합의 역사

스페인이 필리핀을 정복하기 이전부터 협력이라는 의미의 '바야니한(bayanihan)' 개념과 관습이 필리피노 문화 속에 있었다, 스페인이 통치를 하면서 경제는 자급 농업경제에서 봉건적 상업 경제로 전환되는데 이 과정에서 전문가, 상인, 예술가 등의 중간계층이 형성되었고 이들은 협동조합의 전신이라고 할 수 있는 '그레미오스(gremios)'라는 지역 기술조합과 동업자조합인 길드를 조직하였다.

스페인 식민시대 말기에 자생적이고 자조적인 단체들이 형성되기 시작하였는데, 독립영웅인 호세 리잘 박사(Dr. Jose P. Rizal)가 1896년 민다나오 다피탄에 설립했다는 농업유통협동조합을 필리핀 협동조합의 효시로 보는 시각이 많다. 1902년도에 인쇄업자들의 협회가 만들어졌는데 이것이 첫 필리핀 노동연맹이라고 평가받고 있다.[34] 초기 협동조합 정신의 싹은 스페인에 대항한 독립운동이 심화되면서 뿌리를 내릴 수 없었다.

필리핀은 1905년 스페인으로부터의 독립과 함께 미국 식민지가 되었다. 이와 함께 미국선교사그룹이 독일에서 1850년대 생성한 라이페이젠(Frederich Wilhelm Raffeisen, 1818년~1888년) 유형의 농촌지역 농업협동조합을 도입하고자 노력하였다. 식민지 총독부에서도 관심을 갖고 농촌지역의 개발을 위한 조직으로서 협동조합을 인식하게 되고 법적 기반을 구축하게 되었다. 실제로 선교사들은 농촌지역에서 현지 교사와 마을 지도자들과 함께 협동조합운동을 전개하였다. 이러한 점을 고려하여 저자들은 1905년부터의, 즉 미국 식민

34) Munoz and Battulayan(1989)는 스페인 통치 말기의 독립운동 지도자들이 이미 협동조합을 사회정의와 경제발전의 수단으로 인식했다고 주장한다.

지 이후의 필리핀 협동조합 전개과정에 집중하고자 한다. 이해를 돕기 위하여 시기별로 5단계로 나누어 살펴보기로 한다.

가. 제1기 : 1905~1940

필리핀은 1905년부터 미국의 식민지 통치하에 들어갔다. 1907년 미국 통치하에 최초의 선거를 실시하고 미국식 상하원 양원 정치제도에 바탕을 둔 미국 식민정부가 출범하였다. 1907년 정부 출범과 함께 소규모 농가에 신용 공여를 위한 최초의 법안인 '농촌신용법안(Rural Credit Bill)'을 도입하였고 1908년에 입법부를 통과하였다. 하지만 불행하게도 당시 최고 통치기구인 필리핀위원회(the Philippine Commission)에 의하여 동 법안은 부결되고 말았다. 그 이유는 상세히 알려져 있지는 않지만 미국 식민정부 초기의 수많은 사업의 수요가 있었으며 우선순위에서 밀린 것으로 여겨진다.

미국정부는 300여 년간의 스페인통치의 잔재를 없애고 미국식 시스템을 조기에 구축하는 사업을 우선적으로 고려했으며 그 중에 대표적인 사업이 식민지인 필리핀 개발을 위하여 높은 문맹률을 낮추고 고급 노동력과 새로운 엘리트 지도자 계급을 창출하는 것이 급선무라고 판단하여 대대적인 교육사업을 우선적으로 실시하였다. 그래서 1908년에 필리핀국립대학교(UP : University of the Philippines)[35]를 설립하고 UP를 중심으로 전국에 고등교육 시스템을 갖추어 나갔으며 영어를 확산시켜 나간 결과 3년 만에 영어가 모든 공문서의 기본 언어로 정착이 되었다. 미국식 정치제도와 행정시스템의 도입은 매우

35) 엄밀하게 말하면 UP System이다. 퀘손의 딜리만 캠퍼스가 본교이며 라구나 로스 바노스, 세부, 다바오 등 주요 거점에 UP 캠퍼스가 설립되었다. UP는 고등교육 지식인 배출을 통하여 필리핀 발전에 상당한 기여를 하였다. 그리고 1908년 UP 로스 바노스(Los Banos) 캠퍼스에 신용협동조합이 설립되었는데 이것이 필리핀의 초기 협동조합 중의 하나이다.

빠르게 성공적으로 이루어졌으며 상하수도, 도로, 항만, 병원 등 사회간접자본도 상당히 확충되어 나가게 됨에 따라 필리핀 개발을 위한 다양한 사업이 재개되었다.

1908년에 보류된 '농촌신용법안'은 결국 8년이 지난 1915년에 '농촌신용법(Rural Credit Act : ACT 2508)'으로 개정되어 발효되었다. 이것이 필리핀 최초의 협동조합 관련 법령이라고 할 수 있다. 이 법은 1850년대 독일에서 농촌의 신용협동조합 조직육성에 크게 기여한 라이화이젠의 경험과 성공에 기초를 두어 제정되었으며 핵심은 정부재원으로 '신용협회(Credit Association)'에 증여 및 대부를 할 수 있는 법적 기반을 갖추었다는 점이다. 이에 따라 농촌신용협회(rural credit association)가 빠르게 조직되기 시작하였고 필리핀 정부는 이에 대한 체계적 관리를 위하여 '농업국(Bureau of Agriculture)'에 관리기능을 부여하게 되었다. 즉, 정부 주도로 신용조합의 모태가 생성되고 관리되기 시작하였다고 할 수 있겠다.

[표 3-1] 필리핀 법령의 호칭 변화

Designation	약칭	정부 형태	기간
Act	Act	미국 통치하의 필리핀 정부	1900~1935
Commonwealth Act	CA	Philippine Commonwealth	1935~1946
Batas Pambansa	BP	Modified parliamentary republic	1978~1985
Presidential Decree	PD	Republic under Martial Law /Fourth Republic	1972~1986
Presidential Proclamation	PP	Republic under Martial Law	1972~1986
Executive Order	EO	Republic, 임시헌법	1986~1987
Presidential Proclamation	PP	Republic, 임시헌법	1986~1987
Republic Act	RA	Republic	1946~1972, 1987~present

그리고 3년 뒤인 1919년에 '농촌신용법(ACT 2508)'과 이에 근거한 실행령(ACT 2818)이 제정됨에 따라 개별농가가 생산 소비활동에 필요한 자금을 실질적으로 신용공여를 받을 수 있는 시스템이 가동되기 시작하였다. 따라서 1919년은 농가에 대한 실질적 신용공여가 시작된 원년이라고 할 수 있다. 1926년 말 기준으로 42개 지방(province, 우리나라의 도와 군의 중간 크기이며 75개의 지방이 있음)에 544개의 신용협회가 탄생하게 되었다. 하지만 협회와 협동조합의 지도자와 운영자들의 자조 자립이라는 협동조합 근본정신 함양이 부족하였고 정부 또한 실적주의에 협동조합의 자율과 자조의 중요성을 간과함에 따라 대부분의 신용협동조합은 대여금을 갚지 않게 되면서 조합에 대한 신용공여 정책은 실패로 끝나고 말았다. 이즈음에 회원 참여적 의미가 더 큰 협동조합(cooperative)이라는 용어가 넓게 사용되면서 협회(association)와 혼용되어 사용하기 시작하였다. 이것은 유럽과 미국에서의 협동조합이 대대적으로 확산되면서 자연스럽게 협동조합의 개념들이 참여와 주인이라는 관점에서 소극적인 개념인 협회라는 용어를 대체하기 시작하였다고 볼 수 있다.

그러는 가운데 신용공여 이외의 농가의 특별한 수요에 대한 지원 방안이 모색되기 시작되었는데, 그것이 1927년에 제정된 「협동조합마케팅법」(Co-operative Marketing Law : ACT 3425)이다. 이 법은 농업국이 아닌 상공국(Bureau of Commerce and Industry)의 주관 하에 농민들이 마케팅 협동조합을 조직하게 한 점이 특징이다. 그리고 이러한 유통협동조합에게도 자금을 대여할 수 있는 법안(CA 116)이 제정되었다. 1938년까지 560여개의 유통협동조합이 설립되었다. 하지만 조합의 지도자 및 조합원에 대한 조합정신 교육 부족 및 정부의 조급한 협동조합 정책 추진에 기인하여 실패로 끝나고 말았다.

미국정부의 다양한 노력에도 불구하고 도농 간의 소득격차가 커지고 소작인들의 생활이 극심하게 어려워지면서 1930년대 초에 루손 섬 중부지역을 중심으로 대대적인 농민운동이 일어나기 시작하였다. 농민운동은 토지개혁과 미국으로 부터의 독립을 요구하는 독립운동으로 확대되어 나갔다. 하지만 지배세력인 대지주들은 농민의 개혁요구와 독립에도 반대하는 입장을 취하였다. 결국 1935년에 6만 5천 명의 무장 농민이 궐기를 하자 미국은 필리핀 독립법을 통과시켜 자치제를 도입하고 퀘손 대통령을 선출하게 되지만 퀘손은 미국에 협조적인 지배층 인사들로 자치정부를 구성하고 토지개혁 대신에 오히려 지배계층의 토지 확대를 용인하고 보호하게 된다. 그때부터 농민운동은 정치세력으로 공산당과 사회당으로 결성되어 오늘 날에 이르고 있지만 진정한 토지개혁은 일어나지도 않았고 지배계층의 토지보유에 대한 집착은 오늘 날까지 변하지 않고 있다.

관 주도의 협동조합에 대한 신용공여 정책이 2번이나 실패한 가운데 한 가지 주목할 만한 일이 발생하였다. 미국 그리스도교회의 알렌 후버(Allen R. Huber) 목사가 주도한, 즉 순수하게 민간이 주도한 신용조합의 성공이었다. 그는 1938년에 필리핀 루손 섬 북부의 남 일로코스의 비간(Vigan)지역 주민들로 구성된 민간 신용조합을 설립을 주도하였는바, 이것이 필리핀 최초의 지역 신용협동조합이다. 이 조합은 정부의 지원 없이 순수하게 조합원들의 조합비로 자본을 조성하는데 성공하였으며 스스로 운영해 나가는 능력을 갖추게 되었다. '민간신용협동조합'의 성공에 자극을 받아 개신교가 중심이 되어 일로코스 지역에서는 조합 형성이 대대적으로 확산되기 시작하였다. 정부 또한 민간의 자발적 협동조합의 가능성을 '민간신용협동조합'의 성공을 통하여 확인하고 「협동조합강화법」(CA 287)을 발효하게 되었다. 또 같은 해에 민간 소비조합을 육성하고자 정부의 지원 아래 '소비자연맹(Consumer's League)'에 포함시키게 되었다.

필리핀 정부는 1940년대 초까지 협동조합 육성에 많은 노력을 기울였다. 예를 들어 1940년에 「협동조합법」(CA 585)의 통과를 계기로 모든 유형의 협동조합 조직이 포함되었다. '국가무역회사(NTC : National Trading Corporation)'가 협동조합을 통괄하여 관리하고 지원하도록 하였으며 '협동조합기금(NCF : National Cooperative Fund)'을 설립하였고 15명 이상의 협동조합을 법인화하였으며 협동조합 설립 후 5년까지 조세 면제 혜택을 부여하였다. 이것은 매우 획기적인 정책이었다.

나. 제2기 : 1941~1960

1941년도에는 협동조합 정책을 체계적으로 추진하기 위하여 '협동조합청(NCA : National Cooperative Administration)'을 설립하였다. 이에 따라 '국가무역회사(NTC)'와 '협동조합기금(NFC)'의 협동조합 지원 및 관리 기능이 '협동조합청'으로 이관되었다. '협동조합청'의 출범으로 필리핀의 협동조합은 빠르게 조직되기 시작하였다.

하지만 1941년 12월 제2차 세계대전이 발발하면서 국방기능 이외의 여타 정부기능은 거의 마비되었으며 '협동조합청'도 업무중단이 되는 사태를 맞이하였다. 약 110만 명의 군인과 민간인이 사망할 정도로 피해가 컸던 필리핀 내에서 그동안 조직되고 육성되었던 협동조합의 대다수가 활동을 중단하게 되었다. 1945년 전쟁이 끝나면서 필리핀 재건을 위하여 미국은 대대적인 원조를 실시하였는데 지원한 구호물자 배분 작업을 원활히 하기 위하여 지역별 배분조직이 필요하게 되어 약 1,500여 개의 협동조합이 구성되어 배분 지원에 참여하였다. 그리고 구호물자 공급이 감소하면서 이러한 물자배분 협동조합은 소멸되고 말았다.

필리핀은 전쟁이 끝나고 미국으로부터 1946년 7월 4일 독립함에 따라 독자 민주정부를 수립하였다. 맥아더 장군의 지원을 받은 로하스(manuel Roxas)가 독립국가 필리핀의 초대 대통령이자 필리핀 제5대 대통령으로 당선되었다. 그리고 협동조합운동을 미국의 경제적 협력과 연계하여 지원하기 위하여 전쟁 전 협동조합 관할청인 '협동조합청'의 조합에 대한 상업유통적 기능을 신설된 '필리핀 구호 및 무역재건청(PRATRA : Philippine Relief and Trade Rehabilitation

Authority)'으로 이관하였다.

이때부터 1960년대까지 협동조합 정책 및 관할 관청은 수차례 바뀌게 된다. 생산자협동조합을 소규모기업 차원에서 육성하기 위하여 '협동조합 및 소규모기업청(NCSBC : National Cooperative and Small Business Corporation)'을 신설하여 이관되었다가 1950년에 다시 '상공부(Department of Commerce and Industry)'의 '협동조합관리사무소(CAO : Cooperative Administration Office)'가 협동조합 관리 업무를 하기 시작하였다.

그 후에도 여러 번의 관련 조치와 법령이 만들어 지곤 하였다. 그중에서도 대표적인 정책을 소개하고자 한다. '협동조합관리사무소'가 비농업협동조합의 주무관청의 역할을 계속 수행하게 하였지만 농촌지역의 협동조합 육성 특화를 위하여 「농업협동조합법」(RA 821)을 제정하여 '농업신용 및 협동조합 재정지원청(ACCFA : Agricultural Credit and Cooperative Financing Administration)'을 1951년도에 신설하여 농업 관련 협동조합을 관할하게 하였다. ACCFA는 농업의 유통부문을 지원하기 위하여 산하에 '농민협동조합유통협회(FACOMA : Famers Cooperative Marketing Association)'을 지역에 설립하고 재정적으로 지원하였으며 이를 통하여 농촌 협동조합들을 관리하고 지원하였다.

FACOMA는 농민들에게 대규모의 재정지원을 제공하였다. 이것은 '미국 국제개발청(USAID : United States Agency for International Development)'의 필리핀 원조 프로그램의 일환으로 다양한 형태의 대여금이 정부재정 지원금과 합쳐져 농민들에게 담보 없이 제공되기 시작하였기 때문이다. 5년차의 통계를 보면 50개 지방에서 455개의 FACOMAs가 조직되었고 총 납입자본금은 5백만 페소가 넘을 정도로 크게 확산되었다. 이 규모는 약 10,700개의 바랑가이(우리나라의 '동' 개념과 유사한 행정단위)에 있는 259,029명의 농민을 포함하는 것이었다. 하지만 FACOMAs는 낮은 상환율과 미숙한 대출관리 능력으로 인하여 어려움을 겪었으며 결국 FACOMA 운동은 국가적으로 실패하고 말았다.

이러한 과정을 통하여 비농업협동조합 관련법에 대한 개정의 필요성이 대두되기 시작하였다. 결국 1957년 협동조합 지도자들의 지지를 받아 「필리핀비농업협동조합법」(RA 2023)이 통과되었다. 이 법안의 의미는 매우 크다. 지금까지 협동조합이 농어촌지역과 농어민 중심으로 육성하고 지원했다면 이 법으로 인하여 농업협동조합과는 별도로 비농업분야의 신용조합, 소비조합, 산업조합, 서비스조합, 다목적조합 등에 대한 육성과 지원을 체계적으로 지원 할 수 있는 근거가 마련된 것으로 비농업분야 협동조합 관할청인 CAO의 기능이 재활성화 되었다.

다. 제3기 : 1960년대

비농업 분야 협동조합의 육성책은 상당히 성공적으로 진행되었다. 1963년까지 약 750여 개의 조합이 탄생되었고 조합원 수도 20만 명을 넘을 정도로 성장하였다. 특히 신용협동조합과 소비협동조합이 축을 이루었다. 「필리핀비농업협동조합법」(RA 2023)에 근거하여 비농업 분야 협동조합에 신용공여를 위하여 필리핀협동은행(PNCB : Philippine national Cooperative Bank)이 설립되어 운영되었다. 하지만 안타깝게도 경영실패로 10년 만에 파산되고 말았다.

1969년에 농업개혁규정(RA 6839)이 통과되었는데 이 규정은 협동조합이 농업개혁 수혜자에게 신용, 유통, 서비스가 전달되는 핵심통로임을 명시함으로써 농업개혁의 파트너로서 협동조합의 중요성이 법령으로 강조되었다.

1960년대 필리핀의 협동조합 발전은 비약적으로 이루어졌는데 이 발전에 가톨릭의 기여는 매우 큰 특징이라고 할 수 있다. 필리핀은 전통적으로 가톨릭 국가이다. 국민의 85% 이상이 가톨릭 신도로서 가톨릭의 정치 사회적 영향력이 매우 강하게 작용한다. 1960년대 초 필리핀 가톨릭 교계는 교회학교의 교육의 일환으로 협동조합운동을 내세우기 시작하였는데, 이것은 제2차

바티칸위원회에서 빈곤문제해결과 사회정의 실현을 위한 직접적 참여 요구 결정에 대한 응답이기도 하였다. 그래서 1967년에 교계는 교구에서 협동조합을 육성하는 필요성을 공식적으로 인식하는 결의안을 통과시킨 국가농촌의회(Natioanl Rural congress)를 지지하게 되었다.

[표 3-2] 필리핀 협동조합(1939~1985)

Year	1939	1967	1977	1980	1985
조합수	570	1,530	1,897	2,941	3,350
조합원(천명)	105	555	460	223.7	337.0
자 산(백만 페소)	3.4	30.5	129.1	280.1	1,053.8
자 본(백만 페소)	n.a.	n.a.	129.0	193.9	627.1

(Source : Gray Wine Think Tank)

이것은 각 교구의 사회행동센터의 행동프로그램의 주요 강령이 되었다. 이 프로그램에 의하여 설립된 협동조합과 교회지도자의 지원에 의하여 설립된 협동조합은 조합 내 리더십과 멤버십을 촉진하는 수단으로서 경제자유화, 자원봉사정신(voluntarism)과 자립정신에 대한 교육을 강조하였다. 이러한 교회의 협동조합 운동은 매우 성공적이었다. 수천 개의 조합이 생겨나고 이 조합들이 연대하여 연합회를 구성하고 연합회간 협력에 의하여 전국적 네트워크를 갖는 협동조합이 탄생되기 시작하였다.

라. 제4기 : 군사계엄시대(1972~1985)

군사계엄시기에도 협동조합의 발전에 대한 필리핀 정부의 노력은 계속되었다. 마르코스 전 대통령은 새로운 사회(Bagong Lipunan)를 주창하며 국민들의 정치적 지지를 얻으려고 노력했는데 그는 협동조합을 그가 내세운 새로운 사회로 가는 주요한 홍보수단으로 사용하였다.

그래서 그는 협동조합 발전과 관련한 여러 건의 대통령령을 발표하였지만 협동조합의 정치적 이용으로 말미암아 자생적이고 자립적인 정신에 기초한 협동조합 운동은 성공적일 수 없었다.

마르코스는 대통령령 1호에서 비농업분야 협동조합 업무를 관장해 왔던 협동조합관리사무소인 CAO를 폐쇄하고 지방정부 및 사회개발부(Department of Local Government and Community Development) 산하에 '협동조합개발처(BCOD : Bureau of Cooperative Development)'를 신설하고 협동조합 업무를 총괄하게 하였다.

그리고 농업개혁대통령령(PD 27)을 통하여 전국토가 농업개혁지역으로 선포하고 농업개혁을 촉진하기 위하여 협동조합대통령령(PD 175)과 대통령 지시(No 23)를 발표한다. 이러한 대통령령 기반 위에서 협동조합은 소작인에게 지주와 같은 역할을 수행하도록 되어 있다. 즉, 지주가 기존에 공급해왔던 기본적인 경제적 사회적 서비스를 협동조합이 공급해주도록 조치한 것이다. 정부 주도하에 협동조합이 하룻밤 사이에 수없이 생겨나는 일이 발생했다.

사마항 나용(SNs : Samahang Nayon)이라 불리는 예비협동조합이 지역단위에서 조직되었으며 10개의 SNs가 하나로 합쳐져 킬루상 나용(KBs : kilusang Nayon)이라 불리는 정식협동조합으로 합병 조직되었다. 지방단위(75개 지방)의 지역유통협동조합(AMCs : Area Marketing Cooperatives)이 KBs의 생산물 유통을 지원하였다. 협동조합농촌은행(CRBs : Cooperative Rural Banks)이 KBs의 활동을 재무적으로 지원하는 역할을 수행하게 하였다. 자금지원을 확대하기 위하여 '협동조합개발대출펀드(CDLF : Cooperative Development Loan Fund)'를 설립하여 운영하기도 하였다. 하지만 FACOMA와 SN에 대한 지나친 대출 등으로 협동조합 지원체계는 붕괴하고 말았다.

마. 제5기 : 1986~현재

1986년 마르코스 대통령이 18년간의 독재정치와 부정부패로 인하여 축출되면서 베니그노 아퀴노 전 상원의원의 부인인 코라손 아퀴노가 'People's Power'로 대변되는 민주화를 타고 대통령이 된다. 필리핀은 다양한 분야와 신분으로 구성된 50명의 헌법개정위원을 위촉하여 1987년에 새롭게 헌법을 탄생시켰다. 이 헌법은 마르코스 시절과 같은 독재적 요소를 소멸시키고 단임제 대통령제를 채택하였을 뿐만 아니라 사회 각계각층의 의견을 수렴하여 탄생시킨 것이다.[36) 사회 저변층을 포함한 대규모 '국민들의 힘(people's power)'에 의하여 새롭게 탄생한 민주체제하에서 진행된 헌법 개정임을 반영하듯이 그동안 소외받던 하층민, 농민, 학생, 토지개혁, 빈부격차, 장애인, 노동자 등에 대한 사회경제적 그리고 인권적 배려가 새로운 헌법에 많이 이루어졌다. 그 중의 하나가 협동조합에 대한 조항이다.

1987년 헌법은 협동조합을 경제 및 사회적 기능의 합법적 개별체로 규정하고 있으며 국가의 선(善)을 위하여 협동조합의 활성화와 성장을 촉진하도록 명시하고 있으며 이를 추진하기 위한 기관 설립을 헌법 제7항 제15조에 규정하였다.[37)]

---

36) 저자 윤해진은 UP 재학 중 '국민의 힘' 혁명의 현장에서 그들을 지지하며 상세하게 관찰할 수 있었다. 그리고 헌법 개정 과정에 관심을 갖게 되었는데, 50명의 헌법개정위원단에 평소 잘 알고 지내던 UP총학생회장이 포함되었기 때문이었다. 그는 헌법에 교육과 관련하여 학생의 입장에서 권리와 의무를 반영하기 위하여 각급별 학생 대표들을 만나 의견 청취를 위하여 전국을 순회하기도 하였다.

37) 우리나라 헌법은 협동조합을 구체적으로 적시하고 있지 않다. 다만 제9장 제119조 ②항에 "국가는 균형 있는 국민경제의 성장 및 안정과 적정한 소득의 분배를 유지하고, 시장의 지배와 경제력의 남용을 방지하며, 경제주체간의 조화를 통한 경제의 민주화를 위하여 경제에 관한 규제와 조정을 할 수 있다."라고 되어 있다. '경제주체간의 조화를 통한 경제의 민주화'에서 그나마 사회적경제조직의 육성 정신을 도출해 낼 수 있으리라 본다. 그리고 제123조 ③항에 "국가는 중소기업을 보호·육성하여야 한다."라는 것은 경제주체 중 '중소기업'이 상대적으로 취약함을 인식하여 보호 육성해야 한다는

"공평, 사회정의 그리고 지속적 경제개발의 수단으로서 협동조합의 생존성과 성장을 촉진하는 기관을 설립한다. 이와 여타 목적을 위하여 그 기관의 권한과 기능 그리고 책임을 규정하고 협동조합개발 지원 기능을 수행하는 정부정책과 기관을 합리화하며 기존 정부기관의 협동조합 등록과 규제와 같은 기능의 이전과 예산통합 등을 그 기관에 하도록 한다."

"To have an agency that would promote the viability and growth of cooperatives as instruments of equity, social justice and sustainable economic development, defining its powers, functions and responsibilities, rationalizing government politics and agencies with cooperative functions, supporting cooperative development, transferring the registration and regulation functions of existing government agencies on cooperatives as such and consolidating the same with the authority, appropriate funds, therefore, and for other purposes."

헌법이 개정되고 새로운 민주적인 정치 지형이 형성되면서 협동조합 지도자들은 헌법에 기초하여 협동조합을 발전시킬 수 있는 구체적인 실행법 추진에 노력하였다. 이들이 추구하고자 한 점은 정부의 역할을 새롭게 규정하는 것이다. 정부의 협동조합 관여는 협동조합의 남용을 방지하는 규제기구로서의 역할과 협동조합의 성장을 돕는 인센티브 제공자로서의 역할로 한정하고자 하는 것이었다. 즉, 정부가 직접적으로 협동조합을 조직하고 관리함으로서 경험했던 과거의 실패를 근거로 정부는 단지 협동조합을 지원하고 촉진하는 역할에 한정할 것을 주창하는 전국적인 협동조합운동을 전개하였다. 1988년에 전국의 협동조합 지도자들은 협동조합 프렌들리 법안의 채택을 위한

정신으로 이해된다. ⑤항에 "국가는 농·어민과 중소기업의 자조조직을 육성하여야 하며, 그 자율적 활동과 발전을 보장한다."는 특수 협동조합법인인 농업협동조합과 수산업협동조합 그리고 중소기업협동조합의 근거이지 공공부문, 기업에 이어 제3섹터의 보편적 경제주체로서의 협동조합에 대한 개념과는 관련이 없어 보인다. 이에 반하여 필리핀 헌법은 협동조합을 사회적 목적을 달성하는 수단이자 보편적 경제주체로 규정한다는 점은 우리나라에게 많은 의미를 주고 있다.

대대적인 청원을 시작하였고 피멘텔(Aqulino Q. Pimentel) 상원의원과 농업위원회 위원장인 아퀴노(Agapito Aquino) 상원의원의 협력을 도출해 내는데 성공하였다. 그 결과 「협동조합법」(Cooperative Code of the Philippines, RA6938)이 의회를 통과하고 아퀴노 대통령은 1990년 3월 10일 「협동조합법」과 「협동조합개발청법」(RA 6939)에 서명함으로서 오늘 날의 협동조합 지원 체계가 구축된 것이다. 이 법에 따라 마르코스 시절에 설립되었던 BCOD를 포함한 기존 정부기관에 산재해 있던 협동조합 관리 및 지원 기능 및 부서 그리고 우수인력과 예산을 새롭게 신설된 '협동조합개발청(CDA : Cooperative Development Authority)'에 이전되어 오늘날에 이르고 있다.

코라손 대통령(1986~1992)이 새로운 헌법에 따라 협동조합정책과 관련법에 대한 기본적 토대를 마련하였다면 라모스 대통령(1992~1998)은 코라손 대통령의 사회경제개발정책을 이어 받아 지속적으로 추진하였으며 이에 따라 협동조합을 실질적으로 지원하고 육성하며 규제하는 제도적 정비를 갖추는데 공을 기울였다. 라모스는 '협동조합개발청'이 협동조합 관련 주무관청으로서 각급 공공기관의 협동조합 프로그램을 조정하도록 하였고 또한 지방정부의 협동조합 프로그램과 연계하여 협동조합 정책을 추진하도록 각 지방정부 단위별 '협동조합개발위원회'를 설치 운영하도록 대통령령을 발령하였다.

새로운 법령과 '협동조합개발청'의 출범 그리고 지역 '협동조합개발위원회'의 발족 등으로 협동조합은 급속하게 성장하기 시작하였다. 마르코스 말기인 1985년에 '협동조합개발처(BCOD)'에 등록 기준 협동조합은 3,350개와 예비협동조합(SN) 4,496개에 불과하였으나 1993년 '협동조합개발청(CDA)'에 등록된 협동조합은 21,125개나 된다. 예비협동조합이 정치적 목적의 관제조직에 가까우므로 실질적으로 8년 사이에 약 750%나 양적 성장을 하였다. 현재 '협동조합개발청'에 등록된 협동조합도 약 2만여 개임을 고려하면 오늘날의 필리핀의 협동조합 정책과 제도 그리고 성과는 두 대통령에 의하여 실질적으로 갖추어졌다고 볼 수 있다.

[표 3-3] 협동조합의 양적 팽창

	1985 BCOD	1993 CDA	% Increase (Decrease)
Total Registered	3,350	21,125	750.0
Samahang Nayon (SN)	4,496	–	–
No. of Reporting/Confirmed Coops	1,142	4,494	393.5
---Credit co-ops	592	1,095	184.9
---Consumer	305	290	(4.9)
---Producer	65	118	181.5
---Marketing	87	160	183.9
---Service	35	180	514.2
---Multi-purpose (agri)	27	2,189	8,107.4
---Multi-purpose (non-agri)	–	334	–
---Area marketing	17	16	(5.8)
---Coop bank	29	29	–
---Coop federation	–	40	–
---Coop union	–	43	–

그리고 1990년 「협동조합법」(RA 6938)은 약 10년간의 검토를 거쳐 2008년도에 「필리핀 협동조합법」(Philippine Cooperative Code of 2008, RA 9520)으로 재탄생하였다. 2008년 개정에서 협동조합의 정의, 목적, 협동조합정신, 조합원, 조합의 유형, 협동조합개발청의 권한 등에 대하여 좀 더 구체적으로 명시하고 있다.

4. 필리핀 협동조합의 특징

가. 협동조합 주무관청

1) 주무관청의 설립

필리핀 협동조합의 가장 큰 특징은 협동조합을 관장하는 정부기관이 1940년대부터 설립 운영되어 왔다는 점이다. 그러나 협동조합에 대한 이해 부족으로 일반 중소기업 육성책의 일환으로 다루어지기도 하였고 농업과 비농업 협동조합에 대하여 각각 다른 주무 관청이 존재하거나 중앙부처와 지방정부 간의 협조가 원활하지 못한 점이 문제점으로 부각되어 왔었다. 마르코스의 계엄정치시대에는 '협동조합개발처(BCOD)'라는 협동조합 관리 통합기구를 설치하여 운영하였으나 정치적 목적이 고려된 지나친 관 주도의 정책 실시로 자생적이고 자립적인 협동조합 육성에는 큰 효과를 거두지 못하였다.

현재의 주무기관은 1990년 「협동조합법」과 일명 「협동조합개발청법」(RA 6939호)에 의하여 설립된 '협동조합개발청(CDA)'이다. 헌법에 따라 평등, 사회적 정의 그리고 경제개발의 수단으로서 협동조합을 활성화하고 성장을 촉진하도록 설립되었다. 설립된 이후 지속적으로 조직이 강화되고 체계화 되었으며 정부의 사회경제 개발정책에 있어서 협동조합 관련 업무의 주무기관(lead agency)으로 발전하여 오늘 날에 이르고 있다. 예를 들어 피델 라모스 대통령 시절인 1993년에 '대통령령 95호' 발령을 통하여 '협동조합개발청'이 협동조합 촉진, 개발, 규제를 담당하고 협동조합 프로그램과 관련된 모든 정부 기관과 조율하고 협의해 나가는 주무기관으로 확고하게 자리를 잡게 되었다.[38] '대통령령 95호'의 핵심은 아래와 같다.

① '협동조합개발청'은 필리핀 전역을 통하여 성격과 유형과 관계없이 협동조합의 촉진, 개발 그리고 규제를 담당하는 주무기관이다.

② '협동조합개발청'은 국가조정위원회를 개최하여 협동조합 관련 프로그램을 실시하는 각급 공공 단위와의 업무를 종합적인 기술 및 재정지원 프로그램의 관점에서 조정한다.

③ 각 중앙, 지역, 지방 및 도시 행정단위는 '협동조합개발위원회(Co-operative Development Councils)'를 설치하여 '협동조합개발청'과 협의하여 운영한다.

2) 협동조합개발청의 조직

'협동조합개발청'은 본청 외에 15개의 지청(지역사무소)을 갖고 있다. 연간 예산과 총 직원 수는 2012년 말 기준 각각 2.74억 페소(약68억 원)와 583명이다. 청장 밑에 기획국, 재정국, 행정국의 3개국(division)이 운영 지원을 하고 있고 사업부서는 법제등록과(LRD), 제도개발과(IDD), 지청총괄실이 있다. 법제등록은 등록팀과 법제팀으로, 제도개발과는 프로젝트 개발－지원팀과 연구－정보－훈련팀으로 구분되어 있다. 지역총괄실은 15개 지청의 운영관리를 위한 기획팀과 총무팀 그리고 사업 지원을 위한 법제등록팀과 제도개발팀이 있다.

38) 필리핀 중앙정부와 지방정부와의 관계는 우리나라의 보편적 협동조합시대 초기에 있어서 정책적 함의를 상당히 줄 수 있으리라 여긴다.

〈Current CDA Organizational Chart〉

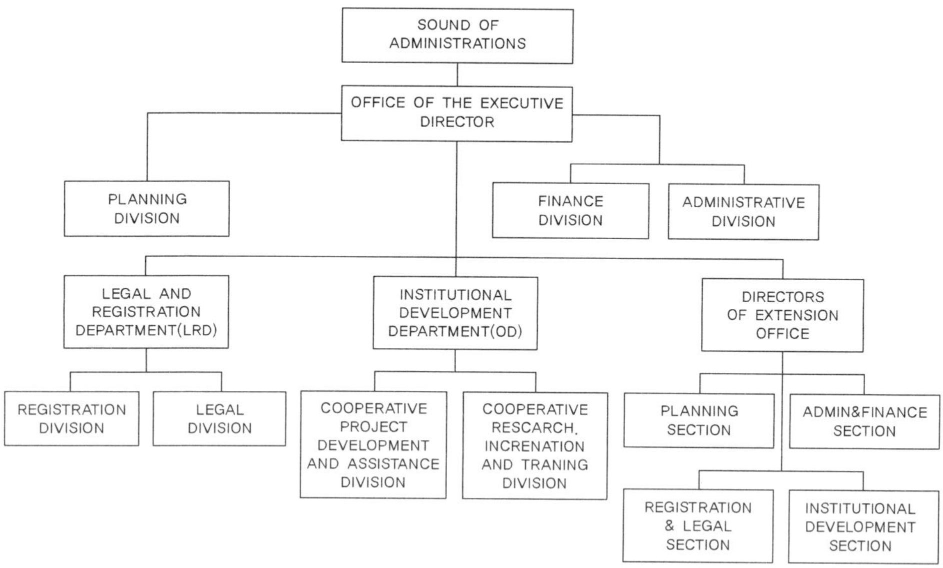

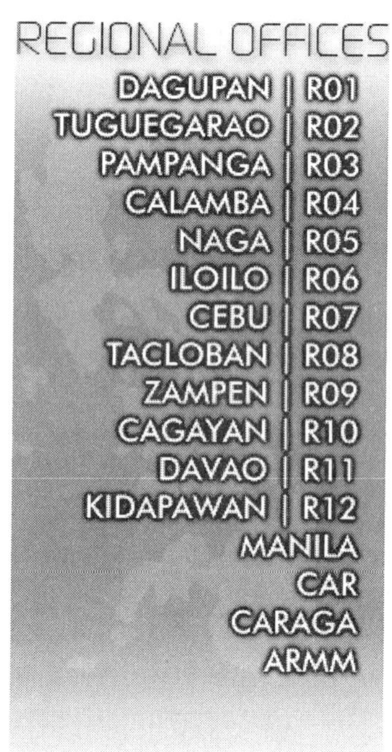

3) 지방자치단체와의 협력

'대통령령 96호'는 '협동조합개발청'과 중앙정부 부처 및 지방정부단위(LGU : Local Government Unit, 우리나라의 '지방자치단체')와의 관계설정을 명료하게 하고 있다. 이것은 1991년 「지방정부법」(Local Government Code of 1991, RA 7160)이 국민들에 대한 기본적 서비스의 준비와 전달 기능이 지방자치단체로 이전되었음에 근거하여 '협동조합개발청'의 지방자치단체와의 협동조합 관련 업무 협력관계를 명확하게 규정하고 있다. 이것에 의하여 지방자치단체 단위는 각자의 행정구역에서 「협동조합법」에 포함된 국가협동조합정책 기조와 일관되게 협동조합 개발에 기여하여야 하며 그러한 협동조합 개발은 '협동조합개발청'과 조정되어 추진되도록 되어 있다. 지방자치단체의 각 단위가 준수하거나 인식해야 할 필리핀정부의 협동조합정책 원칙은 아래와 같다.

① 국가는 평등, 사회정의 그리고 경제개발의 수단으로서 협동조합의 성장과 활동성 증진을 위하여 협동조합을 프로모션 한다.

② 협동조합을 자조성(self-reliance) 및 자율성(self-management)에 근거하여 조합원의 사회적 경제적 향상을 위한 자율적 조직체(autonomous associations)로 인식한다.

③ '필리핀 경제개발청(NEDA : National Economic Development Authority)은 국가개발계획에 핵심적이고 필수적인 요소로서 협동조합의 성장과 확대를 포함하여야 한다. 모든 정부부처, 산하기관, 지역사무소는 적절하고 적합한 인센티브를 제공하는 각자의 프로그램으로 협동조합 육성을 꾀하여야 한다.

④ 국가는 협동조합 섹터가 협동조합의 제도적 발전에 가장 우선적인 책임이 있음을 인식한다. 따라서 협동조합 섹터는 필요하다면 정부의 협력을 받아 각자의 우선순위에 따라 협동조합을 위한 프로모션, 조직화, 훈련, 정보시스템, 감사 그리고 지원서비스를 시행하고 육성해나는 권한이 있

음을 인식한다.

⑤ 국가의 협동조합에 대한 지원은 「협동조합법」에 명시된 협동조합의 목적과 성격에 위배되는 조건이나 제한이 있어서는 아니 된다. 동법에 명시되지 않는 한 국가는 협동조합의 경영과 운영에 불간섭 정책을 고수한다.

지방자치단체의 장은 국가 협동조합 정책기조를 인식하고 협동조합의 프로모션, 조직, 규제와 개발에 있어서 아래의 기능과 권한을 행사하여야 한다.

① 협동조합 업무 담당직원을 지정한다.

② 관할구역의 협동조합의 프로모션과 조직화를 지원한다.

③ 지역의 협동조합 경제조사서 및 등록서류의 심사에 있어서 '협동조합개발청'의 협동조합개발전문가를 지원한다.

④ '협동조합개발청'의 다음의 규제업무를 지원한다.

ⓐ 협동조합의 연례보고서와 재무감사보고서 획득

ⓑ 조합원간의 분쟁해결 및 화해조정

ⓒ 「협동조합법」 및 관련 법 위반에 대한 '협동조합개발청'과 지방자치단체의 합동위원회를 통한 예비조사실시와 등록취소 및 영업중지 명령

ⓓ '협동조합개발청'의 규제, 법안 및 기타 공지사항 그리고 조정과 화해에 대한 협동조합의 이행 여부에 대한 모니터링

⑤ 국가개발계획에 맞추어 협동조합 프로모션 및 개발 프로그램을 실시한다.

⑥ '협동조합개발청'의 연구목적으로 요구되는 자료를 제공하여야 한다.

그리고 '협동조합개발청'은 지방자치단체에게 아래와 같은 서비스를 제공해야 한다.

① 지방자치단체 직원의 훈련을 위한 협동조합 프로모션과 조직화 그리고 개발에 대한 세미나와 워크숍을 실시한다.

② 각 지방자치단체가 필요로 하는 협동조합 프로모션, 조직화 및 개발에

필요한 운영 및 교육 매뉴얼을 개발하여야 한다.
③ '협동조합개발청'의 정책과 표준안에 대한 정보를 제공한다.
④ 지역의 협동조합 개발에 있어서 해당 지방자치단체를 지원한다.
⑤ 해당 지역의 업데이트된 협동조합 목록을 제공한다.
⑥ 민간 협동조합 섹터와 지방자치단체의 더욱 효과적이고 체계적인 협력을 위하여 조정역할을 수행한다.

나. 필리핀 협동조합의 특징

필리핀은 협동조합에 대한 정책기조는 정책선언에서 찾을 수 있다.

> "경제발전과 사회정의의 달성을 향해 자립을 촉진하고 국민의 힘을 활용하는 실용적 수단으로서 협동조합의 생성과 성장을 조성하는 것이 국가정책임을 선언한다. 이를 위하여 국가는 협동조합의 실제 형성과 조직을 수행하는 민간부문을 장려하고 협동조합의 성장과 발전에 도움이 되는 환경을 창출하여야 한다."
>
> "It is the declared policy of the State to foster the creation and growth of cooperatives as a practical vehicle for promoting self-reliance and harnessing people power towards the attainment of economic development and social justice. The State shall encourage the private sector to undertake the actual formation and organization of cooperatives and shall create an atmosphere that is conducive to the growth and development of these cooperatives."

이와 같이 필리핀 정부는 민간부문이 협동조합정책의 핵심 주체임을 인정하고 있다. 그리고 정부와 그 산하 각 공공단위는 협동조합을 생존력을 갖춘 경제기업으로 육성하기 위한 정책을 통하여 협동조합운동을 유발하되 협동조합의 자율성 침해 불가를 분명히 하고 있다.

이러한 정책기조에서 필리핀의 「협동조합법」은 협동조합을 아래와 같이 정의하고 있다.

> "협동조합은 보편적인 협동조합원칙에 부합하여 필요자본에 대한 공평한 출자, 생산품과 서비스에 대한 이용과 위험과 이익의 공정한 부담을 통하여 이익의 공동연대를 갖고 사회적 경제적 그리고 문화적 충족과 열망을 얻고자 자발적으로 모인 사람들로 구성되어 절차에 따라 등록된 자율적 조직이다."
>
> "A cooperative is an autonomous and duly registered association of persons, with a common bond of interest, who have voluntarily joined together to achieve their social, economic, and cultural needs and aspirations by making equitable contributions to the capital required, patronizing their products and services and accepting a fair share of the risks and benefits of the undertaking in accordance with universally accepted cooperative principles"

이러한 정의는 '국제협동조합협회'의 1995년 정의와 협동조합의 3대원칙인 자율, 자조, 자생의 정신을 잘 표현하고 있다.

정책기조와 이에 따른 협동조합의 정의에 따라 필리핀의 협동조합 원칙은 7개로 규정되었다. 원칙의 제정에 선한 가치와 경험, 보편적 가치뿐만 아니라 필리핀 문화(Filipino culture)와의 부합성을 강조하고 있는 점이 특색이다.

[표 4] 필리핀 협동조합의 7대 원칙

	원 칙	설 명
1	자발적이고 열린 조합원 자격 (Voluntary and Open Membership)	성별, 사회적 인종적, 문화적, 정치적 또는 종교적 차별 없이 서비스를 이용하고 조합원으로서 책임을 지고자 하는 모든 사람에게 열려있는 자발적 단체
2	민주적인 조합원 관리 (Democratic Member Control)	조합원에 의하여 정책과 의사결정이 이루어지는 민주적인 조직이며 선출된 대표와 임원 그리고 근무자는 조합원에 대한 책임을 갖고 있다. 1인 1표제이다.
3	조합원의 경제적 참여 (Member Economic Participation)	자본에 대한 출자의무와 관리권한을 갖고 있으며 출자금에 대한 보상을 받을 권한이 있다. 잉여금은 조합발전을 위한 유보, 생산품 이용량(율)에 따른 혜택 그리고 조합원이 동의한 다른 사업에 활용한다.
4	자율성과 독립성 (Autonomy and Independence)	자율적이고 자조적으로 운영한다. 정부를 포함한 외부기관과의 협약이나 외부로부터 자금을 조달하고자 하는 경우에는 조합원의 자율적 경영이 보장되어야 한다.
5	교육, 훈련 및 정보 (Education, Training and Information)	협동조합의 발전에 효과적이고 효율적으로 기여할 수 있도록, 담당자, 관리자 및 직원 선출 및 임명, 자신의 구성원에 대한 교육과 훈련을 제공한다.
6	협동조합간 협력 (Cooperation Among Cooperatives)	가장 효과적으로 자신의 조합원에게 회원서비스를 제공하고 지역, 국가, 지역 및 국제적 협동조합과의 협력을 강화 한다.
7	지역사회에 대한 배려 (Concern for Community)	자신이 속한 지역사회의 지속가능한 개발(sustainable development)을 촉진한다.

다. 협동조합의 필요성 인식 제고

필리핀은 협동조합의 목적과 목표 그리고 혜택에 대하여서도 상당히 구체적으로 명시하고 있다. 이것은 조합원 또는 협동조합을 하고자 하는 사람에 대한 협동조합에 대한 교육효과와 더불어 협동조합에 대한 개인적 필요성 인식을 제고하고 있다는 점이 특색이다.

1) 협동조합의 목적

① 조합원간 절약과 저축 장려
② 생산 활동을 위한 자금 창출 및 신용확대
③ 체계적 생산 및 마케팅 장려
④ 조합원에 대한 상품과 서비스 및 기타 필요사항 제공
⑤ 조합원간 능력과 기술 개발
⑥ 토지 획득 및 주거 제공
⑦ 조합원의 손실 위험에 대한 대비
⑧ 조합원의 경제적, 사회적, 교육적 상태 촉진 및 향상
⑨ 은행, 도매 및 소매 단지, 보험, 가공기업, 공영시장을 설립, 소유, 임대 또는 운영
⑩ 협동조합활동의 조정과 촉진
⑪ 협동조합운동의 정신 고취
⑫ 새로운 기술의 활용을 통한 협동조합 생존 보장
⑬ 경제성장과 빈곤완화를 위한 엔진으로 자조 및 자기고용 촉진과 장려
⑭ 기타 「협동조합법」의 효과적이고 효율적인 집행에 대한 활동 수행

2) 협동조합의 목표

기본 목표는 회원들의 삶의 질 개선에 있음을 확실히 하고 있다. 이를 위하여 협동조합은 그 조합원들에게 재화와 서비스를 공급하여 수입, 저축, 투자, 생산성, 구매력의 증가를 가능하게 하고 규모의 경제에 대한 최대한 활용과 비용－위험분담을 통하여 조합원간 공평한 분배가 이루어지도록 하고 있다. 또한 조합원들에게 최적의 사회적 경제적 편익을 제공하고 협력방식의 효율적 방법론을 교육하며 사업과 관리에 대한 새로운 아이디어와 실천을 전파하여 저소득층과 상대적 소외그룹이 국가의 부에서 자신의 소유권을 증가할 수 있도록 한다. 상기와 같은 목표 달성을 위하여 정부 및 다른 협동조합 기관 그리고 사람 중심 기관들과의 협력을 해나갈 것을 촉구하고 있다.

3) 협동조합의 편익과 권한

「협동조합법」의 규율에 부합하는 협동조합은 독점, 담합, 경쟁완화 등 공정거래와 관련한 법 등에 저촉되지 않는다. 이와는 별도로 「협동조합법」에 따라 절차를 밟아 등록한 협동조합은 아래와 같은 혜택과 권한을 가진다.

① 등록된 명칭의 배타적 사용과 고소와 피고소 자격 등 법인격 부여

② 승계 가능

③ 「협동조합법」에 부합되는 범위 내에서의 정관 수정

④ 법, 도덕성, 공공정책에 어긋나지 않는 규약의 도입 및 수정

⑤ 구매, 수용, 증여, 보류, 전달, 판매, 임대, 담보, 청원, 담보제공 등 합법적 경제활동

⑥ 「협동조합법」에 부합한 분할, 합병, 통합

⑦ 종속협동조합(subsidiary cooperatives) 설립, 연맹 및 연합 가입

⑧ 협동조합의 자율성이 보장되는 범위 안에서 대출, 신용과 국내 및 해외

로 부터 증여, 기증, 지원이 가능. '협동조합개발청'은 서면요청에 따라 대출, 신용, 증여, 기부 및 여타 재정적 지원에 대한 신청서류 작성 지원

⑨ 해운사업, 부두, 시장, 도살장의 설립, 건설, 운영 및 유지 사업권 및 농수산업 활동과 관련한 현장 연구서비스 및 시설을 포함한 공공시설 임대 사용에 대한 우선권 부여

⑩ 학교 설립 및 운영

⑪ 기타 「협동조합법」에 의하여 제공되는 권한

4) 조합원 구성

공동이익을 향유하고자 하는 15명 이상의 자연인으로 계획한 지역에 실제 거주하고 있는 성인 필리핀 시민권자로 기초협동조합(primary cooperative)을 구성할 수 있다. 그리고 잠재 구성원은 사전적으로 '가입 전 조합원교육(PMES : Pre-membership Education Seminar)'을 이수하여야 한다.

필리핀 협동조합은 법에 의하여 수명이 미리 청산되거나 연장되지 않는다면 50년이다. 정당한 이유가 없는 한 연장은 수명 종료 5년 이내에 신청하여야 한다(이것은 국유지나 사유지의 최대 50년 임차조건과 관련이 있어 보인다).

자본금 관련하여 수권자본금의 25% 이상 납입되어야 하며 납입자본금은 최소한 15,000페소(약 38만 원)가 되어야 한다. '협동조합개발청'은 정기적으로 필수 납입자본금을 평가하고 '경제개발청(NEDA)' 및 '협동조합섹터'의 자문을 받아 매 5년마다 높일 수 있다.

협동조합 등록은 '협동조합개발청'에 신청한 후 특별한 하자가 없으면 60일 이내에 완료된다. 그리고 등록증 발급과 함께 법인격이 수어진다. 만일 등록이 거절되면 90일 이내에 재신청할 수 있다.

정관개정은 정족수의 2/3가 필요하다. 조합의 분할과 합병에는 정족수의 3/4 참여가 있어야 하며 동의하지 않는 조합원은 탈퇴를 할 수 있다.

5) 협동조합의 유형(Type)

필리핀 「협동조합법」은 협동조합의 유형을 정하고 있으며 등록 신청시 유형을 선택하게 되어 있다. 즉, 기초협동조합은 단일 목적으로만 설립할 수 있다. 최소 2년의 운영이 경과한 후에 당국의 다목적 협동조합의 최소 기준을 충족하는 경우 다목적 협동조합으로 등록이 가능하고 종속협동조합법인을 만들 수 있다.

① **신용협동조합**(Credit Cooperative) : 신용협동조합은 조합원의 저축을 장려하고 대출 서비스를 수행하며 생산 및 준비금을 위한 자금지원 목적으로 공동자금을 창출한다. 분소와 자회사 설립 그리고 연맹과 연방 가입을 통하여 잉여자금의 상호대출(interlending), 예금보증, 연대보증, 교육과 훈련, 전문서비스, R&D, 대의권 등 공통적인 필수 업무를 한다. 저축과 신용 기능을 갖추고 있는 기존의 신용협동조합과 다목적협동조합은 현재의 기능을 계속 수행한다는 의사를 '협동조합개발청'에 공식적으로 보고하여야 한다. 만일 이러한 협동조합들이 더 강화된 서비스를 희망한다면 '협동조합개발청'에 통보하고 금융서비스협동조합으로의 전환에 필요한 조건들을 충족시켜야 한다.

② **소비자협동조합**(Consumers Cooperative) : 상품을 조달하여 조합원 및 비조합원에게 분배한다.

③ **생산자협동조합**(Producers Cooperative) : 생산자협동조합은 조합원들이 농산품 또는 공산품을 공동생산하여 조합원 및 비조합원에게 판매한다. 조합원에게 의하여 생산된 원료로부터 파생된 상품이나 최종상품이 협동조합의 명칭과 판매원으로 판매되는 경우 그 협동조합과 조합원의 생산물로 간주된다.

④ **유통협동조합**(Marketing Cooperative) : 생산요소를 조합원에게 공급하여 상품을 유통시킨다.

⑤ **서비스협동조합**(Service Cooperative) : 치과, 병원, 교통, 보험, 주거, 노동, 전기, 통신, 전문서비스를 제공한다. 또한 관련 정부기관에 의하여 운영권이 부여되거나 공공 편의성과 필요성에 대한 확인증에 의하여 공공서비스를 제공하는 협동조합도 있다. 주요 공공서비스로는 전기발전과 송전 그리고 배전, 얼음공장 및 냉동창고 서비스, 통신서비스, 교통서비스, 공설시장, 도살장 운영 등이다. '협동조합개발청'은 공공서비스 분야 관련 기관과 합동으로 필요한 규정과 규칙을 제정한다. 또한 관리 감독을 위한 모니터를 위하여 관련 기관과 협동조합섹터가 공동으로 구성된 위원회를 운영한다.

⑥ **다목적협동조합**(Multipurpose Cooperative) : 다목적 협동조합은 협동조합의 서로 다른 유형의 사업을 두 가지 이상을 결합한다.

⑦ **의식개선협동조합**(Advocacy Cooperative) : 사회적 지향 프로젝트, 교육 및 훈련, 연구 및 통신, 기타 유사한 활동을 통해 조합원과 대중들에게 협동조합정신을 촉진하고 의식을 고양한다.

⑧ **농지개혁협동조합**(Agrarian Reform Cooperative) : 농지개혁협동조합은 농지개혁에 해당하는 지역의 토지 보유, 토지 개발, 토지 통합 또는 토지 관리의 적절한 시스템을 개발하기 위한 목적으로 농지개혁 수혜자인 한계농민 대다수에 의해 구성된다. 이 협동조합은 농지개혁부(DAR : Department of Agrarian Reform)의 타당성 조사에 근거하여 협동조합 설립에 대한 동의가 있어야 설립할 수 있다. 등록이 완료된 농지개혁협동조합은 농지개혁 대상지역에서 도로, 수로, 운하, 교량, 관개시설 등 각종 인프라 사업에서 우선적 대우를 받는다. 정부는 공공용지에 대해 농지개혁협동조합에 25년간의 임차권을 부여한다. 1차에 한하여 추가적인 25년 임사가 가능하다. 농지개혁 대상지역에서의 농지개혁을 촉진하기 위한 다양한 사업에서도 우선권을 받는다.

⑨ **협동조합은행**(Cooperative Bank) : 협동조합과 그 조합원에게 다양한 금융 서비스를 제공한다. 중앙은행의 관리 감독을 받으며 운영에 있어서 은행법에 대한 규정이 적용된다. 예를 들어 은행의 관리의 질을 유지하고 예금자 보호를 위하여 이사와 주요 임원에 대한 중앙은행의 자격 기준이 적용되고 있으며 발행 구좌(주식)의 종류와 수량에 대해서도 통제를 받고 있다. 일반 은행과 같이 일반주와 우선주 등이 발행되며 일반주를 가진 주주는 정조합원 그리고 우선주 보유 주주는 부조합원으로 분류된다. 그리고 총회의 의사결정도 여타 협동조합과 달리 정족수가 정회원의 51%가 되어야 하며 투표권도 출자자금 구좌수에 비례하여 주어진다. 이사회도 51% 참석으로 정족수가 이루어지지만 여기서는 1인 1투표권이다. 협동조합은행은 여타 은행과 같이 중앙은행의 재할인율을 적용받는다.

⑩ **낙농협동조합**(Dairy Cooperative) : 우유의 생산과 가공을 통하여 낙농제품을 판매한다.

⑪ **교육협동조합**(Education Cooperative) : 「기본교육관리법」(Governance of Basic Education Act of 2001, RA 9155)과 관련 없이 허가된 교육기관을 보유하고 운영한다.

⑫ **전기협동조합**(Electric Cooperative) : 전력생산, 하이브리드 시스템을 포함한 재생에너지원 활용, 조합원 가정에 대한 전기 공급을 위하여 조직된다. 광범위 지역에 대한 전기 공급 성격 때문에 총회의 정족수를 전 조합원의 5% 이상으로 하고 있다. 등록된 전기협동조합은 국회가 결정하여 에너지부(Department of Energy)와 지방자치단체 그리고 '협동조합개발청'을 통하여 분배되는 증여, 보조 그리고 기타 금융지원을 받을 자격이 있다. 또한 정부의 금융기관과 기술개발연구소로부터 금융서비스와 기술서비스를 받을 수 있다.

⑬ **금융서비스협동조합**(Financial Service Cooperative) : 저축과 신용서비스

및 기타 금융서비스가 목적이다. 조합원에 한하여 서비스가 이루어진다. 신용협동조합이나 다목적협동조합의 조합원에 대한 저축 및 신용공여 외에 중앙은행의 규정 및 규칙에 부합하는 기타 금융서비스를 제공한다. 정관 및 부칙 그리고 그 후 개정 본은 중앙은행의 공식적인 확인서와 함께 '협동조합개발청'에 등록되어야 한다. 금융서비스협동조합이 관련 법규를 의도적으로 어기는 경우에는 그 등록이 취소될 수 있다. 중앙은행의 관련 규정과 지침의 적용을 받는다. 안정적이고 전문적인 금융서비스 운영을 위하여 '협동조합개발청'은 금융서비스협동조합의 운영과 서비스에 대하여 엄격한 감독과 규제 권한을 갖고 있다. 또한 필요하다고 판단되면 중앙은행이 감독과 조사를 실시한다.

금융서비스협동조합은 두 유형의 조합원을 갖는다. 하나는 정규 조합원으로 자연인이다. 둘째는 부조합원으로 협동조합의 정관부칙에 의하여 정규조합원으로서의 즉각적인 자격에 부족한 자연인이다. 부조합원은 2년 이내에 조합원이 될 수 있으며 정규조합원 전환에 실패하는 경우 부조합원 자격도 상실된다. 하지만 2년 후 정규조합원으로 재신청할 수 있다. 정규조합원의 미성년 자녀들은 부조합원 자격이 있으며 성인이 되면 정규조합원으로 전환할 수 있다. 부조합원도 구좌를 개설하여 저축과 인출을 할 수 있다.

금융서비스협동조합연맹 등을 조직할 수 있으며 '협동조합개발청'은 조합원인 개별 협동조합에 대한 표준안 개발, 조합원간 활동 조정, 자금조성, 저축보증시스템 구축 등의 지원과 더불어 현장 및 비현장 감독 권한을 대행시킬 수 있다.

⑭ **어민협동조합**(Fishermen Cooperative) : 지역의 한계 어민으로 생산물은 신선 수산물 또는 가공품으로 유통된다.

⑮ **건강서비스협동조합**(Health Services Cooperative) : 의료 치과 및 기타 의

료 서비스를 제공한다.

⑯ **주택협동조합**(Housing Cooperative) : 주택공급을 위하여 저축 프로그램에 적극적으로 참여하는 정규 조합원의 혜택을 위하여 주거에 대한 접근을 제공하거나 지원한다. 조합원에 의하여 공동 소유되고 운영된다. 협동조합은 자신들이 추진하고 있는 주택 프로젝트의 금융 지원을 위하여 정부 금융기관에 특별 창구 개설을 요청할 수 있다. 우호적인 대출 조건이 부여된다.

⑰ **보험협동조합**(Insurance Cooperative) : 협동조합과 그 구성원의 삶과 빈곤 극복을 위한 보험사업을 전개를 목적으로 한다. 보험법과 관련법에 의하여 통제되고 운영되며 보험위원회(insurance Commission)와 '협동조합개발청'이 관련 협동조합 섹터와 협의하여 제정한 관리 규정과 규칙을 지켜야 한다. 보험의 종류는 생명보험, 대출보증, 은퇴보험, 자동차보험, 농작 및 축산 보호, 장비보험 등 다양한 보험 상품이 가능하다.

⑱ **교통협동조합**(Transport Cooperative) : 교통사업을 위한 조직으로 필리핀 해상법에 의하여 정의 또는 분류에 따라 소형선박에 한정한 해상운송을 포함한다. '협동조합개발청'은 교통서비스의 모니터링을 위하여 교통관련기관인 '육상운송 운영 및 관리기구(LTFRB)' 및 '육상운송사무소(LTO)'와 협동조합섹터인 '교통협동조합사무소(OTC)' 그리고 '필리핀 교통협동조합 연맹(NFTC : National Federation of Transportation Cooperatives)와 함께 위원회를 구성한다. 협동조합의 2차 및 3차 연맹을 포함한 교통협동조합은 관련 법령을 준수하여 석유제품의 수입 및 유통, 주유소 및 교통센터 운영, 부품 수입 및 판매, 자동차/운전자 보험정책 홍보사업을 전개할 수 있다.

⑲ **식수공급서비스협동조합**(Water Service Cooperative) : 조합원과 그들의 가정을 위하여 식수 확보 및 분배를 위한 수자원시스템을 보유, 운영 그리

고 관리를 한다.

⑳ **근로자협동조합**(Workers Cooperative) : 근로자에 의하여 구성되는데, 자기고용 근로자도 포함된다. 주요목적은 고용과 사업 기회를 제공함에 있다. 협동조합 원칙에 따라 관리된다.

㉑ **기타 협동조합**(Other types of Cooperative) : 추가적인 분류가 필요한 경우 '협동조합개발청'에 의하여 결정된다.

6) 협동조합의 분류(Category)

조합원 성격(membership)과 지역별 고려(territorial considerations)에 따라 협동조합은 아래와 같이 분류하고 있다.

가) 조합원성격 측면의 분류

① 1차 협동조합(Primary Cooperative) : 자연인으로 구성

② 2차 협동조합(Secondary Cooperative) : 1차 협동조합으로 회원으로 구성

③ 3차 협동조합(Tertiary Cooperative) : 2차 협동조합을 회원으로 구성

나) 지역측면의 분류

활동지역에 따라 분류된다. 하지만 여기서 지역은 정치행정적 분할 구역과는 일치하지 않을 수 있다.

7) 협동조합연맹과 협동조합연방

협동조합연맹(Federation)은 2차 협동조합을 의미하며 조합원(협동조합)의

사업과 경제활동을 보완, 증진 그리고 보충한다. 그러나 조합원간 상호경쟁, 충돌, 대체하는 사업이나 활동은 하지 않는다.

연맹의 주요 기능으로는 다음과 같다.

첫째, 사업행위의 단순화, 효율화 그리고 경제성을 장려하며 회계장부정리, 회계와 시스템 운영 등에 교육과 자문이다.

둘째, 조합원의 활동과 공통관심사에 대한 뉴스레터 등을 발행하여 정보를 공유한다.

셋째, 회원 간의 사업을 조정한다.

넷째, 국내 협동조합이나 외국의 국제협동조합과 협력하여 제품생산과 판매를 필리핀과 외국에서 진행하는 일을 한다.

또한 기타 협동조합의 목적에 부합되는 기능을 수행한다. 등록 협동조합은 그 사업유형에 따라 협동조합연맹을 조직할 수 있으며 협동조합 등록 과정에 따라 등록하여야 한다.

협동조합연방(Union)은 등록 협동조합과 협동조합연맹은 협동조합연방을 조직하거나 가입할 수 있다. 협동조합연방은 지역으로는 지방, 도시, 지역 그리고 전국 단위를 대표하며 모든 유형의 협동조합 이익과 복지를 대표한다.

주요활동은 다음과 같다.

첫째, 조합원(협동조합 단위)을 대표하며 조합원과 관계된 그리고 유형과 관계없이 활동 구역(지역)에 있는 모든 유형의 협동조합을 위하여 경제, 통계 등의 정보를 획득, 분석하여 배포한다.

둘째, 활동구역에서 협동조합 정신과 실행에 대한 지식을 알리고 협동조합 운동을 전개한다.

셋째, 공공부문과 민간부문과 관계없이 국내 및 외국으로부터의 기부, 기여, 보조금과 회원들의 수수료, 회비를 통하여 펀드 레이징을 한다.

넷째, 상기 목적 달성을 위하여 비사업적(비영리적) 사업을 수행한다. 그리고 협동조합연방은 중앙정부 및 지방자치단체 각각의 관할구역에서의 개발 활동과 사업을 지원하도록 한다.

이러한 점은 협동조합연방이 우리나라의 '사회적협동조합'이 공공부문의 사업에 참여할 수 있도록 한 것과 유사하다. 다만 우리는 처음부터 '일반'과 '사회적'을 선택해야 하는 반면 필리핀은 협동조합이 지역단위의 협동조합연방을 구성하여 공공부문의 비영리사업을 추진할 수 있다는 점에서 차이가 크다고 할 수 있다. 이것은 협동조합의 사회 경제적 공동 이익과 선을 추구하는 정신의 실천적 측면에서 일반 협동조합도 각자의 사업을 진행하면서 중앙정부나 지방자치단체의 개발활동과 개발사업에 참여한다는 차원에서 상당히 의미가 있는 제도로 여겨진다. 즉 필리핀의 협동조합연방은 우리나라의 협동조합연합회와 유사한 협동조합연맹 기능에 사회적협동조합 기능이 포함된 포괄적 조직이라고 할 수 있겠다.

8) 위원회 설치

이사는 기본적으로 직원이 될 수 없는 점 등은 우리나라와 유사하다. 협동조합 운영을 위한 운영위원회를 이사회의 과반수 결정 또는 정관 부칙에 의하여 설치할 수 있다. 또한 정관 부칙은 감사, 선거, 중재, 화해, 윤리 등 이와 같은 위원회를 설치 조항을 포함하여야 한다. 감사위원회와 선거위원회의 구성원은 총회에서 결정하고 나머지 위원회의 경우는 이사회에서 임명한다.

9) 정족수와 투표 시스템

정족수는 투표권을 가진 조합원의 25% 이상이다. 그러나 협동조합은행과 전기협동조합의 경우는 그 사업의 특성상 각각 51%와 5%로 별도로 정하여

져 있다. 투표권은 1인 1투표제가 기본이다. 그러나 협동조합이 회원인 2차 및 3차 협동조합은 정관 부칙에 의하여 참여도가 높은 회원 협동조합에게 인센티브를 주기위하여 추가적인 투표권을 부여 할 수 있는데, 이러한 경우에도 5표를 넘을 수는 없다.

10) 이사회와 임원

이사회는 5명 이상 15명 이하로 구성된다. 이사회는 이사 중 이사장과 부이사장을 선출하며 다른 임원은 정관 부칙에 따라 이사가 아닌 자 중 선출 또는 지명한다. 정관 부칙에 의하여 별도 명시되지 않는 한, 정족수는 과반수이며 대리투표할 수 없다. 1차 협동조합의 경우는, 정기 이사회의는 적어도 한 달에 한 번 개최된다. 특별이사회는 의장 또는 이사회 구성원의 과반수의 호출에 언제든지 개최할 수 있으며 이 경우 모든 이사에게 일주일 전에 안건을 문서로 통보하여야 한다.

이사는 정관 부칙에 이사회 이사에 대한 보상 규정이 없다면 통상 보상을 받지 않는 것을 원칙으로 한다. 다만 일일 합리적인 수준의 경비는 받을 수 있다. 하지만 이것마저 제한이 있다. 전년도에 협동조합이 손실이 나거나 배당률이 공식 인플레이션 비율보다 낮은 경우는 이마저도 받을 수 없게 되어 있다. 일일경비 이외의 어떠한 보상을 하려면 이 목적으로 정규 또는 임시 특별총회를 개최하여 과반수의 찬성이 있어야 한다. 하지만 협동조합 설립 운영 1년 동안은 일일경비 이외의 여하한 보상을 할 수 없도록 명문화되어 있다. 임원과 각종 위원회의 위원도 정관 부칙에 따라 보상이 가능하다. 직원들에 대한 보상이 정관 부칙에 명시되어 있지 않으면 이사회에서 보상을 정한다.

이사와 임원 그리고 위원회 위원들에 대한 책임, 권한 그리고 직위 보장과 해임 등에 대하여 상세하게 규정되어 있다. 예를 들어 이사가 조합에 돌아갈 수 있는 이익을 자기의 이익으로 돌리는 경우 손해를 끼친 것으로 간주되어 2배를 변상하여야 한다. 만일 그 이사의 행위가 조합원 총회에서 3/4 이상이 정당한 행위로 추인된다면 예외를 인정받는다. 또한 협동조합의 내부정보를 이용하여 이익을 취득한 자의 보상 책무 등이 잘 정리되어 있다.

어떠한 선거직 임원에 대한 해임 건은 이사회에 청원될 수 있으며 이 경우 해당 임원은 청문회를 통하여 자기 입장을 밝힐 수 있으며 이사회는 조사 진행 중에 해당 임원의 임무를 정직시킬 수 있다. 만일 비위 사실이 드러나면 총회 해임권고안을 제출하도록 되어있다고 정족수 3/4에 의하여 해임된다.

11) 협동조합의 의무

협동조합이 사무실에 의무적으로 비치하여 ‘협동조합개발청’ 직원과 조합원들이 합리적인 근무시간 내에 열람하도록 하여야 한다.

①「협동조합법」 및 협동조합 관련 법 사본
② ‘협동조합개발청’의 규제 및 지침
③ 협동조합의 정관과 부칙
④ 조합원 등록명부
⑤ 총회, 이사회 회의록
⑥ 출자금 현황
⑦ 재무제표 서류
⑧ 기타 법에 의하여 비치되어야 할 서류

「협동조합기본법」과 관련 법령 그리고 주무관처의 지침도 열람시켜야 하는데, 협동조합 운영과 관련하여 조합원들이 민주적 절차와 합법성에 기초할 수 있게 하기 위한 목적 이외에 교육 목적도 크게 작용하는 것으로 여겨진다.

협동조합의 회계관리자 또는 재무관의 회계원칙에 따른 협동조합 운영의 책임을 엄격하게 하고 있으며 감사 및 조사에 있어서 책임을 명확히 하고 있다. 이것은 감사위원회도 마찬가지이다. 회계장부와 실적보고서는 인쇄되어 협동조합 주사무실의 잘 보이는 곳에 비치되어야 한다. 모든 회계장부와 재무제표는 5년 동안 보관되어야 한다. 자금, 증권, 재산을 다루는 이사, 임원 그리고 직원은 보증보험에 가입은 의무사항으로 협동조합 등록 신청 시 보증보험 가입증명서를 제출하여야 한다. 그리고 갱신될 때마다 갱신된 사항을 '협동조합개발청'에 보고하여야 한다.

모든 협동조합은 회계연도가 끝나는 시점에 사회-시민적 사업을 추구하는 활동을 포함하여 활동에 대한 프로그램 보고서를 작성하여야 한다. 이 보고서는 조합원에게 회보되어야 한다. 또한 회계연도 말 120일 이내에 보고서를 '협동조합개발청'에 정해진 양식에 따라 제출하여야 한다. 만일 협동조합이 보고서를 작성하여 인쇄한 후 '협동조합개발청'에 제시간에 보고하지 않으면 '협동조합개발청'은 15일 이내에 그 협동조합에 서면경고를 보낸다. 그리고 협동조합이 제출할 때까지 기간에 따라 책임자에게 벌금과 벌칙이 부여된다(특별한 규정이 없는 한 회계연도는 일반 역년과 동일하다).

12) 금융 관련 협동조합의 보호 정책

필리핀은 금융서비스를 제공하는 협동조합의 경영 안정성을 위하여 우선적 유치권 설정제도를 두고 있다. 주로 협동조합은행이나 금융서비스협동조합에 적용된다. 다른 법에 역행하지 않는다면 협동조합은 조합원의 협동조합에 대한 부채 회수에 대하여 우선적 유치권을 행사할 수 있다. 조합원이 보유한 원료, 생산품, 생산요소, 토지, 빌딩, 시설, 장비, 서비스에 대하여 행사한다. 유치권 설정 재산은 제3자에게 판매되거나 전달될 수 없으며 그러한 경우 원천무효에 해당된다. 협동조합은 조합원의 협동조합에 대한 부채에 대하여 기본적인 저당권을 설치하도록 되어있어 협동조합의 재무적 위험성을 사전적으로 보호하고 있다(이러한 점은 협동조합 발전 과정에서 조합원의 채무 불이행에 의한 신용협동조합의 붕괴를 경험한데서 비롯된 것이라 분석되어 진다).

또, 조합원은 협동조합에 갚아야 할 채무나 비용분담 등을 위하여 자기의 고용주에게 자기의 급여와 현금성 편익에서 그 금액을 제하여 대납을 요청할 수 있으며 고용주는 급여일 10일 이내에 해당 협동조합에게 그 금액을 지불하여야 한다. 고용주는 고용인의 협동조합에 대한 채무와 여타 지불해야 할 금액이 남아 있는 한, 급여에서 변제하여야 한다. 이러한 대납을 요청하는 행위는 서면으로 이루어진다. 여기서 고용주라 함은 모든 민간회사뿐만 아니라 중앙정부와 지방자치단체, 각종 정부기관 그리고 공공기관 모두 해당된다. 민간회사의 경우에는 합리적인 수준의 변제 및 지불에 들어가는 비용(은행 수수료 등)을 고용인으로부터 받을 수 있다.

라. 협동조합 조세제도

필리핀 협동조합의 최대 혜택은 조세 면제와 관련되어 있다. 그렇다고 협동조합 및 조합원의 활동으로 발생된 모든 소득에 대하여 혜택이 주어지는 것은 아니다. 조세는 협동조합이 조합원끼리 또는 비조합원과 거래를 했느냐에 따라 달라진다. 협동조합 세금과 관련하여 「협동조합법」과 여타 조세 관련법에서 규정하고 있는 것을 아래 정리하기로 한다.

1) 조합원만 거래하는 협동조합

비조합원 또는 일반 대중과 일체의 거래를 하지 않고 조합원만 거래하는 협동조합은 내국세 및 여타 조세법에 의하여 부과되는 아래의 조세를 포함하여 여타 세금이나 수수료로부터 면제된다.

① 소득세(NIRC Title 2)
② 부가가치세(NIRC Title 4)
③ 비율세(간이과세, percentage tax, NIRC Title 5)
④ 증여세
⑤ 소비세
⑥ 인지세
⑦ 연간 사업면허세(500 페소)
⑧ 이자세(20%)와 금융소득세(7.5%)를 포함한 모든 보험회사 및 은행과의 거래에서 발생하는 세금
⑨ 전기협동조합의 경우 부가가치세

2) 조합원과 비조합원 모두 거래하는 협동조합

이 경우에도 조합원과 거래한 사업은 조세 대상이 아니다. 비조합원과의 거래에 관련하여서도 아래와 같은 조세혜택을 갖는다.

가) 누적 유보 액이 일천만 페소(약 2억 원) 이하인 협동조합

여기에 해당되는 협동조합은 중앙정부, 도시, 지역, 군, 동 등 모든 국내세로부터 면제된다. 협동조합이 활동에 필요한 기계, 장비와 부품 수입 시 관세와 진흥세 등 수입관련 세금이 면제된다. 단 이 경우에는 상공부(DTI)로부터 이러한 기계류가 국내에서 조달이 어렵다는 증명서를 발급받아야 한다. 면세 수입품은 5년 이내에 재판매되거나 사용처가 바뀌어서는 안 된다. 그렇지 않으면 협동조합과 인계자 및 인수자 모두 연대 책임으로 면제된 세금의 두 배를 납입하여야 한다.

나) 누적 유보 액이 일천만 페소(약 4억 원) 이상인 협동조합

상기와 같이 조합에 대한 거래에 대한 세금은 면제받는다. 하지만 다음과 같이 세금을 납부하여야 한다.

① 자본에 대한 이자소득세가 면제된다. 조세 기준액은 비조합원과의 거래에서 발생한 순 잉여이다. 조합원에게 발생한 이자에는 세금을 부과하지 않는다.

② 부가가치세도 여러 경우에 면제받고 있다. 특히 농업생산 협동조합에 대하여 다양한 면제 혜택을 부여하고 있다. 자체 농업용으로 사용하기 위한 농업용 기계 등 생산요소 수입하는 경우, 조합원에 의하여 생산된 생산요소와 상품 및 이를 원료로 만든 가공품이 협동조합의 이름과 판매원으로 판매되는 경우에 부가가치세를 면제받는다. 하지만 협동조합이 생산자가 아니고 단순히 판매 등 거래만 하는 경우에는 조합원에 대한 거래만 부가가치세가 면제된다. 비조합원이 생산 및 가공한 제품의 판매는 이러한 혜택을 받지 못한다. 즉, 조합원에 의하여 생산된 원료를 협동조합이 가공하여 비조합원에 판매하면 부가가치세가 면제된다.

농업, 전기 그리고 신용 이외의 협동조합은 각 조합원의 자본 출자액이 15,000페소(30만 원)를 넘지 않는 조합의 판매에도 부가가치세를 부과하지 않는다. 이것은 총자본금과 순 잉여가 조합원에게 비율로 분배되었을 때의 규모와 관계없다.

③ 비율세는 3%로 간이과세로 이해하면 된다. 비율세는 모든 비종합원과의 거래에 대하여 부과된다. 예외로는 생산자, 유통 그리고 서비스 협동조합은 비율세를 내지 않는다.

3) 기타 세제 혜택

모든 협동조합은 은행과 보험회사와의 거래와 관련한 세금 및 지방세를 면제 받는다. 공증법인이 없는 지역에서는 판사가 협동조합으로 부터의 50만 페소(약 1200만 원) 이하의 대출, 협동조합 정관의 인정 또는 서약집행에 맹서의 행정을 직권으로 무료로 제공한다. 협동조합은 「협동조합법」과 관련된 건 또는 '협동조합개발청'에 의하여 법정에 출두하는 경우 모든 법정수수료 및 보안수수료를 면제받는다. 협동조합의 순자산이 법원에서 요구되는 공탁금보다 더 많다는 '협동조합개발청'의 확인서를 제출하면 충분한 공탁금으로 인정되어 하급법원의 결정에 대한 항소 및 제3자 대항을 위한 공탁금 제공을 면제받는다. 협동조합 발행 증권이 투기적이지 않다면 세금이 면제된다.

조합원에 대한 세제혜택도 있다. 조합원의 출자금에 대한 세금 및 조합원의 협동조합과의 거래에 대한 인지세가 면제된다. 협동조합 상품 및 서비스 이용반환금(patronage refund)에도 세금이 면제된다.

마. 기타 특권

① **현금 및 주요 서류 관청 보관실 무료 보관**: 협동조합은 밀봉된 현금박스, 주요 서류 등을 군청 또는 시청 재무관이나 다른 정부기관 사무소에 무상으로 보관 의뢰할 수 있다. 이 경우 보관자는 또 다른 사람이 증인이 된 보관증을 발급하여야 한다.

② **공무원 협동조합의 청사 공간 사용권**: 정부의 고용원이나 공무원으로 조직된 협동조합은 기관 청사의 가능한 공간을 무상으로 사용할 수 있다. 정부 보유 건물이든지 임차하든지 관계없이 무상으로 사용이 가능하다.

③ **사 업 권**: 냉동창고, 얼음공장, 발전, 교통 및 이와 유사한 서비스와 시설

사업과 같은 특별한 유형의 시설과 서비스를 제공하는 협동조합은 그에 따른 운영권을 획득하여야 하며 사업운영 지역에 거주하는 자격 있는 사람에게 조합원 가입 자격이 부여되도록 하여야 한다. 이것은 특정 사업의 운영권과 같은 혜택이 지역 주민에게 골고루 돌아갈 수 있게 배려한 것으로 여겨진다.

④ **기초 농수산물 우선 납품권** : 적절한 조합이 존재하는 지역에서는 조합원이 생산하는 쌀, 옥수수 및 다른 곡물, 생선 및 기타 해산물, 육류, 계란, 우유, 야채, 담배와 다른 농산물을 정부기관에 납품 우선권을 부여한다.

⑤ **농업생산요소의 우선적 공급** : 협동조합은 종자, 비료, 농기구 및 기타 농업생산요소의 할당 및 쌀의 분배에 있어서 관련 정부기관으로부터 특별 우대를 받는다.

⑥ **선박운송의 우선권** : 협동조합의 상품과 생산물의 선적과 관련하여 상업용 수송선박의 할당과 선박저당계약(bottomries)에서 우선적이고 공평한 대우를 받는다.

⑦ **공설시장 운영 우선권** : 농업, 수산업과 소규모 기업으로 구성된 산업 그리고 협동조합연맹에서의 생산과 유통을 우선적 목적으로 하고 있는 농민과 어민, 시장상인 그리고 그러한 다른 협동조합으로 구성된 협동조합과 협동조합연맹은 공설시장 관리 및 또는 공설시장 시설, 판매대와 공간의 임차에서 우선권을 갖는다. 이러한 권리는 협동조합에게만 주어진다. 비협동조합 회사나 조직과 합작하거나 파트너십을 갖는 협동조합은 이러한 권리를 부여받지 못한다.

⑧ **재할인율 및 기술적 지원** : 신용서비스를 제공하는 협동조합이나 협동조합연맹은 대출 신용라인 자격을 가질 수 있으며 필리핀 개발은행, 필리핀 토지은행이나 기타 금융기관으로부터 대출노트(어음)의 재할인율을 적용받을 수 있다. 필리핀 예금보험공사(PDIC : Philippine Deposit Insurance

Corporation) 및 기타 정부 기관, 정부 소유 및 통제 기업과 정부의 금융기관은 자율적인 협동조합 예금보험 시스템을 구축하거나 강화하기 위하여 저축과 신용 운용에 활발하게 참여하고 있는 협동조합연맹과 협동조합연방에 기술적 지원을 하여야 한다.

⑨ **교통시설 등의 관리 및 운영 우선권** : 대중교통서비스를 제공하는 협동조합(public transport service cooperative)은 정부금융기관의 프로그램을 통하여 교통장비, 시설 그리고 부품들을 구입하거나 유지에 필요한 자금지원을 요청할 자격이 있다. 협동조합이 활동하는 지역에서의 육송과 해상운송에 필요한 공용 터미널과 항구의 관리와 운영에 대한 우선권을 갖는다. 또한 이미 운행 중인 또는 잠재적인 대중교통의 경로에 대한 운영권 확보에 있어서도 그러하다.

⑩ **공공기관 조달 사전자격 심사 면제** : 정부 또는 어느 형태의 공공기관 및 공공기업의 조달과정에서 협동조합은 정부조달법(RA 9184)의 규정에도 불구하고 사전자격심사 입찰 요건에서 면제된다.

⑪ **학교 부대시설 운영** : 교육기관의 교사/교수와 교직원으로 구성된 협동조합은 그 교육기관의 부지 내에서 매점 및 그 교육기관의 운영과 관련된 기타 서비스의 관리에 우선적 권리를 가진다.

⑫ **주택공급 금융 혜택** : 주택관련 기관과 정부금융기관은 협동조합이 수행하고 있는 주택 프로젝트의 금융 지원을 위한 특별 창구를 개설하여야 한다. 대출 이자율과 조건은 사회적 주택 프로젝트와 동일하거나 우월해야 한다. 자금지원은 개별적 진행 없이 자격을 갖춘 협동조합에게 공동근저당 방식 또는 장기 도매대출 방식으로 이루어져야 한다. '협동조합개발청'은 관련 정부기관 및 협동조합 섹터와 협의하여 주택협동조합에 대한 규칙과 규정을 제정한다.

5. 필리핀 협동조합 사례

가. 필리핀협동조합센터(PCC)

퀘손 시에 있는 '필리핀협동조합센터(PCC : Philippine Cooperative Center)'는 필리핀의 최대 협동조합연방(Cooperative Union)이다. '협동조합개발청'의 주요한 협동조합섹터의 파트너이기도 하다. 협동조합과 관련한 주요 이슈에 대한 포럼을 개최하여 회원의 의견을 수렴하여 정부에 제안하며 협동조합 모델을 개발하여 보급하고 관련 정보를 확산시키며 협동조합에 대한 중요성과 인식 개선을 주 업무로 수행한다. 1997년 3월에 발족하였으며 현재 54개의 회원으로 구성되어 있다. 구체적으로 보면 3차 협동조합이 4개, 2차 협동조합 24개 그리고 1차 협동조합이 27개이다. 지리적 사업단위로 보면 전국단위가 22개이며 지역단위가 5개 그리고 1차 협동조합인 기초협동조합이 27개이다. 28개 회원 연방과 연맹이 커버하는 협동조합 수는 전국 2만 2천개 협동조합의 약 30%를 커버하고 있다. 회원의 출자금은 740만 페소이지만 현재의 순자산 규모는 약 5천만 페소이다.[39)]

---

39) 주요 업무가 상업적 사업이 아니라 회원 간의 의견 조정 및 정보, 교육, 인식개선이기에 자본금 규모가 그렇게 큰 편은 아니다.

전국사업단위 회원(NATIONAL Level)

1. Cooperative Banks Federation of the Philippines (BANGKOOP)
2. Cooperative Foundation of the Philippines, Inc. (CFPI)
3. Cooperative Insurance System of the Philippines (CISP)
4. CLIMBS Life and General Insurance Cooperative (CLIMBS)
5. Cooperative Union of the Philippines (CUP)
6. Federation of Free Farmers' Cooperatives, Inc. (FFFCI)
7. Federation of People's Sustainable Development Cooperatives (FPSDC)
8. Federation of Teachers Cooperative (FTC)
9. Katipunan ng mga Kooperatibang Pansasakyan ng Pilipinas, Inc. (KKPPI)
10. MASS-SPECC Cooperative Development Center (MASS-SPECC)
11. Metro South Cooperative Bank (MSCB)
12. National Confederation of Cooperatives (NATCCO)
13. National Cooperative Marketing Federation (NCMF)
14. National Market Vendors' Confederation of Cooperatives (NAMVESCCO)
15. PHILAC Service Cooperative (PHILAC)
16. Philippine Cooperative Central Fund Federation (PCF)
17. Philippine Federation of Credit Cooperatives (PFCCO)
18. Philippine Federation of Electric Cooperatives (PHILFECO)
19. Philippine Federation Of Women In Cooperatives (PFWC)
20. Philippine Resortel & Education Service Cooperative (PRESCO)
21. Philippine Rural Electric Cooperative Association (PHILRECA)
22. VICTO National Federation of Cooperatives (VICTO National)

지역사업단위 회원(REGIONAL Level)

23. Cagayan Valley Confederation of Cooperatives (CAVALCO)
24. National Capital Region League - PFCCO (NCRL-PFCCO)
25. Northern Luzon Federation of Cooperative Education and Development Center (NORLUCEDEC)
26. Tagalog Cooperative Development Center (TAGCODEC)
27. Nueva Segovia Consortium of Cooperatives (NSCC)

기초협동조합 회원(PRIMARY Level)

28. Asia-Pro Cooperative (ASIA-PRO)
29. AMKOR Technology Philippines Employees Cooperative (AMKOR Tech)
30. Bagbag Multi-Purpose Cooperative (BAGBAG MPC)
31. Barangka Credit Cooperative (BCC)
32. Baguio Benguet Community Credit Cooperative (BBCCCI)
33. First Community Cooperative (FICCO)
34. Holy Cross Savings & Credit Cooperative (HCSCC)
35. Llano MPC (LLANO)
36. LIMCOMA Multi-Purpose Cooperative (LIMCOMA)
37. LINGAP Credit Coop (LINGAP)
38. Mauban Credit and Development Cooperative (MCDC)
39. National Cooperative Movement Service Cooperative (NCM)
40. Novaliches Development Cooperative (NOVADECI)
41. NUWRAIN Development Cooperative (NUWDECO)
42. Nueva Vizcaya Alay Kapwa Multi-Purpose Cooperative (NV Alay Kapwa)
43. Paco Savings and Credit Cooperative (PASCCO)

44. Paco Soriano Pandacan Development Cooperative (PSPDC)
45. Phil. Army FC Producers Integrated Coop (PAFCPIC)
46. Perpetual Help Community Cooperative (PHCC)
47. PLDT Employees Service Cooperative (TELESCOOP)
48. San Dionisio Credit Cooperative (SDCC)
49. Sulong sa Tagumpay Multi-Purpose Cooperative (STMC)
50. Tagum Cooperative (TC)
52. UP Employees Housing Cooperative (UPEHCO)
53. United Methodist Church MPC (UMCMCI)
54. Valenzuela Development Cooperative (VALDECO)
55. Vincentian Family Multi-Purpose Cooperative (VFMPC)

나. 전국협동조합연맹

'전국협동조합연맹(NATCCO : The National Confederation of Cooperatives)'은 640여 개의 신용협동조합의 연맹, 우리의 전문 호칭으로는 신용협동조합연합회이다. 이들은 협동조합 개발의 과제는 정부에 의존하다기 보다는 근본적으로 민간 부문에 달려있다고 믿는다. 이 연맹의 생성은 오래 전으로 돌아간다. 1950~70년대 수많은 기초협동조합을 회원으로 구성한 5개의 협동조합 훈련센터(2차 협동조합 형태)가 설립되었다. 이 5개 센터는 1977년에 전국단위의 교육훈련서비스를 진행하기 위한 '협동조합훈련센터전국협회(NATCCO : National Association of Training Centers for Co-operatives)'를 설립하였는데 영문 약자인 NATCCO가 오늘 날의 '전국협동조합연맹(NATCCO)'와 동일하다. 1986년에 1차 기초협동조합 및 그 계열의 다양한 서비스 수요 증가에 따라 구 NATCCO는 교육과 훈련뿐만 아니라 다목적 서비스 협동조합 개발 기능을 가진 오늘날의 '전국협동조합연맹(NATCCO)'로 전환되었다.

개별 협동조합, 즉 기초 협동조합과의 직접적인 업무 확대를 위하여 2004년에 정관 부칙을 개정하여 3차 협동조합에서 2차 협동조합으로 하향 전환하여 기초협동조합을 회원으로 재구성하였다. 그리고 비재무적 서비스보다는 자금중개 중심의 사업 체제로 변환하였다. 기초협동조합의 적극적인 참여와 활동으로 NATCCO는 비약적인 성장을 거듭하여 필리핀에서 가장 대표적인 협동조합연맹이 되었다. 지역적으로 가장 넓은 지역을 커버하고 있고 회원수도 가장 많다. 77개의 지역과 129개 도시에서 총 1132개의 사무소를 운영하며 640여개 협동조합으로부터 참여한 220만 명의 조합원에게 서비스를 제공한다. 회원인 640여개 협동조합의 통합 자산 규모는 450억 페소(1조 1천억원)를 넘는다.

NATCCO의 공공부문 주요 파트너로는 '협동조합개발청' 외에 중앙은행과 '농지개혁부(DAR : Department of Agrarian Reform)' 그리고 '교육부(DOE : Department of Education)'이다. 정부금융기관으로는 필리핀산업은행(DBP : Development Bank of the Philippines), 필리핀체신은행(PPB : Philippine Postal Bank)와 필리핀토지은행(LBP : Land Bank of the Philippines)과 금융 협력을 하고 있다.

민간부문의 개발NGO와의 관계도 활발하다. 주요 NGO로는 '필리핀개발원조파트너십(PDAP : Partnership for Development Assistance in the Philippines)', '평화평등재단(PEF : Peace & Equity Foundation)', '지속가능한 사회재단(FSSI : Foundation for a Sustainable Society)' 그리고 'NGO네트워크회의(CODE-NGO : Caucus of Development NGO Networks)'이다.

그리고 국제파트너로는 '캐나다협동조합협회(Canadian Co-operative Association)', '스웨덴협동조합센터(Swedish Cooperative Center)', '독일협동조합라이화이젠연맹(DGRV : German Cooperative and Raiffeisen Confederation)', 네덜란드의 '신용협동조합(Oikocredit)', '개발협력을 위한 교회연합체(ICCO : Interchurch Organization for

Development Cooperation)', '알프라토운 어린이저축인터내셔날(Aflatoun Child Savings International)' 등이 있다. 그리고 NATCCO는 제네바의 '국제협동조합연맹(ICA)'과 방콕의 '아시아신용조합연맹협회(ACCU : Association of Asian Confederation of Credit Unions)'의 회원이기도 하다.

다. Kabraso Multi-Purpose Cooperative

카브라소 다목적협동조합은 더 높은 근로자 복지 향상을 위하여 2009년에 근로자협동조합으로 출발하였다. 주업무는 조합원인 근로자와 인력 수요자를 연결하는 인력 아웃소싱 업무이다. 인력소개사업 허가를 위하여 노동고용부(DOLE : Department of Labor and Employment)에 등록되어 있다. 수도인 마닐라와 2대 도시인 세부 그리고 3대 도시인 다바오에 영업소를 운영하고 있다. 서비스 품질 체계를 인증하는 국제표준기구의 ISO 9001 인증을 받았다.[40) 주요 아웃소싱 서비스는 아래와 같다.

- 소매업/소비자 대상 판매원 : 텔레마케팅, 상품 프로모션, 판매원, 안내원
- 호텔-식당 : 청소, 세탁, 주방, 웨이터, 식당
- 정보기술커뮤니케이션 : 프로그래밍, 정보입력, 콜센터관리, 기술보조, 컴퓨터
- 제조업 : 조립, 포장, 공정
- 물류/창고 : 분배, 창고, 운송, 상하차
- 다용도서비스 : 수위, 잡역
- 배달 : 차량, 오토바이크, 도보

---

40) ISO 9001은 ISO(국제표준기구)의 품질경영시스템에 관한 국제규격을 의미한다. 제품, 서비스 체계가 규정된 기준을 충족하고 지속적으로 유지, 관리되고 있음을 인증해주는 제도다.

• 기술적 유지보수 : 용접, 페인팅, 배관, 석공, 전기, 빌딩관리
• 사무관리서비스

일반 직업소개소와의 차이는 근로자가 협동조합의 조합원으로서 주인의식 및 경영 마인드를 갖고 당당하게 파견되어 근무하는 정신을 함양할 수 있으며 조합원으로서 출자금에 대한 배당 및 이용수당을 받을 수 있고 유급휴가가 주어진다(http://www.kabrasocoop.com).

라. Red Root Artists Cooperative

'레드루트 예술가 협동조합(RedRoot Artist cooperative)'는 온라인-오프라인 광고 서비스를 제공하는 협동조합이다. 다수의 광고 분야별 제작진들이 조합원으로 참여하여 인쇄물, 오디오-비디오, 3D 제작, 플래시 등 광고물을 제작하고 마케팅전략개발을 수립해주는 서비스를 제공하고 있다. 또한 온라인 광고를 대행하며 소프트웨어 개발과 홈페이지와 게임 컨셉을 제작하기도 한다. 동 협동조합은 광고 및 홍보분야에서는 필리핀에서 유일한 협동조합으로 알려져 있다. 그만큼 조합원인 광고제작 전문가들이 상호 아이디어를 공유하고 작업을 협력해 나가는 노력과 과정에 대한 자긍심을 갖고 있다. 협동조합을 사회적 기업형태로서의 이상적인 비즈니스 모델로 평가하고 이를 통하여 조합원 전문가들이 더욱 신뢰받는 서비스 제공자가 발전할 수 있을 뿐만 아니라 산업발전과 사회변화에 긍정적 효과를 가져 온다는 목적을 추구하고 있다(http://www.redroot.coop).

마. Cooperative Insurance System of the Philippines (CISP)

'필리핀협동조합보험시스템(CISP : Cooperative Insurance System of the Philippines)'는 협동조합, 노동조합 그리고 조합원에게 보험 패키지를 통한 안전을 제공하는 목적으로 설립된 전국단위의 협동조합연맹이다. 재무부(DOF : Department of Finance)의 보험위원회(Insurance Commission)의 보험업 영업 허가를 득하고 '협동조합개발청'에 정식 등록되어 있는 필리핀 최초의 보험협동조합이다. 회원은 2000여 개의 협동조합이다. 1년 평균 70만 명에게 보험 서비스를 제공하고 있는데 대부분 협동조합 회원의 조합원들과 그 가족들이다. 현재는 저소득층 비조합원들에 대한 일반 보험시장 상품 영업도 하고 있다. 회원자격은 협동조합, 노동조합, 협동조합형 단체들이다. 출자금은 구좌 당 100페소(약 2,500원)이지만 잉여 프리미엄 40페소가 첫 몇 구좌에 부과된다(http://www.cisplife.com).

바. San Joaquin Multi Purpose Cooperative (SJMPC)

산호아퀸 다목적협동조합(SJMPC)은 1984년 중부 루손의 사랏(Sarrat)지역 농민들을 위한 작은 소비자협동조합으로 출발하였다. 이미 고인이 된 2명의 농민이 당시 농업부(DOA)의 다구판지역 협동조합개발사무소의 협력을 얻어 주변을 설득하여 17명의 조합원으로 초기 납입 출자금 17,200페소(약 42만원)로 출발하였다. 마을에 협동조합 상점을 설치하여 공동구매하여 조합원에게 분배하는 일을 하였다. 처음에는 커다란 변화 없이 상점을 운영하면서 공공구매를 통한 소비의 편익을 향유하는 정도로 운영하는데 만족하였다. 그러다가 1987년에 들어와 신용사업을 시작하게 되면서 커다란 발전을 하게 되었다. 농민들이 고리대금업자에게 시달리는 것을 보며 집행부는 신용부서를 설치하고 저축사업을 시작하면서 부터이다.

저축 금리는 일반 상업은행의 평균금리보다 더 경쟁력 있는 금리를 적용하면서 예금이 몰렸고 이에 따라 대출재원이 형성되었다. 대출금리는 고리대금업이 서서히 지역에서 사라질 정도로 최저 금리를 적용하였다. 그리고 사업지역을 다른 마을로 확장해 나가기 시작하였다. 조합원과 지역주민들은 팀워크와 결속의 힘과 효과에 대해서 인식하기 시작하면서 조합의 신용업무는 나날이 발전해 나갔다.

그리고 '협동조합개발청'의 발족과 함께 다목적협동조합(MPC) 유형으로 현재의 명칭인 SJMPC로 등록을 하였다. 조합의 신용업무는 점점 유명해지면서 조합원도 빠른 속도로 늘어나기 시작하였다. 금융기관의 표준 업무방식을 도입하여 전문성을 확보해 나갔다. 금융업무 이외의 조합원의 다양한 요구와 수요를 수용하기 시작하였는데 그중의 하나가 주유소 운영을 통한 조합원 잉여의 확대였다. 필리핀 국내의 모든 정유회사에 요청한 결과 유일하게 '칼텍스 필리핀'에서 SJMPC의 공동체의 성장과 개발이라는 협동조합의 정신에 따른 주유소 운영 제안에 흔쾌히 응함에 따라 주유소를 설립하게 되었는데 이것이 전국에 보도되면서 SJMPC는 유명세를 타기 시작하였고 협동조합에 대한 국민적 관심을 크게 제고시키는 효과를 가져왔다.

1990년에 농업부는 '농업개발을 위한 생계증진(LEAD : Livelihood Enhancement for Agricultural Development)' 프로그램을 통하여 SJMPC에 태양열 건조기를 기증하였다. 이 건조기는 대부분 농민들인 협동조합 조합원들에게 새로운 농업 관련 사업에 대한 관심을 일으켰다. 건조기를 활용한 정미소와 쌀 유통사업에 눈이 띈 것이다. 새로운 사업을 위하여 저축금리를 높여 자금을 조달하여 정미시설과 창고를 설치하고 차량을 구입하였으며 국가식량청(NFA : National Food Authority)으로부터 1991년도 관련 허가를 받아 운영을 시작하여 불과 1년 만에 흑자구도의 정상화를 이룩했다. 여기서 주목할 것은 창고건립 등에 조합원들이 자발적으로 참여하여 무료로 노동을 제공했다는 점이다. 1993년에 '협동조합개발청'은 SJMPC를 전국단위 협동조합으로 인정하였다.

조합원들의 수요와 필요에 근거하여 새로운 사업영역으로 계속 확대해 나갔다. 민물고기양식, 비육우, 임업, 망고 등 농수산업뿐만 아니라 약국운영과 소규모 전기공급사업으로까지 확장해나갔다. 2005년부터 필리핀 최대 음료업체인 산미겔과 코카콜라의 중부루손 영업권을 획득하여 주류 및 음료 유통업을 시작하였다. 필리핀 협동조합으로는 최초이자 유일한 주류 및 음료 유통업을 하고 있다. SJMPC는 2011년에 음료유통센터를 새롭게 건립하였으며 또한 필리핀 토지은행(LBP)으로부터 금융서비스협동조합 명예의 전당에 입당하는 영예를 얻었을 뿐만 아니라 부상으로 152만 페소를 받아 금융시스템 개선에 투자하기도 하였다.

SJMPC는 사업만이 아니라 지역사회 발전에도 많은 기여를 하고 있다. 빈곤층 돕기, 보건영양프로그램, 태풍피해자 돕기, 조합원자녀 장학금, 지역학교 지원 그리고 평화와 질서 운동 등에 앞장서고 있다. 또한 환경보전에도 앞장서고 있는데 나무심기, 쓰레기통 보급, 도로청소, 재활용 교육, 유기비료 사용촉진 사업을 한다. 지방자치단체와 협력하여 문화사업도 전개한다. 지역 내 다른 협동조합과의 협력사업에서 리더의 역할을 하고 있다. 그리고 교육과 훈련을 중시하여 협동조합 간부와 근무자들을 세미나, 컨퍼런스, 훈련기관에 보내 업그레이드와 재충전을 시키는 데 상당한 노력을 기울인다.

결론적으로 산호아퀸 다목적협동조합(SJMPC)는 25년 전 작은 점포 1개를 운영하는 소비자조합에서 시작하여 다양한 사업을 하고 있는 전국단위 대형 협동조합으로 성장하였는바, 그 핵심 성장요소는 조합원의 수요와 필요성에 부응하려는 지도부의 의지와 부단한 전문성 확보 노력 그리고 지역사회 및 조합원의 발전과 번영에 기여하는 정신이라고 할 수 있겠다. SJMPC는 현재 3,000여 명의 조합원과 1억 2천만 페소(25억 원)의 총자산을 보유하고 있다.

사. BIATUNGAN MULTI-PURPOSE COOPERATIVE (BMPC)

필리핀 중부 비사야스 지역의 타클로반 칼바옥 시(Calbayog City)에 소재한 비아툰간 다목적 협동조합(BMPC)은 27명의 조합원으로 2000년에 설립되었다. 설립목적은 소규모 어민을 지원하고 생선의 포화 공급에 대하여 캔 제품 산업에 참여하기 위함이었다. 2002년에 마이크로 크레딧 신용서비스를 시작하면서 조합원들을 위한 몇 가지 생계프로젝트를 실시했다. 예를 들면 옷감의 자투리 조각을 활용한 냄비받침대 제작 및 도어매트, 지역의 어업학교 가난한 학생들에 대한 적절한 식사 제공 그리고 시 정부의 축산생산 프로그램 지원용 사료공장 운영이다. 칼바옥 시에서는 최초의 마이크로 크레딧 신용협동조합이다. 2004년에는 농지개혁수혜자들에 대한 별도 대출을 위하여 1백만 페소를 융자 출연 받아 농지개혁지대에서 신용사업을 해왔으며 현재는 약 5백명에 대하여 6백만 페소의 대출 서비스를 하고 있으며 100% 상환율을 자랑하고 있다.

아. SAMAR MULTI-PURPOSE COOPERATIVE (SAMICO)

SAMICO는 마이크로 크레딧 협동조합으로 38명의 조합원이 총 출자금 4만 페소(약 100만 원)로 2000년에 카트바로간 시(Catbalogan City)에서 설립되었다. 설립배경은 1999년도부터 '국민신용금융공사(PCFC : People's Credit and Finance Corporation)'가 마이크로 크레딧 기능을 수행하면서부터이다. '국민신용금융공사' PCFC는 빈곤층과 소외계층에 대한 정부 신용서비스 기관이다. 2002년 1월 SAMICO는 PCFC의 프로그램 파트너로 선정됨에 따라 350만 페소(약 8700만 원)의 신용을 받아 대출 서비스를 시작했다. 사말 섬(Samal Island)

내부로 영업망이 크게 확장되었다. 그 동안의 실적을 반영하여 최근의 PCFC의 신용선 규모는 4천만 페소(약 10억 원)로 크게 증가하였다. SAMICO는 사말 섬에서의 최초의 마이크로 크레딧 협동조합이다. '필리핀-호주 커뮤니티 지원 프로그램(PACAP : Philippine Australian Community Assistance Program)'으로부터 '사말 섬 해변마을 활성화' 프로젝트 지원을 위한 1백만 페소(2500만 원)를 기부 받아 운영하고 있다. '협동조합개발청'과 관련 기관의 허가를 득하여 현재 비사야스 전지역(R6~9) 8개 도시에서 신용서비스 사업을 하고 있을 정도로 성장하였다.

그리고 꾸준히 비금융 부문으로 사업영역을 다각화하여 왔는데 양돈, 농업개발, 축산기술훈련센터, 주택프로젝트, 생태 관광(eco-tourism), 협동조합 시장, 수산업 프로젝트 등 다양한 사업을 하고 있다. 그중에서도 축산기술훈련센터는 기술교육기능개발청(TESDA : Technical Education and Skills Development Authority)와 연계하여 교육을 진행하고 있다. 조합원이나 그 자녀들이 교육생으로 선발되며 26일간의 기능훈련 프로그램을 통하여 지역 내 축산업 발전에 기여하고 있다. 교육비는 전액 TESDA로부터 받으며 SAMICO는 기숙사를 무료로 제공한다.

자. South Leyte Multi-purpose Cooperative (SLEM COOP)

SLEM COOP은 1984년도에 남부 레이테에 근무하는 중앙정부 및 지방자치단체 공무원 50여 명을 조합원으로 설립된 협동조합이다. 현재 조합원은 약 4,500명으로 크게 성장하였다. 저축 및 신용대출 서비스 외에도 마아신시(Maasin City)에 있는 본부 3층 건물에 사무소 외에 상점, 카페테리아, 기숙사, 체육관 등을 조합원뿐만 아니라 일반인을 대상으로 운영하고 있다. 2005년에는 SLEM COOP 재단을 설립하여 장례서비스, 건강관리, 생계 프로젝트 그리고 은퇴업무와 같은 사회적 프로그램과 서비스를 제공하고 있다. 설립된 이후 지금까지 야채생산, 대나무 공예, 의약품 유통을 해왔다.

다양한 목적의 자금 수요를 충족하기 위하여 현재 31개의 대출 상품을 갖고 있다. 예를 들어 차량대출, 교육대출, 생필품 대출 등이다. 2009년도에 '국민의 지속가능개발 협동조합연맹(FPSDC : Federation for People's Sustainable Development Cooperative)에 가입하였고 여기의 도움을 받아 웹사이트를 개설하였다. 전국협동조합연맹(NATCCO)에도 가입하여 전국적인 협동조합 활동 및 상호협력에도 열심이다. 본부 건물에서 운영하고 있는 식품점의 관리 전산 프로그램은 NATCCO로부터 지원받았다(http://www.slemcoop.org).

차. ALMERIA SEAFARERS MULTI-PURPOSE COOPERATIVE (ASEMCO)

ASEMCO는 1994년에 필리핀의 달러 수입원인 선원들을 위하여 설립된 협동조합이다. 선원들은 비교적 높은 수입을 벌지만 지상 대기시간이 길어지면 자녀교육 등 생활자금에 어려움을 겪는 것을 극복하기 위함을 목적으로 설립된 협동조합이다. 원래는 선원만을 조합원 자격으로 하려고 하였으나 선원이 항해 중에는 협동조합의 운영과 관리에 어려움을 갖게 되기 때문에 그들의 부인들을 정규 조합원으로 포함시켰다. 그래서 seaman이라는 남성어가 아닌 seafarer라는 중성적 용어로 협동조합 이름을 명명하였다.

설립 당시는 조합원수가 42명 그리고 총출자금으로 12,600페소에 불과하였지만 지금은 정규 조합원 348명에 2,700여 명의 부조합원이 있으며 총자산이 약 1.5억 페소(37억 원)로 크게 늘어났다. 1억 페소 이상의 대출을 2,000여 명에게 제공하고 있다. 금융서비스 외에도 '취학전학습센터(Pre-school Learning

Center)'을 1999년에 설립하였고 이것이 발전하여 유아원, 유치원 그리고 초등학교 6학년 과정을 제공하는 학교인 ASLC(Almeria Seafarers Learning Center Inc.)로 발전하였다.

ASEMCO는 식품점 사업으로도 유명하다. 2004년도에 '해외노동자복지청(Overseas Workers Welfare Administration)'은 해외근로자들을 위한 5만 페소의 식료품 지원 사업을 하였는데 이것을 기본 자산으로 하여 식료품 사업을 시작하였다. 알메리아 지역에서 ASEMCO Grocery(식료품점)와 Bodega(잡화점)는 잘 운영되는 편의점 중의 하나이다.

2011년도부터 과학기술부(DOST : Department of Science and Technology)와 알메리아 지방자치단체의 자금지원을 받아 숯탄(charcoal) 제조사업을 시작했다. 동일 지역에 있는 '빌리란 전기협동조합(BILECO : Biliran Electric Cooperative)'와 계약을 체결하여 알메니아 가정으로부터 전기료 수납 대행 업무도 하고 있다. 모바일 뱅킹 업체의 대리점으로도 활동하고 있다. 그리고 최근에 농업부의 제안을 받아 들여 양돈사업을 하기로 하였다. 이것은 장기적으로 식료품점의 추가적인 서비스에 도움이 될 것이라 확신하기 때문이다. ASEMCO는 알메리아뿐만 아니라 빌리란 지방 등 주변 지역에도 서비스를 확대해 나가고 있다. 현재 34명의 정규직원과 18명의 고용직원이 근무하고 있다.

6. 우리나라 사회적경제 발전을 위한 정책적 시사점

가. 협동조합 국제비교와 우리나라

협동조합의 태동과 발전 그리고 국제비교를 통하여 우리나라 협동조합 및 사회적경제의 현실과 문제점을 파악하여 보았다. 특히 사회적경제의 중심에 있는 협동조합기본법에 대한 심층적 분석을 통하여 법적 미비성과 현실적 효과에 대한 한계를 지적하였다.

협동조합기본법을 제정하기 위하여 여러 나라의 사례를 연구하고 분석하여 참고한 점에는 찬사를 보내지만 협동조합 선진국이 대부분 성문법보다는 불문법 체계를 갖고 있다는 점을 간과한 면이 있어 보인다. 우리나라는 협동조합기본법을 제정하는 과정에서 독일, 스웨덴, 핀란드, 스페인, 캐나다, 포르투갈, 브라질, 코트디브아르, 헝가리, 인도, 요르단, 케냐, 멕시코, 태국 등 14개국의 관련법과 제도가 참고되어 법체계를 주로 참조한 것으로 알려져 있다.

그러나 협동조합과 관련하여 역사적 배경과 발전, 헌법에의 반영도, 법률적 완결성, 사회경제구조적 중요성 및 행정적 체계에서 세계 최고 수준의 완성도를 자랑하는 필리핀의 사례를 전혀 참고하지 않았다는 점에서 아쉬움이 많이 남기에 본 책이 주는 의미는 더 크다고 할 수 있다.

혹자는 필리핀이 우리나라보다 경제사회적 측면에서 뒤 떨어졌다는 점에서 특별하게 배울 것이 있겠느냐는 의문을 가질 수도 있다. 또한 필리핀 협동조합은 법적 제도적 우수성에도 불구하고 일반적 사회문제와 유사하게 많은 현실적 문제점을 갖고 있다. 교육과 훈련 부족, 자본부족, 비적절한 사업의 규모, 조합원의 교육과 훈련 부족, 자본부족, 비적절한 사업의 규모, 조합원의 충성도 부족, 리더의 기득권 및 부정부패, 리더십 부족 및 경영미숙, 정부지원의 부족 등을 들 수 있다.[41] 이러한 문제점은 필리핀의 사회경제적 문제와 깊은 연관 관계를 가지고 있는 복합성 성격을 갖기에 해결하는데 쉽지는 않다.

그럼에도 불구하고 필리핀만큼 역사적으로 협동조합에 대하여 법적, 제도적, 현장에서 이루어지는 노력과 개선을 다양하게 추구해 온 국가는 찾아보기가 쉽지 않을 정도로 필리핀은 협동조합과 관련하여 우리에게 많은 정책적 시사점을 줄 수 있는 국가로서 손색이 없다. 또한 빈부격차가 구조적으로 고착화되어 있으며 대부분의 사회경제정책이 부자 위주로 편성되어 있기에 정부가 다수의 빈곤계층을 위한 정책적 수단이 매우 제한적이라는 점에서 필리핀의 협동조합 정책은 연구의 가치가 크다고 할 수 있다.

필리핀의 협동조합 역사는 100년이 넘으며 현재 약 23,000개의 협동조합이 활동하고 있으며 조합원수도 1,100만이 넘는 바, 이는 성인인구 5명 중 1명에 해당할 정도로 협동조합은 인구의 대다수를 차지하는 서민층의 생활과 밀접하다. 이것은 필리핀의 독특한 역사와 사회구조에 기인하기에 필리핀의 역사와 사회구조를 비교적 구체적 설명을 통하여 이해할 필요가 있다. 그리고 본 책에서는 주요 핵심 부분에 대하여서는 우리나라와의 비교를 시도하여 이해를 돕도록 노력하였다.

41) Jorge V Sibal, The Philippine Cooperative Movement: Problems and Prospects(1986 – present)

나. 정책적 시사점

협동조합의 국제비교와 필리핀 협동조합의 역사, 행정제도, 법률, 정책적 의지에 대한 검토는 이미 위에서 살펴 본 바와 같이 협동조합을 사회적경제 육성의 핵심 수단으로 육성하려는 우리나라의 입장에서 보면 주요한 정책적 시사점을 주고 있다.

첫째, 필리핀은 오늘날에 이르기까지 약 500여 년간 지배계급과 피지배계급의 계급문화가 형성되어 뿌리 깊게 지속되어 왔다. 이러한 구조 속에서, 국가재정으로 농촌개발사업이나 소작인과 소상공인 육성정책을 대대적으로 실시하는 것은 지배층의 이익에 반할 수 있는 여지가 많아 그들의 반발을 최소화하는 수준에서 민간의 자율적 자립적 조직 육성을 통한 개발과 지원 방식을 선택할 수밖에 없는 제약성을 갖고 있다는 점에 주목해야 한다.

우리나라도 빈부의 격차가 고착 또는 확대되어 가는 추세 속에서 서민층 및 빈곤층의 휴먼시큐리티를 지키고 보장하기 위한 정책, 특히 자활 및 경제자립 정책에 특별한 대책 마련이 점점 어려워지는 추세 속에서 협동조합, 즉 사회적경제조직 육성은 정책적 수단으로서 매우 핵심적으로 작용할 것이기 때문이다.

둘째, 우리나라에서 지리적으로 가까운 필리핀은 이미 수십 년 전부터 협동조합기본법을 제정하여 최근 2008년에 일부 개정하기까지 협동조합기본법을 시행하여 온 나라이다. 그리고 「필리핀 협동조합법」은 내용과 형식에 있어서도 우리나라뿐만 아니라 어느 선진국에 비하여도 부족함이 없을 정도로 우수하다. 필리핀 협동조합법은 교과서에 버금갈 정도로 잘 정비되어 있다는 점은 우리의 취약한 기본법 보강 및 지금 논의되고 있는 사회적경제기본법 제정 논의에 많은 시사점과 교훈을 제공할 수 있다. 구체적으로 보면 협동조합의 분류, 협동조합 세제에 대한 명확한 체계, 정부기관 시설 이용권, 도매시장 개설권 등 매우 구체적으로 협동조합 지원에 대하여 법적 근거와 장치를 제시하고 있는 점은 우리나라의 사회적경제기본법 제정에 커다란 도움이 되리라 여겨진다.

셋째, 필리핀은 협동조합을 전문적으로 육성하고 관리하고 지원하는 협동조합 주무관청을 별도로 설립하여 1940년대부터 설립하여 운영하여 왔다. 현재의 '협동조합개발청(CDA)'은 마닐라의 중앙본청 외 전국에 지역사무소를 운영하고 있으며 직원 수는 600명 정도 된다. 우리나라도 사회적경제진흥원 등 전담 기관이 있다. 하지만 마을기업, 자활기업, 농어촌공동체, 고용노동부의 사회적기업, 지역형 사회적기업, 부처형 사회적기업 등 여러 부처가 인간 중심의 사회적경제조직을 육성하기 위하여 일부 중복 지원되고 있는 점 등을 고려하면 통합적으로 관리하고 육성하고 지원하고 평가하는 사회적경제 통합 관리기관의 운영은 가치가 있어 보인다. 특히 필리핀의 협동조합개발청 모델은 협동조합, 즉, 사회적경제조직, 통합관리청이 잘 발달된 법에 의하여 중앙 관련 부처와 지방자치단체와의 협력을 상세하게 규정하고 있는 점은 우리의 제도 보강에 많은 정책적 시사점을 제공하고 있다.

넷째, 정부의 사회적경제 구축과 육성을 위한 좀 더 강력한 의지가 요구된다. 필리핀은 정책선언을 통하여 협동조합을 경제발전과 사회정의를 달성하고 자립을 촉진하며 국민의 힘을 활용하는 실용적 수단임을 선언하고 이에 따라 관련 법 및 협동조합에 대한 정의와 정책을 수립하여 추진하고 있는 점은 주목할 만하다.

필리핀의 협동조합에 대한 정책선언

"경제발전과 사회정의의 달성을 향해 자립을 촉진하고 국민의 힘을 활용하는 실용적 수단으로서 협동조합의 생성과 성장을 조성하는 것이 국가정책임을 선언한다. 이를 위하여 국가는 협동조합의 실제 형성과 조직을 수행하는 민간부문을 장려하고 협동조합의 성장과 발전에 도움이 되는 환경을 창출하여야 한다."

> "It is the declared policy of the State to foster the creation and growth of cooperatives as a practical vehicle for promoting self-reliance and harnessing people power towards the attainment of economic development and social justice. The State shall encourage the private sector to undertake the actual formation and organization of cooperatives and shall create an atmosphere that is conducive to the growth and development of these cooperatives."

다섯째, 본 책에서는 협동조합을 중심으로 세계의 협동조합을 비교하고 우리나라의 협동조합 체제의 문제점을 분석하고 개선방향을 찾는데 주력하였다. 하지만 엄밀하게 보면 협동조합은 가장 오랜 기간을 거쳐 전 세계에서 검증된 전통적 사회적경제조직의 모델이기에 본 연구에서 도출된 정책적 시사점은 우리나라의 사회적경제의 건강한 생태계를 조성하고 발전시키는 데 도움이 되리라 여겨진다. 특히, 현재 진행되고 있는 사회적경제기본법의 제정 과정에도 많은 참고가 되리라 사료된다.

여섯째, 사회적경제는 인간 중심의 경제이다. 사회적경제의 지향점과 이의 달성을 위한 과정 자체가 인간을 중심에 두고 있다는 점에서 UN에서 주창하고 있는 휴먼시큐리티 개념은 사회적경제의 목표와 수단에 있어서 중요한 함의를 제공하고 있다. 휴먼시큐리티는 집단적 안전보장보다는 개개인의 인간다운 삶의 보장을 위한 정책과 조치를 통하여 집단적 즉, 사회적 안정과 평화를 달성하자는 개념이다.[42] 휴먼시큐리티는 전 세계적으로 사회복지 정

42) 휴먼시큐리티(human security)의 주창은 냉전이 종식된 이후에 나타나는 최근의 분쟁이 국가 간 전쟁의 위협보다는 경제적 빈부의 격차, 문화의 차이, 인종의 차이, 종교의 차이 등 경제사회적 갈등에서 비롯되었으며 그 최대 피해자가 군인이 아닌 민간인이라는 점에 기초한다. 전통적인 사회 또는 국가의 집단적인 안전보장 개념은 이러한 경제사회적 갈등에 의한 분쟁에 대하여 해결책을 제시하지 못하고 있기 때문에 휴먼시큐리티는 사회적 평화와 안전보장의 새로운 패러다임으로 주목 받고 있다.
학계에서는 인간안전보장 또는 인간안보로 번역하기도 하지만 본래의 의미와는 미세한 차이가 있어 휴먼시큐리티라는 원어를 그대로 사용하고자 한다.

책 및 지역 평화정책의 새로운 패러다임이며 범지구적 보편적 가치이다. 휴먼시큐리티는 "공포와 궁핍 그리고 재난으로부터의 자유"를 전제하고 있다. UN은 휴먼시큐리티를 경제, 식량, 보건, 환경, 개인, 공동체 그리고 정치적 시큐리티의 7개 범주로 구분하여 정책 목표, 실행 그리고 평가의 기준으로 삼고 있다.

경제 시큐리티는 생산적인 일 또는 사회안전망을 통한 가난으로 부터의 자유, 식량 시큐리티는 기초적 식량 보급을 통한 기아로부터의 자유, 보건 시큐리티는 질병과 비위생적인 생활환경으로부터의 보호, 환경 시큐리티는 환경오염, 재해 및 자원고갈로부터 보호, 개인 시큐리티는 개인 및 집단적 폭력으로부터 보호, 공동체 시큐리티는 가정생활과 자신이 속한 집단과 국가 등 공동체 참여의 자유, 정치 시큐리티는 기본적 인권의 자유를 의미한다.

이러한 휴먼시큐리티를 확보하고 유지해 나가는 데 있어서 정부와 기업 그리고 NGOs 만의 기능으로서는 불충분하다. 그러기에 사회적경제 영역이 존재하는 것이고 이 영역에서 활동하는 사회적경제조직의 육성이 필요한 것이다.

유엔개발계획(UNDP)의 휴먼시큐리티 7대 범주

다. 한반도 통합 사회적경제 구축

우리나라만이 갖고 있는 정치적 특수성인 남북한 관계를 사회적경제 통합 차원에서 접근하였으면 한다. 남북한 경제적 통합과정에서 협동조합 모델은 매우 중요한 수단으로 작용을 하리라 여겨지기 때문이다. 이를 위하여서는 상기에서 정책적 시사점으로 제안한 바와 같이 전통적인 집단적 군사적 안보 개념보다는 인간 개개인의 안전보장을 지지하는 휴먼시큐리티 개념을 남북한 통합과정에서 사회적경제 구축의 기본적 이념과 철학으로 정립하였으면 한다.

전통적 시큐리티는 냉전시대의 지배적인 패러다임으로 국가 또는 국제사회 등 집단적인 실체를 대상으로 외부로부터의 군사적 침입에 대응하는 개념으로 이것만으로 한반도 경제통합 및 평화를 이끌어 내기는 쉽지 않다. 왜냐하면 냉전 이후 최근의 분쟁이 국가 간 전쟁의 위협보다는 경제적 빈부의 격차, 문화의 차이, 인종의 차이, 종교의 차이 등 사회적 갈등에서 비롯되는 불안, 위협, 폭력 그리고 내전이었으며 그 최대 피해자는 군인이 아닌 민간인이라는 점에서 평화와 안전을 확보하는 개념에 한계를 보이고 있고 때문이다.

즉, 최근의 국제적 평화와 국가와 민족의 위협요인은 과거의 군사적 침략보다는 환경오염, 지구온난화, 크로스보더 전염병, 생태계 파괴의 자연재해와 같은 전 지구적 환경 과제와 부패확산, 빈부격차, 사회적 소외, 지역갈등, 종교충돌, 문화충돌 등과 같은 사회문화적 갈등과 경제파국의 국제적 연쇄효과 등의 사회경제적 국가 문제뿐만 아니라 건강, 실업, 파산, 가족해체, 협박 및 위협 등의 개인적 어려움도 포함하고 있다.

휴먼시큐리티의 관점에서 보면 개발이 경제성장의 결과라고 보는 정통적인 관념이 아니라 인간의 잠재력 개발교육, 생계활성화, 자활자립, 건강과 환경, 평등한 기회 그리고 사회적 참여 등의 인간개발을 통하여 이룩한 결과로 해석되고 있다. 이를 위하여 협동조합적 요소가 상당히 많이 내재되어 있는 북한의 생산체제에 있어서 우리의 협동조합 육성을 통한 사회적경제 구축 경험과 노하우는 경제적 통일과정에서 통합비용을 줄이고 통합효과를 매우 효과적이고 효율적으로 발휘할 수 있는 역량으로 작용할 것이다.

예를 들어 북한 이탈 주민이 북한에서 체험하고 교육받은 협동조합 요소를 우리의 협동조합 지원정책과 결합하여 북한 이탈 주민을 대상으로 하거나 참여시키는 남북한 통합형 협동조합에 대한 특별한 육성책의 연구와 개발은 미래 한반도 통합경제의 구축과 발전을 위한 초석이 될 것이다. 이를 위하여 남북한 사회적경제 통합 요소를 발굴한다는 것은 매우 의미가 있다. 이것을 고려하여 사회적경제기본법 제정 논의에 남북한 사회경제 통합에 대비한 특별 조항을 고려해 나가는 것은 매우 의미가 크다고 할 수 있다.

또한 경제 통합뿐만 아니라 교육, 보건, 제도, 행정, 거버넌스 등 사회문화적 통합의 목표와 과정에 있어서도 휴먼시큐리티 개념은 지대한 함의를 갖고 있다고 본다. 지역통합, 경제통합, 정치통합, 사회통합, 문화통합의 차원에서 핵심적이고 남북 공통적 가치로 작용할 수 있다. 왜냐하면 그 지향점과 과정에서 개개인의 휴먼시큐리티가 중심이 되기 때문이다. 따라서 한반도 사회경제적 통합은 남북한 주민 개개인의 휴먼시큐리티 확보와 증진을 목표로 진행하였으면 한다. 그리고 그 중심에 협동조합 모델이 핵심적 역할을 수행할 것으로 기대되기에 좀 더 넓고 깊은 시야에서 협동조합 및 사회적경제 생태계를 육성 발전시켜 나가는 지혜와 노력이 요구된다.

〈참고문헌〉

❑ ACCU, A Glimpse into the Asia Credit Union Movement, 1981.

❑ Bangkoop, "The cooperative Banking System : Towards a More Meaningful Presence in the Countryside", Cooperative Rural Banks Federations of the Philippines, Inc., QC, 1990.

❑ Clarissa P. Villasin, "Can Cooperatives Cure Poverty in the Philippines?", Philippine Agenda, Vol. III, No. 10, July 1-15, 1990, Grassroots Publications, Inc., Manila, pp. 1-3.

❑ COOPERATIVES IN THE PHILIPPINES A STUDY Of Past Performance, Current Status And Future Trends Prepared For U.S.A.I.D./PHILIPPINES Under Contract No. AID 492-0249-C-00-6098-00 With AGRICULTURAL COOPERATIVE DEVELOPMENT INTERNATIONAL 50 F Street, N.W. -Suite 900 Washington, D.C. 20001 U.S.A.

❑ COOPERATIVES IN THE PHILIPPINES A STUDY Of Past Performance, Current Status And Future Trends Prepared For U.S.A.I.D./PHILIPPINES Under Contract No. AID 492-0249-C-00-6098-00 With AGRICULTURAL OOPERATIVE DEVELOPMENT INTERNATIONAL, Washington, D.C. 20001 U.S.A.

❑ Countinho, Boadiva, Cooperation, the Key to Progress. Rome, 1972.

❑ Cua, Mordino and Pimentel, Aquilino Jr., Cooperative Code of the Philippines : Theory, Law and Practice, White Orchids Printing and Publishing Co., Manila, Philippines, 1994.

❑ Cua, Mordino and Pimentel, Aquilino Jr., Cooperative Code of the Philippines : Theory, Law and Practice, White Orchids Printing and Publishing Co., Manila,Philippines, 1994.

❑ Ignacio P. Borja, "Cooperative Education : Problem or Answer", paper presented at the first National Convention of the National Association for Cooperative Education (NACE), August 8-9, 1996, Hotel Danarra and Resort, QC.

❑ Jorge V. Sibal, "The Self-managed Enterprises and the Vision of a Mixed Economy", paper read at the PEDF Seminar-Workshop on Issues in Community Enterprise Management, August 16-18, 1991, Pansol, Laguna sponsored by People's Enterprise Development Council.

❑ Jorge V. Sibal, The Philippine Cooperative Movement : Problems and Prospects (1986 -present)

- Jose Chua Ong, Market Projects Financed by Municipal Development Fund : An Evaluation, Philippine Women's University-Quezon City (PWU-QC), September 1997 (masteral thesis).
- Leandro R. Rola, "Cooperative Education and Training Issues/Problems and Recommendations", The State of Cooperative Development in the Philippines, Cooperative Foundation of the Philippines, Inc. (CFPI), QC, 1989.
- Rosario Braid (Ed), "Political Parties, Programs and Platforms for Cooperatives as a Third Sector", Sustainable Development Through Cooperatives, Asian Institute of Journalism, Manila, 1993, p. 136.
- Rudy Dalangin, "Market Vendors Cooperative, A Case Study", paper presented to the "Cooperative Education and Exhibits Fair", March 10, 1991, Philippine International Convention Center, Manila.
- Rural Development, Workshop Report, see Article by Anselmo B. Mercado, pp.71-84, Bangkok, Thailand, December 1986.·ACCU,
- Teresita M. Coloma, "The Cooperative Development Framework : A Blueprint for People Empowerment and Global Competitiveness", paper presented at the National Conference Workshop on Strengthening Cooperative Banks, February 21-22, 1996 at Great Eastern Hotel, QC.
- UNDP, "Human Development Report", 1994, 2013.
- Visayas Cooperative Development Center, "Experiential Perspective of Cooperative Education and Training, the Visayas Experiment", July 1996, Cebu City, presented to the NACE National Convention, August 8-9, 1996, Hotel Danarra and Resort, QC.
- William Henry Scott, The Union Obrera Democratica : The First Filipino Labor Union, New Day Publishers, QC, 1992.

1. 최용주, "사회적경제의 도래와 협동조합운동 : 유럽과 캐나다의 논의동향을 중심으로", 농협경제연구소, 한국협동조합학회 2009년 추계학술대회(10.16.)

2. Carlo Borzaga, Jacques Defourny 역음, 박대석, 박상하, 고두감 옮김, 「사회적 기업」, 시그마프레스, 2009.

3. 이성수, "사회적 협동조합", (사)한국협동조합연구소 부설 노동자기업인수지원센터, 2000.

4. 김정원, 「사회적 기업이란 무엇인가?」, 도서출판 아르케, 2009.

5. 황덕순, 박찬임, 황준욱, "사회적 일자리 창출사업 중장기 발전방안", 노동부, 2004.

6. 이성수, "사회적 협동조합", (사)한국협동조합 연구소 부설 노동자기업인수지원센터, 2000.

7. 이동산, "금융 환경 변화와 신용협동조합의 발전방안", 석사학위논문, 경상대학교 경영대학원, 2011.

8. 이희정, "Carit union and commn-bond : the concepts and policies", 고려대학교 석사학위논문, 2010.

9. 최광택, 배홍렬, 「협동조합론」, 신용협동조합중앙회, 2006.

10. Co-operatives UK "The UK co-operative economy : A review of co-operative enterpise 2010", 2010.

11. 스페인 헌법 제129조 제2a항.

12. 협동조합 활성화 3차 포럼 '협동조합 활성화를 위한 법률 개정의 필요성'(2013.7.11.) 인용하여 정리(공동주체 : 국회의원 김기준, 김현미, 설훈, 이언주, 이학영, 최원식, 한정애, 홍의락).

13. http://ksen.co.kr/(한국사회적기업신문)

14. http://www.hsi.or.kr (재단법인 휴먼시큐리티인터내셔널)

부 록

1. 협동조합 업무지침
2. 협동조합 설립 신고 및 인가 서식
3. 협동조합 설립 신고 및 인가 기타 신청서류
4. 협동조합 등기절차
5. 협동조합 등기 관련 각종 서식
6. 개인정보 제공 및 활용 동의서
7. 기본법 표준정관례(일반협동조합 & 연합회)
8. 기본법 표준정관례(사회적협동조합 & 연합회)

협동조합 업무지침

2012.12.1.

기획재정부

Ⅰ. 일반사항

1.1. 협동조합기본법 제정배경

□ **(협동조합의 부각)** 2008년 금융위기를 안정적으로 극복*하면서 새로운 경제사회 발전의 대안모델로 '협동조합'이 주목

○ UN도 협동조합의 경제안정 효과 및 사회통합 기능에 주목하여 각국에 협동조합 활성화를 위한 법령 정비를 권고**

* 스페인의 3대 기업인 '몬드라곤 협동조합연합체'는 2008년 금융위기시 협동조합 간 고용승계 등으로 구조조정 없이 위기를 극복

** 2009년 UN 136호 결의문("Resolution 64/136, Cooperatives in social development")에서 2012년 '세계 협동조합의 해' 선포와 함께 관련 법제도의 정비를 권고

〈각국의 협동조합 관련 입법 현황〉

■ 기본법 체제	독일, 스웨덴, 핀란드, 스페인, 캐나다, 포르투갈, 태국 등
■ 기본법+개별법	한국(기본법 제정 후), 프랑스, 러시아
■ 개별법만 존재	한국(기본법 제정 전), 일본, 루마니아, 우루과이
■ 민법, 상법 형태	영국, 스위스, 멕시코, 벨기에, 이탈리아, 체코, 뉴질랜드 등
■ 기타	중국, 덴마크, 노르웨이, 미국

□ **(국내 입법 미비)** 협동조합에 대한 일반법이 부재하여 8개 개별법(농협·수협 등)에 의한 협동조합으로 설립 분야 제한

○ '협동조합'을 지향하고 협동조합적 사업* 운영을 희망하나 법인격이 없어 애로를 겪고 있는 단체** 다수

* 출자자와 이용자의 일치, 1인 1표의 사업운영, 사업이익의 균등한 분배 등

** 전국적으로 약 4~5천여 개의 협동조합 지향단체들의 대표들이 모여 '협동조합기본법 제정연대회의'를 발족하여 입법청원(2011.10월)

〈기존 8개 개별법상 협동조합〉

○ 생산자 조합
- 1차 산업 : 농업협동조합·수산업협동조합(농식품부), 엽연초조합(재정부), 산림조합(산림청)
- 2차 산업 : 중소기업협동조합(중기청)
- 3차 산업 : 신용협동조합(금융위)·새마을금고(행안부)

○ 소비자 조합 : 소비자생활협동조합(공정위)

1.2. 협동조합의 개념 및 특징

1) 협동조합의 개념

□ **(정의)** "재화 또는 용역의 구매·생산·판매·제공 등을 협동으로 영위함으로써 조합원의 권익을 향상하고 지역 사회에 공헌하고자 하는 사업조직"(협동조합기본법 제2조)

○ **(사업범위)** 공동의 목적을 가진 5인 이상의 구성원이 모여 조직한 사업체로서 그 사업의 종류에 원칙적으로 제한이 없음.

* 다만, 금융 및 보험업 제외(법 제45조제3항)

- 사업은 관계 법령에서 정하는 목적·요건·절차·방법 등에 따라 적법하고 타당하게 시행

* 협동조합은 사업에 필요한 법인격을 취득하는 것이며, 영업 신고·인허가를 받아야 하는 사업인 경우 그에 따른 관련 법령에 따라 영업 신고·인허가 등 필요한 절차를 밟은 이후에 사업 가능

- 식당을 운영하고자 협동조합을 설립한 경우에는 식품위생법령에 따른 신고 절차를 밟은 이후에 사업 운영 가능
- 교육사업을 하고자 협동조합을 설립한 경우에는 교육법 등 관련 법령에 따른 신고·허가를 받은 이후에 사업 운영 가능

- 의료기관을 운영하고자 사회적협동조합을 설립한 경우에는 의료법령에 따른 의료기관 신고·허가를 받은 이후에 사업 운영 가능

○ **(의결권·선거권)** 출자규모와 무관하게 1인 1표

○ **(책임범위)** 조합원은 출자자산에 한정한 유한책임

○ **(가입 및 탈퇴)** 조합원은 가입·탈퇴가 자유로우나, 조합원의 동질성을 유지하기 위해 가입자격은 제한 가능

○ **(배당)** 정관에 의해 배당하되 전체 배당액의 50% 이상을 이용실적 배당으로 하여 이용자 이익을 최대한 확보

- 사회적협동조합은 배당 금지

□ **(기대효과)** 협동조합의 고유한 특징에 의해 다양한 긍정적 효과 기대

○ **(경제주체별 효과)** 다양한 협동조합 설립 활성화를 통해 조합원으로 참여하는 경제주체별로 다양한 효과 기대

- **(소비자)** 원하는 맞춤형 물품(유기농산물 등), 서비스(의료, 돌봄, 보육 등)를 저렴하고 안정적으로 구매하여 편익 증가

* 한살림 등 소비자생활협동조합의 유기농 재배 농산물은 산지 직거래를 통해 일반 매장 대비 30% 정도 저렴함.

- **(생산자)** 소비자조합 등과 연계하여 직거래 및 사전계약재배 등을 통해 안정적이고 높은 수익 보장

* 서울우유협동조합에 조합원으로 가입한 축산 농가는 다른 우유업체(주식회사)와 거래하는 농가들보다 더 높은 가격에 원유를 납품

- **(근로자)** 직원으로 구성된 협동조합 설립을 통해 고용불안정 문제 해결은 물론 임금수준 향상도 기대

* 대리운전기사들이 모여 협동조합을 설립할 경우 고객에게 받는 수입 중 사업주 귀속분(20~30%)을 자기수입으로 전환 가능

○ **(경제·사회적 효과)** 새로운 법인격 도입을 통해 경제 활력을 제고하고 사회서비스 등 기존 복지체계에 민간 참여를 확대

- **(경제적효과)** 창업활성화를 통한 일자리 확대, 유통구조 개선을 통한 물가안정, 경제위기시 경제안정 효과 기대

  * 스페인의 3대 기업인 '몬드라곤 협동조합[9만2천명 고용(2008년)]'은 협동조합간 협동을 통해 2008년 금융위기시 구조조정 없이 위기를 극복

- **(사회적효과)** 취약계층에게 일자리 및 사회서비스를 제공하여 '복지시스템'을 보완하고 '일을 통한 복지'에 기여

  * 청년창업, 소액창업 등 신규창업 활성화를 통한 취약계층 일자리 제고와 돌봄노동 등 사회서비스를 활성화하고, 대안학교 등 공공서비스를 보완

○ **(기타)** 민주적 운영(1인 1표)에 따른 의사결정의 조합원 참여를 보장하여 구성원의 만족감, 주인의식 등 제고

참고 국제협동조합연맹(ICA)의 협동조합 7대 원칙

□ 국제협동조합연맹(ICA, International Cooperative Alliance)는 협동조합의 7대 원칙을 천명

* '협동조합 정체성에 대한 선언(Statement on the Co-operative Identity)', 1995년 ICA 100주년 총회시 발표

* 홈페이지 http://www.ica.coop

1	자발적이고 개방적인 조합원 제도	• 협동조합은 자발적이며, 모든 사람들에게 성(性)적·사회적·인종적·정치적·종교적 차별 없이 열려있는 조직
2	조합원에 의한 민주적 관리	• 조합원들은 정책수립과 의사결정에 활발하게 참여하고 선출된 임원들은 조합원에게 책임을 갖고 봉사 • 조합원마다 동등한 투표권(1인 1표)을 가지며, 협동조합연합회도 민주적인 방식으로 조직·운영
3	조합원의 경제적 참여	• 협동조합의 자본은 공정하게 조성되고 민주적으로 통제 • 자본금의 일부는 조합의 공동재산이며, 출자배당이 있는 경우에 조합원은 출자액에 따라 제한된 배당금을 받음 • 잉여금은 (1) 협동조합의 발전을 위해 일부는 배당하지 않고 유보금으로 적립 (2) 사업이용 실적에 비례한 편익제공 (3) 여타 협동조합 활동 지원 등에 배분
4	자율과 독립	• 협동조합이 다른 조직과 약정을 맺거나 외부에서 자본을 조달할 때 조합원에 의한 민주적 관리가 보장되고, 협동조합의 자율성이 유지되어야함
5	교육, 훈련 및 정보 제공	• 조합원, 선출된 임원, 경영자, 직원들에게 교육과 훈련을 제공 • 젊은 세대와 여론 지도층에게 협동의 본질과 장점에 대한 정보를 제공
6	협동조합 간의 협동	• 국내, 국외에서 공동으로 협력 사업을 전개함으로써 협동조합 운동의 힘을 강화시키고, 조합원에게 효과적으로 봉사
7	지역사회에 대한 기여	• 조합원의 동의를 토대로 조합이 속한 지역사회의 지속가능한 발전을 위해 노력

2) 유사법인과 비교

□ 「협동조합기본법」 시행으로 "협동조합(영리법인)"과 "사회적협동조합(비영리법인)"이라는 새로운 법인격이 도입

○ (사회적)협동조합은 새로운 경제적·사회적 수요가 반영된 상법상 회사, 민법상 법인과 다른 대안적인 기업모델임.

□ **(협동조합과 영리법인)** 협동조합은 조합원 공동소유·민주적 운영·지역사회 기여 등 상법상 회사와 구별되는 차이점이 있음.

○ 상법상 '유한책임회사'는 소규모 벤처, 컨설팅회사 설립 등에 적합한 기업모델

− 1인 1표의 의사결정 구조, 사원(조합원)의 유한책임 등에서 '협동조합'과 공통점을 가지나, '사업목적', '조직규모', '설립방법' 등에서 차이점 존재

<table>
<tr><th colspan="3">구 분</th><th>유한책임회사</th><th>협동조합</th></tr>
<tr><td rowspan="3">공통점</td><td colspan="2">운영방식</td><td colspan="2">1인 1표</td></tr>
<tr><td colspan="2">책임범위</td><td colspan="2">유한책임 (출자액 한도)</td></tr>
<tr><td colspan="2">설립방법</td><td colspan="2">설립 등기 (신고제)</td></tr>
<tr><td rowspan="5">차이점</td><td colspan="2">사업목적</td><td>이윤 극대화</td><td>조합원 실익증진</td></tr>
<tr><td colspan="2">내부구조</td><td>이사회 無</td><td>이사회 有</td></tr>
<tr><td colspan="2">가입/탈퇴</td><td>제한적(정관변경 사항)</td><td>자 유
※ 단, 정관으로 자격제한 가능</td></tr>
<tr><td rowspan="2">기타</td><td>의결정족수</td><td>총사원 동의
(정관변경 등 중요사안 결정시)</td><td>2/3이상 찬성
(정관변경 등 중요사안 결정시)</td></tr>
<tr><td>지분양도</td><td>他 출자자 동의필요
※ 단, 정관에서 정할 경우 자유 양도 가능</td><td>총회 의결</td></tr>
</table>

□ **(사회적협동조합과 비영리법인)** 비영리법인은 비영리사단법인과 재단법인으로 나눌 수 있으며

* 재단법인 : 일정한 목적을 위해 "재산출연"을 구성요소로 하는 단체

– 재단법인의 의사는 설립자의 의사에 따라야 하는 점에서 비영리사단법인 및 사회적협동조합과는 다른 구조를 가지고 있음.

○ 사회적협동조합은 비영리사단법인과 유사한 점은 있으나 사업목적, 설립방법, 내부구조 등에 있어서 차이점이 있음

<table>
<tr><th colspan="3">구 분</th><th>사회적협동조합</th><th>비영리사단법인</th></tr>
<tr><td rowspan="2">공통점</td><td colspan="2">법인의 구성</td><td colspan="2">일정한 목적을 위해 결합한 사람을 구성요소로 함.</td></tr>
<tr><td colspan="2">운영방식</td><td colspan="2">1인 1표</td></tr>
<tr><td rowspan="7">차이점</td><td colspan="2">사업목적</td><td>지역사회공헌, 취약계층 일자리 창출 및 사회서비스 제공 등</td><td>영리가 아닌 사업을 목적</td></tr>
<tr><td colspan="2">설립방법</td><td>인가제</td><td>허가제</td></tr>
<tr><td colspan="2">설립행위</td><td>5인 이상
※ 서로 다른 이해관계자 둘 이상 포함</td><td>2인 이상</td></tr>
<tr><td rowspan="4">내부구조</td><td>임 원</td><td>임기(4년), 연임 등 법에서 규정</td><td>정관에서 자유롭게 정함</td></tr>
<tr><td>이사회</td><td>필수기관 ○</td><td>필수기관 ×</td></tr>
<tr><td>경영공시</td><td>의무사항 ○</td><td>의무사항 ×</td></tr>
<tr><td>잔여재산</td><td>잔여재산 처리에 관한 사항을 법에 규정</td><td>잔여재산 처리를 정관에서 자유롭게 정할 수 있음.</td></tr>
</table>

□ **(사회적기업과 관계)** 사회적기업은 비영리법인·단체·조합 상법상 회사 등의 조직(법인)중에 일정 요건*을 충족하여 고용노동부장관의 인증을 받은 기업으로

○ 사회적 목적을 우선적으로 추구하면서 재화·서비스의 생산·판매 등

영업활동을 수행하는 기업

* 조직의 주된 목적이 취약계층 일자리 제공인 경우 전체 근로자 중 취약계층 비율이 30% 이상, 주된 목적이 취약계층 사회서비스 제공인 경우 서비스 수혜자 중 취약계층 비율이 30% 이상 등

○ 협동조합 또는 사회적협동조합은 비영리법인, 상법상 회사와 마찬가지로 사회적기업이 택할 수 있는 조직형태(법인)

참고 상법상 회사·민법상 사단법인·협동조합 비교

<table>
<tr><td></td><td colspan="5">상 법</td><td colspan="2">협동조합기본법</td><td>민 법</td></tr>
<tr><td rowspan="2">구분</td><td rowspan="2">주식
회사</td><td rowspan="2">유한
회사</td><td rowspan="2">유한책임
회사</td><td rowspan="2">합명
회사</td><td rowspan="2">합자
회사</td><td colspan="2">협동조합</td><td rowspan="2">사단법인</td></tr>
<tr><td>일반</td><td>사회적</td></tr>
<tr><td>사업
목적</td><td colspan="5">이윤 극대화</td><td colspan="2">조합원
실익증진</td><td>공익 또는
영리를
추구하지
않을 것</td></tr>
<tr><td>운영
방식</td><td>1주 1표</td><td>1좌 1표</td><td colspan="3">1인 1표</td><td colspan="2">1인 1표</td><td>1인 1표</td></tr>
<tr><td>설립
방식</td><td colspan="5">신고제</td><td>신고
(영리)</td><td>인가
(비영리)</td><td>허가제</td></tr>
<tr><td>책임
범위</td><td colspan="3">유한 책임</td><td>무한
책임</td><td>무한책임
+
유한책임</td><td colspan="2">유한책임</td><td>해당
없음</td></tr>
<tr><td>규모</td><td>대규모</td><td colspan="4">주로 중·소규모</td><td colspan="2">소규모+대규모</td><td>주로
소규모</td></tr>
<tr><td>성격</td><td>물적
결합</td><td>물적·
인적결합</td><td>물적·
인적결합</td><td>인적
결합</td><td>물적·
인적결합</td><td colspan="2">인적
결합</td><td>인적
결합</td></tr>
<tr><td rowspan="2">사업
예</td><td>대기업
집단</td><td>중소기업,
세무법인
등</td><td>(美) 벤처,
컨설팅, 전문
서비스업 등</td><td>법무
법인
등</td><td>사모투자
회사 등</td><td rowspan="2">일반
경제
활동
분야</td><td rowspan="2">의료
협동
조합
등</td><td rowspan="2">학교,
병원,
자선단체,
종교단체
등</td></tr>
<tr><td>삼성
전자
(주)
등</td><td>세무
법인
하나
등</td><td>(美)
DreamWorks
Animation
L.L.C</td><td>법무
법인
율촌
등</td><td>미래
에셋
PEF
등</td></tr>
<tr><td></td><td colspan="6">〈영 리 법 인〉</td><td colspan="2">〈비영리법인〉</td></tr>
<tr><td></td><td colspan="8">〈사 회 적 기 업〉</td></tr>
</table>

참고 「협동조합」과 「회사」의 차이

	협동조합(조합법)	주식회사(상법)
목 적	△자주·자립·자치적 협동조합 활동 촉진 △상생발전과 국민 삶의 질 향상	△상행위에 관한 규정(회사)
정 의	△조합원의 권익을 향상 △지역사회에 공헌하고자 하는 사업조직 △(사회적) 지역주민들의 권익, 복리 증진 등과 관련된 사업 추진 △취약계층에게 사회서비스 및 일자리 제공	△"회사"란 상행위나 그 밖의 영리를 목적으로 하여 설립한 법인을 말한다.
설립목적 운영원칙	△조합원의 경제적 이익 및 상호부조 △자발적 결성, 공동의 소유, 민주적 운영 △투기목적의 행위 금지 △소수 조합원의 이익을 위한 사업 금지 △다른 협동조합등과 상호협력, 공동사업	△영리 목적
공직선거	△특정정당 지지 금지	△없음(정치자금법 등에 적용)
의결권 및 선거권	△출자좌수와 관계없이 1인 1표	△1주 1표(주식회사) * 1좌 1표(유한회사)
제 명	△일정기간동안 협동조합 사업을 이용하지 아니한 경우, 조합원 제명 가능	△없음
사 업	△아래 사업을 반드시 포함(일반) －조합원에 대한 상담, 교육훈련등 －협동조합간 협동 －협동조합의 홍보 및 지역에 기여 △(사회적협동조합) －지역사회 재생, 지역경제활성화, 권익 증진 －취약계층의 사회서비스 및 일자리 제공	△22개 행위로 구분(상법 제46조) 1. 동산, 부동산, 유가증권 기타의 재산의 매매 2. 동산, 부동산, 유가증권 기타의 재산의 임대차 3. 제조, 가공 또는 수선에 관한 행위 등

운영의 공 개	△경영공시자료 게재(사회적협동조합)	△경영공개(주식회사)
적립금	△잉여금의 100분의 10이상 법정적립금으로 적립	△없음
배 당	△이용실적에 대한 배당은 전체 배당액의 100분의 50 이상이어야 함. △납입출자액에 대한 배당은 출자금의 100분의 10을 초과하여서는 안됨.	△주총 결정사항
잔여재산 처 리	△해산시 부채 및 출자금을 변제하고 잔여재산은 연합회 등 귀속(사회적협동조합)	△청산규정에 따라 청산 △없음(비영리법인 해당, 민법)
자금조달 금융사업	△조합원에 대한 소액대출 및 상호부조(출자금 한도 내에서)	△다양한 금융사업 (단 금융업법 적용)
출자방식	△조합원의 출자 이외의 수단 없음	△채권, 유상증자 등

3) 협동조합과 사회적협동조합

□ 「협동조합기본법」은 다른 개별 협동조합법과는 달리 협동조합과 사회적 협동조합의 "2종 구조"를 도입

○ 최근 세계적으로 사회적 목적(공익)의 실현을 위한 협동조합과 그 활동이 증가하는 추세

* 1970년대 유럽에서 등장하여 '91년 이탈리아에서 사회적협동조합법 제정이후, 캐나다, 스페인, 프랑스 등에서도 법제화

– 별도로 공익을 추구하는 사회적협동조합의 법적근거를 마련 사회서비스 활성화 및 공공서비스 보완에 기여

〈협동조합과 사회적협동조합 차이점〉

구 분	(일반)협동조합	사회적협동조합
법인격	■ (영리)법인	■ 비영리법인
설 립	■ 시도지사 신고	■ 기획재정부(관계부처) 인가
사 업	■ 업종 및 분야 제한 없음	■ 공익사업 40% 이상 수행
경영공시	■ 의무사항 아님. ※ 조합원수 200인 이상 또는 자기자본이 30억 원 이상	■ 의무사항
법 정 적립금	■ 잉여금의 10/100 이상 ※ 자기자본의 3배에 이를 때까지	■ 잉여금의 30/100 이상 ※ 자기자본의 3배에 이를 때까지
배 당	■ 배당가능	■ 배당금지
청 산	■ 정관에 따라 잔여재산 처리	■ 비영리법인·국고 등 귀속
감 독	■ 관련내용 없음(상법 등에서 준용).	■ 필요시, 기획재정부장관(관계부처) 업무상황, 장부, 서류 등 검사 ■ 인가요건 위반시 인가 취소

□ 협동조합에 대한 중소기업 정책지원

○ 일반협동조합은 중소기업기본법상 중소기업 요건에 충족할 경우 중

소기업에 해당. 따라서 중소기업 지원 정책 대상이 될 수 있음.

○ 사회적협동조합은 중소기업 범위에 추가 예정(중소기업청과 협의중)

□ 협동조합과 사회적협동조합 신고 및 인가

○ **(협동조합)** 「협동조합법」 제15조에 따라 주된 사무소의 소재지를 관할하는 시·도지사에게 신고

- 시·도지사는 설립신고를 받은 때에는 기획재정부장관에게 그 사실을 통보해야 함.

○ **(사회적협동조합)** 「협동조합기본법」 제12조 및 같은 법 시행령 제16조에 따라 인가를 관계 중앙행정기관의 장에게 위탁

- **(인가업무)** 각 중앙행정기관의 장은 소관 업무에 해당하는 사회적협동조합의 인가업무를 수행
  - 사회적협동조합의 사업이 다수의 중앙행정기관에 관련된 경우, 주 사업의 소관 중앙행정기관 장이 그 권한을 행사
  - 소관업무는 정부조직법, 직제 및 관계법령 등에 따르되 소관업무가 불분명한 경우 기획재정부장관이 정함
- **(인가부처)** 중앙행정기관 32개 기관, 감사원 등 위원회 9개 기관
  - **(부 조직)** 기획재정부, 교육과학기술부, 외교통상부, 통일부, 법무부 국방부, 행정안전부, 문화체육관광부, 농림수산식품부, 지식경제부, 보건복지부, 환경부, 고용노동부, 여성가족부, 국토해양부
  - **(위원회 등)** 감사원, 방송통신위원회, 국가과학기술위원회 원자력안전위원회, 법제처, 국가보훈처, 공정거래위원회, 금융위원회, 국민권익위원회
  - **(청 조직)** 국세청, 관세청, 조달청, 통계청, 검찰청, 병무청, 방위사업청, 경찰청, 소방방재청, 문화재청, 농촌진흥청, 산림청, 중소기업청, 특허청, 식품의약품안전청, 기상청, 해양경찰청

참 고 정부조직법 및 개별법령에 따른 각 행정기관의 소관업무

□ 정부조직법에 따른 각 부처의 소관업무

구분	기획재정부	교육과학기술부	외교통상부
소관업무	제23조(기획재정부) ① 기획재정부장관은 중장기 국가발전전략수립, 경제·재정정책의 수립·총/괄·조정, 예산·기금의 편성·집행·성과관리, 화폐·외환·국고·정부회계·내국세제·관세·국제금융, 공공기관 관리, 경제협력·국유재산·민간투자 및 국가채무에 관한 사무를 관장한다.	제24조(교육과학기술부) ① 교육과학기술부장관은 인적자원개발정책, 학교교육·평생교육, 학술에 관한 사무와 기초과학 정책·연구개발, 원자력 연구·개발·생산·이용, 과학기술인력양성 그 밖에 과학기술진흥에 관한 사무를 관장한다.	제25조(외교통상부) ① 외교통상부장관은 외교, 외국과의 통상교섭 및 통상교섭에 관한 총괄·조정, 국제관계 업무에 관한 조정, 조약 기타 국제협정, 재외국민의 보호·지원, 재외동포정책의 수립, 국제정세의 조사·분석에 관한 사무를 관장한다.
구분	통 일 부	법 무 부	국 방 부
소관업무	제26조(통일부) 통일부장관은 통일 및 남북대화·교류·협력에 관한 정책의 수립, 통일교육 기타 통일에 관한 사무를 관장한다	제27조(법무부) ① 법무부장관은 검찰·행형·인권옹호·출입국관리 그 밖에 법무에 관한 사무를 관장한다.	제28조(국방부) ① 국방부장관은 국방에 관련된 군정 및 군령과 그 밖에 군사에 관한 사무를 관장한다.
구분	행정안전부	문화체육관광부	농림수산식품부
소관업무	제29조(행정안전부) ① 행정안전부장관은 국무회의의 서무, 법령 및 조약의 공포, 정부조직과 정원, 공무원의 인사·윤리·복무·연금,상훈, 정부혁신, 행정능률, 전자정부 및 정보보호,	제30조(문화체육관광부) ① 문화체육관광부장관은 문화·예술·영상·광고·출판·간행물·체육·관광에 관한 사무와 국정에 대한 홍보 및 정부발표에 관한 사무를 관장한다.	제31조(농림수산식품부) ① 농림수산식품부장관은 농산·수산·축산, 식량·농지·수리, 식품산업진흥, 농어촌개발 및 농수산물 유통에 관한 사무를 관장한다.

	정부청사의 관리, 지방자치제도, 지방자치단체의 사무지원·재정·세제, 낙후지역 등지원, 지방자치단체간 분쟁조정, 선거, 국민투표, 안전관리정책 및 비상대비·민방위·재난관리 제도에 관한 사무를 관장한다.		
구분	지식경제부	보건복지부	환 경 부
소관 업무	제32조(지식경제부) ① 지식경제부장관은 상업·무역·공업, 외국인 투자, 정보통신산업, 산업기술 연구개발정책, 에너지·지하자원, 우편·우편환 및 우편대체에 관한 사무를 관장한다.	제33조(보건복지부) ① 보건복지부장관은 보건위생·방역·의정(醫政)·약정(藥政)·생활보호·자활지원·사회보장·아동(영·유아 보육을 포함한다)·노인 및 장애인에 관한 사무를 관장한다.	제34조(환경부) ① 환경부장관은 자연환경, 생활환경의 보전 및 환경오염방지에 관한 사무를 관장한다.
구분	고용노동부	여성가족부	국토해양부
소관 업무	제35조(고용노동부) 고용노동부장관은 고용정책의 총괄, 고용보험, 직업능력개발훈련, 근로조건의 기준, 근로자의 복지후생, 노사관계의 조정, 산업안전보건, 산업재해보상보험과 그 밖에 고용과 노동에 관한 사무를 관장한다.	제36조(여성가족부) 여성가족부장관은 여성정책의 기획·종합, 여성의 권익증진 등 지위향상, 청소년 및 가족(다문화가족과 건강가정사업을 위한 아동업무를 포함한다)에 관한 사무를 관장한다.	제37조(국토해양부) 국토해양부장관은 국토종합계획의 수립·조정, 국토 및 수자원의 보전·이용 및 개발, 도시·도로 및 주택의 건설, 해안·하천·항만 및 간척, 육운·해운·철도 및 항공, 해양환경, 해양조사, 해양자원개발, 해양과학기술연구·개발 및 해양안전심판에 관한 사무를 관장한다.

구분	법 제 처	국가보훈처	국 세 청
소관 업무	제20조(법제처) ① 국무회의에 상정될 법령안·조약안과 총리령안 및 부령안의 심사와 그 밖에 법제에 관한 사무를 전문적으로 관장하기 위하여 국무총리소속으로 법제처를 둔다.	제21조(국가보훈처) ① 국가유공자 및 그 유족에 대한 보훈, 제대군인의 보상·보호 및 보훈선양에 관한 사무를 관장하기 위하여 국무총리소속으로 국가보훈처를 둔다.	제23조(기획재정부) ③ 내국세의 부과·감면 및 징수에 관한 사무를 관장하기 위하여 기획재정부장관 소속으로 국세청을 둔다.
구분	관 세 청	조 달 청	통 계 청
소관 업무	제23조(기획재정부) ⑤ 관세의 부과·감면 및 징수와 수출입물품의 통관 및 밀수출입단속에 관한 사무를 관장하기 위하여 기획재정부장관소속으로 관세청을 둔다.	제23조(기획재정부) ⑦ 정부가 행하는 물자(군수품을 제외한다)의 구매·공급 및 관리에 관한 사무와 정부의 주요시설공사계약에 관한 사무를 관장하기 위하여 기획재정부장관소속으로 조달청을 둔다.	제23조(기획재정부) ⑨ 통계의 기준설정과 인구조사 및 각종 통계에 관한 사무를 관장하기 위하여 기획재정부장관소속으로 통계청을 둔다.
구분	경 찰 청	소방방재청	문화재청
소관 사무	제29조(행정안전부) ④ 치안에 관한 사무를 관장하기 위하여 행정안전부장관소속으로 경찰청을 둔다.	제29조(행정안전부) ⑥ 소방, 방재, 민방위 운영 및 안전관리에 관한 사무를 관장하기 위하여 행정안전부장관소속으로 소방방재청을 둔다.	제30조(문화체육관광부) ③ 문화재에 관한 사무를 관장하기 위하여 문화체육관광부장관소속으로 문화재청을 둔다.
구분	농촌진흥청	산 림 청	중소기업청
소관 사무	제31조(농림수산식품부) ③ 농촌진흥에 관한 사무를 관장하기 위하여 농림수산식품부장관소속으로 농촌진흥청을 둔다.	제31조(농림수산식품부) ⑤ 산림에 관한 사무를 관장하기 위하여 농림수산식품부장관소속으로 산림청을 둔다.	제32조(지식경제부) ③ 중소기업에 관한 사무를 관장하기 위하여 지식경제부장관소속으로 중소기업청을 둔다.

구분	특 허 청	병 무 청	방위사업청
소관 사무	제32조(지식경제부) ⑤ 특허·실용신안·디자인 및 상표에 관한 사무와 이에 대한 심사·심판사무를 관장하기 위하여 지식경제부장관소속으로 특허청을 둔다.	제28조(국방부) ③ 징집·소집 그 밖에 병무행정에 관한 사무를 관장하기 위하여 국방부장관소속으로 병무청을 둔다.	제28조(국방부) ⑤ 방위력 개선사업, 군수물자 조달 및 방위산업 육성에 관한 사무를 관장하기 위하여 국방부장관 소속으로 방위사업청을 둔다.
구분	식 약 청	기 상 청	해양경찰청
소관 사무	제33조(보건복지부) ② 식품 및 의약품의 안전에 관한 사무를 관장하기 위하여 보건복지부장관 소속으로 식품의약품안전청을 둔다.	제34조(환경부) ② 기상에 관한 사무를 관장하기 위하여 환경부장관소속으로 기상청을 둔다.	제37조(국토해양부) ③ 해양에서의 경찰 및 오염방제에 관한 사무를 관장하기 위하여 국토해양부장관소속으로 해양경찰청을 둔다.
구분	검 찰 청		
소관 사무	제27조(법무부) ② 검사에 관한 사무를 관장하기 위하여 법무부장관소속으로 검찰청을 둔다.		

□ 개별법령에 따른 소관업무

구분	감 사 원	방송통신위원회
소관업무	제16조(직무와 조직) 원장의 지휘·감독하에 회계검사, 감찰, 심사결정 및 감사원에 관한 행정사무를 처리하기 위하여 감사원에 사무처를 둔다.	제11조(위원회의 소관사무) ① 위원회의 소관사무는 다음 각 호로 한다. 1. 방송에 관한 사항 2. 통신에 관한 사항 3. 전파 연구 및 관리에 관한 사항 4. 그 밖에 이 법 또는 다른 법률에서 위원회의 사무로 정한 사항
구분	공정거래위원회	금융위원회
소관업무	제36조(공정거래위원회의 소관사무) 공정거래위원회의 소관사무는 다음 각 호와 같다. 1. 시장지배적지위의 남용행위 규제에 관한 사항 2. 기업결합의 제한 및 경제력집중의 억제에 관한 사항 3. 부당한 공동행위 및 사업자단체의경쟁제한행위 규제에 관한 사항 4. 불공정거래행위 및 재판매가격유지행위 규제에 관한 사항 5. 부당한 국제계약의 체결제한에 관한 사항 6. 경쟁제한적인 법령 및 행정처분의 협의·조정 등 경쟁촉진정책에 관한 사항	제17조(금융위원회의 소관사무) 금융위원회의 소관 사무는 다음 각 호와 같다. 1. 금융에 관한 정책 및 제도에 관한 사항 2. 금융기관 감독 및 검사·제재(制裁)에 관한 사항 3. 금융기관의 설립, 합병, 전환, 영업의 양수·양도 및 경영 등의 인가·허가에 관한 사항 4. 자본시장의 관리·감독 및 감시 등에 관한 사항 5. 금융중심지의 조성 및 발전에 관한 사항 6. 제1호부터 제5호까지의 사항에 관련된 법령 및 규정의 제정·개정 및 폐지에 관한 사항 7. 금융 및 외국환업무 취급기관의 건전성 감독에 관한 양자 간 협상, 다자 간 협상 및 국제협력에 관한 사항 8. 외국환업무 취급기관의 건전성 감독에 관한 사항 9. 그 밖에 다른 법령에서 금융위원회의 소관으로 규정한 사항
구분	국가과학기술위원회	원자력안전위원회
소관업무	제9조(국가과학기술위원회 설치 및 소관사무) ② 위원회의 소관 사	제11조(위원회의 소관사무) ① 위원회의 소관사무는 다음 각 호로 한다.

<table>
<tr><td></td><td>무는 다음 각 호와 같다.
1. 기본계획의 수립 및 시행에 관한 사항
2. 정부가 추진하는 연구개발사업(이하 "국가연구개발사업"이라 한다) 예산의 배분·조정에 관한 사항
3. 기초과학, 산업기술, 과학기술인력 및 지식재산 등 과학기술진흥 관련 정책의 조정에 관한 사항
4. 국가연구개발사업의 평가에 관한 사항
5. 그 밖에 이 법 또는 다른 법령에서 위원회의 소관 사무로 규정한 사항</td><td>1. 원자력안전관리에 관한 사항
2. 원자력안전관리에 따른 연구·개발에 관한 사항
3. 그 밖에 이 법 또는 다른 법률에서 위원회의 사무로 정한 사항
통일부장관은 통일 및 남북대화·교류·협력에 관한 정책의 수립, 통일교육 기타 통일에 관한 사무를 관장한다.</td></tr>
<tr><th>구분</th><th colspan="2">국민권익위원회</th></tr>
<tr><td>소관 업무</td><td colspan="2">제12조(기능)
1. 국민의 권리보호·권익구제 및 부패방지를 위한 정책의 수립 및 시행
2. 고충민원의 조사와 처리 및 이와 관련된 시정권고 또는 의견표명
3. 고충민원을 유발하는 관련 행정제도 및 그 제도의 운영에 개선이 필요하다고 판단되는 경우 이에 대한 권고 또는 의견표명
4. 위원회가 처리한 고충민원의 결과 및 행정제도의 개선에 관한 실태조사와 평가
5. 공공기관의 부패방지를 위한 시책 및 제도개선 사항의 수립·권고와 이를 위한 공공기관에 대한 실태조사
6. 공공기관의 부패방지시책 추진상황에 대한 실태조사·평가
7. 부패방지 및 권익구제 교육·홍보 계획의 수립·시행
8. 비영리 민간단체의 부패방지활동 지원 등 위원회의 활동과 관련된 개인·법인 또는 단체와의 협력 및 지원
9. 위원회의 활동과 관련된 국제협력
10. 부패행위 신고 안내·상담 및 접수 등
11. 신고자의 보호 및 보상</td></tr>
</table>

	12. 법령 등에 대한 부패유발요인 검토 13. 부패방지 및 권익구제와 관련된 자료의 수집·관리 및 분석 14. 공직자 행동강령의 시행·운영 및 그 위반행위에 대한 신고의 접수·처리 및 신고자의 보호 15. 민원사항에 관한 안내·상담 및 민원사항 처리실태 확인·지도 16. 온라인 국민참여포털의 통합 운영과 정부민원안내콜센터의 설치·운영 17. 시민고충처리위원회의 활동과 관련한 협력·지원 및 교육 18. 다수인 관련 갈등 사항에 대한 중재·조정 및 기업애로 해소를 위한 기업고충민원의 조사·처리 19. 「행정심판법」에 따른 중앙행정심판위원회의 운영에 관한 사항 20. 다른 법령에 따라 위원회의 소관으로 규정된 사항 21. 그 밖에 국민권익 향상을 위하여 국무총리가 위원회에 부의하는 사항

4) 조합원 및 사업이용의 개념

□ 조합원의 개념

○ **(정의)** 협동조합의 설립목적에 동의하고 조합원으로서의 의무*를 다하고자 하는 자(법 제20조)

* 1좌 이상의 출자, 출자액 한도의 유한책임, 1인 1표의 의결권·선거권 행사 등

○ **(범위)** 자연인뿐만 아니라 법인도 조합원으로 가입 가능

- 영리법인·비영리법인, 사단법인·재단법인, 상법상 회사·민법상 법인 등 모든 형태의 법인이 조합원 가입 가능
- 외국인도 외국인등록번호가 있는 경우 조합원 가입 가능

* 외국법인도 내외국인 평등주의에 따라 조합원으로 참여 가능. 다만, 외국인 출자규제 관련 법률(예 : 외국인투자촉진법, 외국환거래법)에 적합해야 함.

- 지방자치단체는 조합원으로 참여할 수 없음.

* 지방재정법 제18조에 따라 지방자치단체는 출자 제한

〈지방재정법〉

제18조(출자의 제한) ① 지방자치단체는 법령에 따라 출자할 수 있도록 정하여진 단체, 「지방공기업법」에 따른 지방공사·지방공단 외의 단체에는 출자를 할 수 없다. 다만, 지방자치단체가 「지방공기업법」 제2조에 따른 사업을 지방자치단체가 아닌 자와 공동으로 하려는 경우에는 그러하지 아니하다.
② 지방자치단체가 제1항에 따라 출자를 하려면 미리 해당 지방의회의 의결을 얻어야 한다.

□ 협동조합의 유형

○ **(분류기준)** 협동조합은 설립목적·조합원 구성·잉여금의 이용방식 등에 따라 유형 구분이 가능

* 잉여금 : 생산비용, 판매관리비용, 세금, 이자비용 등 모든 비용을 제외한 당기 순이익

* 협동조합은 원가주의 경영이 원칙이나, 현실적으로 운영과정에서 발생하는 잉여금은 법정적립금 등으로 적립하거나 일정기간이 지난 후 정산하여 되돌려주거나 조합원 권익향상 등을 위해 이용

○ **(유형)** 협동조합기본법상 협동조합은 소비자·사업자·직원·다중이해관계자협동조합의 4가지 유형으로 구분

- 협동조합기본법상 협동조합은 금융·보험업 영위가 금지(법 제45조 제3항, 제80조 제3항, 제115조 제2항 등)

○ 4가지 유형의 협동조합은 기본법상 일반협동조합 등 및 사회적협동조합 등의 형태 모두 설립 가능

- 사회적협동조합은 법령상 설립동의자를 둘 이상의 서로 다른 유형의 이해관계자로 구성(영 제11조 제1항 제1호)해야 하므로 기본적으로 다중이해관계자협동조합임.

* 영 제11조 제1항 제1호 단서 : 설립동의자는 생산자, 소비자, 직원, 자원봉사자 및 후원자 등 둘 이상의 서로 다른 이해관계자로 구성하여야 한다.

□ 협동조합 유형별 사업이용의 개념

○ **(정의)** 협동조합의 설립목적 달성에 기여함을 의미

- 원칙적으로 협동조합의 사업은 조합원만 이용 가능하나 법령에 규정된 경우(영 제9조) 비조합원도 사업이용 가능
- 협동조합 유형별로 사업 이용의 개념도 달라짐

○ **(소비자협동조합)** 조합원의 소비생활 향상을 위한 물품의 구매 또는 서비스의 이용

* (사례) 산악협동조합을 통한 산악장비 구매, 공동육아협동조합의 육아서비스 이용, 주택협동조합의 주택임대서비스 이용

** (표준정관례) 제2조(목적) ○○협동조합은 (…공통사항 중략…) 조합원이 필요로 하는 물품을 공동으로 구매하거나 조합이 공동으로 구성한 서비스를 공동

으로 이용하는 것을 목적으로 한다.

○ **(사업자협동조합)** 개별 사업자들이 수익창출을 위해 공동판매(생산품 출하, 서비스제공)·공동 자재구매·공동브랜드 사용 등

* (사례) 진영감협동조합 농민조합원의 감 출하, 전통시장 상인협동조합조합원의 공동물류센터·공동주차장 이용, 자영업자들의 공동브랜드 식당·커피숍·미용실·숙박업 운영 등

** (표준정관례) 제2조(목적) ○○협동조합은 (…공통사항 중략…) ○○○업(혹은 ○○지역의 ○○업, ○○시장 등 조합원 구성에 적합한 문구를 적시)의 건전한 발전을 목적으로 한다.

○ **(직원협동조합)** 특정사업을 영위하기 위하여 직원으로 고용되는 것

* 협동조합에 직접 고용되어야 하며, 조합원의 3분의 2 이상이 직원이고 조합원인 직원이 전체 직원의 3분의 2 이상이어야 함.

* 직원협동조합에서 조합원의 사업 이용은 조합원이 직원으로 고용되는 것이므로, 동 협동조합이 제공하는 물품 및 용역을 구매하는 것은 사업 이용이 아님. 즉, 일반 소비자 누구나 구매 가능

* (사례) 마을 주민이 모여 수퍼마켓협동조합 또는 빵집협동조합을 설립하고 자신들이 직원이 되는 것, 대리운전기사들이 모여 대리운전협동조합을 설립하고 자신들이 대리운전기사가 되는 것, 청소협동조합의 청소부로 고용

** (표준정관례) 제2조(목적) ○○협동조합은 (…공통사항 중략…) 직원이 함께 조합을 소유하고 관리하며, 안정적인 일자리를 늘려나가는 것을 목적으로 한다.

※ 생산자협동조합 : 생산자형 협동조합은 사업자협동조합과 직원협동조합으로 세분화됨.

○ **(다중이해관계자협동조합)** 다양한 이해관계자의 복리증진 등에 기여하는 행위

- 조합원 구성에 따라 생산·소비·직원고용·자원봉사·후원 등 다양한 행태가 사업의 이용으로 나타날 수 있음

* (사례) 독거노인도시락배달협동조합에서 도시락을 만들거나 배달하는 행위, 마을담장예쁜그림그리기협동조합에서 그림을 그리거나 후원하는 행위

** (표준정관례) 제2조(목적) ○○협동조합은 (…공통사항 중략…) 둘 이상 유형의

조합원들이 모여 조합원의 경영 개선 및 생활 향상을 목적으로 한다.

○ **(사회적협동조합)** 협동조합기본법령에 의해 규정된 공익사업(전체 사업량의 40% 이상) 수행에 기여하는 행위

* (사례) 취약계층에게 육아서비스를 제공하는 보육사회적협동조합의 운영에 기여하는 행위(교사로 근무·자원봉사·후원 등)

** (표준정관례) 제2조(목적) ○○사회적협동조합(이하 '조합'이라 한다)은 자주적·자립적·자치적인 협동조합 활동을 통하여 구성원의 복리증진과 상부상조 및 국민경제의 균형 있는 발전에 기여하기 위하여 둘 이상 유형의 조합원들이 모여 조합원의 경영 개선 및 생활 향상과 지역사회 발전을 목적으로 한다.

참고 협동조합의 유형

□ 잉여금의 사용에 따라 협동조합의 유형이 결정

* 상품 가격이 100원, 생산 비용이 75원이라면, 상품 가격에서 생산 비용, 판매관리 비용, 제세금 등을 제외한 25원이 잉여금이 됨.

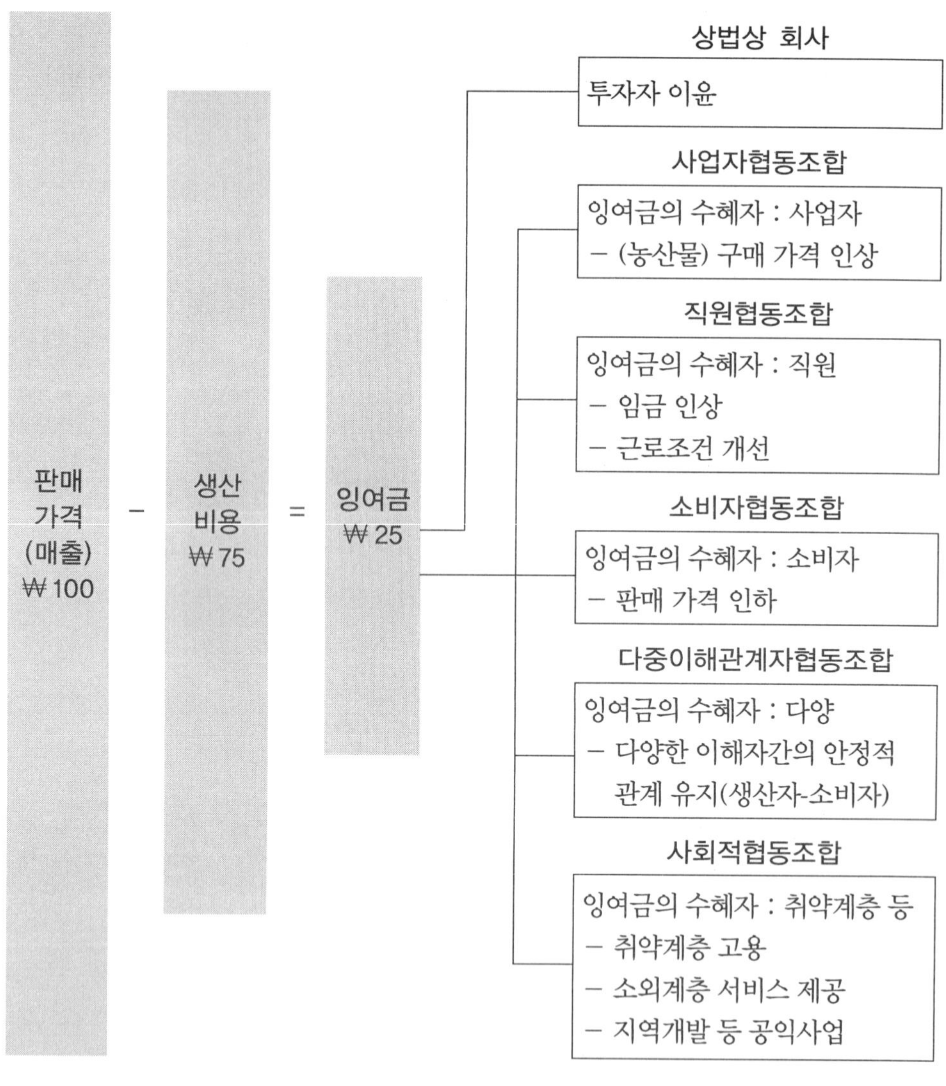

참고 협동조합 유형별 사업의 이용

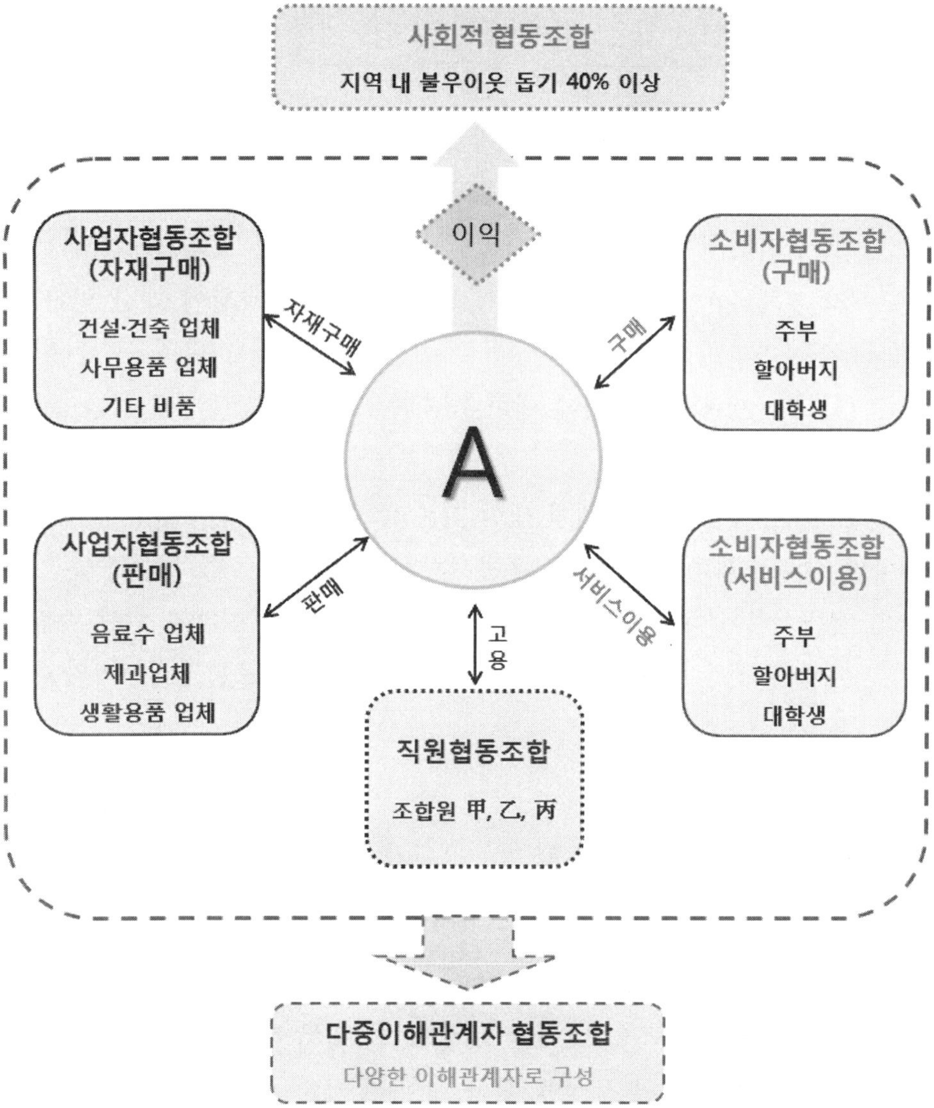

1.3. 협동조합 정책

1) 협동조합 정책 추진 체계

□ **(기관별 역할 분담)** 협동조합에 대한 정책은 법령 규정에 의하여 기획재정부, 관계부처, 지방자치단체 역할 구분

○ **(기획재정부)** 협동조합 총괄부처로서 기본계획 수립 및 실태조사 실시 등 정책 총괄, 협동조합연합회 및 사회적협동조합연합회 신고 및 인가, 기획재정부 소관 사회적협동조합 인가 및 감독 등을 담당

○ **(각 부처)** 부처 업무와 관련된 소관 사회적협동조합에 대한 인가 및 감독, 기획재정부의 기본계획 수립 및 실태조사시 협조 등 수행

○ **(시·도)** (일반)협동조합에 대한 각종 신고 업무 및 과태료 부과 등 감독 업무를 수행

□ **(정책 추진)** 협동조합 정책에 대한 기본계획 및 실태조사, 각종 지원방안 마련, 협동조합에 대한 교육·홍보 등

○ 정책수립에 대한 관계기관 간 원활한 업무협조, 민간의 의견 수렴을 통한 정책의 현장 체감도 제고 등을 위해 '협동조합정책심의위원회'를 구성·운영

2) 기본계획 및 실태조사

□ **(기본계획)** 기획재정부 장관은 3년마다 협동조합 정책을 위한 기본계획을 수립(법 제11조 제1항~제3항 등)

○ **(주요내용)** 협동조합 실태조사, 관련 법·제도 개선 등 협동조합의 활성화를 위한 여건 조성에 관한 사항 등

○ **(부처 및 시·도 협조사항)** 관계부처는 기본계획 수립시 협의, 시·도는 기본계획 마련에 대한 기획재정부의 의견요청시 의견제출에 대한 협

조 필요

○ **(민간단체 등 협조사항)** 기획재정부장관, 관계 중앙행정기관의 장 및 시·도지사는 기본계획의 수립·시행을 위하여 필요한 경우에는 관계 기관·단체나 그 밖의 민간기업체의 장에게 협조를 요청할 수 있음.

〈협동조합법〉

제11조(협동조합에 관한 정책) ① 기획재정부장관은 협동조합에 관한 정책을 총괄하고 협동조합의 자율적인 활동을 촉진하기 위한 기본계획을 수립한다.
② 기획재정부장관은 제1항에 따른 협동조합 정책을 총괄하고 기본계획을 수립함에 있어 관계 중앙행정기관의 장과 협의하여야 하고, 특별시장·광역시장·특별자치시장·도지사·특별자치도지사(이하 "시·도지사"라 한다)의 의견을 요청할 수 있다.
③ 기획재정부장관은 제1항에 따른 협동조합에 관한 정책 총괄, 제2항에 따른 기본계획 수립 및 인가·감독 등에 관한 사항의 협의·조정 등을 위하여 필요한 사항을 대통령령으로 정한다.

〈협동조합법 시행령〉

제3조(협동조합 정책에 관한 기본계획) ① 기획재정부장관은 법 제11조에 따라 협동조합 등 및 사회적협동조합 등의 자주·자립·자치적인 활동을 촉진하기 위하여 3년마다 협동조합 정책에 관한 기본계획(이하 "기본계획"이라 한다)을 수립하여야 한다.
② 기본계획에는 다음 각 호의 사항을 포함하여야 한다.
1. 협동조합 등 및 사회적협동조합 등의 활성화를 위한 기본방향
2. 협동조합 등 및 사회적협동조합 등의 활성화를 위한 관련 법령과 제도의 개선
3. 협동조합 등 및 사회적협동조합 등의 발전전략 및 기반조성에 관한 사항
4. 협동조합 등 및 사회적협동조합 등의 상호협력 및 협동조합 정책 관련 관계기관 간 협력에 관한 사항
5. 법 제11조제4항에 따른 협동조합 실태조사의 결과 및 협동조합 정책 개

선에 관한 사항
6. 그 밖에 협동조합의 활성화를 위한 여건조성에 관한 사항

□ **(실태조사)** 기획재정부 장관은 기본계획 수립을 위한 기초자료 수집을 위해 3년마다 실태조사를 실시(법 제11조 제4항~제5항 등)

○ **(주요내용)** 협동조합의 활동현황, 자금 및 인력 현황, 기타 일반 경영에 관련된 사항 등

○ **(결과공표 및 국회보고)** 기획재정부 장관은 실태조사의 결과를 공표하고 국회 소관 상임위원회(기획재정위원회)에 보고

○ **(부처 및 시·도 협조사항)** 기획재정부 장관이 실태조사를 위하여 필요한 자료요청시 제출

○ **(민간단체 등 협조사항)** 「공공기관의 운영에 관한 법률」에 따른 공공기관의 장, 그 밖의 관련 법인·단체의 장에게 관련 자료를 요청할 수 있음.

〈협동조합기본법〉

제11조(협동조합에 관한 정책) ④ 기획재정부장관은 협동조합의 활동현황·자금·인력 및 경영 등에 관한 실태파악을 위하여 3년마다 실태조사를 실시한 후, 그 결과를 공표하고, 국회 소관 상임위원회에 보고하여야 한다.
⑤ 관계 중앙행정기관의 장 또는 시·도지사는 제4항에 따른 실태조사를 위하여 필요한 자료를 기획재정부장관에게 제출하여야 한다.

3) 협동조합 정책 방향 및 지원 원칙

□ **(정책 방향)** '자주', '자립', '자치' 등 협동조합의 기본이념 구현을 위한 '건전한 협동조합 생태계 조성'을 정책목표로 하여 다음과 같은 세 가지

분야로 정책방향을 설정

○ **(교육·홍보)** 협동조합에 대한 국민의 이해를 제고하고 구체적 활용방안 등을 적극 홍보하여 설립 활성화 유도

○ **(제도개선)** 협동조합이 다른 법인(주식회사, 농·수협 등)과 동등하게 시장에서 경쟁할 수 있도록 관련 법·제도를 지속적으로 개선

○ **(국제협력)** 협동조합 관련 국제기구 등과의 교류·협력을 통해 협동조합 우수사례 및 관련 정책을 우리나라 제도 발전에 활용

□ **(지원 원칙)** 협동조합의 기본이념('자주', '자립', '자치' 등) 구현 및 정책목표(건전한 협동조합 생태계 조성) 달성을 위해

○ 인건비·운영비 등 직접 지원은 지양하고 교육·홍보, 회계 및 정보화 등 간접 지원 원칙 확립

- **(협동조합 종합정보시스템 구축)** 협동조합 신고·인가·감독 및 대국민 정보제공 등을 위한 전산 시스템 구축

* 소관부처 및 시·도는 별도의 전산시스템을 마련할 필요 없음.

○ 다만, 기존 법·제도상 정책지원 대상이 될 수 있는 기회 확대를 위한 관련 법·제도개선 적극 추진

* (예) 기존 사회적기업 또는 중소기업 지원 정책, 중소상공인 협업화 지원(중기청, 2013년 신규) 등

〈협동조합법〉

제10조(국가 및 공공단체의 협력 등) ① 국가 및 공공단체는 협동조합 등 및 사회적협동조합 등의 자율성을 침해하여서는 아니 된다.

② 국가 및 공공단체는 협동조합 등 및 사회적협동조합 등의 사업에 대하여 적극적으로 협조하여야 하고, 그 사업에 필요한 자금 등을 지원할 수 있다.

참고 협동조합 관련 국제기구

□ 국제협동조합연맹(ICA : International Cooperative Alliance)

○ **(개요)** 1895년 협동조합 사업 보급 및 조합원의 이익 증진을 위해 설립된 국제적인 협동조합 연합체(스위스 제네바 소재)

* 국제연합(UN)의 각종 회의와 경제사회이사회 및 전문기관에 참가할 권리를 가지고 있음(UN 산하기구)

* 회원현황 : 93개국, 236개 단체, 8억여 명의 조합원(2011.7월 현재)

○ **(주요활동)** 협동조합 원리와 방법 연구·보급, 협동조합사업 보급, 협동조합운동 및 소비자 이익을 위한 활동 등

* UN 결의문(Resolution 64/136, 2009) 형태로 '협동조합법 제정을 위한 가이드라인(Guidelines for Cooperative Legislation)' 등을 채택

○ **(조직)** 총회(2년마다 개최), 지역총회(총회와 엇갈려 2년마다 개최), 위원회, 감사규제위원회 등으로 조직

* (특수기구) 국제농업협동조합, 국제은행협동조합, 국제소비자협동조합, 국제에너지협동조합, 국제상호보험협동연합 등, (특별위원회) 통신위원회, 세계HRD위원회, 협동조합조사위원회, 세계여성위원회 등

□ 국제노동기구(ILO : International Labor Organization)

○ **(개요)** 1919년 노동자의 노동조건 개선 및 지위 향상을 위해 설치한 국제연합(UN)의 전문기구(스위스 제네바 소재)

* 타 국제기구의 경우 대부분 정부가 회원국 대표인데 반해 사용자·노동자·정부 대표가 이사회에 속해 있음[회원국 수 : 183개국(2009.10월 기준)]

○ **(주요활동)** 사회정책과 행정·인력자원 훈련 및 활용에 대한 기술지원, 노동 통계자료 수집, 고용·노사관계 연구 등

- **(협동조합 관련)** '일자리 창출과 기업 발전(Job creation and Enterprise Development)' 차원에서 협동조합을 지원

* 고용(Employment) 분과 내 협동조합을 관장하는 조직(협동조합국) 존재

4) 협동조합에 대한 교육·홍보

□ **(협동조합 교육 활성화)** 협동조합 제도가 정착될 수 있도록 국가 및 지방자치단체는 관련 교육을 실시하고, 관계자의 의견을 수렴하여 정책에 반영되도록 노력

○ **(기획재정부)** 한국사회적기업진흥원에 위탁하여 ① 사회적협동조합 설립·전환 상담 및 컨설팅을 위한 지역별 지원 조직 구축 ② 협동조합 설립 희망자 교육과정, 담당공무원 실무 교육 등을 운영할 예정

○ **(중앙부처·지방자치단체)** 각 기관의 사정과 수요에 맞는 교육을 실시하고, 기획재정부가 구축하는 지원 조직 및 교육과정을 최대한 활용

– 소속 교육원*의 13년도 교육과정에 일반공무원을 대상으로 한 협동조합 기본 강의를 개설·상설화하여 협동조합에 대한 공직자의 이해를 높일 필요

* 중앙공무원교육원, 지방행정연수원, 한국보건복지인력개발원, 농수산식품연수원, 산림교육원, 국립환경인력개발원, 한국양성평등교육진흥원, 교육과학기술연수원, 지식경제공무원교육원, 통일교육원, 국토해양인재개발교육원, 경찰교육원 등/서울특별시·강원도·경기도·대전광역시·부산광역시·인천광역시·제주특별자치도·경상남도 인재개발원, 경상북도·광주광역시·충청남도·대구광역시·전라남도·전라북도 지방공무원교육원, 충청북도자치연수원 등

〈협동조합기본법〉

제7조(협동조합 등의 책무) 협동조합 등 및 사회적협동조합 등은 조합원등의 권익 증진을 위하여 교육·훈련 및 정보 제공 등의 활동을 적극적으로 수행하여야 한다.

제10조(국가 및 공공단체의 협력 등) ③ 국가 및 공공단체는 협동조합 등 및 사회적협동조합 등의 의견을 듣고 그 의견이 반영되도록 노력하여야 한다.

□ **(홍보 노력)** 국가 및 지방자치단체는 협동조합 활성화 및 대국민 이해를 높이기 위한 노력 필요

○ **(중앙부처·지방자치단체)** 7월 첫째 토요일을 '협동조합의 날'로 지정, 그 목적과 취지에 맞는 행사를 실시

– 또한, 사회통합과 국민경제의 균형있는 발전에 기여함을 목적으로 하는 협동조합의 이상이 구현될 수 있도록 협동조합 간의 상호협력·이해증진을 위한 지원 노력

〈협동조합기본법〉

제12조(협동조합의 날) ① 국가는 협동조합에 대한 이해를 증진시키고 협동조합의 활동을 장려하기 위하여 매년 7월 첫째 토요일을 협동조합의 날로 지정하며, 협동조합의 날 이전 1주간을 협동조합 주간으로 지정한다.

② 국가와 지방자치단체는 협동조합의 날의 취지에 적합한 행사 등 사업을 실시하도록 노력하여야 한다.

제8조(다른 협동조합 등과의 협력) ① 협동조합 등 및 사회적협동조합 등은 다른 협동조합, 다른 법률에 따른 협동조합, 외국의 협동조합 및 관련 국제기구 등과의 상호 협력, 이해 증진 및 공동사업 개발 등을 위하여 노력하여야 한다.

② 협동조합 등 및 사회적협동조합 등은 제1항의 목적 달성을 위하여 필요한 경우에는 다른 협동조합, 다른 법률에 따른 협동조합 등과 협의회를 구성·운영할 수 있다.

5) 협동조합정책심의위원회

□ **(목적)** 일관된 협동조합정책을 수립하기 위하여 관계기관 및 민간의 의견 수렴을 통한 협동조합정책 심의·의결

□ **(구성)** 위원장(기획재정부 차관) 1인을 포함한 20인 이내의 위원으로 구성

○ **(정부위원)** 협동조합 관련 부처 고위공무원

○ **(민간위원)** 학회, 관련학과 대학교수 등 학계 및 법률전문가, 현장 전문가 중 5~6명을 기획재정부 장관이 위촉(임기 1년)

○ **(기타)** 위원장이 안건 심의를 위하여 필요하다고 인정한 관계부처 고위공무원

□ **(운영)** 매월 1회 개최하는 것을 원칙으로 하되, 필요하면 심의 일정 조정 가능

○ **(정족수)** 재적 과반수 출석과 출석 과반수 찬성으로 의결

○ **(주요 심의사항)** 「협동조합정책 기본계획」의 수립·변경, 협동조합의 설립·합병·분할 신고·인가, 협동조합의 관리·감독, 관계 행정기관과의 협의·조정, 관련 법·제도 개선 등 협동조합의 활성화를 위하여 필요한 사항

○ **(위원 아닌 자의 회의 참석 등)** 위원장은 필요한 경우 위원회의 구성원이 아닌 자를 회의에 출석, 발언 또는 배석하게 할 수 있음

* (예) 기본계획 수립시 지자체 관계 공무원 참석, 법·제도개선 관련 현장 전문가 의견 청취 등

○ **(실무위원회)** 심의회 안건을 검토·조정하고 기타 심의회 운영을 지원하기 위하여 실무위원회 설치·운영

□ **(위원의 변경 등)** 각 부처는 인사이동, 조직개편 또는 업무이관 등으로 인해 심의위원이나 실무위원의 변경사유 발생시 기획재정부에 변경 통보

〈협동조합기본법〉

제11조(협동조합에 관한 정책) ② 기획재정부장관은 제1항에 따른 협동조합 정책을 총괄하고 기본계획을 수립함에 있어 관계 중앙행정기관의 장과 협의하여야 하고, 특별시장·광역시장·특별자치시장·도지사·특별자치도지사

(이하 "시·도지사"라 한다)의 의견을 요청할 수 있다.

③ 기획재정부장관은 제1항에 따른 협동조합에 관한 정책 총괄, 제2항에 따른 기본계획 수립 및 인가·감독 등에 관한 사항의 협의·조정 등을 위하여 필요한 사항을 대통령령으로 정한다.

〈협동조합기본법 시행령〉

제4조(협동조합정책심의위원회) ① 협동조합 정책에 관한 주요 사항을 심의하기 위하여 기획재정부장관 소속으로 협동조합정책심의위원회(이하 "심의회"라 한다)를 둔다.

② 심의회는 다음 각 호의 사항을 심의한다.

1. 기본계획의 수립·변경에 관한 사항
2. 협동조합 등 및 사회적협동조합 등의 설립·합병·분할의 신고 또는 인가에 관련된 사항
3. 협동조합 등 및 사회적협동조합의 관리·감독에 관련된 사항
4. 협동조합 정책과 관련된 관계 행정기관과의 협의·조정 등에 관련된 사항
5. 그 밖에 협동조합 관련 법·제도 개선 등 협동조합 등 및 사회적협동조합 등의 활성화를 위하여 기획재정부장관이 정하는 사항

③ 심의회의 위원장은 기획재정부 제2차관이 되며, 위원은 기획재정부령으로 정하는 관계 중앙행정기관의 고위공무원단에 속하는 공무원과 협동조합에 관한 학식과 경험이 풍부한 사람 중에서 기획재정부장관이 위촉하는 사람이 된다.

④ 제1항부터 제3항까지에서 규정한 사항 외에 심의회의 구성 및 운영 등에 필요한 사항은 기획재정부령으로 정한다.

〈협동조합기본법 시행규칙〉

제2조(협동조합정책심의위원회의 구성 등) ① 「협동조합기본법 시행령」(이하 "영"이라 한다) 제4조 제3항에서 "기획재정부령으로 정하는 관계 중앙행정기관"이란 다음 각 호의 기관을 말한다.

1. 행정안전부, 농림수산식품부, 보건복지부, 고용노동부, 공정거래위원회,

금융위원회, 중소기업청, 산림청

2. 그 밖에 협동조합정책심의위원회(이하 "심의회"라 한다)의 위원장이 안건 심의를 위하여 필요하다고 인정하는 관계 중앙행정기관

② 심의회는 위원장 1명을 포함한 20명 이내의 위원으로 구성한다.

③ 공무원인 위원의 임기는 그 직(職)에 재직하는 기간으로 하며, 위촉위원의 임기는 1년으로 한다.

제3조(협동조합정책심의위원회의 운영 등) ① 심의회는 매월 1회 개최하는 것을 원칙으로 하되, 효율적인 심의를 위하여 필요하면 심의 일정을 조정할 수 있다.

② 심의회의 회의는 재적위원 과반수의 출석과 출석위원 과반수의 찬성으로 의결한다.

③ 위원장은 필요한 경우 위원회의 구성원이 아닌 사람을 회의에 출석하여 발언 하게 할 수 있다.

④ 심의회에 부칠 안건을 검토·조정하고 그 밖에 심의회의 운영을 지원하기 위하여 실무위원회를 둘 수 있다. 이 경우 실무위원회의 구성 및 운영 등에 필요한 사항은 위원회의 심의를 거쳐 기획재정부장관이 정한다.

참고 협동조합정책심의위원회 정부위원 구성

□ 농협·신협 등 개별 협동조합법 소관 부처 및 협동조합 관련 부처 담당 공무원으로 구성

연번	부 처 명	심의위원	실무위원	비 고
1	기획재정부	차 관	협동조합 정책국장	위원장
2	행정안전부	차관보	지역발전 정책국장	새마을금고
3	농림수산식품부	기획조정실장	농어촌정책국장	농업협동조합 수산업협동조합
4	보건복지부	기획조정실장	정책기획관	자활, 돌봄, 의료 등
5	고용노동부	고용정책실장	인력수급 정책관	사회적기업 등
6	공정거래위원회	사무처장 (또는 상임위원)	소비자정책 국장	소비자생활협동조합
7	금융위원회	사무처장 (또는 상임위원)	중소서민 금융정책관	신용협동조합
8	산림청	차장	산림이용국장	산림조합
9	중소기업청	차장	경영판로국장	중소기업협동조합

1.4. 다른 법률과의 관계

□ 다른 법률에 따라 설립되었거나 설립되는 협동조합에 대해서는 협동조합기본법을 적용하지 않음.

○ 기존 8개 개별법*에 의해 설립되었거나 설립될 협동조합에 대해서는 '기본법'이 적용되지 않음.

* 농업협동조합법, 수산업협동조합법, 엽연초생산협동조합법, 산림조합법, 중소기업협동조합법, 신용협동조합법, 새마을금고법, 소비자생활협동조합법

□ 협동조합의 설립 및 육성과 관련되는 다른 법령을 제정하거나 개정하는 경우에는 협동조합기본법의 목적과 원칙에 맞도록 해야 함.

□ 다음 조건을 모두 충족하는 협동조합 행위에 대하여 공정거래법 적용 예외

○ 공정거래위원회 예규에 따라 공정위 심사에 따라 결정

1. 소규모의 사업자 또는 소비자의 상부상조를 목적으로 할 것
2. 임의로 설립하고, 조합원 또는 회원이 임의로 가입하거나 탈퇴할 수 있을 것
3. 각 조합원이 평등한 의결권을 가질 것
4. 조합원에 대하여 이익배분을 행하는 경우에는 그 한도가 정관에 정하여져 있을 것

○ 다만, 불공정거래행위 등 일정한 거래분야에서 부당하게 경쟁을 제한하는 경우에는 「독점규제 및 공정거래에 관한 법률」을 적용

〈협동조합기본법〉

제13조(다른 법률과의 관계) ① 다른 법률에 따라 설립되었거나 설립되는 협동조합에 대하여는 이 법을 적용하지 아니한다.

② 협동조합의 설립 및 육성과 관련되는 다른 법령을 제정하거나 개정하는

경우에는 이 법의 목적과 원칙에 맞도록 하여야 한다.
③ 대통령령으로 정하는 요건에 해당하는 협동조합 등 및 사회적협동조합 등의 행위에 대하여는 「독점규제 및 공정거래에 관한 법률」을 적용하지 아니한다. 다만, 불공정거래행위 등 일정한 거래분야에서 부당하게 경쟁을 제한하는 경우에는 그러하지 아니하다.

1.5. 다른 법령 준용사항

□ 협동조합 등의 법인격은 법인으로 하며, 「협동조합기본법」에서 규정한 사항 이외에는 상법을 준용

○ 상법 제1편 총칙을 준용하는 주요사항

- 자기명의로 상행위를 하는 자를 협동조합 등이라 함.
- 동일한 영업에는 단일상호 사용, 지점의 상호에는 본점과의 종속관계 표시
- 누구든지 부정한 목적으로 타인의 영업을 오인할 수 있는 상호 사용 불가
- 협동조합 등은 영업상의 재산 및 손익의 상황을 명백히 하기 위하여 회계장부 및 대차대조표를 작성, 10년간 보존 등

○ 상법 제2편 상행위를 준용하는 주요사항

- 상행위로 인한 채무의 법정이율은 연6분으로 하며, 협동조합 등이 그 영업에 대하여 금전을 대여한 경우에는 법정이자를 청구
- 상행위로 인한 채권은 다른 규정이 없는 한 5년간 행사하지 않으면 소멸시효 완성 등

○ 상법 제3장의2 유한책임회사에 관한 규정을 준용하는 주요사항

- 협동조합 등을 대표하는 이사가 그 업무집행으로 타인에게 손해를 입힌 경우에는 협동조합 등은 그 이사와 연대하여 배상 등

〈협동조합기본법〉

제14조(다른 법률의 준용) ① 제4조 제1항의 협동조합 등에 관하여 이 법에서 규정한 사항 외에는 「상법」 제1편 총칙, 제2편 상행위 및 제3장의2 유한책임회사에 관한 규정을 준용한다. 이 경우 "상인"은 "협동조합 등"으로, "사원"은 "조합원 등"으로 본다.

□ 사회적협동조합 등의 법인격은 비영리법인으로 하며, 협동조합기본법에서 규정한 사항 이외에는 민법을 준용

○ 민법 제1편 제3장 법인에 관한 규정을 준용하는 주요사항

- 이사의 대표권에 대한 제한은 이를 정관에 기재하지 아니하면 그 효력이 없음(민법 제41조)
- 이사의 직무집행을 정지하거나 직무대행자를 선임하는 가처분을 하거나 그 가처분을 변경·취소하는 경우에는 주사무소·분사무소 등기소에 등기(제52조의2)
- 조합원 등의 지위는 양도 또는 상속 불가(민법 제56조)
- 이사가 없거나 결원이 있는 경우에 이로 인하여 손해가 생길 염려가 있는 때에는 법원은 임시이사 선임(민법 제63조)
- 이사는 선량한 관리자의 주의로 그 직무를 행하여야 함(민법 제61조).
- 이사가 그 임무를 해태한 때에는 그 이사는 법인에 대하여 연대하여 손해배상의 책임이 있음(민법 제65조).
- 청산인은 알고 있는 채권자에 대한 채권신고 최고 의무(민법 제89조) 등

〈협동조합기본법〉

제14조(다른 법률의 준용) ② 제4조 제2항의 사회적협동조합 등에 관하여 이 법에서 규정한 사항 외에는 「민법」 제1편 제3장 법인에 관한 규정을 준용한다. 이 경우 "사단법인"은 "사회적협동조합 등"으로, "사원"은 "조합원 등"으로, "허가"는 "인가"로 본다.

Ⅱ. 협동조합

2.1. 설립 신고

1) 설립신고 요건

□ 「협동조합기본법」 제15조에 따라 5인 이상의 조합원이 모여 시·도지사에 신고 및 설립등기를 거쳐 설립

① 발기인 모집(5인 이상)

↓

② 정관 작성(목적, 명칭, 사업 등 포함)

↓

③ 설립동의자 모집

↓

④ 창립총회 의결(설립동의자 과반수 출석, 출석 2/3 찬성)

↓

⑤ 설립 신고(시도지사)

↓

⑥ 사무 인수 인계(발기인→이사장)

↓

⑦ 출자금 납입

↓

⑧ 설립 등기(관할 등기소)

↓

⑨ 협동조합(법인격 부여)

* 형편에 따라서 설립동의자 모집 이후에 정관을 작성할 수도 있음. 다만, 이 경우에도 창립총회 개최 이전에 정관을 작성해야 함.
* 설립 등기를 할 때 총회 의사록은 공증인의 인증을 받아야 함(공증인법 제66조의2).

□ 시·도의 신고 수리 절차

○ 시·도지사는 특별한 사유가 없는 한 신고서를 접수한 때로부터 30일 이내에 신고증을 교부하여야 함.

○ 제출서류가 미비할 경우 행정절차법령에 따라 자료보완 요청할 수 있음.

설립 신고서 제출 (신청기관 → 시도)
↓
신고 수리(30일 이내) (시·도)
↓
신고 수리 통보 (시·도 → 기획재정부)

* 협동조합 신고 업무는 지방자치단체 자치사무로서 시·군·구로 위임 여부는 시·도지사가 결정

□ **(제출서류)** 협동조합을 설립하고자 하는 경우에는 설립신고신청서에 다음 서류를 첨부하여 시·도지사에게 제출

○ 신고인 : 발기인

▌협동조합 설립 신고 제출서류

1. 정관 사본
2. 창립총회 의사록 사본
3. 사업계획서
4. 임원 명부
   * 임원 명부에 임원의 이력서 및 사진을 첨부
   * 사진 : 가로 3cm, 세로 4cm
   * 이력서에 사진을 붙인 경우에는 사진 추가제출 불필요
5. 설립동의자 명부

6. 수입·지출 예산서
7. 출자 1좌(座)당 금액과 조합원별로 인수하려는 출자좌수를 적은 서류
8. 창립총회 개최 공고문
9. 합병 또는 분할을 의결한 총회 의사록
   * 협동조합기본법 제56조에 따른 합병 및 분할에 의한 설립의 경우에만 해당

2) 심사기준

□ 정관에 대하여 검토할 사항

※ [별표 1]의 협동조합 표준정관례를 참고

○ "정관"이란, 단체나 법인의 조직활동을 정하는 근본규칙을 정한 서면을 말하며, 모든 법인(협동조합 포함)의 설립행위에는 반드시 정관작성이 포함되어야 함.

○ 정관에는 "필수기재사항"과 "임의기재사항"이 있음.

▌정관 필수기재사항(협동조합기본법 제16조 제1항)

1. 목적
2. 명칭 및 주된 사무소의 소재지
3. 조합원 및 대리인의 자격
4. 조합원의 가입, 탈퇴 및 제명에 관한 사항
5. 출자 1좌의 금액과 납입 방법 및 시기, 조합원의 출자좌수 한도
6. 조합원의 권리와 의무에 관한 사항
7. 잉여금과 손실금의 처리에 관한 사항
8. 적립금의 적립방법 및 사용에 관한 사항
9. 사업의 범위 및 회계에 관한 사항
10. 기관 및 임원에 관한 사항
11. 공고의 방법에 관한 사항

12. 해산에 관한 사항
13. 출자금의 양도에 관한 사항
14. 그 밖에 총회·이사회의 운영 등에 필요한 사항

- 필수 기재사항이 기재되었는지 확인할 것

○ **(발기인 서명)** 5인 이상의 발기인은 회사의 근본규칙이 될 "정관"을 함께 작성하고 기명날인 또는 서명

* 형편에 따라서 설립동의자 모집 이후에 발기인 및 설립동의자가 모두 참여하여 정관을 작성할 수도 있음. 이때에도 발기인만이 기명날인 또는 서명을 함.

* 설립동의자 : 조합원의 자격을 갖춘 사람으로서 창립총회 전까지 발기인에게 설립동의서를 제출한 자(발기인 포함)

○ **(명칭)** 명칭에 협동조합이라는 문자가 반드시 포함

* 협동조합이라는 문자를 명칭 맨 뒤뿐만 아니라 맨 앞에도 사용 가능(○○협동조합 및 협동조합○○ 둘 다 가능)

○ **(명칭 중복)** 설립할 법인의 명칭이 기존의 다른 법인의 명칭과 동일한지 여부 확인

* 동일명칭의 확인방법은 대법원 인터넷등기소에 접속하여, '법인등기' 선택→'열람' 선택→'상호로 검색'에서 '전체등기소' 선택→법인종류에서 설립할 법인의 종류로 검색→'상호' 검색하여 동일명칭의 법인이 있는지를 확인

* 특별시·광역시·시·군내에서는 동일한 명칭을 사용할 수 없으며, 시·군을 달리하는 경우에는 동일한 명칭 사용 가능(상법 제23조 참고)

○ **(명칭 혼동)** 혼동을 일으킬 수 있는 명칭인 지 검토

- 기존 8개 개별법상에서 고유하게 사용하는 명칭에 대해서는 사용하지 말 것

* '○○농업협동조합', '○○수산업협동조합', '○○엽연초조합', '○○산림조합', '○○중소기업협동조합', '○○신용협동조합', '○○소비자생활협동조합' 사용 금지

* 8개 개별법상 협동조합의 줄임말이 들어간 '○○농협협동조합', '○○수협협동

조합', '○○엽연초조합협동조합', '○○산림조합협동조합', '○○중기협협동조합', '○○신협협동조합', '○○소비자생협협동조합' 사용 금지

○ **(주된 사무소)** 반드시 상설 사무실을 둘 필요는 없으며 설립동의자의 집을 주된 사무소로 할 수도 있음.

* 상근 직원을 반드시 둘 필요는 없음.

○ **(출자)** 조합원은 1좌 이상 출자해야 하며, 총 출자좌수의 100분의 30을 넘을 수 없음.

* 출자금은 2회 분납 가능함.

* 출자금은 이사장 계좌로 납입

* 등기전이라도 납입된 출자금 중 일부를 협동조합 설립을 위하여 사용할 수 있음. 이 경우 증빙 서류 보관 필요

○ **(잉여금 배당)** 이용실적에 대해서는 전체 배당액의 100분의 50 이상 배당, 납입출자액에 대한 배당은 납입출자금의 100분의 10 초과 금지

○ **(손실금)** 미처분이월금, 임의적립금, 법정적립금 순으로 보전, 부족시 다음 회계연도 이월

○ **(적립금)** 자기자본의 3배가 될 때까지 잉여금의 100분의 10 이상을 적립(법정적립금), 그 외 임의적립금 가능

○ **(사업범위)** 필요한 사업을 자율적으로 규정할 수 있음.

- 다만, ① 조합원과 직원에 대한 상담, 교육, 훈련 및 정보제공사업 ② 협동조합간 협력을 위한 사업 ③협동조합의 홍보 및 지역사회를 위한 사업은 반드시 포함

- 한국표준산업분류에 의한 금융업 및 보험업 금지

□ 창립총회에 대하여 검토할 사항

○ **(공고 절차)** 총회 개최 전 일정기간 이상 조합원 자격이 있는 자가 쉽게 알 수 있는 방법으로 공고

* 조합원총회에 준하여 개최 7일 전까지 공고하는 것이 바람직

* 일간지 게재, 게시에 의한 공고, 등기우편 발송, 전자우편 발송 등 설립동의자가 충분히 알 수 있는 방법이면 무방

○ **(공고 내용)** 창립총회의 일시 및 장소, 조합원의 자격 요건, 창립총회에서 의결하여야 하는 사항 포함

○ **(의결 사항)** 창립총회 의결사항에 반드시 포함되어야 할 사항

▌창립총회 필수의결사항

1. 정관
2. 사업계획서
3. 수입·지출 예산서
4. 임원의 선출
5. 설립 경비 등 설립에 필요한 사항

○ **(의결 기준)** 설립동의자 과반수 출석과 출석자 3분의 2 이상의 찬성으로 의결

□ 임원 명부에 관하여 검토할 사항

○ **(임직원 겸직)** 다음 각 호를 따라야 함.

① 이사장은 협동조합기본법에 의해 설립된 다른 협동조합의 이사장 겸직 금지

② 이사장을 포함한 이사와 직원은 감사 겸직 금지

③ 임원은 해당 협동조합의 직원을 겸직 금지

- 다만, 조합원의 3분의 2 이상이 직원이고 조합원인 직원이 전체 직원의 3분의 2 이상인 협동조합의 경우, 조합원 수가 10인 이하인 협동조합의 경우에는 임원이 해당 협동조합의 직원 겸직 가능

〈협동조합기본법〉

제44조(임직원의 겸직금지) ① 이사장은 다른 협동조합의 이사장을 겸직할 수 없다.

② 이사장을 포함한 이사와 직원은 감사를 겸직할 수 없다.

③ 임원은 해당 협동조합의 직원을 겸직할 수 없다. 다만, 사업의 성격, 조합원 구성 등을 감안하여 대통령령이 정하는 바에 따라 임원과 직원을 겸직할 수 있다.

〈협동조합기본법 시행령〉

제8조(협동조합 등 임직원의 겸직) ① 법 제44조 제3항 단서(법 제79조에 따라 준용되는 경우를 포함하며, 이 경우 제1호 및 제2호의 "조합원"은 "전체 회원 조합에 속하는 총조합원"으로 본다)에 따라 협동조합 등이 다음 각 호의 어느 하나에 해당하는 경우에는 해당 협동조합의 임원이 직원을 겸직할 수 있다.

1. 조합원의 3분의 2 이상이 직원이고 조합원인 직원이 전체 직원의 3분의 2이상인 경우(임원이 직원을 겸직하기 전의 시점을 기준으로 한다)
2. 조합원 수가 10인 이하인 경우
3. 그 밖에 협동조합 등의 규모·자산·사업 등을 고려하여 임원과 직원의 겸직이 필요한 경우로서 기획재정부 장관이 정하여 고시하는 경우

□ 제출 서류간 일관성을 검토할 것

○ 정관, 사업계획서 및 수지예산서의 사업 기술내용에 일관성이 있어야 함.

* 잘못된 예 : 정관에는 커피숍협동조합으로 나와 있음에도 사업계획서에는 유기농농산물출하사업을 하겠다고 하는 경우
* 잘못된 예 : 정관에는 50가지 사업을 망라한 후 사업계획서에는 그 중 2~3가지만 적고 나머지는 추후 하겠다고 하는 경우

3) 기획재정부 통보

□ **(재정부 통보)** 시·도지사는 설립신고(합병·분할에 의한 신고 포함) 수리 후 그 사실을 재정부장관에게 통보

○ 매달 협동조합 신고 수리 실적을 다음 달 10일까지 기획재정부에 공문으로 제출할 것

* 기획재정부가 협동조합 설립 신고·인가 및 관리·감독을 위한 전산시스템을 구축할 예정(2013~2014년)으로 전산시스템이 구축되면 전산상으로 자동집계 가능하므로 제출 불필요

〈제출 양식〉

협동조합 설립신고 현황

총 계	신규설립 ○○개	합병·분할에 의한 설립 ○○개

〈개별 협동조합 현황〉

연번	명칭	설립 목적	설립 동의자수	출자금	주요 사업	설립 일자	대표자	주소	연락처	비고
1									(전화) (홈페이지)	
2										
3										
4										
5										

* 비고 : 신규설립인지 합병·분할에 의한 설립인지(후자일 경우 합병·분할 이전 조합의 명칭 기재) 조직전환에 의한 설립인지 기재

> **〈협동조합기본법〉**
>
> **제15조** ③ 시·도지사는 제1항에 따라 협동조합의 설립신고를 받은 때에는 즉시 기획재정부장관에게 그 사실을 통보하여야 한다.

2.2. 정관변경신고

□ **(제출서류)** 정관을 변경하고자 하는 협동조합은 정관변경신고서에 다음 서류를 첨부해서 시·도지사에게 제출

▮ 협동조합 정관변경 신고 제출서류

1. 정관중 변경하려는 사항을 적은 서류
2. 정관 변경을 의결한 총회 의사록
3. 정관 변경 후의 사업계획서와 수입·지출 예산서
   * 사업계획이 변경되어 정관을 변경하는 경우만 해당
4. 대차대조표와 출자감소의 의결, 채권자 공고 및 이의신청의 처리 등의 사실관계를 증명할 수 있는 서류
   * 출좌 1좌당 금액 감소에 따라 정관을 변경하는 경우만 해당

□ **(심사기준)** 시·도는 상기 제출서류에 대하여 적합한지 검토할 것

○ 출자 1좌당 금액의 감소의 경우에는 공고 또는 최고(催告)한 사실을 증명하는 서류도 검토할 것

○ 출자 1좌당 금액의 감소에 대한 이의를 신청한 채권자가 있는 경우에는 채무변제나 담보제공 사실을 증명하는 서류도 검토할 것

〈협동조합기본법〉

제16조(정관) ② 협동조합의 정관의 변경은 설립신고를 한 시·도지사에게 신고를 하여야 그 효력이 발생한다.

2.3. 합병 및 분할 신고

□ **(제출서류)** 협동조합이 합병·분할할 경우 합병·분할 후 존속하는 협동조합은 설립신고서에 다음 서류를 첨부하여 시·도지사에게 제출

▌협동조합 합병 및 분할 신고 제출서류

1. 합병을 결의한 총회 의사록

* 분할하는 협동조합은 신규 설립 절차를 따라야 함.

□ **(심사기준)** 시·도는 상기 제출서류에 대하여 다음 사항이 적합한지 검토할 것

○ 존속하는 협동조합이 승계하여야 할 권리·의무의 범위가 의결사항으로 적혀 있을 것

〈협동조합기본법〉

제56조(합병 및 분할) ① 협동조합은 합병계약서 또는 분할계획서를 작성한 후 총회의 의결을 얻어 합병 또는 분할할 수 있다.

② 협동조합이 합병할 경우 합병 후 존속되는 협동조합은 합병신고를, 분할 후 새로 설립되는 협동조합은 설립신고를, 합병으로 소멸되는 협동조합은 해산신고를 각 사무소의 소재지에서 하여야 한다.

③ 합병 또는 분할로 인하여 존속하거나 설립되는 협동조합은 합병 또는

> 분할로 소멸되는 협동조합의 권리·의무를 승계한다.
> ④ 제1항에 따라 설립되는 협동조합에 대하여는 제15조부터 제17조까지의 규정을 준용한다.
> ⑤ 협동조합은 이 법에 따른 협동조합 이외의 법인, 단체 및 협동조합 등과 합병하거나 이 법에 따른 협동조합 이외의 법인, 단체 및 협동조합 등으로 분할할 수 없다.
> ⑥ 협동조합의 합병 및 분할에 관하여는 제53조 및 제54조의 규정을 준용한다.

2.4. 해산신고

□ **(제출서류)** 해산한 날로부터 2주 이내에 해산신고서에 다음 서류를 첨부하여 시·도지사에게 제출

① 해산을 결의한 총회 의사록

□ **(심사기준)** 시·도는 상기 제출서류에 대하여 적합한지 검토할 것

○ 부채 및 출자금을 변제하고 남은 잔여재산에 대하여 정관에 정해진 처리방안에 따라 처리했는지 여부

○ 「전자정부법」 제36조제1항에 따른 행정정보의 공동이용을 통하여 법인 등기사항증명서상 청산인 등기 여부를 확인

> **〈협동조합기본법〉**
>
> **제57조(해산)** ① 협동조합은 다음 각 호의 어느 하나에 해당하는 사유로 해산한다.
> 1. 정관으로 정한 해산 사유의 발생
> 2. 총회의 의결
> 3. 합병·분할 또는 파산

> ② 협동조합이 해산한 때에는 청산인은 파산의 경우를 제외하고는 그 취임 후 14일 이내에 설립신고를 한 시·도지사에게 신고하여야 한다.

2.5. 사업의 이용

□ **(이용자격)** 조합원만이 협동조합의 사업을 이용 가능

□ **(예외적 이용)** 다음 경우에는 비조합원도 협동조합을 이용할 수 있음

○ 조합원의 3분의 2 이상이 직원인 직원협동조합의 경우 전체 직원의 3분의 1을 초과하지 않는 범위에서 비조합원 고용 가능

* 조합원이 90명이고 이중 직원으로 일하는 사람이 70명이며 전체 직원이 100명인 직원협동조합의 경우

- 조합원의 2/3에 해당하는 60명 이상(여기서는 70명)이 직원이므로 이 직원협동조합은 전체 직원 100명의 1/3을 초과하지 않는 범위인 33명까지 비조합원을 직원으로 고용할 수 있음.

○ 그 외 협동조합은 아래 제1호~제9호에 해당함.

○ 제9호의 조합원과 동일한 가구란 주민등록등본상 같이 기재된 사람을 말함.

> 〈협동조합법 시행령〉
>
> **제9조(협동조합등의 조합원 등이 아닌 자의 사업 이용)** ① 법 제46조 제2항에 따라 협동조합이 조합원이 아닌 자에게 그 사업을 이용하게 할 수 있는 경우는 다음 각 호의 어느 하나에 해당하는 경우로 한다.
>
> 1. 협동조합이 재고로 보유하고 있는 물품으로서 부패 또는 변질의 우려가 있어 즉시 유통되지 아니하면 제품의 품질을 유지하기 어려운 물품을 처리하기 위한 경우
> 2. 조합원으로 가입하도록 홍보하기 위하여 견본품을 유상 또는 무상으로

공급하는 경우. 다만, 협동조합이 「사회서비스 이용 및 이용권 관리에 관한 법률」 제2조 제4호에 따른 사회서비스 제공자인 경우는 제외한다.

3. 공공기관·사회단체 등이 공익을 목적으로 주최하는 행사에 참여하는 경우
4. 협동조합이 정부, 지방자치단체 및 「공공기관 운영에 관한 법률」 제4조에 따른 공공기관과 공동으로 추진하는 사업에서 일반 국민이 해당 사업의 목적에 따라 사업을 이용하는 경우
5. 다른 법령에서 조합원이 아닌 자에게 물품을 공급하게 하거나 용역을 제공하도록 규정하는 경우
6. 천재지변이나 그 밖에 이와 유사한 긴급한 상황일 때 공중(公衆)에게 생활필수품 또는 용역을 공급하는 경우
7. 학교를 사업구역으로 하는 협동조합이 그 사업구역에 속하는 학생·교직원 및 학교 방문자를 대상으로 물품을 공급하거나 용역을 제공하는 경우
8. 협동조합(「사회서비스 이용 및 이용권 관리에 관한 법률」 제2조 제4호에 따른 사회서비스 제공자에 해당하는 협동조합은 제외한다)이 가입을 홍보하기 위하여 시·도지사에게 신고하는 기간(이하 이 호에서 "홍보기간"이라 하며, 그 기간은 1년에 3개월을 넘지 못한다) 동안 전년도 총공급고(總供給高)의 100분의 5의 범위에서 물품을 유상 또는 무상으로 공급하는 경우. 다만, 협동조합이 설립신고필증을 받은 날부터 1년(단위매장의 경우에는 매장 개장일부터 1년) 동안은 홍보기간이 6개월을 넘지 아니하는 범위에서 총공급고에 대한 제한 없이 물품을 유상 또는 무상으로 공급할 수 있다.
9. 조합원과 같은 가구에 속하는 자가 협동조합의 사업을 이용하는 경우
10. 조합원의 3분의 2 이상이 직원이고 조합원인 직원이 전체 직원의 3분의 2 이상인 협동조합이 전체 직원의 3분의 1을 넘지 아니하는 범위에서 비조합원을 고용하는 형태로 조합의 사업을 이용하게 하는 경우
11. 그 밖에 협동조합의 사업 성격·유형 등을 고려하여 기획재정부장관이 정하여 고시하는 경우

② 법 제81조 제1항 단서에 따른 협동조합연합회의 회원이 아닌 자의 사업의 이용에 관하여는 제1항을 준용한다. 이 경우 제1항 중 "협동조합"은 "협동조합연합회"로, 제1항 각 호 외의 부분 및 제2호·제5호의 "조합원"은 "회원"으로, 제8호 본문의 "시·도지사"는 "기획재정부장관"으로, 제9호 및 제

10호의 "조합원"은 "전체 회원 조합에 속하는 총조합원"으로 본다.

2.6. 운영의 공개

□ **(운영 공개)** 결산결과의 공고 등 운영사항을 적극 공개

○ **(서류 비치)** 정관·규약·규정, 총회·이사회 의사록, 회계장부 및 조합원 명부를 주된 사무소에 비치

○ **(서류 공개)** 협동조합의 채권자 및 조합원은 서류 열람및 사본 청구 가능

* 이 경우 소요되는 비용은 실비의 범위 안에서 청구인의 부담

□ **(경영 공시)** 결산일부터 3개월 이내에 시·도 또는 협동조합연합회 홈페이지에 게재

○ 조합원 수가 200인 이상이거나 정기총회의 승인을 받은 최근 결산보고서에 적힌 자기자본이 30억 원 이상인 협동조합은 의무적으로 공시

\- 다음 사항은 반드시 게재

▌협동조합 경영공시 필수사항

1. 정관
   * 정관이 변경된 경우에는 변경된 정관도 포함
2. 사업계획서
3. 사업결산 보고서
4. 총회, 대의원총회, 이사회 활동 상황
5. 사업결과 보고서
   * 조합원·직원 등에 대한 교육·홍보실적을 첨부할 것
   * 비조합원의 이용 실적을 첨부할 것

– 지역사회 기여 활동 등 다른 사항도 추가 게재 가능

* 결산총회 자료에 위의 내용이 모두 포함(각종 지정 서식 준수)되어 있을 경우에는 결산총회 자료를 공개하는 것으로 경영공시를 갈음할 수 있음

○ 외 협동조합은 자율적으로 공시

〈협동조합기본법〉

제49조(운영의 공개) ① 협동조합은 결산결과의 공고 등 운영사항을 적극 공개하여야 한다.

② 협동조합은 정관·규약·규정, 총회·이사회 의사록, 회계장부 및 조합원 명부를 주된 사무소에 비치하여야 한다.

③ 협동조합의 채권자 및 조합원은 제2항의 서류를 열람하거나 그 사본을 청구할 수 있다.

④ 대통령령이 정하는 일정규모 이상의 협동조합은 설립신고를 한 시·도 혹은 연합회의 홈페이지에 주요 경영공시자료를 게재해야 한다.

2.7. 감독

□ **(검사공무원 증표)** 현지실사하는 공무원은 공무원증 등 그 권한을 표시하는 증표를 협동조합측에 제시

□ **(감독)** 시·도는 협동조합이 협동조합법령을 위반하는지 감독하고 위반사항 적발시 형사고발 조치

○ 10년 이하의 징역 또는 3천만 원 이하의 벌금형

* 자연인인 임직원 또는 청산인에게 부과하고 법인에도 벌금형 부과(다만, 법인이 그 위반행위를 방지하기 위하여 해당 업무에 관하여 상당한 주의와 감독을 게을리 하지 않은 경우에는 법인 벌금형 제외)

– 정관 또는 운영규약 등에 기재된 사업목적과 다른 용도로 자금을

사용한 경우

- 투기를 목적으로 재산을 처분하거나 이용한 경우

○ 3년 이하의 징역 또는 2천만 원 이하의 벌금형

* 자연인인 임직원 또는 청산인에게 부과하고 법인에도 벌금형 부과(다만, 법인이 그 위반행위를 방지하기 위하여 해당 업무에 관하여 상당한 주의와 감독을 게을리 하지 않은 경우에는 법인 벌금형 제외)

- 한국표준산업분류에 의한 금융 및 보험업을 영위한 경우(법 제45조 제3항 위반)
- 매 회계연도 결산 결과 임여금이 있는 때에는 자기 자본의 3배가 될 때까지 잉여금의 100분의 10 이상(사회적 협동조합등은 100분의 30 이상)을 법정적립금으로 적립하지 않은 경우(법 제50조 제1항 위반)
- 손실보전이나 해산의 경우가 아님에도 법정적립금을 사용한 경우(법 제50조제3항 위반)
- 당기손실금에 대하여 미처분이월금, 임의적립금, 법정적립금의 순으로 보전처리하지 않은 경우(법 제51조 제1항 위반)
- 협동조합이 법정적립금 및 임의적립금을 적립하지 않고 조합원에게 잉여금을 배당한 경우(법 제51조 제2항 위반)
- 잉여금 배당시 이용실적 배당이 전체 배당액의 100분의 50을 넘지 않거나 출자배당이 납입출자금의 100분의 10을 초과한 경우(법 제51조 제3항 위반)
- 정기총회일 7일 전까지 결산보고서(사업보고서, 대차대조표, 손익계산서, 잉여금처분안 또는 손실금처리안 등을 말함)를 감사에게 제출하지 않거나 결산보고서와 감사의견서를 정기총회에 제출하지 않은 경우(법 제52조 위반)
- 출자 1좌 금액의 감소하기로 의결했음에도 의결한 날로부터 14일 이내에 대차대조표를 작성하지 않은 경우(법 제53조 제1항 위반)

- 출자감소 의결 후 14일 이내에 채권자에 대하여 30일 이상의 이의 신청 기간을 두고 이의신청할 것을 공고하지 않거나 이미 알고 있는 채권자에 대하여는 개별적으로 최고하지 않은 경우(법 제53조 제2항·제3항 위반)
- 협동조합이 조합원의 출자지분을 취득하거나 질권 설정한 경우(법 제55조 위반)
- 청산인이 취임 후 지체 없이 협동조합의 재산상태를 조사하고 재산목록과 대차대조표를 작성한 다음 재산처분의 방법을 정하여 총회의 승인을 받지 않은 경우(법 제58조 제2항 위반)
- 청산인이 청산사무가 종결된 때 지체 없이 결산보고서를 작성하여 총회의 승인을 받지 않은 경우(법 제58조 제3항 위반)
- 거짓 또는 부정한 방법으로 등기한 경우
- 총회의 의결을 받아야 하는 사항에 대하여 의결을 받지 아니하고 집행한 경우

○ 2년 이하의 징역 또는 1천만 원 이하의 벌금형

* 자연인인 임직원 또는 청산인에게 부과

- 공직선거에서 특정 정당을 지지·반대하는 행위 또는 특정인을 당선되도록 하거나 당선되지 아니하도록 하는 행위를 하는 등 공직선거에 관여한 경우(법 제9조 제2항 위반)
- 자기 또는 특정인을 임원 또는 대의원으로 당선되도록 하거나 당선되지 못하도록 할 목적으로 다음 행위를 하는 경우(법 제37조 제1항 위반)

1. 조합원(협동조합 가입신청자 포함)이나 그 가족 또는 조합원이나 그 가족이 설립·운영하고 있는 기관·단체·시설에 대하여 금전·물품·향응이나 그 밖의 재산상의 이익을 제공하거나 공사의 직을 제공하거

나 금전·물품·향응, 그 밖의 재산상의 이익이나 공사의 직을 제공하겠다는 의사표시 또는 그 제공을 약속한 경우
2. 후보자가 되지 못하도록 하거나 후보자를 사퇴하게 할 목적으로 후보자가 되려는 사람이나 후보자에게 위 1번의 행위를 한 경우
3. 1번이나 2번의 이익이나 직을 제공받거나 그 제공의 의사표시를 승낙하는 행위 또는 그 제공을 요구하거나 알선하는 행위

- 임원 또는 대의원이 되려는 사람이 정관으로 정하는 기간 중에 선거운동을 위하여 조합원·회원을 호별 방문하거나 특정장소에 모이게 하는 경우(법 제37조 제2항 위반)
- 임원 또는 대의원 선거와 관련하여 연설·벽보, 그 밖의 방법으로 거짓의 사실을 공표하거나 공연히 사실을 적시하여 후보자를 비방하는 경우(법 제37조 제3항 위반)
- 임원 또는 대의원 선거와 관련하여 선거 벽보의 부착, 선거 공보의 배부, 소형 인쇄물의 배부, 합동 연설회 또는 공개 토론회의 개최, 전화·컴퓨터통신을 이용한 지지 호소 이외의 방법으로 선거운동을 하는 경우(법 제37조 제4항 위반)

〈협동조합기본법〉

제117조(벌칙) ① 협동조합 등 및 사회적협동조합 등의 임직원 또는 청산인이 다음 각 호의 어느 하나에 해당하는 행위로 협동조합 등 및 사회적협동조합 등에 손해를 끼친 때에는 10년 이하의 징역 또는 3천만 원 이하의 벌금에 처한다. 이 경우 징역형과 벌금형은 병과할 수 있다.
1. 협동조합 등 및 사회적협동조합 등의 사업목적 이외의 다른 용도로 자금을 사용한 경우
2. 투기를 목적으로 협동조합 등 및 사회적협동조합 등의 재산을 처분하거나 이용한 경우

② 협동조합 등 및 사회적협동조합 등의 임직원 또는 청산인이 다음 각 호의 어느 하나에 해당하는 행위를 한 때에는 3년 이하의 징역 또는 2천만 원 이하의 벌금에 처한다.

1. 제45조제3항, 제50조제1항·제3항, 제51조부터 제53조까지, 제55조, 제58조, 제80조제3항, 제97조제1항·제3항, 제98조, 제103조 및 제104조(제82조·제83조·제100조 또는 제115조에 따라 준용되는 경우를 포함한다)를 위반한 경우
2. 거짓 또는 부정한 방법으로 등기를 한 경우
3. 총회의 의결을 받아야 하는 사항에 대하여 의결을 받지 아니하고 집행한 경우

③ 다음 각 호의 어느 하나에 해당하는 자는 2년 이하의 징역 또는 1천만 원 이하의 벌금에 처한다.

1. 제9조제2항을 위반하여 공직선거에 관여한 자
2. 제37조(제79조·제92조 및 제115조에 따라 준용되는 경우를 포함한다)를 위반한 자

제118조(양벌규정) 협동조합 등 및 사회적협동조합 등의 임직원 또는 청산인이 그 협동조합 등 및 사회적협동조합 등의 업무에 관하여 제117조 제1항 및 제2항의 위반행위를 하면 그 행위자를 벌하는 외에 그 협동조합 등 및 사회적협동조합 등에도 해당 조문의 벌금형을 과(科)한다. 다만, 협동조합 등 및 사회적협동조합 등이 그 위반행위를 방지하기 위하여 해당 업무에 관하여 상당한 주의와 감독을 게을리하지 아니한 경우에는 그러하지 아니하다.

□ **(과태료)** 시·도는 협동조합이 협동조합법령을 위반하는 지 감독하고 다음 위반사항 적발시 과태료 부과

○ 과태료 처분에 관한 일반사항

- **(가중처분)** 해당 위반행위가 있은 날 이전 최근 2년간 같은 위반행위로 처분받은 경우
- **(감경처분)** 위반행위의 정도·동기·결과를 고려하여 감경하되, 과

태료를 체납하고 있는 위반행위자에 대해서는 감경하지 않음. 특히, 다음의 경우에는 최대 1/2까지 감경 가능

▌감경대상자

1. 국민기초생활보장법에 따른 수급자
2. 한부보가족지원법에 따른 보호대상자
3. 장애인복지법에 따른 1급·2급·3급 장애인
4. 국가유공자 등 예우 및 지원에 관한 법률에 따른 1급·2급·3급 상이유공자
5. 미성년자
6. 위반행위가 사소한 부주의나 오류로 인한 것
7. 위반행위자가 법 위반상태를 시정하거나 해소한 경우

○ 1차 위반시 과태료 100만원에 해당하는 사항

* 자연인 또는 법인에게 부과

- 협동조합 등 또는 사회적협동조합 등이 아니면서 동 명칭을 사용한 경우(법 제3조 제3항 위반)

○ 1차 위반시 과태료 100만원에 해당하는 사항

* 법인에게 부과

- 조합원 1인의 출자좌수가 총 출자좌수의 100분의 30을 초과한 경우(법 제22조 제2항 위반)
- 조합원의 의결권·선거권에 차등을 둔 경우(법 제23조 제1항 위반)
- 허용된 비조합원 이외에 자에게 사업을 이용하게 한 경우(법 제46조 위반)

○ 1차 위반시 과태료 50만원에 해당하는 사항

* 자연인인 임직원 또는 청산인에게 부과

- 협동조합의 임직원 또는 청산인이 신고·등기를 게을리한 때

- 협동조합의 임직원 또는 청산인이 정관·규약·규정, 총회·이사회 의사록, 회계장부 및 조합원 명부를 주된 사무소에 비치하지 아니한 경우(법 제49조 제2항 위반)
- 협동조합의 임직원 또는 청산인이 채권자·조합원의 서류 열람 및 사본 청구를 거부한 경우
- 조합원 수가 200인 이상이거나 정기총회의 승인을 받은 최근 결산보고서에 적힌 자기자본이 30억 원 이상인 협동조합의 임직원 또는 청산인이 시·도 또는 협동조합연합회의 홈페이지에 주요 경영공시자료를 게재하지 않은 경우
- 협동조합의 임직원 또는 청산인이 감독기관 또는 총회에 대하여 거짓의 진술 또는 보고를 하거나 사실을 은폐한 때
- 협동조합의 임직원 또는 청산인이 감독기관의 검사를 거부·방해 또는 기피한 때

[시행규칙 별표]

과태료의 부과기준(제23조 관련)

1. 일반기준

가. 위반행위의 횟수에 따른 과태료의 부과기준은 해당 위반행위를 한 날 이전 최근 2년간 같은 위반행위로 부과처분을 받은 경우에 적용한다.

나. 부과권자는 위반행위의 정도, 위반행위의 동기와 그 결과 등 다음 사항을 고려하여 제2호의 개별기준에서 정한 금액의 2분의 1 범위에서 그 금액을 줄일 수 있다. 다만, 과태료를 체납하고 있는 위반행위자에 대해서는 그러하지 아니하다.

1) 위반행위자가 「질서위반행위규제법 시행령」 제2조의2 제1항 각 호의 어느 하나에 해당하는 경우
2) 위반행위가 사소한 부주의나 오류로 인한 것으로 인정되는 경우
3) 위반행위자가 법 위반상태를 시정하거나 해소한 경우

2. 개별기준

(단위 : 만원)

위반행위	근 거 법조문	과태료 금액	
		1차 위반	2차 이상 위반
가. 법 제3조 제3항을 위반하여 명칭을 사용한 경우	법 제119조 제1항	100	200
나. 협동조합 등 및 사회적협동조합 등이 법 제22조 제2항(법 제76조·제91조 및 제115조 제1항에 따라 준용되는 경우를 포함한다)을 위반하여 조합원 등 1인의 출자좌수 제한을 초과하게 한 경우	법 제119조 제2항 제1호	100	200
다. 협동조합 등 및 사회적협동조합 등이 법 제23조 제1항(법 제91조에 따라 준용되는 경우를 포함한다)을 위반하여 조합원의 의결권·선거권에 차등을 둔 경우	법 제119조 제2항 제2호	100	200
라. 협동조합 등 및 사회적협동조합 등이 법 제46조, 제81조 및 제95조(법 제115조 제2항에 따라 준용되는 경우를 포함한다)를 위반하여 조합원 등이 아닌 자에게 협동조합 등의 사업을 이용하게 한 경우	법 제119조 제2항 제3호	100	200
마. 협동조합 등 및 사회적협동조합 등의 임직원 또는 청산인이 법 제49조 제2항(법 제82조에 따라 준용되는 경우를 포함한다) 및 법 제96조 제2항(법 제115조 제3항에 따라 준용되는 경우를 포함한다)에 따른 서류비치를 게을리한 때	법 제119조 제3항 제2호	50	100
바. 협동조합 등 및 사회적협동조합 등의 임직원 또는 청산인이 법 제49조 제3항 및 제4항(법 제82조에 따라 준용되는 경우를 포함한다), 법 제96조 제3항 및 제4항	법 제119조 제3항 제3호	50	100

(법 제115조 제3항에 따라 준용되는 경우를 포함한다)에 따른 운영의 공개를 게을리한 때			
사. 협동조합 등 및 사회적협동조합 등이 법 제94조를 위반하여 소액대출 및 상호부조의 총사업한도, 이자율, 대출한도, 상호부조의 범위, 상호부조금, 상호부조계약 및 상호부조회비 등을 초과하게 한 경우	법 제119조 제2항 제4호	100	200
아. 협동조합 등 및 사회적협동조합 등의 임직원 또는 청산인이 신고·등기를 게을리한 때	법 제119조 제3항 제1호	50	100
자. 협동조합 등 및 사회적협동조합 등의 임직원 또는 청산인이 감독기관 또는 총회에 대하여 거짓의 진술 또는 보고를 하거나 사실을 은폐한 때	법 제119조 제3항 제4호	50	100
차. 협동조합 등 및 사회적협동조합 등의 임직원 또는 청산인이 감독기관의 검사를 거부·방해 또는 기피한 때	법 제119조 제3항 제5호	50	100

〈협동조합기본법〉

제119조(과태료) ① 제3조 제3항을 위반한 자에게는 200만 원 이하의 과태료를 부과한다.

② 협동조합 등 및 사회적협동조합 등이 다음 각 호의 어느 하나에 해당하는 경우에는 200만 원 이하의 과태료를 부과한다.

1. 제22조 제2항(제76조·제91조 및 제115조 제1항에 따라 준용되는 경우를 포함한다)을 위반하여 조합원 등 1인의 출자좌수 제한을 초과하게 한 경우
2. 제23조 제1항(제91조에 따라 준용되는 경우를 포함한다)을 위반하여 조합원의 의결권·선거권에 차등을 둔 경우
3. 제46조, 제81조 및 제95조(제115조 제2항에 따라 준용되는 경우를 포함

한다)를 위반하여 조합원 등이 아닌 자에게 협동조합 등의 사업을 이용하게 한 경우

4. 제94조를 위반하여 소액대출 및 상호부조의 총사업한도, 이자율, 대출한도, 상호부조의 범위, 상호부조금, 상호부조계약 및 상호부조회비 등을 초과하게 한 경우

③ 협동조합 등 및 사회적협동조합 등의 임직원 또는 청산인이 다음 각 호의 어느 하나에 해당하는 때에는 100만 원 이하의 과태료를 부과한다.

1. 신고·등기를 게을리한 때
2. 제49조 제2항(제82조에 따라 준용되는 경우를 포함한다) 및 제96조 제2항(제115조 제3항에 따라 준용되는 경우를 포함한다)에 따른 서류비치를 게을리한 때
3. 제49조 제3항 및 제4항(제82조에 따라 준용되는 경우를 포함한다), 제96조 제3항 및 제4항(제115조 제3항에 따라 준용되는 경우를 포함한다)에 따른 운영의 공개를 게을리한 때
4. 감독기관 또는 총회에 대하여 거짓의 진술 또는 보고를 하거나 사실을 은폐한 때
5. 감독기관의 검사를 거부·방해 또는 기피한 때

④ 제1항부터 제3항까지의 규정에 따른 과태료는 대통령령으로 정하는 바에 따라 기획재정부장관 또는 시·도지사가 부과·징수한다.

□ **(정치적 중립의무 안내)** 협동조합은 공직선거 관여 금지등 정치적 중립의무를 철저히 준수

○ 시·도는 협동조합의 정치적 중립의무에 대해 지속적으로 교육·홍보

○ 이를 위반시에는 2년 이내의 징역 또는 1천만 원 이하의 벌금

〈협동조합기본법〉

제9조(공직선거 관여 금지) ① 협동조합 등 및 사회적협동조합 등은 공직선거에서 특정 정당을 지지·반대하는 행위 또는 특정인을 당선되도록 하거나 당선되지 아니하도록 하는 행위를 하여서는 아니 된다.

② 누구든지 협동조합 등 및 사회적협동조합 등을 이용하여 제1항에 따른 행위를 하여서는 아니 된다.

제117조(벌칙) ③ 다음 각 호의 어느 하나에 해당하는 자는 2년 이하의 징역 또는 1천만 원 이하의 벌금에 처한다.

1. 제9조제2항을 위반하여 공직선거에 관여한 자

Ⅲ. 협동조합연합회

3.1. 설립신고

1) 설립신고 요건

□ 「협동조합기본법」 제71조에 따라 셋 이상의 협동조합이 모여 기획재정부장관에게 신고 및 설립등기를 거쳐 설립

① 발기인 모집(3개 이상 협동조합)

↓

② 정관 작성(목적, 명칭, 사업 등 포함)

↓

③ 설립동의자 모집

↓

④ 창립총회 의결(설립동의자 과반수 출석, 출석 2/3 찬성)

↓

⑤ 설립 신고(기획재정부장관)

↓

⑥ 사무 인수 인계(발기인 → 회장)

↓

⑦ 출자금 납입

↓

⑧ 설립 등기(관할 등기소)

↓

⑨ 협동조합연합회(법인격 부여)

* 형편에 따라서 설립동의자 모집 이후에 정관을 작성할 수도 있음. 다만, 이 경우에도 창립총회 개최 이전에 정관을 작성해야 함.
* 설립 등기를 할 때 총회 의사록은 공증인의 인증을 받아야 함(공증인법 제66조의2).

□ 기획재정부의 신고 수리 절차

○ 기획재정부는 특별한 사유가 없는 한 신고서를 접수한 때로부터 30일 이내에 신고증을 교부하여야 함.

○ 제출서류가 미비할 경우 행정절차법령에 따라 자료보완 요청할 수 있음.

설립 신고서 제출 (신청기관 → 기획재정부)
↓
신고 수리 (기획재정부)

□ **(제출서류)** 협동조합연합회를 설립하고자 하는 경우에는 설립신고신청서에 다음 서류를 첨부하여 기획재정부장관에게 제출

○ 신고인 : 발기인 협동조합의 이사장

▌협동조합연합회 설립 신고 제출서류

1. 정관 사본
2. 창립총회 의사록 사본
3. 사업계획서
4. 임원 명부
   * 임원 명부에 임원의 이력서 및 사진을 첨부
   * 사진 : 가로 3센티미터, 세로 4센티미터
   * 이력서에 사진을 붙인 경우에는 사진 추가제출 불필요
5. 설립동의자 명부
6. 수입·지출 예산서
7. 출자 1좌(座)당 금액과 회원별로 인수하려는 출자좌수를 적은 서류
8. 창립총회 개최 공고문
9. 합병 또는 분할을 의결한 총회 의사록

* 「협동조합기본법」 제101조 및 제115조에 따른 합병 및 분할에 의한 설립의 경우에만 해당

2) 심사기준

□ 정관에 대하여 검토할 사항

※ [별표 2]의 협동조합연합회 표준정관례를 참고

○ "정관"이란, 단체나 법인의 조직활동을 정하는 근본규칙을 정한 서면을 말하며, 모든 법인(협동조합 포함)의 설립행위에는 반드시 정관작성이 포함되어야 함.

○ 정관에는 "필수기재사항"과 "임의기재사항"이 있음.

▌정관 필수기재사항(협동조합기본법 제16조 제1항 및 제72조)

1. 목적
2. 명칭 및 주된 사무소의 소재지
3. 회원 및 대리인의 자격
4. 회원의 가입, 탈퇴 및 제명에 관한 사항
5. 출자 1좌의 금액과 납입 방법 및 시기, 회원의 출자좌수 한도
6. 회원의 권리와 의무에 관한 사항
7. 잉여금과 손실금의 처리에 관한 사항
8. 적립금의 적립방법 및 사용에 관한 사항
9. 사업의 범위 및 회계에 관한 사항
10. 기관 및 임원에 관한 사항
11. 공고의 방법에 관한 사항
12. 해산에 관한 사항
13. 출자금의 양도에 관한 사항
14. 그 밖에 총회·이사회의 운영 등에 필요한 사항

- 필수 기재사항이 기재되었는지 확인할 것

○ **(발기인 서명)** 3인 이상의 발기인은 협동조합연합회의 근본규칙이 될 "정관"을 함께 작성하고 기명날인 또는 서명

* 형편에 따라서 설립동의자 모집 이후에 발기인 및 설립동의자가 모두 참여하여 정관을 작성할 수도 있음. 이때에도 발기인만이 기명날인 또는 서명을 함.
* 설립동의자 : 조합원의 자격을 갖춘 사람으로서 창립총회 전까지 발기인에게 설립동의서를 제출한 자(발기인 포함)

○ **(명칭)** 명칭에 협동조합연합회이라는 문자가 반드시 포함

* 협동조합연합회이라는 문자를 명칭 맨 뒤뿐만 아니라 맨 앞에도 사용 가능(○○협동조합연합회 및 협동조합연합회○○ 둘 다 가능)

○ **(명칭 중복)** 설립할 법인의 명칭이 기존의 다른 법인의 명칭과 동일한지 여부 확인

* 동일명칭의 확인방법은 대법원 인터넷등기소에 접속하여, '법인등기' 선택→'열람' 선택→'상호로 검색'에서 '전체등기소' 선택→법인종류에서 설립할 법인의 종류로 검색→'상호' 검색하여 동일명칭의 법인이 있는지를 확인
* 특별시·광역시·시·군 내에서는 동일한 명칭을 사용할 수 없으며, 시·군을 달리하는 경우에는 동일한 명칭 사용 가능(상법 제23조 참고)

○ **(주된 사무소)** 반드시 상설 사무실을 둘 필요는 없으며 설립동의자의 사무소를 연합회의 주된 사무소로 할 수도 있음.

* 상근 직원을 반드시 둘 필요는 없음.

○ **(출자)** 회원은 1좌 이상 출자해야 하며, 총 출자좌수의 100분의 40을 넘을 수 없음.

* 출자금은 회장 계좌로 납입
* 등기전이라도 납입된 출자금 중 일부를 협동조합 설립을 위하여 사용할 수 있음. 이 경우 증빙 서류 보관 필요

○ **(잉여금 배당)** 이용실적에 대해서는 전체 배당액의 100분의 50 이상 배당, 납입출자액에 대한 배당은 납입출자금의 100분의 10 초과 금지

○ **(손실금)** 미처분이월금, 임의적립금, 법정적립금 순으로 보전, 부족시 다음 회계연도 이월

○ **(적립금)** 자기자본의 3배가 될 때까지 잉여금의 100분의 10 이상을 적립(법정적립금), 그 외 임의적립금 가능

○ **(사업범위)** 필요한 사업을 자율적으로 규정할 수 있음.

- 다만, ① 회원에 대한 지도·지원·연락 및 조정에 관한 사업 ② 회원에 속한 조합원 및 직원에 대한 상담·교육·훈련 및 정보제공 사업 ③ 회원의 사업에 관한 조사·연구 및 홍보사업
- 한국표준산업분류에 의한 금융업 및 보험업 금지

□ 창립총회에 대하여 검토할 사항

○ **(공고 절차)** 총회 개최 전 일정기간 이상 조합원 자격이 있는 자가 쉽게 알 수 있는 방법으로 공고

* 조합원총회에 준하여 개최 7일 전까지 공고하는 것이 바람직
* 일간지 게재, 게시에 의한 공고, 등기우편 발송, 전자우편 발송 등 설립동의자가 충분히 알 수 있는 방법이면 무방

○ **(공고 내용)** 창립총회의 일시 및 장소, 회원의 자격 요건, 창립총회에서 의결하여야 하는 사항 포함

○ **(의결 사항)** 창립총회 의결사항에 반드시 포함되어야 할 사항

▌창립총회 필수의결사항

1. 정관
2. 사업계획서
3. 수입·지출 예산서
4. 임원의 선출
5. 설립 경비 등 설립에 필요한 사항

○ **(의결 기준)** 설립동의자 과반수 출석과 출석자 3분의 2 이상의 찬성

으로 의결

* 회원 조합을 대표해서 누가 참석할 지는 회원조합이 자율적으로 결정

□ 임원 명부에 관하여 검토할 사항

○ **(임직원 겸직)** 다음 사항을 준수할 것.

① 회장은 협동조합기본법에 의해 설립된 다른 협동조합연합회의 회장 겸직 금지

② 회장을 포함한 이사와 직원은 감사 겸직 금지

③ 임원은 해당 협동조합연합회의 직원 겸직 금지

\- 다만, 전체 회원 조합에 속한 조합원 총수의 3분의 2 이상이 직원이고 조합원인 직원이 전체 직원의 3분의 2 이상인 연합회는 직원 겸직 가능

〈협동조합기본법〉

제44조(임직원의 겸직금지) ① 이사장은 다른 협동조합의 이사장을 겸직할 수 없다.

② 이사장을 포함한 이사와 직원은 감사를 겸직할 수 없다.

③ 임원은 해당 협동조합의 직원을 겸직할 수 없다. 다만, 사업의 성격, 조합원 구성 등을 감안하여 대통령령이 정하는 바에 따라 임원과 직원을 겸직할 수 있다.

〈협동조합기본법 시행령〉

제8조(협동조합 등 임직원의 겸직) 법 제44조 제3항 단서(법 제79조에 따라 준용되는 경우를 포함하며, 이 경우 제1호 및 제2호의 "조합원"은 "전체 회원 조합에 속하는 총조합원"으로 본다)에 따라 협동조합 등이 다음 각 호의 어느 하나에 해당하는 경우에는 해당 협동조합 등의 임원이 직원을 겸직할 수 있다.

1\. 조합원의 3분의 2 이상이 직원이고, 조합원인 직원이 전체 직원의 3분의

2 이상인 경우(임원이 직원을 겸직하기 전의 시점을 기준으로 한다) 2. 조합원 수가 10인 이하인 경우 3. 그 밖에 협동조합 등의 규모·자산·사업 등을 고려하여 임원이 직원을 겸직할 필요가 있는 경우로서 기획재정부장관이 정하여 고시하는 경우

□ 제출 서류간 일관성을 검토할 것

○ 정관, 사업계획서 및 수지예산서의 사업 기술내용에 일관성이 있어야 함.

* 잘못된 예 : 정관에는 커피숍협동조합으로 나와 있음에도 사업계획서에는 유기농농산물출하사업을 하겠다고 하는 경우

* 잘못된 예 : 정관에는 50가지 사업을 망라한 후 사업계획서에는 그 중 2-3가지만 적고 나머지는 추후 하겠다고 하는 경우

3.2. 정관변경신고

□ **(제출서류)** 정관을 변경하고자 하는 협동조합연합회는 정관변경신고서에 다음 서류를 첨부해서 기획재정부장관에게 제출

▌협동조합 정관변경 신고 제출서류

1. 정관중 변경하려는 사항을 적은 서류
2. 정관 변경을 의결한 총회 의사록
3. 정관 변경 후의 사업계획서와 수입·지출 예산서
   * 사업계획이 변경되어 정관을 변경하는 경우만 해당
4. 대차대조표와 출자감소의 의결, 채권자 공고 및 이의신청의 처리 등의 사실관계를 증명할 수 있는 서류
   * 출좌 1좌당 금액 감소에 따라 정관을 변경하는 경우만 해당

□ **(심사기준)** 기획재정부는 상기 제출서류에 대하여 적합한지 검토할 것

○ 출자 1좌당 금액의 감소의 경우에는 공고 또는 최고(催告)한 사실을 증명하는 서류도 검토할 것

○ 출자 1좌당 금액의 감소에 대한 이의를 신청한 채권자가 있는 경우에는 채무변제나 담보제공 사실을 증명하는 서류도 검토할 것

〈협동조합기본법〉

제16조(정관) ② 협동조합의 정관의 변경은 설립신고를 한 시·도지사에게 신고를 하여야 그 효력이 발생한다.

제72조(준용규정) 연합회의 설립에 관하여는 제16조부터 제19조까지의 규정을 준용한다. 이 경우 "협동조합"은 "연합회"로, "조합원"은 "회원"으로, "시·도지사"는 "기획재정부장관"으로 보고, 제16조 제1항 제3호 중 "조합원 및 대리인"은 "회원"으로 본다.

3.3. 합병 및 분할신고

□ **(제출서류)** 협동조합연합회가 합병할 경우 합병후 존속하는 협동조합연합회는 합병신고서에 다음 서류를 첨부하여 기획재정부장관에게 제출

① 합병을 결의한 총회 의사록

* 분할하는 협동조합은 신규 설립 절차를 따라야 함.

□ **(심사기준)** 상기 제출서류에 대하여 다음 사항이 적합한지 검토할 것

○ 존속하는 협동조합연합회가 승계하여야 할 권리·의무의 범위가 의결사항으로 적혀 있을 것

〈협동조합기본법〉

제56조(합병 및 분할) ① 협동조합은 합병계약서 또는 분할계획서를 작성한 후 총회의 의결을 얻어 합병 또는 분할할 수 있다.

② 협동조합이 합병할 경우 합병 후 존속되는 협동조합은 합병신고를, 분할 후 새로 설립되는 협동조합은 설립신고를, 합병으로 소멸되는 협동조합은 해산신고를 각 사무소의 소재지에서 하여야 한다.

③ 합병 또는 분할로 인하여 존속하거나 설립되는 협동조합은 합병 또는 분할로 소멸되는 협동조합의 권리·의무를 승계한다.

④ 제1항에 따라 설립되는 협동조합에 대하여는 제15조부터 제17조까지의 규정을 준용한다.

⑤ 협동조합은 이 법에 따른 협동조합 이외의 법인, 단체 및 협동조합 등과 합병하거나 이 법에 따른 협동조합 이외의 법인, 단체 및 협동조합 등으로 분할할 수 없다.

⑥ 협동조합의 합병 및 분할에 관하여는 제53조 및 제54조의 규정을 준용한다.

3.4. 해산 신고

□ **(제출서류)** 해산한 날로부터 2주 이내에 해산신고서에 다음 서류를 첨부하여 기획재정부장관에게 제출하여야 한다.

▌협동조합연합회 해산 신고 제출서류

1. 해산을 결의한 총회 의사록

□ **(심사기준)** 상기 제출서류에 대하여 적합한지 검토할 것

○ 부채 및 출자금을 변제하고 남은 잔여재산에 대하여 정관에 정해진 처리방안에 따라 처리했는지 여부

○ 「전자정부법」 제36조 제1항에 따른 행정정보의 공동이용을 통하여 법인 등기사항증명서를 확인

〈협동조합기본법〉

제57조(해산) ① 협동조합은 다음 각 호의 어느 하나에 해당하는 사유로 해산한다.

1. 정관으로 정한 해산 사유의 발생
2. 총회의 의결
3. 합병·분할 또는 파산

② 협동조합이 해산한 때에는 청산인은 파산의 경우를 제외하고는 그 취임 후 14일 이내에 설립신고를 한 시·도지사에게 신고하여야 한다.

제83조(준용규정) 연합회의 합병·분할·해산 및 청산에 관하여는 제56조부터 제60조까지의 규정을 준용한다. 이 경우 "협동조합"은 "연합회"로, "조합원"은 "회원"으로, "시·도지사"는 "기획재정부장관"으로 보고, 제56조 제4항 중 "제15조부터 제17조까지의 규정"은 "제71조 및 제72조"로 보며, 제58조 제4항 중 "조합원"은 "대의원"으로 본다.

3.5. 사업의 이용

□ **(이용자격)** 회원이 아닌 협동조합은 협동조합연합회의 사업을 이용하게 할 수 없음.

□ **(예외적 이용)** 다음 경우에는 비회원인 협동조합도 협동조합연합회를 이용할 수 있음.

○ 회원 조합에 속한 조합원 총수의 3분의 2 이상이 직원인 직원협동조합연합회의 경우 전체 직원의 3분의 1을 초과하지 않는 범위에서 비조합원 고용 가능

* 회원 조합에 속한 조합원 총수가 90명이고 이중 직원으로 일하는 사람이 70명

이며 회원 조합에 속한 전체 직원이 100명인 직원협동조합연합회의 경우

- 회원 조합에 속한 조합원 총수의 2/3에 해당하는 60명 이상(여기서는 70명)이 직원이므로 이 직원협동조합연합회는 전체 직원 100명의 1/3을 초과하지 않는 범위인 33명까지 비조합원을 직원으로 고용 가능함.

○ 그 외 협동조합연합회는 아래 제1호~제9호에 해당함.

○ 제9호의 조합원과 동일한 가구란 주민등록등본상 같이 기재된 사람을 말함.

〈협동조합법 시행령〉

제9조(협동조합등의 조합원 등이 아닌 자의 사업 이용) ① 법 제46조 제2항에 따라 협동조합이 조합원이 아닌 자에게 그 사업을 이용하게 할 수 있는 경우는 다음 각 호의 어느 하나에 해당하는 경우로 한다.

1. 협동조합이 재고로 보유하고 있는 물품으로서 부패 또는 변질의 우려가 있어 즉시 유통되지 아니하면 제품의 품질을 유지하기 어려운 물품을 처리하기 위한 경우
2. 조합원으로 가입하도록 홍보하기 위하여 견본품을 유상 또는 무상으로 공급하는 경우. 다만, 협동조합이 「사회서비스 이용 및 이용권 관리에 관한 법률」 제2조 제4호에 따른 사회서비스 제공자인 경우는 제외한다.
3. 공공기관·사회단체 등이 공익을 목적으로 주최하는 행사에 참여하는 경우
4. 협동조합이 정부, 지방자치단체 및 「공공기관 운영에 관한 법률」 제4조에 따른 공공기관과 공동으로 추진하는 사업에서 일반 국민이 해당 사업의 목적에 따라 사업을 이용하는 경우
5. 다른 법령에서 조합원이 아닌 자에게 의무적으로 물품을 공급하게 하거나 용역을 제공하도록 규정하는 경우
6. 천재지변이나 그 밖에 이와 유사한 긴급한 상황일 때 공중(公衆)에게 생활필수품 또는 용역을 공급하는 경우

7. 학교를 사업구역으로 하는 협동조합이 그 사업구역에 속하는 학생·교직원 및 학교 방문자를 대상으로 물품을 공급하거나 용역을 제공하는 경우
8. 협동조합(「사회서비스 이용 및 이용권 관리에 관한 법률」 제2조 제4호에 따른 사회서비스 제공자에 해당하는 협동조합은 제외한다)이 가입을 홍보하기 위하여 시·도지사에게 신고하는 기간(이하 이 호에서 "홍보기간"이라 하며, 그 기간은 1년에 3개월을 넘지 못한다) 동안 전년도 총공급고(總供給高)의 100분의 5의 범위에서 물품을 유상 또는 무상으로 공급하는 경우. 다만, 협동조합이 설립신고필증을 받은 날부터 1년(단위매장의 경우에는 매장 개장일부터 1년) 동안은 홍보기간이 6개월을 넘지 아니하는 범위에서 총공급고에 대한 제한 없이 물품을 유상 또는 무상으로 공급할 수 있다.
9. 조합원과 같은 가구에 속하는 자가 협동조합의 사업을 이용하는 경우
10. 조합원의 3분의 2 이상이 직원이고 조합원인 직원이 전체 직원의 3분의 2 이상인 협동조합이 전체 직원의 3분의 1을 넘지 아니하는 범위에서 비조합원을 고용하는 형태로 조합의 사업을 이용하게 하는 경우
11. 그 밖에 협동조합의 사업 성격·유형 등을 고려하여 기획재정부장관이 정하여 고시하는 경우

② 법 제81조 제1항 단서에 따른 협동조합연합회의 회원이 아닌 자의 사업의 이용에 관하여는 제1항을 준용한다. 이 경우 제1항 중 "협동조합"은 "협동조합연합회"로, 제1항 각 호 외의 부분 및 제2호·제5호의 "조합원"은 "회원"으로, 제8호 본문의 "시·도지사"는 "기획재정부장관"으로, 제9호 및 제10호의 "조합원"은 "전체 회원 조합에 속하는 총조합원"으로 본다.

3.6. 운영의 공개

□ **(운영 공개)** 협동조합연합회는 결산결과의 공고 등 운영사항을 적극 공개

○ **(서류 비치)** 정관·규약·규정, 총회·이사회 의사록, 회계장부 및 회원 명부를 주된 사무소에 비치

○ **(서류 공개)** 협동조합연합회의 채권자 및 회원은 서류열람 및 사본

청구 가능

* 이 경우 소요되는 비용은 실비의 범위 안에서 청구인의 부담

□ **(경영 공시)** 결산일부터 3개월 이내에 기획재정부 또는 협동조합연합회 홈페이지에 게재

○ 회원 협동조합에 속한 조합원 수가 200인 이상이거나 정기총회의 승인을 받은 최근 결산보고서에 적힌 자기자본이 30억 원 이상인 협동조합연합회는 의무적으로 공시

− 다음 사항은 반드시 게재

▌협동조합연합회 경영공시 필수사항

1. 정관
   * 정관이 변경된 경우에는 변경된 정관도 포함
2. 사업계획서
3. 사업결산 보고서
4. 총회, 대의원총회, 이사회 활동 상황
5. 사업결과 보고서
   * 회원·직원 등에 대한 교육·홍보실적을 첨부할 것
   * 비회원의 이용 실적을 첨부할 것

− 지역사회 기여 활동 등 다른 사항도 추가 게재 가능

* 결산총회 자료에 위의 내용이 모두 포함(각종 지정 서식 준수)되어 있을 경우에는 결산총회 자료를 공개하는 것으로 경영공시를 갈음할 수 있음.

○ 그 외 협동조합연합회는 자율적으로 공시

〈협동조합기본법〉

제49조(운영의 공개) ① 협동조합은 결산결과의 공고 등 운영사항을 적극 공

개하여야 한다.
② 협동조합은 정관·규약·규정, 총회·이사회 의사록, 회계장부 및 조합원 명부를 주된 사무소에 비치하여야 한다.
③ 협동조합의 채권자 및 조합원은 제2항의 서류를 열람하거나 그 사본을 청구할 수 있다.
④ 대통령령이 정하는 일정규모 이상의 협동조합은 설립신고를 한 시·도 혹은 연합회의 홈페이지에 주요 경영공시자료를 게재해야 한다.

第82조(준용규정) 연합회의 회계에 관하여는 제47조부터 제55조까지의 규정을 준용한다. 이 경우 "협동조합"은 "연합회"로, "조합원"은 "회원"으로 본다.

3.7. 감 독

□ **(검사공무원 증표)** 현지실사하는 공무원은 공무원증 등 그 권한을 표시하는 증표를 협동조합측에 제시

□ **(벌칙)** 기획재정부는 협동조합연합회가 협동조합법령을 위반하는 지 감독하고 위반사항 적발시 형사고발 조치

○ 10년 이하의 징역 또는 3천만 원 이하의 벌금형

* 자연인인 임직원 또는 청산인에게 부과하고 법인에도 벌금형 부과(다만, 법인이 그 위반행위를 방지하기 위하여 해당 업무에 관하여 상당한 주의와 감독을 게을리 하지 않은 경우에는 법인 벌금형 제외)

– 정관 또는 운영규약 등에 기재된 사업목적과 다른 용도로 자금을 사용한 경우

– 투기를 목적으로 재산을 처분하거나 이용한 경우

○ 3년 이하의 징역 또는 2천만 원 이하의 벌금형

* 자연인인 임직원 또는 청산인에게 부과하고 법인에도 벌금형 부과(다만, 법인이 그 위반행위를 방지하기 위하여 해당 업무에 관하여 상당한 주의와 감독을 게을리 하지 않은 경우에는 법인 벌금형 제외)

- 한국표준산업분류에 의한 금융 및 보험업을 영위한 경우(법 제80조 제3항 위반)
- 매 회계연도 결산 결과 임여금이 있는 때에는 자기 자본의 3배가 될 때까지 잉여금의 100분의 10 이상을 법정적립금으로 적립하지 않은 경우(법 제97조 제1항 위반)
- 손실보전이나 해산의 경우가 아님에도 법정적립금을 사용한 경우(법 제97조 제3항 위반)
- 당기손실금에 대하여 미처분이월금, 임의적립금, 법정적립금의 순으로 보전처리하지 않은 경우(법 제98조 제1항 위반)
- 협동조합연합회가 법정적립금 및 임의적립금을 적립하지 않고 조합원에게 잉여금을 배당한 경우(법 제51조 제2항 및 제82조 위반)
- 잉여금 배당시 이용실적 배당이 전체 배당액의 100분의 50을 넘지 않거나 출자배당이 납입출자금의 100분의 10을 초과한 경우(법 제51조 제3항 및 제82조 위반)
- 정기총회일 7일 전까지 결산보고서(사업보고서, 대차대조표, 손익계산서, 잉여금처분안 또는 손실금처리안 등을 말함)를 감사에게 제출하지 않거나 결산보고서와 감사의견서를 정기총회에 제출하지 않은 경우(법 제52조 및 제82조 위반)
- 출자 1좌 금액의 감소하기로 의결했음에도 의결한 날로부터 14일 이내에 대차대조표를 작성하지 않은 경우(법 제53조 제1항 및 제82조 위반)
- 출자감소 의결 후 14일 이내에 채권자에 대하여 30일 이상의 이의신청 기간을 두고 이의신청할 것을 공고하지 않거나 이미 알고 있는 채권자에 대하여는 개별적으로 최고하지 않은 경우(법 제53조 제2항·제3항 및 제82조 위반)
- 협동조합 등이 조합원의 출자지분을 취득하거나 질권 설정한 경우

(법 제55조 및 제82조 위반)

- 청산인이 취임 후 지체 없이 협동조합의 재산상태를 조사하고 재산목록과 대차대조표를 작성한 다음 재산처분의 방법을 정하여 총회의 승인을 받지 않은 경우(법 제58조 제2항 및 제82조 위반)
- 청산인이 청산사무가 종결된 때 지체 없이 결산보고서를 작성하여 총회의 승인을 받지 않은 경우(법 제58조 제3항 및 제82조 위반)
- 거짓 또는 부정한 방법으로 등기한 경우
- 총회의 의결을 받아야 하는 사항에 대하여 의결을 받지 아니하고 집행한 경우

○ 2년 이하의 징역 또는 1천만 원 이하의 벌금형

* 자연인인 임직원 또는 청산인에게 부과

- 공직선거에서 특정 정당을 지지·반대하는 행위 또는 특정인을 당선되도록 하거나 당선되지 아니하도록 하는 행위를 하는 등 공직선거에 관여한 경우
- 자기 또는 특정인을 임원 또는 대의원으로 당선되도록 하거나 당선되지 못하도록 할 목적으로 다음 행위를 하는 경우(법 제37조 제1항 및 제92조 위반)

1. 조합원(협동조합 가입신청자 포함)이나 그 가족 또는 조합원이나 그 가족이 설립·운영하고 있는 기관·단체·시설에 대하여 금전·물품·향응이나 그 밖의 재산상의 이익을 제공하거나 공사의 직을 제공하거나 금전·물품·향응, 그 밖의 재산상의 이익이나 공사의 직을 제공하겠다는 의사표시 또는 그 제공을 약속한 경우
2. 후보자가 되지 못하도록 하거나 후보자를 사퇴하게 할 목적으로 후보자가 되려는 사람이나 후보자에게 위 1번의 행위를 한 경우
3. 1번이나 2번의 이익이나 직을 제공받거나 그 제공의 의사표시를 승낙하는 행위 또는 그 제공을 요구하거나 알선하는 행위

- 임원 또는 대의원이 되려는 사람이 정관으로 정하는 기간 중에 선거운동을 위하여 조합원·회원을 호별 방문하거나 특정장소에 모이게 하는 경우(법 제37조 제2항 및 제92조 위반)
- 임원 또는 대의원 선거와 관련하여 연설·벽보, 그 밖의 방법으로 거짓의 사실을 공표하거나 공연히 사실을 적시하여 후보자를 비방하는 경우(법 제37조 제3항 및 제92조 위반)
- 임원 또는 대의원 선거와 관련하여 선거 벽보의 부착, 선거 공보의 배부, 소형 인쇄물의 배부, 합동 연설회 또는 공개 토론회의 개최, 전화·컴퓨터통신을 이용한 지지 호소 이외의 방법으로 선거운동을 하는 경우(법 제37조 제4항 및 제92조 위반)

〈협동조합기본법〉

제117조(벌칙) ① 협동조합 등 및 사회적협동조합 등의 임직원 또는 청산인이 다음 각 호의 어느 하나에 해당하는 행위로 협동조합 등 및 사회적협동조합 등에 손해를 끼친 때에는 10년 이하의 징역 또는 3천만 원 이하의 벌금에 처한다. 이 경우 징역형과 벌금형은 병과할 수 있다.

1. 협동조합 등 및 사회적협동조합 등의 사업목적 이외의 다른 용도로 자금을 사용한 경우
2. 투기를 목적으로 협동조합 등 및 사회적협동조합 등의 재산을 처분하거나 이용한 경우

② 협동조합 등 및 사회적협동조합 등의 임직원 또는 청산인이 다음 각 호의 어느 하나에 해당하는 행위를 한 때에는 3년 이하의 징역 또는 2천만 원 이하의 벌금에 처한다.

1. 제45조제3항, 제50조제1항·제3항, 제51조부터 제53조까지, 제55조, 제58조, 제80조제3항, 제97조제1항·제3항, 제98조, 제103조 및 제104조(제82조·제83조·제100조 또는 제115조에 따라 준용되는 경우를 포함한다)를 위반한 경우
2. 거짓 또는 부정한 방법으로 등기를 한 경우

3. 총회의 의결을 받아야 하는 사항에 대하여 의결을 받지 아니하고 집행한 경우

③ 다음 각 호의 어느 하나에 해당하는 자는 2년 이하의 징역 또는 1천만원 이하의 벌금에 처한다.

1. 제9조제2항을 위반하여 공직선거에 관여한 자
2. 제37조(제79조·제92조 및 제115조에 따라 준용되는 경우를 포함한다)를 위반한 자

제118조(양벌규정) 협동조합 등 및 사회적협동조합 등의 임직원 또는 청산인이 그 협동조합 등 및 사회적협동조합 등의 업무에 관하여 제117조 제1항 및 제2항의 위반행위를 하면 그 행위자를 벌하는 외에 그 협동조합 등 및 사회적협동조합 등에도 해당 조문의 벌금형을 과(科)한다. 다만, 협동조합 등 및 사회적협동조합 등이 그 위반행위를 방지하기 위하여 해당 업무에 관하여 상당한 주의와 감독을 게을리하지 아니한 경우에는 그러하지 아니하다.

□ **(과태료)** 기획재정부는 협동조합이 협동조합법령을 위반하는지 감독하고 다음 위반사항 적발시 과태료 부과

○ 과태료 처분에 관한 일반사항

– **(가중처분)** 해당 위반행위가 있은 날 이전 최근 2년간 같은 위반행위로 처분받은 경우

– **(감경처분)** 위반행위의 정도·동기·결과를 고려하여 감경하되, 과태료를 체납하고 있는 위반행위자에 대해서는 감경하지 않음. 특히, 다음의 경우에는 최대 1/2까지 감경 가능

▌감경대상자

1. 국민기초생활보장법에 따른 수급자
2. 한부모가족지원법에 따른 보호대상자
3. 장애인복지법에 따른 1급·2급·3급 장애인
4. 「국가유공자 등 예우 및 지원에 관한 법률」에 따른 1급·2급·3급 상이

유공자
5. 미성년자
6. 위반행위가 사소한 부주의나 오류로 인한 것
7. 위반행위자가 법 위반상태를 시정하거나 해소한 경우

○ 1차 위반시 과태료 100만원에 해당하는 사항

* 자연인 또는 법인에게 부과

– 협동조합연합회가 아니면서 동 명칭을 사용한 경우(법 제3조 제3항 위반)

○ 1차 위반시 과태료 100만 원에 해당하는 사항

* 법인에게 부과

– 조합원 1인의 출자좌수가 총 출자좌수의 100분의 30을 초과한 경우(법 제76조 위반)

– 허용된 비회원 이외에 자에게 사업을 이용하게 한 경우(법 제81조 위반)

○ 1차 위반시 과태료 50만원에 해당하는 사항

* 자연인인 임직원 또는 청산인에게 부과

– 협동조합연합회의 임직원 또는 청산인이 신고·등기를 게을리한 때

– 협동조합연합회의 임직원 또는 청산인이 정관·규약·규정, 총회·이사회 의사록, 회계장부 및 조합원 명부를 주된 사무소에 비치하지 아니한 경우(법 제49조 제2항 및 법 제82조 위반)

– 협동조합 등 또는 사회적협동조합 등의 임직원 또는 청산인이 채권자·조합원의 서류 열람 및 사본 청구를 거부한 경우(법 제49조 제3항 및 법 제82조 위반)

– 회원 조합에 속한 조합원 수가 200인 이상이거나 정기총회의 승인을 받은 최근 결산보고서에 적힌 자기자본이 30억 원 이상인 협동

조합연합회의 임직원 또는 청산인이 기획재정부 또는 협동조합연합회의 홈페이지에 주요 경영공시자료를 게재하지 않은 경우(법 제49조 제4항 및 법 제82조 위반)

- 협동조합 등 연합회의 임직원 또는 청산인이 감독기관 또는 총회에 대하여 거짓의 진술 또는 보고를 하거나 사실을 은폐한 때
- 협동조합연합회의 임직원 또는 청산인이 감독기관의 검사를 거부·방해 또는 기피한 때

[시행규칙 별표]

과태료의 부과기준(제23조 관련)

1. 일반기준
   가. 위반행위의 횟수에 따른 과태료의 부과기준은 해당 위반행위를 한 날 이전 최근 2년간 같은 위반행위로 부과처분을 받은 경우에 적용한다.
   나. 부과권자는 위반행위의 정도, 위반행위의 동기와 그 결과 등 다음 사항을 고려하여 제2호의 개별기준에서 정한 금액의 2분의 1 범위에서 그 금액을 줄일 수 있다. 다만, 과태료를 체납하고 있는 위반행위자에 대해서는 그러하지 아니하다.
      1) 위반행위자가 「질서위반행위규제법 시행령」 제2조의2 제1항 각 호의 어느 하나에 해당하는 경우
      2) 위반행위가 사소한 부주의나 오류로 인한 것으로 인정되는 경우
      3) 위반행위자가 법 위반상태를 시정하거나 해소한 경우
2. 개별기준

(단위 : 만원)

위반행위	근 거 법조문	과태료 금액	
		1차 위반	2차 이상 위반
가. 법 제3조 제3항을 위반하여 명칭을 사용한 경우	법 제119조 제1항	100	200

나. 협동조합 등 및 사회적협동조합 등이 법 제22조 제2항(법 제76조·제91조 및 제115조 제1항에 따라 준용되는 경우를 포함한다)을 위반하여 조합원 등 1인의 출자좌수 제한을 초과하게 한 경우	법 제119조 제2항 제1호	100	200
다. 협동조합 등 및 사회적협동조합 등이 법 제23조 제1항(법 제91조에 따라 준용되는 경우를 포함한다)을 위반하여 조합원의 의결권·선거권에 차등을 둔 경우	법 제119조 제2항 제2호	100	200
라. 협동조합 등 및 사회적협동조합 등이 법 제46조, 제81조 및 제95조(법 제115조 제2항에 따라 준용되는 경우를 포함한다)를 위반하여 조합원 등이 아닌 자에게 협동조합 등의 사업을 이용하게 한 경우	법 제119조 제2항 제3호	100	200
마. 협동조합 등 및 사회적협동조합 등의 임직원 또는 청산인이 법 제49조 제2항(법 제82조에 따라 준용되는 경우를 포함한다) 및 법 제96조 제2항(법 제115조 제3항에 따라 준용되는 경우를 포함한다)에 따른 서류비치를 게을리한 때	법 제119조 제3항 제2호	50	100
바. 협동조합 등 및 사회적협동조합 등의 임직원 또는 청산인이 법 제49조 제3항 및 제4항(법 제82조에 따라 준용되는 경우를 포함한다), 법 제96조 제3항 및 제4항(법 제115조 제3항에 따라 준용되는 경우를 포함한다)에 따른 운영의 공개를 게을리한 때	법 제119조 제3항 제3호	50	100
사. 협동조합 등 및 사회적협동조합 등이 법 제94조를 위반하여 소액대출 및 상호부조의 총사업한도, 이자율, 대출한도, 상호부조의 범위, 상호부조금, 상호부조계약 및 상호부조회비 등을 초과하게 한 경우	법 제119조 제2항 제4호	100	200

아. 협동조합 등 및 사회적협동조합 등의 임직원 또는 청산인이 신고·등기를 게을리한 때	법 제119조 제3항 제1호	50	100
자. 협동조합 등 및 사회적협동조합 등의 임직원 또는 청산인이 감독기관 또는 총회에 대하여 거짓의 진술 또는 보고를 하거나 사실을 은폐한 때	법 제119조 제3항 제4호	50	100
차. 협동조합 등 및 사회적협동조합 등의 임직원 또는 청산인이 감독기관의 검사를 거부·방해 또는 기피한 때	법 제119조 제3항 제5호	50	100

〈협동조합기본법〉

제119조(과태료) ① 제3조제3항을 위반한 자에게는 200만 원 이하의 과태료를 부과한다.

② 협동조합 등 및 사회적협동조합 등이 다음 각 호의 어느 하나에 해당하는 경우에는 200만 원 이하의 과태료를 부과한다.

1. 제22조 제2항(제76조·제91조 및 제115조 제1항에 따라 준용되는 경우를 포함한다)을 위반하여 조합원 등 1인의 출자좌수 제한을 초과하게 한 경우
2. 제23조 제1항(제91조에 따라 준용되는 경우를 포함한다)을 위반하여 조합원의 의결권·선거권에 차등을 둔 경우
3. 제46조, 제81조 및 제95조(제115조제2항에 따라 준용되는 경우를 포함한다)를 위반하여 조합원등이 아닌 자에게 협동조합등의 사업을 이용하게 한 경우
4. 제94조를 위반하여 소액대출 및 상호부조의 총사업한도, 이자율, 대출한도, 상호부조의 범위, 상호부조금, 상호부조계약 및 상호부조회비 등을 초과하게 한 경우

③ 협동조합 등 및 사회적협동조합 등의 임직원 또는 청산인이 다음 각 호의 어느 하나에 해당하는 때에는 100만 원 이하의 과태료를 부과한다.

1. 신고·등기를 게을리한 때

2. 제49조 제2항(제82조에 따라 준용되는 경우를 포함한다) 및 제96조 제2항(제115조 제3항에 따라 준용되는 경우를 포함한다)에 따른 서류비치를 게을리한 때
3. 제49조 제3항 및 제4항(제82조에 따라 준용되는 경우를 포함한다), 제96조 제3항 및 제4항(제115조 제3항에 따라 준용되는 경우를 포함한다)에 따른 운영의 공개를 게을리한 때
4. 감독기관 또는 총회에 대하여 거짓의 진술 또는 보고를 하거나 사실을 은폐한 때
5. 감독기관의 검사를 거부·방해 또는 기피한 때

④ 제1항부터 제3항까지의 규정에 따른 과태료는 대통령령으로 정하는 바에 따라 기획재정부장관 또는 시·도지사가 부과·징수한다.

□ **(정치적 중립의무 안내)** 공직선거 관여 금지 등 정치적 중립 의무를 철저히 준수

〈협동조합기본법〉

제9조(공직선거 관여 금지) ① 협동조합 등 및 사회적협동조합 등은 공직선거에서 특정 정당을 지지·반대하는 행위 또는 특정인을 당선되도록 하거나 당선되지 아니하도록 하는 행위를 하여서는 아니 된다.

② 누구든지 협동조합 등 및 사회적협동조합 등을 이용하여 제1항에 따른 행위를 하여서는 아니 된다.

제117조(벌칙) ③ 다음 각 호의 어느 하나에 해당하는 자는 2년 이하의 징역 또는 1천만 원 이하의 벌금에 처한다.
1. 제9조 제2항을 위반하여 공직선거에 관여한 자

Ⅳ. 사회적협동조합

4.1. 설립인가

1) 설립인가 요건

□ 「협동조합기본법」 제85조에 따라 5인 이상의 조합원이 모여 소관 부처의 인가를 받고 설립등기를 거쳐 설립

① 발기인 모집(5인 이상)

↓

② 정관 작성(목적, 명칭, 사업 등 포함)

↓

③ 설립동의자 모집(5인 이상, 서로 다른 이해관계자 둘 이상 포함)
※ 보건의료사회적협동조합은 500인 이상

↓

④ 창립총회 의결(설립동의자 과반수 출석, 출석 2/3 찬성)

↓

⑤ 설립 인가(중앙부처의 장)

↓

⑥ 사무 인수 인계(발기인 → 이사장)

↓

⑦ 출자금 납입

↓

⑧ 설립 등기(관할 등기소)

↓

⑨ 사회적협동조합(법인격 부여)

* 형편에 따라서 설립동의자 모집 이후에 정관을 작성할 수도 있음. 다만, 이 경우에도 창립총회 개최 이전에 정관을 작성해야 함.

* 설립 등기를 할 때 총회 의사록은 공증인의 인증을 받아야 하나, 사회적협동조합은 법무부의 공증 제외 승인을 받은 경우 공증 필요 없음(공증인법 제66조의2).

□ 소관부처의 인가 절차

○ 소관부처는 특별한 사유가 없는 한 신고서를 접수한 때로부터 60일 이내(1회 연장 가능)에 인가증을 교부하여야 함.

○ 제출서류가 미비할 경우 행정절차법령에 따라 자료보완 요청할 수 있음.

○ 소관부처가 명확하지 않은 경우에는 기획재정부가 소관부처를 지정

○ 각 소관부처는 한국사회적기업진흥원을 통해 사회적협동조합 인가 등 관련 지원을 받을 수 있음.

* 각 부처는 서류 접수 후 1주일 이내에 진흥원에 검토요청하고 진흥원은 15일 이내에 검토보고서를 각 부처로 송부

설립 신고서 제출(신청기관 → 소관부처)

↓

전문적 검토지원 요청(접수 후 1주일 이내) (소관부처 → 진흥원)

↓

형식요건 심사 및 현장실사(진흥원, 민간지원기관)

↓

검토 보고서 등 송부(15일 이내 회신) (진흥원 → 각 소관부처)

↓

설립 인가 여부 결정(각 소관부처)

↓

설립 인가(60일 이내) (각 소관부처)

↓

설립인가서 교부(각 소관부처)

↓

설립 인가 통보(각 소관부처 → 기획재정부)

□ **(제출서류)** 사회적협동조합을 설립하고자 하는 경우에는 설립인가신청서에 다음 서류를 첨부하여 소관부처에 제출

○ 신청인 : 발기인

▌사회적협동조합 설립 인가 제출서류

1. 정관 사본
2. 창립총회 개최 공고문
3. 창립총회 의사록
4. 사업계획서(추정재무제표를 포함)
5. 수입·지출예산서
6. 설립동의자 명부
7. 출자 1좌(座)당 금액과 조합원별로 인수하려는 출자좌수를 적은 서류
8. 임원 명부
9. 임원의 이력서 및 사진
   * 사진 : 가로 3cm, 세로 4cm
   * 이력서에 사진을 붙인 경우에는 사진 추가제출 불필요
10. 주 사업의 내용이 설립인가 기준을 충족함을 증명하는 서류
11. 합병 또는 분할을 의결한 총회 의사록
   * 「협동조합기본법」 제101조 및 제115조에 따른 합병 및 분할에 의한 설립의 경우에만 해당

2) 심사기준

□ 정관에 대하여 검토할 사항

※ [별표 3]의 사회적협동조합 표준정관례를 참고

○ "정관"이란, 단체나 법인의 조직활동을 정하는 근본규칙을 정한 서면을 말하며, 모든 법인(협동조합 포함)의 설립행위에는 반드시 정관작

성이 포함되어야 함.

○ 정관에는 "필수기재사항"과 "임의기재사항"이 있음.

- 필수 기재사항이 기재되었는지 확인할 것

▌정관 필수기재사항(협동조합기본법 제16조 제1항)

1. 목적
2. 명칭 및 주된 사무소의 소재지
3. 조합원 및 대리인의 자격
4. 조합원의 가입, 탈퇴 및 제명에 관한 사항
5. 출자 1좌의 금액과 납입 방법 및 시기, 조합원의 출자좌수 한도
6. 조합원의 권리와 의무에 관한 사항
7. 잉여금과 손실금의 처리에 관한 사항
8. 적립금의 적립방법 및 사용에 관한 사항
9. 사업의 범위 및 회계에 관한 사항
10. 기관 및 임원에 관한 사항
11. 공고의 방법에 관한 사항
12. 해산에 관한 사항
13. 출자금의 양도에 관한 사항
14. 그 밖에 총회·이사회의 운영 등에 필요한 사항
15. 사업구역(보건의료사회적협동조합에 한함)

○ **(발기인 서명)** 5인 이상의 발기인은 회사의 근본규칙이 될 "정관"을 함께 작성하고 기명날인 또는 서명

* 형편에 따라서 설립동의자 모집 이후에 발기인 및 설립동의자가 모두 참여하여 정관을 작성할 수도 있음. 이때에도 발기인만이 기명날인 또는 서명을 함.

* 설립동의자 : 조합원의 자격을 갖춘 사람으로서 창립총회 전까지 발기인에게 설립동의서를 제출한 자(발기인 포함)

- 설립목적에는 필요한 사업(한국표준산업분류에 의한 금융 및 보험업

제외)을 자율적으로 규정할 수 있음.

○ **(명칭)** 명칭에 사회적협동조합이라는 문자가 반드시 포함

* 사회적협동조합이라는 문자를 명칭 맨 뒤뿐만 아니라 맨 앞에도 사용 가능(○○사회적협동조합 및 사회적협동조합○○ 둘 다 가능)

○ **(명칭 중복)** 설립할 법인의 명칭이 기존의 다른 법인의 명칭과 동일한지 여부 확인

* 동일명칭의 확인방법은 대법원 인터넷등기소에 접속하여, '법인등기' 선택→'열람' 선택→'상호로 검색'에서 '전체등기소' 선택→법인종류에서 설립할 법인의 종류로 검색→'상호' 검색하여 동일명칭의 법인이 있는지를 확인

* 특별시·광역시·시·군 내에서는 동일한 명칭을 사용할 수 없으며, 시·군을 달리하는 경우에는 동일한 명칭 사용 가능(상법 제23조 참고)

○ **(명칭 혼동)** 혼동을 일으킬 수 있는 명칭인지 검토

– 기존 8개 개별법상에서 고유하게 사용하는 명칭에 대해서는 사용하지 말 것

* '○○농협협동조합', '○○수협협동조합', '○○엽연초조합', '○○산림조합', '○○중소기업협동조합', '○○신용협동조합', '○○소비자생활협동조합' 사용 금지

○ **(주된 사무소)** 반드시 상설 사무실을 둘 필요는 없으며 설립동의자의 집을 주된 사무소로 할 수도 있음.

* 상근 직원을 반드시 둘 필요는 없음.

○ **(출자)** 조합원은 1좌 이상 출자해야 하며, 총 출자좌수의 100분의 30을 넘을 수 없음.

* 출자금은 2회 분납 가능함. 다만 보건의료사회적협동조합은 분납불가

* 출자금은 이사장 계좌로 납입

* 등기전이라도 납입된 출자금 중 일부를 협동조합 설립을 위하여 사용할 수 있음. 이 경우 증빙 서류 보관 필요

○ **(잉여금 배당)** 적립금 등으로 적립하며 배당금지

○ **(손실금)** 미처분이월금, 임의적립금, 법정적립금 순으로 보전, 부족시 다음 회계연도 이월

○ **(적립금)** 자기자본의 3배가 될 때까지 잉여금의 100분의 30 이상을 적립(법정적립금), 그 외 임의적립금 가능

- 법정적립금은 손실 보전, 해산에만 사용 가능

○ **(사업범위)** 필요한 사업을 자율적으로 규정할 수 있음.

- 다만, ① 조합원과 직원에 대한 상담, 교육, 훈련 및 정보제공사업 ② 협동조합간 협력을 위한 사업 ③ 협동조합의 홍보 및 지역사회를 위한 사업은 반드시 포함
- 주 사업을 명시할 것
- 한국표준산업분류에 의한 금융업 및 보험업 금지

□ 보건의료사회적협동조합인 경우 추가의무사항

- **(설립동의자)** 500인 이상일 것
- **(1인당 최저출자금)** 5만 원 이상일 것

다만, 다음 조합원은 최저출자금 한도를 정하지 않음.

①「의료급여법」제3조에 따른 수급권자 ②「장애인고용촉진 및 직업재활법」 제2조 제1호에 따른 장애인 ③「한부모가족 지원법」 제5조 및 제5조의2에 따른 보호대상자 ④「재한외국인 처우 기본법」 제2조 제3호에 따른 결혼이민자 ⑤ 보건복지부장관이 정하여 고시하는 희귀난치성질환을 가진 자 ⑥ 조합원과 같은 가구에 속하는 자

- **(조합원당 최고 출자금)** 출자금 납입총액의 10% 이내일 것
- 다만, 의료기관 개설시 2인 이상의 조합원이 6촌 이내의 혈족, 4촌 이내의 인척, 배우자(사실상의 혼인관계에 있는 자 포함)일 경우 그 2인 이

상의 조합원 출자금 총액이 출자금 납입총액의 10% 이내이어야 함.

* 법 제85조 제4항 및 영 제11조 제2항 제3호에 따라 6촌 이내의 혈족, 4촌 이내의 인척, 배우자(사실상의 혼인관계에 있는 자 포함)는 보건의료사회적협동조합의 '특별한 관계가 있는 자'로서 보건의료사회적협동조합에 대한 출자 제한

– **(출자금 납입총액)** 1억 원 이상일 것

– **(총 자산 대비 출자금 비율)** 총 자산 대비 출자금 납입 총액은 100분의 50 이상일 것

* 다만, 인가관청의 승인을 받은 경우 총 자산 대비 출자금 납입총액의 비율이 100분의 50 미만일 수 있음(유동성 부채 및 장기대출금중 정부지원금 및 공익자금 등을 총 자산에서 제외할지 여부는 인가관청에서 판단).

* 신규설립이 아니고 협동조합기본법상 협동조합으로 조직 전환시 그간의 사업 흑자로 기존 적립금(잉여금, 기타 수입 등으로서 기존 조직의 구성원 소유가 아닌 기존 조직 자체의 소유)이 있는 경우에는 동 적립금을 출자금 납입총액에 포함시켜 비율을 계산할 것

– 주사무소의 소재지를 관할하는 시·군·구 및 그 인접 시·군·구 이외의 시·군·구에 의료기관을 추가로 개설하는 경우에는 해당 시·군·구마다 위의 요건을 모두 갖추어야 함.

□ 창립총회에 대하여 검토할 사항

○ **(공고 절차)** 총회 개최 전 일정기간 이상 조합원 자격이 있는 자가 쉽게 알 수 있는 방법으로 공고

* 조합원총회에 준하여 개최 7일 전까지 공고하는 것이 바람직

* 일간지 게재, 게시에 의한 공고, 등기우편 발송, 전자우편 발송 등 설립동의자가 충분히 알 수 있는 방법이면 무방

○ **(공고 내용)** 창립총회의 일시 및 장소, 조합원의 자격 요건, 창립총회에서 의결하여야 하는 사항 포함

○ **(의결 사항)** 창립총회 의결사항에 반드시 포함되어야 할 사항

▌창립총회 필수의결사항

1. 정관
2. 사업계획서
3. 수입·지출 예산서
4. 임원의 선출
5. 설립 경비 등 설립에 필요한 사항

○ **(의결 기준)** 설립동의자 과반수 출석과 출석자 3분의 2 이상의 찬성으로 의결

□ 임원 명부에 관하여 검토할 사항

○ **(임직원 겸직)** 다음 각 호를 따라야 한다.

① 이사장은 협동조합기본법에 의해 설립된 다른 협동조합의 이사장 겸직 금지

② 이사장을 포함한 이사와 직원은 감사 겸직 금지

③ 임원은 해당 협동조합의 직원을 겸직 금지

- 다만, 직원을 겸직하는 임원 수가 임원 총수의 3분의 1을 초과하지 아니하는 범위에서 임원이 직원 겸직 가능
- 또한, 조합원의 3분의 2 이상이 직원이고 조합원인 직원이 전체 직원의 3분의 2 이상인 협동조합의 경우, 조합원 수가 10인 이하인 협동조합의 경우에는 임원 총수의 3분의 1을 초과하여 임원이 해당 협동조합의 직원 겸직 가능

〈협동조합기본법〉

제44조(임직원의 겸직금지) ① 이사장은 다른 협동조합의 이사장을 겸직할 수 없다.

② 이사장을 포함한 이사와 직원은 감사를 겸직할 수 없다.

③ 임원은 해당 협동조합의 직원을 겸직할 수 없다. 다만, 사업의 성격, 조합원 구성 등을 감안하여 대통령령이 정하는 바에 따라 임원과 직원을 겸직할 수 있다.

第79條(준용규정) 연합회의 기관에 관하여는 제28조 제3항부터 제5항까지, 제29조부터 제44조까지의 규정을 준용한다. 이 경우 "협동조합"은 "연합회"로, "이사장"은 "회장"으로, "조합원"은 "회원"으로 보고, 제40조 제1항 중 "5분의 1"은 "3분의 1"로 보며, 제29조, 제30조 및 제40조 제1항 중 "조합원"은 "대의원"으로 보고, 제37조 중 "조합원"은 "대의원이나 회원에 속한 조합원"으로, "가입신청을 한 자"는 "가입신청을 한 협동조합에 속한 조합원"으로 본다.

〈협동조합기본법 시행령〉

第8條(협동조합 등 임직원의 겸직) ① 법 제44조 제3항 단서(법 제79조에 따라 준용되는 경우를 포함하며, 이 경우 제1호 및 제2호의 "조합원"은 "전체 회원 조합에 속하는 총조합원"으로 본다)에 따라 협동조합 등이 다음 각 호의 어느 하나에 해당하는 경우에는 해당 협동조합의 임원이 직원을 겸직할 수 있다.

1. 조합원의 3분의 2 이상이 직원이고 조합원인 직원이 전체 직원의 3분의 2 이상인 경우(임원이 직원을 겸직하기 전의 시점을 기준으로 한다)
2. 조합원 수가 10인 이하인 경우
3. 그 밖에 협동조합 등의 규모·자산·사업 등을 고려하여 임원과 직원의 겸직이 필요한 경우로서 기획재정부 장관이 정하여 고시하는 경우

第13條(사회적협동조합 등의 임직원의 겸직) ① 법 제92조 및 제115조 제1항에서 준용되는 법 제44조에 따라 사회적협동조합 등은 직원을 겸직하는 임원 수가 임원 총수의 3분의 1을 초과하지 아니하는 범위에서 임원이 직원을 겸직할 수 있다. 다만, 사회적협동조합 등이 제8조 각 호의 어느 하나에 해당하는 경우에는 임원 총수의 3분의 1을 초과하여 임원이 직원을 겸직할 수 있다.

② 제1항 단서에 따라 사회적협동조합연합회에 대하여 제8조 각 호를 적용

함에 있어서 "조합원"은 "전체 회원 조합에 속하는 총조합원"으로, "협동조합등"은 "사회적협동조합연합회"로 본다.

3) 주 사업 정의 및 판단기준

□ **(목적)** 「협동조합기본법」 제93조 제1항에 따라 사회적협동조합은 주 사업이 전체 사업량의 100분의 40 이상이어야 함.

□ 용어정의

○ **(목적사업)** 「협동조합기본법」 제93조 제1항 각 호의 사업

○ **(취약계층)** 자신에게 필요한 재화 또는 용역을 통상적인 시장가격으로 구매하는데 어려움이 있거나 노동시장의 통상적인 조건에서 취업이 특히 곤란한 계층

〈사회적기업육성법〉

제2조(정의)

2. "취약계층"이란 자신에게 필요한 사회서비스를 시장가격으로 구매하는 데에 어려움이 있거나 노동시장의 통상적인 조건에서 취업이 특히 곤란한 계층을 말하며, 그 구체적인 기준은 대통령령으로 정한다.

〈사회적기업 육성법 시행령〉

제2조(취약계층의 구체적 기준) 「사회적기업 육성법」(이하 "법"이라 한다) 제2조 제2호에 따른 취약계층(이하 "취약계층"이라 한다)은 다음 각 호의 어느 하나에 해당하는 사람으로 한다.

1. 가구 월평균 소득이 전국 가구 월평균 소득의 100분의 60 이하인 사람
2. 「고용상 연령차별금지 및 고령자고용촉진에 관한 법률」 제2조 제1호에 따른 고령자
3. 「장애인고용촉진 및 직업재활법」 제2조 제1호에 따른 장애인

4. 「성매매알선 등 행위의 처벌에 관한 법률」 제2조 제1항 제4호에 따른 성매매피해자
5. 「청년고용촉진 특별법」 제2조 제1호에 따른 청년 중 또는 「경력단절여성등의 경제활동 촉진법」 제2조 제1호에 따른 경력단절여성 등 중 「고용보험법 시행령」 제26조 제1항 및 별표 1에 따른 신규고용촉진 장려금의 지급대상이 되는 사람
6. 「북한이탈주민의 보호 및 정착지원에 관한 법률」 제2조 제1호에 따른 북한이탈주민
7. 「가정폭력방지 및 피해자보호 등에 관한 법률」 제2조 제3호에 따른 피해자
8. 「한부모가족 지원법」 제5조 및 제5조의2에 따른 보호대상자
9. 「재한외국인 처우 기본법」 제2조 제3호에 따른 결혼이민자
10. 「보호관찰 등에 관한 법률」 제3조 제3항에 따른 갱생보호 대상자
11. 다음 각 목의 어느 하나에 해당하는 사람
    가. 「범죄피해자 보호법」 제16조에 따른 구조피해자가 장해를 입은 경우 그 구조피해자 및 그 구조피해자와 생계를 같이 하는 배우자, 직계혈족 및 형제자매
    나. 「범죄피해자 보호법」 제16조에 따른 구조피해자가 사망한 경우 그 구조피해자와 생계를 같이 하던 배우자, 직계혈족 및 형제자매
12. 그 밖에 1년 이상 장기실업자 등 고용노동부장관이 취업 상황 등을 고려하여 「고용정책 기본법」 제10조에 따른 고용정책심의회(이하 "정책심의회"라 한다)의 심의를 거쳐 취약계층으로 인정한 사람

* 제1호. 저소득자

- 전국가구 월평균 소득의 60% 미만인 가구의 가구원
- 확인방법
  ① 가구 월평균소득 : 근로소득원천징수영수증, 수급자증명서, 복지대상자 급여신청결과통보서, 건강보험료 납입고지서(납부영수증), 소득금액증명(국세청) 등으로 확인되는 '최근 6개월간'의 월평균소득
  ② 전국 가구 월평균소득 : 통계청에서 공표하는 "가구원수별 가구당

월평균 가계수지[1]*"에 공표된 '가장 최근 분기'의 월평균소득

(단위 : 원)

구 분	1인	2인	3인	4인	5인 이상
2011년 3/4분기 가구 월평균소득	1,438,894	2,672,809	3,976,051	4,581,833	4,760,839
60%	863,336	1,603,685	2,385,631	2,749,100	2,856,503

- 건강보험료 납입고지액에 따른 월평균소득 판단방법
  월평균소득액 = 건강보험료 납부액 × 1/직장가입자보험료율

*** 제2호. 고령자**

- 55세 이상인 사람
- 확인방법 : 주민등록번호(주민등록증·운전면허증 사본 등)

*** 제3호. 장애인**

- 신체 또는 정신상의 장애로 장기간에 걸쳐 직업생활에 상당한 제약을 받는 자
- 확인방법 : 장애인등록증, 전문의가 발행한 장애진단서 등

*** 제4호. 성매매피해자**

가. 위계·위력 그 밖에 이에 준하는 방법으로 성매매를 강요당한 자
나. 업무·고용 그 밖의 관계로 인하여 보호 또는 감독하는 자에 의하여 「마약류관리에 관한 법률」 제2조의 규정에 의한 마약·향정신성의약품 또는 대마(이하 "마약 등"이라 한다)에 중독되어 성매매를 한 자
다. 청소년, 사물을 변별하거나 의사를 결정할 능력이 없거나 미약한 자 또는 대통령령이 정하는 중대한 장애가 있는 자로서 성매매를 하도록 알선·유

---

1) 국가통계포털(http://kosis.kr) → 주제별통계 → 물가·가계 → 가계소득지출 → 가계동향조사(신분류) → 전국(명목) → 가구원수별 가구당 월평균 가계수지

인된 자
라. 성매매 목적의 인신매매를 당한 자

- 확인방법 : 성매매피해여성 쉼터·보호시설 이용자 또는 상담 및 심리치료기관 등의 확인서

* 第5호. 청년, 경력단절여성 중 고용촉진지원금(2011.1.1 시행, 前신규고용촉진장려금) 지급대상자

고용촉진 지원금 지원대상(고용부 고시 제2012-22호, 2012.2.1)

○ 취업지원 프로그램을 이수한 사람의 범위
① 고용노동부가 운영하는 「취업성공패키지」의 1단계를 마치고 2단계 또는 3단계에 참여하고 있는 사람 또는 3단계를 마친 사람
② 고용노동부 및 여성가족부가 지정한 경력단절여성지원센터(새로일하기지원센터)가 운영하는 「직업교육훈련 프로그램」을 이수한 사람으로서 만 40세 이상인 사람(만 40세 미만이더라도 가구의 소득인정액이 최저생계비의 100분의 130 이하인 사람을 포함한다)
③ 여성가족부가 운영하는 「취약계층청소년 자립지원 프로그램」(두드림존 프로그램)의 1단계와 2단계를 마치고 3단계에 참여하고 있는 사람 또는 3단계를 마친 사람

- 현 시점에서는 외부자료를 통한 확인이 불가능하므로 반드시 해당 고용센터에 의뢰하여 확인
- 고용센터는 의뢰 요청시 사실관계를 파악하여 14일 이내 의견 송부

* 第6호. 북한이탈주민

- 북한에 주소, 직계가족, 배우자, 직장 등을 두고 있는 사람으로서 북한을 벗어난 후 외국 국적을 취득하지 아니한 사람(보호대상자)
- 확인방법 : 북한이탈주민 등록 확인서

＊ 제7호. 가정폭력 피해자

- 가정구성원사이의 신체적, 정신적 또는 재산상 피해를 수반하는 행위로 인하여 직접적으로 피해를 입은 자
- 확인방법 : 가정폭력피해보호시설(60여 개) 입소 확인서, 상담 확인증

＊ 제8호. 한부모가족 지원법상 보호대상자

- 여성가족부장관이 매년 보호대상자의 최저생계비·소득수준 및 재산정도 등을 고려하여 보호의 종류별로 정하는 기준에 해당하는 한부모가족

> **제4조(정의)** 이 법에서 사용하는 용어의 뜻은 다음과 같다.
> 1. "모, 부"란 다음 어느 하나에 해당하는 자로 아동인 자녀를 양육하는 자
>   가. 배우자와 사별 또는 이혼하거나 배우자로부터 유기(遺棄)된 자
>   나. 정신이나 신체의 장애로 장기간 노동능력을 상실한 배우자를 가진 자
>   다. 미혼자{사실혼(事實婚) 관계에 있는 자는 제외한다}
>   라. 가부터 다까지에 규정된 자에 준하는 자로서 여성가족부령으로 정하는 자
> 2. "한부모가족"이란 모자가족 또는 부자가족
> 3. "모자가족"이란 모가 세대주{세대주가 아니더라도 세대원(世代員)을 사실상 부양하는 자를 포함한다}인 가족
> 4. "부자가족"이란 부가 세대주{세대주가 아니더라도 세대원을 사실상 부양하는 자를 포함한다}인 가족
> 5. "아동"이란 18세 미만(취학 중인 경우에는 22세 미만을 말한다)의 자

- 확인방법 : 한부모가족 증명서(읍면동 발급)

＊ 제9호. 결혼이민자

- 대한민국 국민과 혼인한 적이 있거나 혼인관계에 있는 재한외국인
- 확인방법 : 국적취득자의 경우 가족관계등록부의 혼인관계증명서, 국적 미취득자의 경우 외국인등록증 상 F－2, F－5 또는 F－6

*** 제10호. 갱생보호 대상자**

- 형사처분 또는 보호처분을 받은 사람으로서 자립갱생을 위한 숙식 제공, 여비 지급, 생업도구와 생업조성 금품의 지급 또는 대여, 직업훈련 및 취업알선 등 보호의 필요성이 인정되는 사람
- 확인방법 : 한국법무보호복지공단, 갱생보호법인(민간법인 7개소)이 지원하였다는 확인서

*** 제11호. 범죄구조피해자**

> **제3조(정의)** ① 이 법에서 사용하는 용어의 뜻은 다음과 같다.
> 1. "범죄피해자"란 타인의 범죄행위로 피해를 당한 사람과 그 배우자(사실상의 혼인관계를 포함한다), 직계친족 및 형제자매를 말한다.
> 2. "범죄피해자 보호·지원"이란 범죄피해자의 손실 복구, 정당한 권리 행사 및 복지 증진에 기여하는 행위를 말한다. 다만, 수사·변호 또는 재판에 부당한 영향을 미치는 행위는 포함되지 아니한다.
> 3. "범죄피해자 지원법인"이란 범죄피해자 보호·지원을 주된 목적으로 설립된 비영리법인을 말한다.
> 4. "구조대상 범죄피해"란 대한민국의 영역 안에서 또는 대한민국의 영역 밖에 있는 대한민국의 선박이나 항공기 안에서 행하여진 사람의 생명 또는 신체를 해치는 죄에 해당하는 행위(「형법」 제9조, 제10조 제1항, 제12조, 제22조 제1항에 따라 처벌되지 아니하는 행위를 포함하며, 같은 법 제20조 또는 제21조 제1항에 따라 처벌되지 아니하는 행위 및 과실에 의한 행위는 제외한다)로 인하여 사망하거나 장해 또는 중상해를 입은 것을 말한다.
> 5. "장해"란 범죄행위로 입은 부상이나 질병이 치료(그 증상이 고정된 때를 포함한다)된 후에 남은 신체의 장해로서 대통령령으로 정하는 경우를 말한다.
> 6. "중상해"란 범죄행위로 인하여 신체나 그 생리적 기능에 손상을 입은 것으로서 대통령령으로 정하는 경우를 말한다.
>
> ② 제1항 제1호에 해당하는 사람 외에 범죄피해 방지 및 범죄피해자 구조활동으로 피해를 당한 사람도 범죄피해자로 본다.

第16조(구조금의 지급요건) 국가는 구조대상 범죄피해를 받은 사람(이하 "구조피해자"라 한다)이 다음 각 호의 어느 하나에 해당하면 구조피해자 또는 그 유족에게 범죄피해 구조금(이하 "구조금"이라 한다)을 지급한다.

• 확인방법 : 범죄피해자보호법 시행규칙 별지 16호 서식(결정통지서), 가족관계증명서

○ **(사회서비스)** 교육, 보건의료, 사회복지, 환경 및 문화 분야의 서비스, 그 밖에 이에 준하는 서비스

〈협동조합기본법 시행령〉

第14조(주 사업의 판단 기준 및 방법) 제1항 제2호
가. 교육, 보건·의료, 사회복지, 환경 및 문화 분야의 관련 사업
나. 보육, 간병 및 가사 지원 서비스를 제공하는 사업
다. 「직업안정법」 제2조의2 제9호에 따른 고용서비스를 제공하는 사업
라. 그 밖에 기획재정부령이 정하는 사업

〈협동조합기본법 시행규칙〉

第11조(사회적협동조합의 주 사업의 판단 기준) ③ 영 제14조 제1항 제2호 라목에서 "그 밖에 기획재정부령으로 정하는 사업"이란 다음 각 호의 어느 하나에 해당하는 사업을 말한다.
1. 예술·관광 및 운동 분야의 사업
2. 산림 보전 및 관리 서비스를 제공하는 사업
3. 문화재 보존 또는 활용과 관련된 사업
4. 청소 등 사업시설 관리 사업
5. 범죄 예방 및 상담치료 관련 사업
6. 그 밖에 기획재정부장관이 정하여 고시하는 사업

○ **(지역사회)** 사업소 소재 특별시·광역시·특별자치시·도 또는 특별자치도의 관할구역

- 다만, 실제 생활권이 2개 이상의 특별시·광역시·특별자치시·도 또는 특별자치도에 걸쳐 있는 경우에는 그 생활권 전체

□ **(주 사업의 종류)** 법 제93조 제1항 각 호의 하나 또는 각 호의 혼합형도 무방

○ **(지역사업형)** 지역경제 활성화, 지역주민의 복리 증진사업 등을 하는 경우

- 보건의료사회적협동조합은 지역사업형으로 봄.

〈협동조합기본법〉

제93조(사업) ① 사회적협동조합은 다음 각 호의 사업 중 하나 이상을 주 사업으로 하여야 한다.

1. 지역사회 재생, 지역경제 활성화, 지역 주민들의 권익·복리 증진 및 그 밖에 지역사회가 당면한 문제 해결에 기여하는 사업

〈협동조합기본법 시행령〉

제14조(주 사업의 판단 기준 및 방법) ① 법 제93조 제1항에 따른 사회적협동조합의 주 사업의 판단 기준은 다음 각 호의 구분에 따른다.

1. 법 제93조 제1항 제1호의 사업 : 다음 각 목의 어느 하나에 해당할 것

  가. 지역특산품·자연자원 활용사업 등 지역의 인적·물적 자원을 활용하여 지역사회의 재생 및 지역경제의 활성화에 기여하는 사업

  나. 지역주민의 생활환경 개선사업 등 지역주민의 권익과 복리를 증진시키는 사업

  다. 그 밖에 지역사회가 당면한 문제 해결에 기여하는 사업

② 제1항에서 규정한 사항 외에 주 사업의 판단 기준 및 방법 등에 관하여 필요한 사항은 기획재정부령으로 정한다.

〈협동조합기본법 시행규칙〉

제11조(사회적협동조합의 주 사업의 판단 기준) ① 영 제14조 제1항 제1호 가목에 따른 주 사업은 다음 각 호의 사업으로 한다.

1. 지역특산품·자연자원 활용사업
2. 전통시장·상가 활성화 사업
3. 농산물·임산물·축산물·수산물의 생산 및 유통에 관한 사업
4. 그 밖에 지역의 인적·물적 자원을 활용하여 지역사회를 재생하고 지역경제를 활성화하여 지역사회에 공헌하려는 사업으로서 기획재정부장관이 정하여 고시하는 사업

② 영 제14조 제1항 제1호 나목에 따른 주 사업은 다음 각 호의 사업으로 한다.

1. 지역주민의 생활환경 개선사업
2. 지역의 공중접객업소 위생 개선 사업
3. 지역의 감염병 또는 질병 예방에 관한 사업
4. 지역의 재해, 화재 또는 안전사고의 예방에 관한 사업
5. 지역주민들의 고충 상담을 위한 사업
6. 지역주민에게 사회서비스를 제공하는 사업
7. 그 밖에 지역주민들의 권익과 복리를 증진시키려는 사업으로서 기획재정부장관이 정하여 고시하는 사업

○ **(취약계층배려형)** 취약계층에게 사회서비스를 제공하거나 일자리를 제공하는 사업

〈협동조합기본법〉

제93조(사업) ① 사회적협동조합은 다음 각 호의 사업 중 하나 이상을 주 사업으로 하여야 한다.

2. 취약계층에게 복지·의료·환경 등의 분야에서 사회서비스 또는 일자리를 제공하는 사업

〈협동조합기본법 시행령〉

제14조(주 사업의 판단 기준 및 방법) ① 법 제93조 제1항에 따른 사회적협동조합의 주 사업의 판단 기준은 다음 각 호의 구분에 따른다.

2. 법 제93조 제1항 제2호의 사업 :「사회적기업 육성법」 제2조 제2호의 취약계층 및 그 밖에 기획재정부장관이 정하는 취약계층에게 사회서비스 또는 일자리를 제공하는 사업으로서 다음 각 목의 어느 하나에 해당하는 사업일 것
   가. 교육, 보건·의료, 사회복지, 환경 및 문화 분야의 관련 사업
   나. 보육, 간병 및 가사 지원 서비스를 제공하는 사업
   다.「직업안정법」 제2조의2제9호에 따른 고용서비스를 제공하는 사업
   라. 그 밖에 기획재정부령으로 정하는 사업

② 제1항에서 규정한 사항 외에 주 사업의 판단 기준 및 방법 등에 관하여 필요한 사항은 기획재정부령으로 정한다.

〈협동조합기본법 시행규칙〉

제11조(사회적협동조합의 주 사업의 판단 기준) ③ 영 제14조 제1항 제2호 라목에서 “그 밖에 기획재정부령으로 정하는 사업”이란 다음 각 호의 어느 하나에 해당하는 사업을 말한다.

1. 예술·관광 및 운동 분야의 사업
2. 산림 보전 및 관리 서비스를 제공하는 사업
3. 문화재 보존 또는 활용과 관련된 사업
4. 청소 등 사업시설 관리 사업
5. 범죄 예방 및 상담치료 관련 사업
6. 그 밖에 기획재정부장관이 정하여 고시하는 사업

④ 기획재정부장관이나 관계 중앙행정기관의 장은 사회적협동조합의 목적사업이 제1항 및 제2항의 주 사업에 해당하는지를 판단할 때에 필요하면 시·도지사에게 의견을 요청할 수 있다.

⑤ 제1항부터 제4항까지에서 규정한 사항 외에 주 사업의 판단기준에 관하

여 필요한 사항은 기획재정부장관이 정하여 고시한다.

○ **(위탁사업형)** 정부의 위탁사업을 수행하는 경우

〈협동조합기본법〉

제93조(사업) ① 사회적협동조합은 다음 각 호의 사업 중 하나 이상을 주 사업으로 하여야 한다.

3. 국가·지방자치단체로부터 위탁받은 사업

○ **(기타 공익증진형)** 앞의 3가지 이외의 공익증진 사업

〈협동조합기본법〉

제93조(사업) ① 사회적협동조합은 다음 각 호의 사업 중 하나 이상을 주 사업으로 하여야 한다.

4. 그 밖에 공익증진에 이바지 하는 사업

□ **(주 사업의 기준 및 판단방법)**

○ 각 종 사업 비중의 100분의 40은 연 평균을 말함.

○ 보건의료사회적협동조합의 의료사업은 100% 공익적 성격으로 봄.

* 의료사업 : 의료법상 의료행위 및 이를 위하여 필요한 업무

* 의료기관이 하는 사업이라도 의료사업이 아니면 적용 제외

○ 인가 후 주 사업 목적이 변경되는 경우 정관 변경 인가를 받아야 하며

– 이 경우 새로 변경되는 사업목적에 맞게 주 사업 판단기준 변경 가능

〈협동조합기본법〉

제93조(사업) ① 사회적협동조합은 다음 각 호의 사업 중 하나 이상을 주 사업으로 하여야 한다.

4. 그 밖에 공익증진에 이바지 하는 사업

〈협동조합기본법 시행규칙〉

제12조(사회적협동조합의 주 사업 판단 방법) ① 사회적협동조합의 목적사업이 법 제93조 제1항 각 호의 주 사업에 해당하는지를 판단하는 경우에는 다음 각 호의 구분에 따른 기준을 적용한다.

1. 목적사업이 법 제93조 제1항 제1호 또는 제4호에 해당하는 경우 : 다음 각 목의 어느 하나의 기준
   가. 수입·지출 예산서상 전체 사업비의 100분의 40 이상을 주 사업 목적으로 지출할 것
   나. 사업계획서상 주 사업에 해당하는 서비스대상인원, 시간, 횟수 등이 전체 서비스의 100분의 40 이상일 것
2. 목적사업이 법 제93조 제1항 제2호에 따라 취약계층에게 사회서비스를 제공하는 경우 : 사업계획서상 취약계층에게 제공된 사회서비스 대상인원, 시간, 횟수 등이 전체 사회서비스의 100분의 40 이상일 것
3. 목적사업이 법 제93조 제1항 제2호에 따라 취약계층에게 일자리를 제공하는 경우 : 다음 각 목의 어느 하나의 기준
   가. 수입·지출 예산서상 전체 인건비 총액 중 취약계층인 직원에게 지급한 인건비 총액이 차지하는 비율이 100분의 40 이상일 것
   나. 사업계획서상 전체 직원 중 취약계층인 직원이 차지하는 비율이 100분의 40 이상일 것
4. 목적사업이 법 제93조 제1항 제3호에 해당하는 경우: 수입·지출 예산서상 전체 사업비의 100분의 40 이상이 국가 및 지방자치단체로부터 위탁받은 사업의 예산일 것
5. 목적사업이 법 제93조 제1항부터 제4호까지의 사업에 중복하여 해당하는 경우 : 목적사업이 법 제93조 제1호부터 제4호까지의 사업에 해당하

는 비율의 합이 100분의 40 이상일 것
② 기획재정부장관은 제1항에서 정한 사항 외에 사회적협동조합의 주 사업의 판단 방법에 관하여 필요한 사항을 정하여 고시할 수 있다.

□ **(취약계층 고용 기준 및 판단방법)**

○ 정규직 근로자뿐만 아니라 기간제 근로자, 파트타임 근로자 등 사업을 수행하기 위해 고용된 인원은 고용형태와 상관없이 취약계층 고용으로 인정(근로기준법상 근로자)

○ 취약계층 피고용자가 신청 기관의 소속인지 여부는 근로계약서를 통해 확인

- 취약계층 피고용자는 적용 제외 대상이 아닌 한 4대 보험에 가입되어야 하고, 최저임금법에서 정한 임금 이상의 급여를 지급 받아야 함.

○ 취약계층 피고용자의 소속이 당해 기관이 아닌 다른 단체의 소속으로 되어있는 경우에는 원칙적으로 인가 불가

○ 취약계층 피고용자수는 월단위를 기준으로 산정하며, 연 평균으로 충족하여야 하며, 특정월만 충족하는 경우에는 불인정

- 증명서류 : 유급근로자 명부, 근로계약서, 4대 보험 가입 확인서(적용제외는 불요), 임금대장

* 연 평균 : 인가로부터 12개월마다 계산
* 유급근로자성 판단이 어려운 경우, 해당 지역 고용노동부 고용센터 또는 근로개선지도과에 자문을 요청하고, 자문 의견에 따라 판단

▌유급근로자의 의의

ㅁ 근로자 개념

• 근로자란, 직업의 종류와 상관없이 임금을 목적으로 사업이나 사업장에

서 근로를 제공하는 자를 의미(근로기준법 제2조 제1호)

- 근로기준법상의 근로자에 해당하는지 여부는 그 계약의 형식에 관계없이 그 실질에 있어 근로자가 사업 또는 사업장에 임금을 목적으로 종속적인 관계에서 근로를 제공하였는지 여부에 따라 결정되며, 사용자가 근로자에게 상당한 지휘·감독권을 행사하게 됨.

□ 유급근로자의 인정 범위

- 유급근로자란 적용제외대상이 아닌 한 4대 보험을 가입하여야 하고, 최저임금법에서 정한 임금 이상을 지급받아야 함

※ 인정가능범위 : 월 평균 60시간 미만 단시간 근로자, 노인장기요양법에 의한 요양보호사, 장애인근로사업장 소속 근로자(직업재활 프로그램 참여로 훈련수당 받는 장애인 제외), 사업주로부터 업무, 복무, 임금 등 직접 지도감독을 받는 파견형태의 근로자

- 단시간 근로자(월 60시간 미만) : 이 경우 4대 보험 및 근로기준법 일부조항 적용 제외되나, 임금을 목적으로 근로를 제공한다면 유급근로자 고용으로 인정
- 파견근로자 : 법상 개념으로는 파견사업주가 근로자를 고용한 후 그 고용관계를 유지하면서 근로자파견계약의 내용에 따라 사용사업주의 지휘명령을 받아 사용사업주를 위한 근로에 종사하게 하는 것을 의미(고용과 사용이 분리된 근로형태로 파견업 허가를 받아야 하며, 대상업무에 대한 제한이 있음)

※ 파견법 적용 대상이 아닌 근무형태 : 고용과 사용사업주가 일치되어 사업장이 아닌 장소에 파견되어 근로를 제공하거나, 위탁(용역, 하도급 등)사업에 종사하는 경우

※ 개별 사안에 따라 판단 할 수밖에 없으나, 업무지시 및 복무관리 등을 사업주가 직접 관리한다면 근로자성 인정

- 요양보호사 ('09.12. 요양보호사 근로자성 판단지침-근로기준팀)

− ① 사업주가 지정한 장소에서 지정된 시간에 근무하고, 근무시간을 변경하기 위해서는 사업주에게 사전에 통보하여 조정해야하며, 장기요양급여제공기록지 등을 통해 사업주에게 근무상황을 보고

해야 하는 등 사용자의 상당한 지휘·감독을 받음

② 제3자를 고용하여 업무를 대행케 하는 등 독립하여 자신의 계산으로 사업을 영위할 수 없음.

③ 시간당 일정액에 정해진 근무시간을 곱한 금액을 보수로 지급받을 뿐 노무 제공을 통한 이윤의 창출과 손실의 초래 등 위험을 스스로 안고 있지 아니할 경우 근로자로 인정

※ 노인장기요양보험제도가 정하는 바에 따라 근무할 경우 위 기준에 해당

• 간병사(근로기준팀－5557. 2006.10.10)

－ 간병사연합회 소속 간병인 : ○○간병사연합회(이하 '연합회')에서 병원 용역계약을 체결하고 간병사를 모집·교육한 후, 동 연합회 소속의 간병사로 등록 월 40,000원의 회비를 받고 간병사들을 병원에 보내 근무하게 하고 병원으로부터는 용역금액을 받아 간병사에게 지급하는 경우도 근로자성 인정

□ 제출 서류간 일관성을 검토할 것

○ 정관, 사업계획서 및 수지예산서의 사업 기술내용에 일관성이 있어야 함.

* 잘못된 예 : 정관에는 커피숍협동조합으로 나와 있음에도 사업계획서에는 유기농농산물출하사업을 하겠다고 하는 경우

* 잘못된 예 : 정관에는 50가지 사업을 망라한 후 사업계획서에는 그 중 2-3가지만 적고 나머지는 추후 하겠다고 하는 경우

4) 기획재정부 통보

□ **(재정부 통보)** 소관 부처는 설립인가(합병·분할에 의한 인가 포함) 후 그 사실을 재정부장관에게 통보

○ 매달 협동조합 인가 실적을 다음 달 10일까지 기획재정부에 공문으로 제출할 것

* 기획재정부가 협동조합 설립 신고·인가 및 관리·감독을 위한 전산시스템을 구축할 예정(2013~2014년)으로 전산시스템이 구축되면 전산상으로 자동집계 가능하므로 제출 불필요

〈제출 양식〉

사회적협동조합 설립인가 현황

총 계	신규설립 ○○개	합병·분할에 의한 설립 ○○개

〈개별 사회적협동조합 현황〉

연번	명칭	설립 목적	설립 동의자수	출자금	주요 사업	설립 일자	대표자	주소	연락처	비고
1									(전화) (홈페이지)	
2										
3										
4										
5										

* 비고 : 신규설립인지 합병·분할에 의한 설립인지(후자일 경우 합병·분할 이전 조합의 명칭 기재) 조직전환에 의한 설립인지 기재, 의료사회적협동조합일 경우 기재, 소액대출·상호부조사업 시행 여부 기재

5) 법인등기 관련 총회 의사록 공증 면제 추천

□ **(공증 면제)** 설립 등기를 할 때 총회 의사록은 공증인의 인증을 받아야 하나 사회적협동조합은 법무부의 공증 제외 승인을 받은 경우 총회 의사록에 대하여 공증받을 필요 없음.

□ **(추천 신청)** 공증 면제를 희망하는 사회적협동조합은 총회 의사록 공증

면제 추천 신청서를 소관부처에 제출함

□ **(면제 추천)** 소관부처는 공증 면제가 타당하다고 판단하는 경우 다음 서류를 갖추어 법무부(법무과)에 추천함.

▌총회의사록 공증 면제 추천 서류

1. 소관부처 추천 공문
2. 소관부처 검토의견서(협동조합기본법 관련 조문 포함)
3. 공증면제 추천 신청서
4. 설립인가증 사본
5. 정관
6. 기타 참고자료

○ 법무부는 면제가 타당하다고 판단하는 경우 "의사록 인증 제외대상 법인 고시"를 개정하여 대상기관을 추가고시함.

○ 등기신청시 공증문서 대신 법무부 고시를 제출하면 됨.

〈공증인법〉

第66조의2(법인의사록의 인증) ① 법인 등기를 할 때 그 신청서류에 첨부되는 법인 총회 등의 의사록은 공증인의 인증을 받아야 한다. 다만, 자본금의 총액이 10억 원 미만인 회사를 「상법」 제295조 제1항에 따라 발기설립하는 경우 또는 대통령령으로 정하는 공법인이나 비영리법인의 경우에는 그러하지 아니하다.

〈공증인법 시행령〉

第66조의2(법인의사록의 인증) 법 제66조의2 제1항 단서에서 "대통령령이 정하는 공법인 또는 비영리법인"이란 「민법」 제32조에 따라 주무관청의 허가를 받아 설립된 비영리법인 또는 공법인 중 다음의 요건을 모두 갖춘 법인으로서 주무관청의 추천을 받아 법무부장관이 지정·고시하는 법인을 말한다.
1. 설립목적 및 수행 사무가 공익적일 것
2. 주무관청의 감독으로 법인 총회 등의 결의절차와 내용의 진실성에 대한 분쟁의 소지가 없을 것

4.2. 정관변경 인가

□ **(제출서류)** 정관변경인가신청서에 다음 서류를 첨부해서 소관부처에 제출

▌협동조합 정관변경 신고 제출서류

1. 정관 중 변경하려는 사항을 적은 서류
2. 정관 변경을 의결한 총회 의사록
3. 정관 변경 후의 사업계획서와 수입·지출 예산서
   * 사업계획이 변경되어 정관을 변경하는 경우만 해당
4. 대차대조표와 출자감소의 의결, 채권자 공고 및 이의신청의 처리 등의 사실관계를 증명할 수 있는 서류
   * 출좌 1좌당 금액 감소에 따라 정관을 변경하는 경우만 해당

□ **(심사기준)** 소관부처는 상기 제출서류에 대하여 적합한지 검토할 것

○ 출자 1좌당 금액의 감소의 경우에는 공고 또는 최고(催告)한 사실을 증명하는 서류도 검토할 것

○ 출자 1좌당 금액의 감소에 대한 이의를 신청한 채권자가 있는 경우에는 채무변제나 담보제공 사실을 증명하는 서류도 검토할 것

〈협동조합기본법〉

제86조(정관) ② 사회적협동조합의 정관의 변경은 기획재정부장관의 인가를 받아야 그 효력이 발생한다.

□ **(통보)** 처음 인가시 소액대출·상호부조사업을 하지 않았으나 정관 변경으로 소액대출·상호부조사업을 하게 되는 경우는 정관 변경 인가시 기획재정부에 통보

4.3. 합병 및 분할 인가

□ **(제출서류)** 사회적협동조합이 합병 또는 분할할 경우 합병 후 존속하는 사회적협동조합은 설립인가신청서에 다름 서류를 첨부하여 소관부처에 제출

▌합병 및 분할 인가 제출서류

① 합병을 결의한 총회 의사록(합병한 경우에 한함)

※ 존속하는 협동조합이 승계하여야 할 권리·의무의 범위가 의결사항으로 적혀 있을 것

② 분할을 결의한 총회 의사록(분할한 경우에 한함)

※ 분할하는 협동조합은 신규 설립 절차를 따라야 함.

□ **(심사기준)** 소관부처는 상기 제출서류에 대하여 다음 사항이 적합한지 검토할 것

○ 존속하는 협동조합이 승계하여야 할 권리·의무의 범위가 의결사항으로 적혀 있을 것(합병한 경우에 한함)

○ 분할하는 협동조합이 승계하여야 할 권리·의무의 범위가 의결사항으로 적혀 있을 것(분할한 경우에 한함)

〈협동조합기본법〉

제56조(합병 및 분할) ① 협동조합은 합병계약서 또는 분할계획서를 작성한 후 총회의 의결을 얻어 합병 또는 분할할 수 있다.
② 협동조합이 합병할 경우 합병 후 존속되는 협동조합은 합병신고를, 분할 후 새로 설립되는 협동조합은 설립신고를, 합병으로 소멸되는 협동조합은 해산신고를 각 사무소의 소재지에서 하여야 한다.
③ 합병 또는 분할로 인하여 존속하거나 설립되는 협동조합은 합병 또는 분할로 소멸되는 협동조합의 권리·의무를 승계한다.
④ 제1항에 따라 설립되는 협동조합에 대하여는 제15조부터 제17조까지의 규정을 준용한다.
⑤ 협동조합은 이 법에 따른 협동조합 이외의 법인, 단체 및 협동조합 등과 합병하거나 이 법에 따른 협동조합 이외의 법인, 단체 및 협동조합 등으로 분할할 수 없다.
⑥ 협동조합의 합병 및 분할에 관하여는 제53조 및 제54조의 규정을 준용한다.

4.4. 해산 신고

□ **(제출서류)** 해산한 날로부터 2주 이내에 해산신고서에 다음 서류를 첨부하여 소관부처에 제출

▮ 해산 신고 제출서류

1. 해산 당시의 재산목록
2. 잔여재산 처분방법의 개요를 적은 서류

3. 해산 당시의 정관
4. 해산을 결의한 총회 의사록

□ **(심사기준)** 소관부처는 상기 제출서류에 대하여 적합한지 검토할 것

○ 부채 및 출자금을 변제하고 남은 잔여재산에 대하여 다음 어느 하나의 방법으로 처리했는지 여부

① 상급 사회적협동조합연합회에 귀속
② 유사한 목적의 사회적협동조합에 귀속
③ 비영리법인·공익법인에 귀속
④ 국고에 귀속

○ 「전자정부법」 제36조 제1항에 따른 행정정보의 공동이용을 통하여 법인 등기사항증명서를 확인

〈협동조합기본법〉

제57조(해산) ① 협동조합은 다음 각 호의 어느 하나에 해당하는 사유로 해산한다.
1. 정관으로 정한 해산 사유의 발생
2. 총회의 의결
3. 합병·분할 또는 파산
② 협동조합이 해산한 때에는 청산인은 파산의 경우를 제외하고는 그 취임 후 14일 이내에 설립신고를 한 시·도지사에게 신고하여야 한다.

4.5. 사업의 이용

□ **(이용자격)** 조합원만이 사회적협동조합의 사업을 이용할 수 있음.

○ 또한 보건·의료서비스를 제공할 경우에는 해당 조합원이 이사회의 승인을 받은 경우 조합원과 동일한 가구에 속하는 사람의 사업의 이용도 그 조합원이 이용한 것으로 봄.

□ **(예외적 이용)** 다음 경우에는 비조합원도 사회적협동조합을 이용할 수 있음.

○ 조합원의 3분의 2 이상이 직원인 직원협동조합의 경우 전체 직원의 3분의 1을 초과하지 않는 범위에서 비조합원 고용 가능

* 조합원이 90명이고 이중 직원으로 일하는 사람이 70명이며 전체 직원이 100명인 직원협동조합의 경우

– 조합원의 2/3에 해당하는 60명 이상(여기서는 70명)이 직원이므로 이 직원협동조합은 전체 직원 100명의 1/3을 초과하지 않는 범위인 33명까지 비조합원을 직원으로 고용 가능함.

○ 그 외 협동조합은 아래 제1호~제10호에 해당함.

○ 제9호의 조합원과 동일한 가구란 주민등록등본상 같이 기재된 사람을 말함.

○ 보건·의료사업을 행하는 사회적협동조합에도 적용되며, 이때의 비조합원 이용은 보건의료 사회적협동조합이 총 공급고의 100분의 50 이내로만 비조합원이 이용하도록 한 규제조항을 적용하지 않음.

〈협동조합법 시행령〉

제17조(사회적협동조합 등의 조합원 등이 아닌 자의 사업 이용) ① 법 제95조 제2항 본문에 따라 사회적협동조합이 조합원이 아닌 자에게 그 사업을 이용

하게 할 수 있는 경우는 다음 각 호의 어느 하나에 해당하는 경우로 한다.

1. 제9조 제1항 제1호, 제3호부터 제7호까지, 제9호 및 제10호에 해당하는 경우
   * 제1호 : 협동조합이 재고로 보유하고 있는 물품으로서 부패 또는 변질의 우려가 있어 즉시 유통되지 아니하면 제품의 품질을 유지하기 어려운 물품을 처리하기 위한 경우
   * 제3호 : 공공기관·사회단체 등이 공익을 목적으로 주최하는 행사에 참여하는 경우
   * 제4호 : 협동조합이 정부, 지방자치단체 및 「공공기관 운영에 관한 법률」 제4조에 따른 공공기관과 공동으로 추진하는 사업에서 일반 국민이 해당 사업의 목적에 따라 사업을 이용하는 경우
   * 제5호 : 다른 법령에서 조합원이 아닌 자에게 의무적으로 물품을 공급하게 하거나 용역을 제공하도록 규정하는 경우
   * 제6호 : 천재지변이나 그 밖에 이와 유사한 긴급한 상황일 때 공중(公衆)에게 생활필수품 또는 용역을 공급하는 경우
   * 제7호 : 학교를 사업구역으로 하는 협동조합이 그 사업구역에 속하는 학생·교직원 및 학교 방문자를 대상으로 물품을 공급하거나 용역을 제공하는 경우
   * 제9호 : 조합원과 같은 가구에 속하는 자가 협동조합의 사업을 이용하는 경우
   * 제10호 : 조합원의 3분의 2 이상이 직원이고 조합원인 직원이 전체 직원의 3분의 2 이상인 협동조합이 전체 직원의 3분의 1을 넘지 아니하는 범위에서 비조합원을 고용하는 형태로 조합의 사업을 이용하게 하는 경우
2. 조합원으로 가입하도록 홍보하기 위하여 견본품을 유상 또는 무상으로 공급하는 경우. 다만, 다음 각 목의 어느 하나에 해당하는 경우는 제외한다.
   가. 사회적협동조합이 「사회서비스 이용 및 이용권 관리에 관한 법률」 제2조 제4호에 따른 사회서비스 제공자인 경우
   나. 사회적협동조합이 의료기관을 개설한 경우
3. 사회적협동조합이 법령에 따라 국가나 공공단체로부터 위탁받은 사회서비스를 제공하거나 취약계층의 일자리 창출을 위한 사업을 하는 경우
4. 다음 각 목의 경우를 제외한 사회적협동조합이 가입을 홍보하기 위하여 기획재정부장관에게 신고하는 기간(이하 이 호에서 "홍보기간"이라 하며, 그 기간은 1년에 3개월을 넘지 못한다) 동안 전년도 총공급고의 100분의 5 범위에서 물품을 유상 또는 무상으로 공급하는 경우. 다만, 사회

적협동조합이 설립인가를 받은 날부터 1년(단위매장의 경우에는 매장 개장일부터 1년) 동안은 홍보기간이 6개월을 넘지 아니하는 범위에서 총공급고에 대한 제한 없이 물품을 유상 또는 무상으로 공급할 수 있다.

가. 사회적협동조합이 「사회서비스 이용 및 이용권 관리에 관한 법률」 제2조 제4호에 따른 사회서비스 제공자인 경우

나. 사회적협동조합이 의료기관을 개설한 경우

5. 그 밖에 사회적협동조합의 사업 성격·유형 등을 고려하여 기획재정부장관이 정하여 고시하는 경우

② 사회적협동조합연합회의 회원이 아닌 자의 사업의 이용에 관하여는 제1항을 준용한다. 이 경우 제1항 중 "사회적협동조합"은 "사회적협동조합연합회"로, 제1항 각 호 외의 부분, 제1호(제9조 제1항 제5호의 경우만 해당한다) 및 제2호의 "조합원"은 각각 "회원"으로, 제1호(제9조 제1항 제9호 및 제10호의 경우만 해당한다)의 "조합원"은 "전체 회원 조합에 속하는 총조합원"으로 본다.

〈보건·의료사업을 행하는 사회적협동조합 추가이용〉

○ 보건·의료사업을 행하는 사회적협동조합은 총 공급고의 100분의 50의 범위에서 다음의 비조합원에게 보건·의료서비스를 제공 가능

* 총공급고 : 직전 연도 매출액 또는 이용인원
* 100명의 환자를 진료하였을 때, 조합원 70명, 천재지변의 긴급상황 등 제17조 제1항에 다른 비조합원 진료 10명, 응급환자 등 제18조 제1항에 따른 비조합원 진료 20명일 경우 : 비조합원의 이용은 총 공급고의 100분의 20으로 계산

– 천재지변의 긴급상황 등 제17조 제1항에 다른 비조합원 진료 10명은 총 공급고의 100분의 50의 제한 규정을 적용하지 않음.

〈협동조합법 시행령〉

제18조(보건·의료사업을 하는 사회적협동조합의 조합원이 아닌 자의 사업 이용) ① 법 제95조제3항에 따라 사회적협동조합이 보건·의료 서비스를 제공

할 수 있는 조합원이 아닌 자의 범위는 다음 각 호와 같다.
1. 「응급의료에 관한 법률」 제2조 제1호에 따른 응급환자
2. 「의료급여법」 제3조에 따른 수급권자
3. 「장애인 고용 촉진 및 직업재활법」 제2조 제1호에 다른 장애인
4. 「한부모가족지원법」 제5조 및 제5조의2에 따른 보호대상자
5. 「재한외국인 처우 기본법」 제2조 제3호에 따른 결혼이민자
6. 보건복지부장관이 정하여 고시하는 희귀난치성질환을 가진 자
7. 해당 조합(「사회적기업 육성법」 제7조에 따른 사회적기업의 인증을 받은 사회적협동조합만 해당한다)이 개설한 의료기관이 소재하는 시·도의 관할구역에 주소·거소·사업장 또는 근무지가 있는 자
8. 조합원과 같은 가구에 속하는 자
9. 그 밖에 기획재정부장관이 관계 중앙행정기관의 장과 협의하여 보건·의료 서비스를 제공할 필요가 있다고 인정하는 자

② 법 제95조 제3항에 따른 공급고의 산정기준은 직전 연도 매출액 또는 서비스 이용인원 중 사회적협동조합이 선택하는 기준을 적용하되, 제1항 제8호에 해당하는 자에게 보건·의료 서비스를 제공하는 경우 해당 조합원이 이사회의 승인을 받으면 그 조합원이 이용한 것으로 보아 공급고를 산정한다.

4.6. 운영의 공개

□ **(운영공개)** 사회적협동조합은 결산결과의 공고 등 운영사항을 적극 공개하여야 한다.

○ **(서류 비치)** 사회적협동조합은 정관·규약·규정, 총회·이사회 의사록, 회계장부 및 조합원 명부를 주된 사무소에 비치

○ **(서류 열람)** 사회적협동조합의 채권자 및 조합원은 제2항의 서류를 열람하거나 그 사본 청구 가능

□ **(경영 공시)** 결산일부터 3개월 이내에 소관부처 또는 사회적협동조합연

합회 홈페이지에 게재

○ 다음 사항은 반드시 게재

▌사회적협동조합 경영공시 필수사항

1. 정관
   * 정관이 변경된 경우에는 변경된 정관도 포함
   * 운영규약 및 운영규정도 포함
2. 사업계획서
3. 수입·지출 예산서
4. 사업결산 보고서
5. 사업결과 보고서
   * 조합원·직원 등에 대한 교육·홍보실적을 첨부할 것
   * 비조합원의 이용 실적을 첨부할 것
   * 법 제111조(법 제115조 제3항에 따라 준용되는 경우를 포함한다)에 따른 감독사항 및 그 조치 결과를 첨부할 것
6. 총회·대의원총회·이사회 등 운영 실적
7. 소액대출 및 상호부조 사업결과 보고서

○ 지역사회 기여 활동 등 다른 사항도 추가 게재 가능

* 결산총회 자료에 위의 내용이 모두 포함(각종 지정 서식 준수)되어 있을 경우에는 결산총회 자료를 공개하는 것으로 경영공시를 갈음할 수 있음.

〈협동조합기본법〉

제96조(운영의 공개) ① 사회적협동조합은 결산결과의 공고 등 운영사항을 적극 공개하여야 한다.

② 사회적협동조합은 정관·규약·규정, 총회·이사회 의사록, 회계장부 및 조합원 명부를 주된 사무소에 비치하여야 한다.

③ 협동조합의 채권자 및 조합원은 제2항의 서류를 열람하거나 그 사본을

청구할 수 있다.
④ 사회적협동조합은 기획재정부 또는 사회적협동조합연합회의 홈페이지에 주요 경영공시자료를 게재하여야 한다.

4.7. 소액대출 및 상호부조사업

1) 일반사항

□ **(적용대상)** 사회적협동조합만이 주 사업이 아닌 기타사업으로 소액대출 또는 상호부조사업 수행가능(법 제94조)

- ○ **(사업의 이용)** 비조합원은 소액대출 및 상호부조사업을 이용할 수 없음(법 제95조 제2항)
- ○ **(회계)** 소액대출 또는 상호부조사업은 사회적협동조합의 주사업 및 다른 기타사업과 구분하여 따로 회계처리해야 함(시행령 제15조 제4항, 제16조 제4항)
- ○ **(정관작성)** 소액대출 또는 상호부조사업을 하고자 하는 사회적협동조합은 동 사업과 관련된 내용을 정관에 작성

2) 소액대출사업

□ **(정의)** 조합원이 긴급하게 필요한 생계비, 교육비, 전세 및 월세보증금, 사업운영 자금 등 소액자금을 신용대출해 주는 사업

□ **(대출자격)** 사회적협동조합이 정관에서 정할 수 있으며 담당공무원은 인가 시 정관에 대출자격이 있는지 확인

- ○ 일정한 대출자격이 없으면 대출을 받고 조합을 탈퇴하거나 무분별한 대출신청 등 악용의 소지가 있음.

○ 인가서류 검토 시 대출자격이 정관에 없는 경우 정관에 작성될 수 있도록 지도

□ **(대출한도)** 대출한도의 총액은 납입 출자금 총액의 3분의 2를 초과할 수 없으며(법 제94조 제1항) 담당공무원은 인가 시 정관에 아래 내용이 포함되어 있는지 확인

○ **(1인당 대출한도)** 1인당 대출한도는 납입출자금 총액의 1/3 범위 내에서 정관에서 자율적으로 정함.

○ **(대출이자율 한도)** 대출이자율 한도는 한국은행이 발표하는 신규취급액 기준 예금은행 가계대출 가중평균금리 등을 고려하여 5.0% 이내에서 정관에서 자율적으로 정함.

○ **(연체이자율)** 대출 이자율의 1.5배 이하(시행령 제15조 제2항)

○ **(대출위험 관리)** 사업운영에 따른 손실에 대비하기 위한 적정수준의 충당금 적립의무가 필요하며 관련내용을 정관에 수록

○ **(회계)** 소액대출사업은 주 사업 및 다른 기타사업과 별도로 구분하여 따로 회계처리해야 함(시행령 제15조 제4항).

□ **(인가 및 감독)** 담당공무원은 사회적협동조합이 기타사업으로 소액대출을 하고자 하는 경우

○ (ⅰ) 대출자격, (ⅱ) 1인당 대출한도, (ⅲ) 대출이자율·연체이자율, (ⅳ) 대출위험관리, (ⅴ) 회계에 관한 내용이 정관에 포함되어 있는지 확인

※ 기타 자세한 사항은 표준정관을 참고

〈협동조합기본법〉

제94조(조합원에 대한 소액대출 및 상호부조) ① 사회적협동조합은 제45조 제3항에도 불구하고 상호복리 증진을 위하여 주 사업 이외의 사업으로 정관

으로 정하는 바에 따라 조합원을 대상으로 납입 출자금 총액의 한도에서 소액대출과 상호부조를 할 수 있다. 다만, 소액대출은 납입 출자금 총액의 3분의 2를 초과할 수 없다.

② 제1항의 사업에 따른 소액대출 이자율, 대출한도, 상호부조의 범위, 상호부조금, 상호부조계약 및 상호부조회비 등 필요한 세부 사항은 대통령령으로 정한다.

〈협동조합기본법 시행령〉

제15조(조합원에 대한 소액대출) ① 법 제94조 제2항에 따른 소액대출 이자율은 기획재정부장관이 고시하는 최고 한도 내에서 각 사회적협동조합의 정관으로 정한다. 이 경우 소액대출 이자율의 최고 한도는 한국은행이 발표하는 신규취급액 기준 예금은행 가계대출 가중평균금리를 고려하여 정한다.

② 법 제94조 제2항에 따른 소액대출 연체이자율은 해당 대출에 적용된 이자율의 1.5배를 최고 한도로 하여 각 사회적협동조합의 정관으로 정한다. 이 경우 연체이자율의 최고한도는「이자제한법」제2조 제1항에 따른 최고 이자율을 넘을 수 없다.

③ 법 제94조 제1항에 따른 소액대출 한도는 조합원의 수 및 출자금 규모, 소액대출의 종류 등을 고려하여 기획재정부장관이 정하여 고시하는 기준에 따라 각 사회적협동조합의 정관으로 정한다.

④ 법 제94조에 따른 소액대출 사업은 법 제93조의 주 사업 및 그 밖의 사업과 구분하여 따로 회계처리되어야 한다.

3) 상호부조사업

□ **(정의)** 조합원간 상부상조를 목적으로 조합원들이 상호부조회비를 각출하여 적립한 기금을 사용

○ 상호부조회비를 납부한 조합원에게 정관에서 정한 혼례, 사망, 질병 등의 사유가 생긴 경우 일정금액의 상호부조금을 지급(시행령 제16조 제1항)

* 상호부조 사업운영은 조합원에게 각출한 기금만으로 해야 하며 출자금 또는 차입한 금액 등을 기금으로 적립해서 운영해서는 안 됨.

○ **(소액대출과 상호부조 차이)** 소액대출은 대출금 상환을 전제로 하나 상호부조는 상환을 전제로 하지 않은 순수한 상부상조 개념의 자금 지원임.

□ **(참여자격)** 상호부조사업 참여할 수 있는 조합원 자격은 정관에서 정할 수 있으며 정관에 참여자격이 있는지 확인

□ **(상호부조금 한도)** 납입출자금 총액의 한도 내에서 정관에서 정함(시행령 제16조 제2항)

○ **(회비)** 회비납부에 관한 사항이 정관에 있어야 하며 방식 및 규모는 자율적으로 정하나 정기 납부 바람직

○ **(적립금 운용)** 적립한 기금운용에 관한사항은 정관에서 정할 수 있으나 적립된 기금이 주식, 회사채, 기타 시장성 증권에 투자하지 않도록 함.

○ **(대손위험관리)** 상호부조사업의 대손 위험을 관리하기 위하여 정관에 적절한 대손위험 관리방안이 있는지 확인

□ **(제3자 계약금지)** 상호부조 계약은 협동조합과 조합원 간에 직접 이루어져야 하며, 금융기관이나 보험기관 등 제3의 판매조직를 통해서 계약할 수 없음

□ **(회계)** 상호부조사업은 주 사업 및 다른 기타사업과 별도로 구분하여 따로 회계처리해야 함(시행령 제13조 제4항).

□ **(인가 및 감독)** 소관부처는 사회적협동조합이 기타사업으로 상호부조사업을 하는 경우 다음 사항이 정관에 포함되어 있는지 확인

○ (i) 참여자격, (ii) 상호부조금의 한도, (iii) 상호부조의 회비에 관련된 사항 (iv) 상호부조의 적립금 운용에 관한 사항, (v) 대손위험관리, (vi) 회계

4) 협조사항

□ 소관부처는 소액대출 또는 상호부조 사업을 하는 사회적협동조합을 인가(신규 또는 정관변경)할 경우 기획재정부장관에게 통보

○ 기획재정부는 소관부처와 함께 소액대출 및 상호부조사업을 하는 사회적협동조합을 지속적으로 모니터링 할 계획

〈협동조합기본법〉

제94조(조합원에 대한 소액대출 및 상호부조) ① 사회적협동조합은 제45조 제3항에도 불구하고 상호복리 증진을 위하여 주 사업 이외의 사업으로 정관으로 정하는 바에 따라 조합원을 대상으로 납입 출자금 총액의 한도에서 소액대출과 상호부조를 할 수 있다. 다만, 소액대출은 납입 출자금 총액의 3분의 2를 초과할 수 없다.

② 제1항의 사업에 따른 소액대출 이자율, 대출한도, 상호부조의 범위, 상호부조금, 상호부조계약 및 상호부조회비 등 필요한 세부 사항은 대통령령으로 정한다.

〈협동조합기본법 시행령〉

제16조(조합원에 대한 상호부조) ① 법 제94조 제1항에 따른 상호부조는 조합원 간 상부상조를 목적으로 조합원들이 각자 나눠 낸 상호부조회비를 기금으로 적립하여 그 기금으로 상호부조회비를 낸 조합원에게 혼례, 사망, 질병 등의 사유가 생긴 경우에는 일정금액의 상호부조금을 지급하는 사업으로 한다.

② 제1항에 따른 상호부조금의 지급 사유 및 사유별 지급되는 상호부조금의 한도 등 상호부조금의 지급에 필요한 사항은 각 사회적협동조합의 정관으로 정한다.

③ 법 제94조 제2항에 따른 상호부조회비와 상호부조계약에 관하여 필요한 사항은 각 사회적협동조합의 정관으로 정한다.

④ 제1항에 따른 상호부조 기금은 법 제93조의 주 사업 및 그 밖의 사업과 구분하여 따로 회계처리되어야 한다.

4.8. 감 독

□ **(감독)** 사회적협동조합(설립중인 경우를 포함)이 다음의 어느 하나에 해당하는 경우 그 소관부처는 그 업무 및 재산에 관한 사항을 보고하게 하거나 업무상황·장부·서류, 그 밖에 필요한 사항에 대하여 검사할 수 있음

* 각 소관부처는 한국사회적기업진흥원의 지원을 받을 수 있음.

○ 설립인가 및 절차에 적합한 지 확인할 필요가 있는 경우

○ 협동조합기본법령에 따른 명령 또는 정관을 위반하였는지 확인할 필요가 있는 경우

○ 목적사업이 관계 법령을 위반하였는지 확인할 필요가 있는 경우

□ **(검사공무원 증표)** 현지실사하는 공무원은 공무원증 등 그 권한을 표시하는 증표를 협동조합측에 제시

□ **(인가 취소)** 각 소관부처는 사회적협동조합이 다음의 어느 하나에 해당하게 되는 경우 설립인가를 취소할 수 있음.

○ 정당한 사유 없이 설립인가를 받은 날부터 1년 이내에 사업을 개시하지 아니하거나 1년 이상 계속하여 사업을 실시하지 아니한 경우

○ 2회 이상 소관부처의 시정명령을 이행하지 아니한 경우

○ 설립인가 기준에 미달하게 된 경우

○ 거짓이나 그 밖의 부정한 방법으로 설립인가를 받은 경우

□ **(인가취소 절차)** 각 소관부처는 설립인가를 취소하고자 하는 경우에는 청문을 실시하여야 하며, 설립인가를 취소하면 즉시 그 사실을 공고하여야 함.

□ **(벌칙)** 소관부처는 협동조합법령을 위반하는지 감독하고 위반사항 적발 시 형사고발 조치

○ 10년 이하의 징역 또는 3천만 원 이하의 벌금형

* 자연인인 임직원 또는 청산인에게 부과하고 법인에도 벌금형 부과(다만, 법인이

그 위반행위를 방지하기 위하여 해당 업무에 관하여 상당한 주의와 감독을 게을리 하지 않은 경우에는 법인 벌금형 제외)

- 정관 또는 운영규약 등에 기재된 사업목적과 다른 용도로 자금을 사용한 경우
- 투기를 목적으로 재산을 처분하거나 이용한 경우

○ 3년 이하의 징역 또는 2천만 원 이하의 벌금형

* 자연인인 임직원 또는 청산인에게 부과하고 법인에도 벌금형 부과(다만, 법인이 그 위반행위를 방지하기 위하여 해당 업무에 관하여 상당한 주의와 감독을 게을리 하지 않은 경우에는 법인 벌금형 제외)

- 매 회계연도 결산 결과 임여금이 있는 때에는 자기 자본의 3배가 될 때까지 잉여금의 100분의 30 이상을 법정적립금으로 적립하지 않은 경우(법 제97조 제1항 위반)
- 손실보전이나 해산의 경우가 아님에도 법정적립금을 사용한 경우(법 제97조 제3항 위반)
- 당기손실금에 대하여 미처분이월금, 임의적립금, 법정적립금의 순으로 보전처리하지 않은 경우(법 제98조 제1항 위반)
- 사회적협동조합이 법정적립금을 적립하고 남은 잉여금을 임의적립금으로 적립하지 않고 조합원에게 배당한 경우(법 제98조 제2항 위반)

  * 사회적협동조합 및 사회적협동조합연합회는 배당 금지

- 정기총회일 7일 전까지 결산보고서(사업보고서, 대차대조표, 손익계산서, 잉여금처분안 또는 손실금처리안 등을 말함)를 감사에게 제출하지 않거나 결산보고서와 감사의견서를 정기총회에 제출하지 않은 경우(법 제52조 및 제100조 위반)
- 출자 1좌 금액의 감소하기로 의결했음에도 의결한 날로부터 14일 이내에 대차대조표를 작성하지 않은 경우(법 제53조 제1항 및 제100조 위반)

- 출자감소 의결 후 14일 이내에 채권자에 대하여 30일 이상의 이의신청 기간을 두고 이의신청할 것을 공고하지 않거나 이미 알고 있는 채권자에 대하여는 개별적으로 최고하지 않은 경우(법 제53조 제2항·제3항 및 제100조 위반)
- 사회적협동조합이 조합원의 출자지분을 취득하거나 질권 설정한 경우(법 제55조 및 제100조 위반)
- 청산인이 취임 후 지체 없이 협동조합의 재산상태를 조사하고 재산목록과 대차대조표를 작성한 다음 재산처분의 방법을 정하여 총회의 승인을 받지 않은 경우(법 제103조 제2항 위반)
- 청산인이 청산사무가 종결된 때 지체 없이 결산보고서를 작성하여 총회의 승인을 받지 않은 경우(법 제103조 제3항 위반)
- 사회적협동조합이 해산하면서 상급 사회적협동조합연합회, 유사한 목적의 사회적협동조합, 비영리법인·공익법인, 국고 이외의 곳에 잔여재산을 귀속한 경우(법 제104조 위반)
- 거짓 또는 부정한 방법으로 등기한 경우
- 총회의 의결을 받아야 하는 사항에 대하여 의결을 받지 아니하고 집행한 경우

○ 2년 이하의 징역 또는 1천만 원 이하의 벌금형

* 자연인인 임직원 또는 청산인에게 부과

- 공직선거에서 특정 정당을 지지·반대하는 행위 또는 특정인을 당선되도록 하거나 당선되지 아니하도록 하는 행위를 하는 등 공직선거에 관여한 경우(법 제9조 제2항 위반)
- 자기 또는 특정인을 임원 또는 대의원으로 당선되도록 하거나 당선되지 못하도록 할 목적으로 다음 행위를 하는 경우(법 제37조 제1항 및 제92조 위반)

1. 조합원(협동조합 가입신청자 포함)이나 그 가족 또는 조합원이나 그 가족이 설립·운영하고 있는 기관·단체·시설에 대하여 금전·물품·향응이나 그 밖의 재산상의 이익을 제공하거나 공사의 직을 제공하거나 금전·물품·향응, 그 밖의 재산상의 이익이나 공사의 직을 제공하겠다는 의사표시 또는 그 제공을 약속한 경우
2. 후보자가 되지 못하도록 하거나 후보자를 사퇴하게 할 목적으로 후보자가 되려는 사람이나 후보자에게 위 1번의 행위를 한 경우
3. 1번이나 2번의 이익이나 직을 제공받거나 그 제공의 의사표시를 승낙하는 행위 또는 그 제공을 요구하거나 알선하는 행위

- 임원 또는 대의원이 되려는 사람이 정관으로 정하는 기간 중에 선거운동을 위하여 조합원·회원을 호별 방문하거나 특정장소에 모이게 하는 경우(법 제37조 제2항 및 제92조 위반)
- 임원 또는 대의원 선거와 관련하여 연설·벽보, 그 밖의 방법으로 거짓의 사실을 공표하거나 공연히 사실을 적시하여 후보자를 비방하는 경우(법 제37조 제3항 및 제92조 위반)
- 임원 또는 대의원 선거와 관련하여 선거 벽보의 부착, 선거 공보의 배부, 소형 인쇄물의 배부, 합동 연설회 또는 공개 토론회의 개최, 전화·컴퓨터통신을 이용한 지지 호소 이외의 방법으로 선거운동을 하는 경우(법 제37조 제4항 및 제92조 위반)

〈협동조합기본법〉

제117조(벌칙) ① 협동조합 등 및 사회적협동조합 등의 임직원 또는 청산인이 다음 각 호의 어느 하나에 해당하는 행위로 협동조합 등 및 사회적협동조합 등에 손해를 끼친 때에는 10년 이하의 징역 또는 3천만 원 이하의 벌금에 처한다. 이 경우 징역형과 벌금형은 병과할 수 있다.

1. 협동조합 등 및 사회적협동조합 등의 사업목적 이외의 다른 용도로 자금을 사용한 경우
2. 투기를 목적으로 협동조합 등 및 사회적협동조합 등의 재산을 처분하거나 이용한 경우

② 협동조합 등 및 사회적협동조합 등의 임직원 또는 청산인이 다음 각 호의 어느 하나에 해당하는 행위를 한 때에는 3년 이하의 징역 또는 2천만원 이하의 벌금에 처한다.

1. 제45조 제3항, 제50조 제1항·제3항, 제51조부터 제53조까지, 제55조, 제58조, 제80조 제3항, 제97조 제1항·제3항, 제98조, 제103조 및 제104조(제82조·제83조·제100조 또는 제115조에 따라 준용되는 경우를 포함한다)를 위반한 경우
2. 거짓 또는 부정한 방법으로 등기를 한 경우
3. 총회의 의결을 받아야 하는 사항에 대하여 의결을 받지 아니하고 집행한 경우

③ 다음 각 호의 어느 하나에 해당하는 자는 2년 이하의 징역 또는 1천만원 이하의 벌금에 처한다.

1. 제9조제2항을 위반하여 공직선거에 관여한 자
2. 제37조(제79조·제92조 및 제115조에 따라 준용되는 경우를 포함한다)를 위반한 자

제118조(양벌규정) 협동조합 등 및 사회적협동조합 등의 임직원 또는 청산인이 그 협동조합 등 및 사회적협동조합 등의 업무에 관하여 제117조 제1항 및 제2항의 위반행위를 하면 그 행위자를 벌하는 외에 그 협동조합 등 및 사회적협동조합 등에도 해당 조문의 벌금형을 과(科)한다. 다만, 협동조합 등 및 사회적협동조합 등이 그 위반행위를 방지하기 위하여 해당 업무에 관하여 상당한 주의와 감독을 게을리하지 아니한 경우에는 그러하지 아니하다.

□ **(과태료)** 소관부처는 협동조합이 협동조합법령을 위반하는지 감독하고 다음 위반사항 적발시 과태료 부과

○ 과태료 처분에 관한 일반사항

- (**가중처분**) 해당 위반행위가 있은 날 이전 최근 2년간 같은 위반행위로 처분받은 경우
- (**감경처분**) 위반행위의 정도·동기·결과를 고려하여 감경하되, 과태료를 체납하고 있는 위반행위자에 대해서는 감경하지 않음. 특히, 다음의 경우에는 최대 1/2까지 감경 가능

▌감경대상자

1. 국민기초생활보장법에 따른 수급자
2. 한부보가족지원법에 따른 보호대상자
3. 장애인복지법에 따른 1급·2급·3급 장애인
4. 「국가유공자 등 예우 및 지원에 관한 법률」에 따른 1급·2급·3급 상이유공자
5. 미성년자
6. 위반행위가 사소한 부주의나 오류로 인한 것
7. 위반행위자가 법 위반상태를 시정하거나 해소한 경우

○ 1차 위반시 과태료 100만원에 해당하는 사항

* 자연인 또는 법인에게 부과

- 사회적협동조합이 아니면서 동 명칭을 사용한 경우(법 제3조 제3항 위반)

○ 1차 위반시 과태료 100만원에 해당하는 사항

* 법인에게 부과

- 조합원 1인의 출자좌수가 총 출자좌수의 100분의 30을 초과한 경우(법 제22조 제2항 및 제91조 위반)
- 조합원의 의결권·선거권에 차등을 둔 경우(법 제23조 제1항·제91조 위반)
- 허용된 비조합원 이외에 자에게 사업을 이용하게 한 경우(법 제95

조 위반)

- 소액대출 및 상호부조의 총 사업한도, 이자율, 대출한도, 상호부조의 범위, 상호부조금, 상호부조계약 및 상호부조회비 등을 초과하게 한 경우(법 제94조 위반)

○ 1차 위반시 과태료 50만원에 해당하는 사항

* 자연인인 임직원 또는 청산인에게 부과

- 사회적협동조합의 임직원 또는 청산인이 신고·등기를 게을리한 때
- 사회적협동조합의 임직원 또는 청산인이 정관·규약·규정, 총회·이사회 의사록, 회계장부 및 조합원 명부를 주된 사무소에 비치하지 아니한 경우(법 제96조 제2항 위반)
- 사회적협동조합의 임직원 또는 청산인이 채권자·조합원의 서류열람 및 사본 청구를 거부한 경우(법 제96조 제3항 위반)
- 사회적협동조합의 임직원 또는 청산인이 소관부처 또는 사회적협동조합연합회의 홈페이지에 주요 경영공시자료를 게재하지 않은 경우(법 제96조 제4항 위반)
- 사회적협동조합의 임직원 또는 청산인이 감독기관 또는 총회에 대하여 거짓의 진술 또는 보고를 하거나 사실을 은폐한 때
- 사회적협동조합의 임직원 또는 청산인이 감독기관의 검사를 거부·방해 또는 기피한 때

[시행규칙 별표]

과태료의 부과기준(제23조 관련)

1. 일반기준

가. 위반행위의 횟수에 따른 과태료의 부과기준은 해당 위반행위를 한 날 이전 최근 2년간 같은 위반행위로 부과처분을 받은 경우에 적용한다.

나. 부과권자는 위반행위의 정도, 위반행위의 동기와 그 결과 등 다음 사항

을 고려하여 제2호의 개별기준에서 정한 금액의 2분의 1 범위에서 그 금액을 줄일 수 있다. 다만, 과태료를 체납하고 있는 위반행위자에 대해서는 그러하지 아니하다.

1) 위반행위자가 「질서위반행위규제법 시행령」 제2조의2 제1항 각 호의 어느 하나에 해당하는 경우
2) 위반행위가 사소한 부주의나 오류로 인한 것으로 인정되는 경우
3) 위반행위자가 법 위반상태를 시정하거나 해소한 경우

2. 개별기준

(단위 : 만원)

위반행위	근 거 법조문	과태료 금액	
		1차 위반	2차 이상 위반
가. 법 제3조 제3항을 위반하여 명칭을 사용한 경우	법 제119조 제1항	100	200
나. 협동조합 등 및 사회적협동조합 등이 법 제22조 제2항(법 제76조·제91조 및 제115조 제1항에 따라 준용되는 경우를 포함한다)을 위반하여 조합원 등 1인의 출자좌수 제한을 초과하게 한 경우	법 제119조 제2항 제1호	100	200
다. 협동조합 등 및 사회적협동조합 등이 법 제23조 제1항(법 제91조에 따라 준용되는 경우를 포함한다)을 위반하여 조합원의 의결권·선거권에 차등을 둔 경우	법 제119조 제2항 제2호	100	200
라. 협동조합 등 및 사회적협동조합 등이 법 제46조, 제81조 및 제95조(법 제115조 제2항에 따라 준용되는 경우를 포함한다)를 위반하여 조합원 등이 아닌 자에게 협동조합 등의 사업을 이용하게 한 경우	법 제119조 제2항 제3호	100	200
마. 협동조합 등 및 사회적협동조합 등의 임직원 또는 청산인이 법 제49조 제2항(법 제82조에 따라 준용되는 경우를 포함한	법 제119조 제3항 제2호	50	100

다) 및 법 제96조 제2항(법 제115조 제3항에 따라 준용되는 경우를 포함한다)에 따른 서류비치를 게을리한 때			
바. 협동조합 등 및 사회적협동조합 등의 임직원 또는 청산인이 법 제49조 제3항 및 제4항(법 제82조에 따라 준용되는 경우를 포함한다), 법 제96조 제3항 및 제4항(법 제115조 제3항에 따라 준용되는 경우를 포함한다)에 따른 운영의 공개를 게을리한 때	법 제119조 제3항 제3호	50	100
사. 협동조합 등 및 사회적협동조합 등이 법 제94조를 위반하여 소액대출 및 상호부조의 총사업한도, 이자율, 대출한도, 상호부조의 범위, 상호부조금, 상호부조계약 및 상호부조회비 등을 초과하게 한 경우	법 제119조 제2항 제4호	100	200
아. 협동조합 등 및 사회적협동조합 등의 임직원 또는 청산인이 신고·등기를 게을리한 때	법 제119조 제3항 제1호	50	100
자. 협동조합 등 및 사회적협동조합 등의 임직원 또는 청산인이 감독기관 또는 총회에 대하여 거짓의 진술 또는 보고를 하거나 사실을 은폐한 때	법 제119조 제3항 제4호	50	100
차. 협동조합 등 및 사회적협동조합 등의 임직원 또는 청산인이 감독기관의 검사를 거부·방해 또는 기피한 때	법 제119조 제3항 제5호	50	100

〈협동조합기본법〉

제119조(과태료) ① 제3조 제3항을 위반한 자에게는 200만 원 이하의 과태료를 부과한다.

② 협동조합 등 및 사회적협동조합 등이 다음 각 호의 어느 하나에 해당하는 경우에는 200만 원 이하의 과태료를 부과한다.

1. 제22조 제2항(제76조·제91조 및 제115조 제1항에 따라 준용되는 경우를 포함한다)을 위반하여 조합원 등 1인의 출자좌수 제한을 초과하게 한 경우
2. 제23조 제1항(제91조에 따라 준용되는 경우를 포함한다)을 위반하여 조합원의 의결권·선거권에 차등을 둔 경우
3. 제46조, 제81조 및 제95조(제115조 제2항에 따라 준용되는 경우를 포함한다)를 위반하여 조합원 등이 아닌 자에게 협동조합 등의 사업을 이용하게 한 경우
4. 제94조를 위반하여 소액대출 및 상호부조의 총사업한도, 이자율, 대출한도, 상호부조의 범위, 상호부조금, 상호부조계약 및 상호부조회비 등을 초과하게 한 경우

③ 협동조합 등 및 사회적협동조합 등의 임직원 또는 청산인이 다음 각 호의 어느 하나에 해당하는 때에는 100만 원 이하의 과태료를 부과한다.

1. 신고·등기를 게을리한 때
2. 제49조 제2항(제82조에 따라 준용되는 경우를 포함한다) 및 제96조 제2항(제115조 제3항에 따라 준용되는 경우를 포함한다)에 따른 서류비치를 게을리한 때
3. 제49조 제3항 및 제4항(제82조에 따라 준용되는 경우를 포함한다), 제96조 제3항 및 제4항(제115조 제3항에 따라 준용되는 경우를 포함한다)에 따른 운영의 공개를 게을리한 때
4. 감독기관 또는 총회에 대하여 거짓의 진술 또는 보고를 하거나 사실을 은폐한 때
5. 감독기관의 검사를 거부·방해 또는 기피한 때

④ 제1항부터 제3항까지의 규정에 따른 과태료는 대통령령으로 정하는 바에 따라 기획재정부장관 또는 시·도지사가 부과·징수한다.

□ **(정치적 중립의무 안내)** 공직선거 관여 금지 등 정치적 중립 의무를 철저히 준수

〈협동조합기본법〉

제9조(공직선거 관여 금지) ① 협동조합 등 및 사회적협동조합 등은 공직선거에서 특정 정당을 지지·반대하는 행위 또는 특정인을 당선되도록 하거나 당선되지 아니하도록 하는 행위를 하여서는 아니 된다.

② 누구든지 협동조합 등 및 사회적협동조합 등을 이용하여 제1항에 따른 행위를 하여서는 아니 된다.

제117조(벌칙) ③ 다음 각 호의 어느 하나에 해당하는 자는 2년 이하의 징역 또는 1천만 원 이하의 벌금에 처한다.

1. 제9조 제2항을 위반하여 공직선거에 관여한 자

Ⅴ. 사회적협동조합연합회

5.1. 설립인가

1) 설립신고 요건

□ 「협동조합기본법」 제114조에 따라 셋 이상의 협동조합이 모여 기획재정부 인가 및 설립등기를 거쳐 설립

① 발기인 모집(3개 이상 사회적협동조합)

↓

② 정관 작성(목적, 명칭, 사업 등 포함)

↓

③ 설립동의자 모집

↓

④ 창립총회 의결(설립동의자 과반수 출석, 출석 2/3 찬성)

↓

⑤ 설립 신고(기획재정부)

↓

⑥ 사무 인수 인계(발기인 → 회장)

↓

⑦ 출자금 납입

↓

⑧ 설립 등기(관할 등기소)

↓

⑨ 사회적협동조합연합회(법인격 부여)

* 형편에 따라서 설립동의자 모집 이후에 정관을 작성할 수도 있음. 다만, 이 경우에도 창립총회 개최 이전에 정관을 작성해야 함.
* 설립 등기를 할 때 총회 의사록은 공증인의 인증을 받아야 하나, 사회적협동조합연합회

는 법무부의 공증 제외 승인을 받은 경우 공증 필요 없음(공증인법 제66조의2).

□ 기획재정부의 인가 절차

○ 기획재정부는 특별한 사유가 없는 한 신고서를 접수한 때로부터 60일 이내(1회 연장 가능)에 인가증을 교부하여야 함.

○ 제출서류가 미비할 경우 행정절차법령에 따라 자료보완 요청할 수 있음.

○ 필요시 한국사회적기업진흥원을 통해 사회적협동조합 인가 등 관련 지원을 받을 수 있음.

설립인가 신청서 제출
(신청기관 → 기획재정부)

↓

전문적 검토지원 요청
(기획재정부 → 진흥원)

↓

형식요건 심사 및 현장실사
(진흥원, 민간지원기관)

↓

검토 보고서 등 송부
(진흥원 → 기획재정부)

↓

설립 인가(60일 이내)
(기획재정부)

↓

설립인가서 교부
(기획재정부)

□ **(제출서류)** 설립인가신청서에 다음 서류를 첨부하여 기획재정부장관에게 제출

○ 신청인 : 발기인 협동조합의 이사장

▌사회적협동조합연합회 설립 인가 제출서류

1. 정관 사본
2. 창립총회 개최 공고문
3. 창립총회 의사록
4. 사업계획서(추정재무제표를 포함)
5. 수입·지출예산서
6. 설립동의자 명부
7. 출자 1좌(座)당 금액과 회원별로 인수하려는 출자좌수를 적은 서류
8. 임원 명부
9. 임원의 이력서 및 사진
   * 사진 : 가로 3cm, 세로 4cm
   * 이력서에 사진을 붙인 경우에는 사진 추가제출 불필요
10. 주 사업의 내용이 설립인가 기준을 충족함을 증명하는 서류
11. 합병 또는 분할을 의결한 총회 의사록
   * 「협동조합기본법」 제101조 및 제115조에 따른 합병 및 분할에 의한 설립의 경우에만 해당

2) 심사기준

□ 정관에 대하여 검토할 사항

※ [별표 1]의 사회적협동조합연합회 표준정관례를 참고

○ "정관"이란, 단체나 법인의 조직활동을 정하는 근본규칙을 정한 서면을 말하며, 모든 법인(협동조합 포함)의 설립행위에는 반드시 정관작성이 포함되어야 함.

○ 정관에는 "필수기재사항"과 "임의기재사항"이 있음.

– 필수 기재사항이 기재되었는지 확인할 것

▌정관 필수기재사항(협동조합기본법 제16조 제1항)

1. 목적
2. 명칭 및 주된 사무소의 소재지
3. 조합원 및 대리인의 자격
4. 조합원의 가입, 탈퇴 및 제명에 관한 사항
5. 출자 1좌의 금액과 납입 방법 및 시기, 조합원의 출자좌수 한도
6. 조합원의 권리와 의무에 관한 사항
7. 잉여금과 손실금의 처리에 관한 사항
8. 적립금의 적립방법 및 사용에 관한 사항
9. 사업의 범위 및 회계에 관한 사항
10. 기관 및 임원에 관한 사항
11. 공고의 방법에 관한 사항
12. 해산에 관한 사항
13. 출자금의 양도에 관한 사항
14. 그 밖에 총회·이사회의 운영 등에 필요한 사항

○ **(발기인 서명)** 3인 이상의 발기인은 사회적협동조합연합회의 근본규칙이 될 "정관"을 함께 작성하고 기명날인 또는 서명

* 형편에 따라서 설립동의자 모집 이후에 발기인 및 설립동의자가 모두 참여하여 정관을 작성할 수도 있음. 이때에도 발기인만이 기명날인 또는 서명을 함.
* 설립동의자 : 조합원의 자격을 갖춘 사람으로서 창립총회 전까지 발기인에게 설립동의서를 제출한 자 (발기인 포함)

○ **(명칭)** 명칭에 사회적협동조합연합회라는 문자가 반드시 포함

* 사회적협동조합연합회라는 문자를 명칭 맨 뒤뿐만 아니라 맨 앞에도 사용 가능 (○○사회적협동조합 및 사회적협동조합○○ 둘 다 가능)

○ **(명칭 중복)** 설립할 법인의 명칭이 기존의 다른 법인의 명칭과 동일한

지 여부 확인

* 동일명칭의 확인방법은 대법원 인터넷등기소에 접속하여, '법인등기' 선택→'열람' 선택→'상호로 검색'에서 '전체등기소' 선택→법인종류에서 설립할 법인의 종류로 검색→'상호' 검색하여 동일명칭의 법인이 있는지를 확인
* 특별시·광역시·시·군내에서는 동일한 명칭을 사용할 수 없으며, 시·군을 달리하는 경우에는 동일한 명칭 사용 가능(상법 제23조 참고)

○ **(명칭 혼동)** 혼동을 일으킬 수 있는 명칭인 지 검토

- 명칭 맨 앞에 '전국', '대한', '한국'을 붙이는 전국 규모의 사회적 협동조합연합회는 사업 업태별로 1개 단체에만 허용

○ **(주된 사무소)** 반드시 상설 사무실을 둘 필요는 없으며 설립동의자의 사무소를 연합회의 주된 사무소로 할 수도 있음.

* 상근 직원을 반드시 둘 필요는 없음.

○ **(출자)** 회원은 1좌 이상 출자해야 하며, 총 출자좌수의 100분의 40을 넘을 수 없음.

* 출자금은 회장 계좌로 납입
* 등기전이라도 납입된 출자금 중 일부를 협동조합 설립을 위하여 사용할 수 있음. 이 경우 증빙 서류 보관 필요

○ **(잉여금 배당)** 적립금 등으로 적립하며 배당금지

○ **(손실금)** 미처분이월금, 임의적립금, 법정적립금 순으로 보전, 부족시 다음 회계연도 이월

○ **(적립금)** 자기자본의 3배가 될 때까지 잉여금의 100분의 30 이상을 적립(법정적립금), 그 외 임의적립금 가능

- 법정적립금은 손실 보전, 해산에만 사용 가능

○ **(사업범위)** 필요한 사업을 자율적으로 규정할 수 있음

- 다만, ① 회원에 대한 지도·지원·연락 및 조정에 관한 사업 ② 회원에 속한 조합원 및 직원에 대한 상담·교육·훈련 및 정보제공 사

업 ③ 회원의 사업에 관한 조사·연구 및 홍보사업

– 한국표준산업분류에 의한 금융업 및 보험업 금지

□ 창립총회에 대하여 검토할 사항

○ **(공고 절차)** 총회 개최 전 일정기간 이상 조합원 자격이 있는 자가 쉽게 알 수 있는 방법으로 공고

* 조합원총회에 준하여 개최 7일 전까지 공고하는 것이 바람직

* 일간지 게재, 게시에 의한 공고, 등기우편 발송, 전자우편 발송 등 설립동의자가 충분히 알 수 있는 방법이면 무방

○ **(공고 내용)** 창립총회의 일시 및 장소, 회원의 자격 요건, 창립총회에서 의결하여야 하는 사항 포함

○ **(의결 사항)** 창립총회 의결사항에 반드시 포함되어야 할 사항

▌창립총회 필수의결사항

1. 정관
2. 사업계획서
3. 수입·지출 예산서
4. 임원의 선출
5. 설립 경비 등 설립에 필요한 사항

○ **(의결 기준)** 설립동의자 과반수 출석과 출석자 3분의 2 이상의 찬성으로 의결

* 회원 조합을 대표해서 누가 참석할 지는 회원조합이 자율적으로 결정

□ 임원 명부에 관하여 검토할 사항

○ **(임직원 겸직)** 다음 사항을 준수할 것

① 회장은 협동조합기본법에 의해 설립된 다른 협동조합연합회의 회장 겸직 금지

② 회장을 포함한 이사와 직원은 감사 겸직 금지

③ 임원은 해당 협동조합연합회의 직원 겸직 금지

- 다만, 직원을 겸직하는 임원 수가 임원 총수의 3분의 1을 초과하지 아니하는 범위에서 임원이 직원 겸직 가능
- 또한, 전체 회원 조합에 속한 조합원 총수의 3분의 2 이상이 직원이고 조합원인 직원이 전체 직원의 3분의 2 이상인 연합회는 임원 총수의 3분의 1을 초과하여 임원이 해당 협동조합연합회의 직원 겸직 가능

〈협동조합기본법〉

제44조(임직원의 겸직금지) ① 이사장은 다른 협동조합의 이사장을 겸직할 수 없다.

② 이사장을 포함한 이사와 직원은 감사를 겸직할 수 없다.

③ 임원은 해당 협동조합의 직원을 겸직할 수 없다. 다만, 사업의 성격, 조합원 구성 등을 감안하여 대통령령이 정하는 바에 따라 임원과 직원을 겸직할 수 있다.

제79조(준용규정) 연합회의 기관에 관하여는 제28조 제3항부터 제5항까지, 제29조부터 제44조까지의 규정을 준용한다. 이 경우 "협동조합"은 "연합회"로, "이사장"은 "회장"으로, "조합원"은 "회원"으로 보고, 제40조 제1항 중 "5분의 1"은 "3분의 1"로 보며, 제29조, 제30조 및 제40조 제1항 중 "조합원"은 "대의원"으로 보고, 제37조 중 "조합원"은 "대의원이나 회원에 속한 조합원"으로, "가입신청을 한 자"는 "가입신청을 한 협동조합에 속한 조합원"으로 본다.

〈협동조합기본법 시행령〉

제8조(협동조합 등 임직원의 겸직) ① 법 제44조 제3항 단서(법 제79조에 따라 준용되는 경우를 포함하며, 이 경우 제1호 및 제2호의 "조합원"은 "전체 회원 조합에 속하는 총조합원"으로 본다)에 따라 협동조합 등이 다음 각 호의

어느 하나에 해당하는 경우에는 해당 협동조합의 임원이 직원을 겸직할 수 있다.

1. 조합원의 3분의 2 이상이 직원이고 조합원인 직원이 전체 직원의 3분의 2이상인 경우(임원이 직원을 겸직하기 전의 시점을 기준으로 한다)
2. 조합원 수가 10인 이하인 경우
3. 그 밖에 협동조합 등의 규모·자산·사업 등을 고려하여 임원과 직원의 겸직이 필요한 경우로서 기획재정부 장관이 정하여 고시하는 경우

제13조(사회적협동조합등의 임직원의 겸직) ① 법 제92조 및 제115조 제1항에서 준용되는 법 제44조에 따라 사회적협동조합 등은 직원을 겸직하는 임원 수가 임원 총수의 3분의 1을 초과하지 아니하는 범위에서 임원이 직원을 겸직할 수 있다. 다만, 사회적협동조합 등이 제8조 각 호의 어느 하나에 해당하는 경우에는 임원 총수의 3분의 1을 초과하여 임원이 직원을 겸직할 수 있다.

② 제1항 단서에 따라 사회적협동조합연합회에 대하여 제8조 각 호를 적용함에 있어서 "조합원"은 "전체 회원 조합에 속하는 총조합원"으로, "협동조합등"은 "사회적협동조합연합회"로 본다.

□ 제출 서류간 일관성을 검토할 것

○ 정관, 사업계획서 및 수지예산서의 사업 기술내용에 일관성이 있어야 함.

* 잘못된 예 : 정관에는 커피숍협동조합으로 나와 있음에도 사업계획서에는 유기농농산물출하사업을 하겠다고 하는 경우
* 잘못된 예 : 정관에는 50가지 사업을 망라한 후 사업계획서에는 그 중 2~3가지만 적고 나머지는 추후 하겠다고 하는 경우

3) 법인등기 관련 총회 의사록 공증 면제 추천

□ **(공증 면제)** 설립 등기를 할 때 총회 의사록은 공증인의 인증을 받아야 하나 사회적협동조합연합회는 법무부의 공증 제외 승인을 받은 경우 총

회 의사록에 대하여 공증받을 필요 없음.

□ **(추천 신청)** 공증 면제를 희망하는 사회적협동조합연합회는 총회 의사록 공증 면제 추천 신청서를 소관부처에 제출함.

□ **(면제 추천)** 소관부처는 공증 면제가 타당하다고 판단하는 경우 다음 서류를 갖추어 법무부(법무과)에 추천함.

▌총회의사록 공증 면제 추천 서류

1. 소관부처 추천 공문
2. 소관부처 검토의견서(협동조합기본법 관련 조문 포함)
3. 공증면제 추천 신청서
4. 설립인가증 사본
5. 정관
6. 기타 참고자료

○ 법무부는 면제가 타당하다고 판단하는 경우 "의사록 인증 제외대상 법인 고시"를 개정하여 대상기관을 추가고시함.

○ 등기신청시 공증문서 대신 법무부 고시를 제출하면 됨.

〈공증인법〉

제66조의2(법인의사록의 인증) ① 법인 등기를 할 때 그 신청서류에 첨부되는 법인 총회 등의 의사록은 공증인의 인증을 받아야 한다. 다만, 자본금의 총액이 10억 원 미만인 회사를 「상법」 제295조 제1항에 따라 발기설립하는 경우 또는 대통령령으로 정하는 공법인이나 비영리법인의 경우에는 그러하지 아니하다.

〈공증인법 시행령〉

제66조의2(법인의사록의 인증) 법 제66조의2 제1항 단서에서 "대통령령이 정

하는 공법인 또는 비영리법인"이란 「민법」 제32조에 따라 주무관청의 허가를 받아 설립된 비영리법인 또는 공법인 중 다음의 요건을 모두 갖춘 법인으로서 주무관청의 추천을 받아 법무부장관이 지정·고시하는 법인을 말한다.
1. 설립목적 및 수행 사무가 공익적일 것
2. 주무관청의 감독으로 법인 총회 등의 결의절차와 내용의 진실성에 대한 분쟁의 소지가 없을 것

5.2. 정관변경인가

□ **(제출서류)** 정관을 변경하고자 하는 사회적협동조합연합회는 정관변경 신고서에 다음 서류를 첨부해서 기획재정부장관에게 제출

▮ 사회적협동조합연합회 정관변경 신고 제출서류

1. 정관 중 변경하려는 사항을 적은 서류
2. 정관 변경을 의결한 총회 의사록
3. 정관 변경 후의 사업계획서와 수입·지출 예산서
   * 사업계획이 변경되어 정관을 변경하는 경우만 해당
4. 대차대조표와 출자감소의 의결, 채권자 공고 및 이의신청의 처리 등의 사실관계를 증명할 수 있는 서류
   * 출좌 1좌당 금액 감소에 따라 정관을 변경하는 경우만 해당

□ **(심사기준)** 기획재정부는 상기 제출서류에 대하여 적합한지 검토할 것
- ○ 출자 1좌당 금액의 감소의 경우에는 공고 또는 최고(催告)한 사실을 증명하는 서류도 검토할 것
- ○ 출자 1좌당 금액의 감소에 대한 이의를 신청한 채권자가 있는 경우에는 채무변제나 담보제공 사실을 증명하는 서류도 검토할 것

〈협동조합기본법〉

제86조(정관) ② 사회적협동조합의 정관의 변경은 기획재정부장관의 인가를 받아야 그 효력이 발생한다.

제115조(준용규정) ③ 사회적협동조합연합회에 관하여는 제4장 중 제86조, 제87조, 제89조, 제90조, 제96조부터 제99조까지, 제101조부터 제109조까지 및 제111조부터 제113조까지의 규정을 준용한다. 이 경우 "사회적협동조합"은 "사회적협동조합연합회"로, "조합원"은 "회원"으로, 제86조 제1항 제3호 중 "조합원 및 대리인"은 "회원"으로 보며, 제101조 제4항 중 "제85조, 제86조 및 제88조"는 "제114조 및 제115조"로 보고, 제103조 제4항 중 "조합원"은 "대의원"으로 본다.

5.3. 합병 및 분할인가

□ **(제출서류)** 협동조합연합회가 합병할 경우 합병 후 존속하는 협동조합연합회는 합병신고서에 다음 서류를 첨부하여 기획재정부장관에게 제출

▮ 합병 및 분할 인가 제출서류

1. 합병을 결의한 총회 의사록(합병한 경우에 한함)
2. 분할을 결의한 총회 의사록(분할한 경우에 한함)

 * 분할하는 협동조합은 신규 설립 절차를 따라야 함.

□ **(심사기준)** 기획재정부는 상기 제출서류에 대하여 다음 사항이 적합한지 검토할 것

○ 존속하는 사회적협동조합연합회가 승계하여야 할 권리·의무의 범위가 의결사항으로 적혀 있을 것

〈협동조합기본법〉

제56조(합병 및 분할) ① 협동조합은 합병계약서 또는 분할계획서를 작성한 후 총회의 의결을 얻어 합병 또는 분할할 수 있다.
② 협동조합이 합병할 경우 합병 후 존속되는 협동조합은 합병신고를, 분할 후 새로 설립되는 협동조합은 설립신고를, 합병으로 소멸되는 협동조합은 해산신고를 각 사무소의 소재지에서 하여야 한다.
③ 합병 또는 분할로 인하여 존속하거나 설립되는 협동조합은 합병 또는 분할로 소멸되는 협동조합의 권리·의무를 승계한다.
④ 제1항에 따라 설립되는 협동조합에 대하여는 제15조부터 제17조까지의 규정을 준용한다.
⑤ 협동조합은 이 법에 따른 협동조합 이외의 법인, 단체 및 협동조합 등과 합병하거나 이 법에 따른 협동조합 이외의 법인, 단체 및 협동조합 등으로 분할할 수 없다.
⑥ 협동조합의 합병 및 분할에 관하여는 제53조 및 제54조의 규정을 준용한다.

5.4. 해산신고

□ **(제출서류)** 해산한 날로부터 2주 이내에 해산신고서에 다음 서류를 첨부하여 기획재정부장관에게 제출

▌해산 신고 제출서류

1. 해산 당시의 재산목록
2. 잔여재산 처분방법의 개요를 적은 서류
3. 해산 당시의 정관
4. 해산을 결의한 총회 의사록

□ **(심사기준)** 기획재정부는 상기 제출서류에 대하여 적합한지 검토할 것

○ 부채 및 출자금을 변제하고 남은 잔여재산에 대하여 다음 어느 하나의 방법으로 처리했는지 여부

① 상급 사회적협동조합연합회에 귀속
② 유사한 목적의 사회적협동조합연합회에 귀속
③ 비영리법인·공익법인에 귀속
④ 국고에 귀속

○「전자정부법」 제36조 제1항에 따른 행정정보의 공동이용을 통하여 법인 등기사항증명서상 청산인 등기 여부를 확인

〈협동조합기본법〉

제57조(해산) ① 협동조합은 다음 각 호의 어느 하나에 해당하는 사유로 해산한다.

1. 정관으로 정한 해산 사유의 발생
2. 총회의 의결
3. 합병·분할 또는 파산

② 협동조합이 해산한 때에는 청산인은 파산의 경우를 제외하고는 그 취임 후 14일 이내에 설립신고를 한 시·도지사에게 신고하여야 한다.

제83조(준용규정) 연합회의 합병·분할·해산 및 청산에 관하여는 제56조부터 제60조까지의 규정을 준용한다. 이 경우 "협동조합"은 "연합회"로, "조합원"은 "회원"으로, "시·도지사"는 "기획재정부장관"으로 보고, 제56조 제4항 중 "제15조부터 제17조까지의 규정"은 "제71조 및 제72조"로 보며, 제58조 제4항 중 "조합원"은 "대의원"으로 본다.

5.5. 사업의 이용

□ **(이용자격)** 회원인 사회적협동조합만이 사회적협동조합연합회의 사업을 이용할 수 있음.

□ **(예외적 이용)** 다음 경우에는 비회원인 협동조합 및 사회적협동조합도 사회적협동조합연합회를 이용할 수 있음.

○ 회원 조합에 속한 조합원 총수의 3분의 2 이상인 직원인 직원협동조합연합회의 경우 전체 직원의 3분의 1을 초과하지 않는 범위에서 비조합원 고용 가능

* 회원 조합에 속한 조합원 총수가 90명이고 이 중 직원으로 일하는 사람이 70명이며 회원 조합에 속한 전체 직원이 100명인 직원협동조합연합회의 경우

- 회원 조합에 속한 조합원 총수의 2/3에 해당하는 60명 이상(여기서는 70명)이 직원이므로 이 직원협동조합연합회는 전체 직원 100명의 1/3을 초과하지 않는 범위인 33명까지 비조합원을 직원으로 고용할 수 있음.

○ 그 외 협동조합은 아래 제1호~제9호에 해당함.

○ 제9호의 조합원과 동일한 가구란 주민등록등본상 같이 기재된 사람을 말함.

〈협동조합법 시행령〉

제17조(사회적협동조합 등의 조합원 등이 아닌 자의 사업 이용) ① 법 제95조 제2항 본문에 따라 사회적협동조합이 조합원이 아닌 자에게 그 사업을 이용하게 할 수 있는 경우는 다음 각 호의 어느 하나에 해당하는 경우로 한다.

1. 제9조 제1항 제1호, 제3호부터 제7호까지, 제9호 및 제10호에 해당하는 경우

* 제1호 : 협동조합이 재고로 보유하고 있는 물품으로서 부패 또는 변질의 우려가 있어 즉시 유통되지 아니하면 제품의 품질을 유지하기 어려운 물품을

처리하기 위한 경우

* 제3호 : 공공기관·사회단체 등이 공익을 목적으로 주최하는 행사에 참여하는 경우

* 제4호 : 협동조합이 정부, 지방자치단체 및 「공공기관 운영에 관한 법률」 제4조에 따른 공공기관과 공동으로 추진하는 사업에서 일반 국민이 해당 사업의 목적에 따라 사업을 이용하는 경우

* 제5호 : 다른 법령의 규정에서 조합원이 아닌 자에게 의무적으로 물품을 공급하게 하거나 용역을 제공하도록 규정하는 경우

* 제6호 : 천재지변이나 그 밖에 이와 유사한 긴급한 상황일 때 공중(公衆)에게 생활필수품 또는 용역을 공급하는 경우

* 제7호 : 학교를 사업구역으로 하는 협동조합이 그 사업구역에 속하는 학생·교직원 및 학교 방문자를 대상으로 물품을 공급하거나 용역을 제공하는 경우

* 제9호 : 조합원과 같은 가구에 속하는 자가 협동조합의 사업을 이용하는 경우

* 제10호 : 조합원의 3분의 2 이상이 직원이고 조합원인 직원이 전체 직원의 3분의 2 이상인 협동조합이 전체 직원의 3분의 1을 넘지 아니하는 범위에서 비조합원을 고용하는 형태로 조합의 사업을 이용하게 하는 경우

2. 조합원으로 가입하도록 홍보하기 위하여 견본품을 유상 또는 무상으로 공급하는 경우. 다만, 다음 각 목의 어느 하나에 해당하는 경우는 제외한다.
   가. 사회적협동조합이 「사회서비스 이용 및 이용권 관리에 관한 법률」 제2조 제4호에 따른 사회서비스 제공자인 경우
   나. 사회적협동조합이 의료기관을 개설한 경우
3. 사회적협동조합이 법령에 따라 국가나 공공단체로부터 위탁받은 사회서비스를 제공하거나 취약계층의 일자리 창출을 위한 사업을 하는 경우
4. 다음 각 목의 경우를 제외한 사회적협동조합이 가입을 홍보하기 위하여 기획재정부장관에게 신고하는 기간(이하 이 호에서 "홍보기간"이라 하며, 그 기간은 1년에 3개월을 넘지 못한다) 동안 전년도 총공급고의 100분의 5 범위에서 물품을 유상 또는 무상으로 공급하는 경우. 다만, 사회적협동조합이 설립인가를 받은 날부터 1년(단위매장의 경우에는 매장 개장일부터 1년) 동안은 홍보기간이 6개월을 넘지 아니하는 범위에서 총공급고에 대한 제한 없이 물품을 유상 또는 무상으로 공급할 수 있다.
   가. 사회적협동조합이 「사회서비스 이용 및 이용권 관리에 관한 법률」

제2조 제4호에 따른 사회서비스 제공자인 경우
나. 사회적협동조합이 의료기관을 개설한 경우
5. 그 밖에 사회적협동조합의 사업 성격·유형 등을 고려하여 기획재정부장관이 정하여 고시하는 경우
② 사회적협동조합연합회의 회원이 아닌 자의 사업의 이용에 관하여는 제1항을 준용한다. 이 경우 제1항 중 "사회적협동조합"은 "사회적협동조합연합회"로, 제1항 각 호 외의 부분, 제1호(제9조 제1항 제5호의 경우만 해당한다) 및 제2호의 "조합원"은 각각 "회원"으로, 제1호(제9조 제1항 제9호 및 제10호의 경우만 해당한다)의 "조합원"은 "전체 회원 조합에 속하는 총조합원"으로 본다.

5.6. 운영의 공개

□ **(운영 공개)** 사회적협동조합연합회는 결산결과의 공고 등 운영사항을 적극 공개

○ **(서류 비치)** 정관·규약·규정, 총회·이사회 의사록, 회계장부 및 회원 명부를 주된 사무소에 비치

○ **(서류 공개)** 협동조합연합회의 채권자 및 회원은 서류열람 및 사본 청구 가능

* 이 경우 소요되는 비용은 실비의 범위 안에서 청구인이 부담

□ **(경영 공시)** 결산일부터 3개월 이내에 기획재정부 또는 사회적협동조합연합회 홈페이지 게재

○ 다음 사항은 반드시 게재

▌사회적협동조합연합회 경영공시 필수사항

1. 정관

* 정관이 변경된 경우에는 변경된 정관도 포함

* 운영규약 및 운영규정도 포함

2. 사업계획서
3. 수입·지출 예산서
4. 사업결산 보고서
5. 사업결과 보고서
   * 회원·직원 등에 대한 교육·홍보실적을 첨부할 것
   * 비조합원의 이용 실적을 첨부할 것
   * 법 제111조(법 제115조 제3항에 따라 준용되는 경우를 포함한다)에 따른 감독사항 및 그 조치 결과를 첨부할 것
6. 총회·대의원총회·이사회 등 운영 실적

○ 지역사회 기여 활동 등 다른 사항도 추가 게재 가능

* 결산총회 자료에 위의 내용이 모두 포함(각종 지정 서식 준수)되어 있을 경우에는 결산총회 자료를 공개하는 것으로 경영공시를 갈음할 수 있음.

〈협동조합기본법〉

제96조(운영의 공개) ① 사회적협동조합은 결산결과의 공고 등 운영사항을 적극 공개하여야 한다.

② 사회적협동조합은 정관·규약·규정, 총회·이사회 의사록, 회계장부 및 조합원 명부를 주된 사무소에 비치하여야 한다.

③ 협동조합의 채권자 및 조합원은 제2항의 서류를 열람하거나 그 사본을 청구할 수 있다.

④ 사회적협동조합은 기획재정부 또는 사회적협동조합연합회의 홈페이지에 주요 경영공시자료를 게재하여야 한다.

제115조(준용규정) ③ 사회적협동조합연합회에 관하여는 제4장 중 제86조, 제87조, 제89조, 제90조, 제96조부터 제99조까지, 제101조부터 제109조까지 및 제111조부터 제113조까지의 규정을 준용한다. 이 경우 "사회적협동조합"은 "사회적협동조합연합회"로, "조합원"은 "회원"으로 보고, 제86조 제1

항 제3호 중 "조합원 및 대리인"은 "회원"으로 보며, 제101조 제4항 중 "제85조, 제86조 및 제88조"는 "제114조 및 제115조"로 보고, 제103조 제4항 중 "조합원"은 "대의원"으로 본다.

5.7. 감 독

□ **(감독)** 사회적협동조합연합회(설립중인 경우를 포함)가 다음의 어느 하나에 해당하는 경우 기획재정부는 그 업무 및 재산에 관한 사항을 보고하게 하거나 업무상황·장부·서류, 그 밖에 필요한 사항에 대하여 검사

* 이때 한국사회적기업진흥원의 지원을 받을 수 있음.

○ 설립인가 및 절차에 적합한 지 확인할 필요가 있는 경우

○ 협동조합기본법령에 따른 명령 또는 정관을 위반하였는 지 확인할 필요가 있는 경우

○ 목적사업이 관계 법령을 위반하였는지 확인할 필요가 있는 경우

□ **(검사공무원 증표)** 현지실사하는 공무원은 공무원증 등 그 권한을 표시하는 증표를 협동조합측에 제시

□ **(인가 취소)** 기획재정부는 사회적협동조합연합회가 다음의 어느 하나에 해당하게 되는 경우 설립인가를 취소할 수 있음.

○ 정당한 사유 없이 설립인가를 받은 날부터 1년 이내에 사업을 개시하지 아니하거나 1년 이상 계속하여 사업을 실시하지 아니한 경우

○ 2회 이상 기획재정부의 시정명령을 이행하지 아니한 경우

○ 설립인가 기준에 미달하게 된 경우

○ 거짓이나 그 밖의 부정한 방법으로 설립인가를 받은 경우

□ **(인가취소 절차)** 기획재정부는 설립인가를 취소하고자 하는 경우에는 청문을 실시하여야 하며, 설립인가를 취소하면 즉시 그 사실을 공고하

여야 함.

□ **(벌칙)** 기획재정부는 사회적협동조합연합회가 협동조합법령을 위반하는지 감독하고 위반사항 적발시 형사고발 조치

○ 10년 이하의 징역 또는 3천만 원 이하의 벌금형

* 자연인인 임직원 또는 청산인에게 부과하고 법인에도 벌금형 부과(다만, 법인이 그 위반행위를 방지하기 위하여 해당 업무에 관하여 상당한 주의와 감독을 게을리 하지 않은 경우에는 법인 벌금형 제외)

- 정관 또는 운영규약 등에 기재된 사업목적과 다른 용도로 자금을 사용한 경우
- 투기를 목적으로 재산을 처분하거나 이용한 경우

○ 3년 이하의 징역 또는 2천만 원 이하의 벌금형

* 자연인인 임직원 또는 청산인에게 부과하고 법인에도 벌금형 부과(다만, 법인이 그 위반행위를 방지하기 위하여 해당 업무에 관하여 상당한 주의와 감독을 게을리 하지 않은 경우에는 법인 벌금형 제외)

- 한국표준산업분류에 의한 금융 및 보험업을 영위한 경우(법 제80조 제3항 및 제115조 제2항 위반)
- 매 회계연도 결산 결과 임여금이 있는 때에는 자기 자본의 3배가 될 때까지 잉여금의 100분의 30 이상을 법정적립금으로 적립하지 않은 경우(법 제97조 제1항 및 제115조 제3항 위반)
- 손실보전이나 해산의 경우가 아님에도 법정적립금을 사용한 경우(법 제97조 제3항 및 제115조 제3항 위반)
- 당기손실금에 대하여 미처분이월금, 임의적립금, 법정적립금의 순으로 보전처리하지 않은 경우(법 제98조 제1항 및 제115조 제3항 위반)
- 사회적협동조합연합회가 법정적립금을 적립하고 남은 잉여금을 임의적립금으로 적립하지 않고 조합원에게 배당한 경우(법 제98조 제2항 및 제115조 제3항 위반)

* 사회적협동조합등은 배당 금지

- 정기총회일 7일 전까지 결산보고서(사업보고서, 대차대조표, 손익계산서, 잉여금처분안 또는 손실금처리안 등을 말함)를 감사에게 제출하지 않거나 결산보고서와 감사의견서를 정기총회에 제출하지 않은 경우(법 제52조 및 제115조 제1항 위반)
- 출자 1좌 금액의 감소하기로 의결했음에도 의결한 날로부터 14일 이내에 대차대조표를 작성하지 않은 경우(법 제53조 제1항 및 제115조 제3항 위반)
- 출자감소 의결 후 14일 이내에 채권자에 대하여 30일 이상의 이의신청 기간을 두고 이의신청할 것을 공고하지 않거나 이미 알고 있는 채권자에 대하여는 개별적으로 최고하지 않은 경우(법 제53조 제2항·제3항 및 제115조 제3항 위반)
- 사회적협동조합연합회가 조합원의 출자지분을 취득하거나 질권설정한 경우(법 제55조 및 제115조 제1항 위반)
- 청산인이 취임 후 지체 없이 사회적협동조합연합회의 재산상태를 조사하고 재산목록과 대차대조표를 작성한 다음 재산처분의 방법을 정하여 총회의 승인을 받지 않은 경우(법 제103조 제2항 및 제115조 제3항 위반)
- 청산인이 청산사무가 종결된 때 지체 없이 결산보고서를 작성하여 총회의 승인을 받지 않은 경우(법 제103조제3항 및 제115조 제3항 위반)
- 사회적협동조합연합회가 해산하면서 상급 사회적협동조합연합회, 유사한 목적의 사회적협동조합연합회, 비영리법인·공익법인, 국고 이외의 곳에 잔여재산을 귀속한 경우(법 제104조 및 제115조 제3항 위반)
- 거짓 또는 부정한 방법으로 등기한 경우
- 총회의 의결을 받아야 하는 사항에 대하여 의결을 받지 아니하고

집행한 경우

○ 2년 이하의 징역 또는 1천만 원 이하의 벌금형

* 자연인인 임직원 또는 청산인에게 부과

– 공직선거에서 특정 정당을 지지·반대하는 행위 또는 특정인을 당선되도록 하거나 당선되지 아니하도록 하는 행위를 하는 등 공직선거에 관여한 경우(법 제9조 제2항 위반)

– 자기 또는 특정인을 임원 또는 대의원으로 당선되도록 하거나 당선되지 못하도록 할 목적으로 다음 행위를 하는 경우(법 제37조 제1항 및 제115조 제1항 위반)

> 1. 조합원(협동조합 가입신청자 포함)이나 그 가족 또는 조합원이나 그 가족이 설립·운영하고 있는 기관·단체·시설에 대하여 금전·물품·향응이나 그 밖의 재산상의 이익을 제공하거나 공사의 직을 제공하거나 금전·물품·향응, 그 밖의 재산상의 이익이나 공사의 직을 제공하겠다는 의사표시 또는 그 제공을 약속한 경우
> 2. 후보자가 되지 못하도록 하거나 후보자를 사퇴하게 할 목적으로 후보자가 되려는 사람이나 후보자에게 위 1번의 행위를 한 경우
> 3. 1번이나 2번의 이익이나 직을 제공받거나 그 제공의 의사표시를 승낙하는 행위 또는 그 제공을 요구하거나 알선하는 행위

– 임원 또는 대의원이 되려는 사람이 정관으로 정하는 기간 중에 선거운동을 위하여 조합원·회원을 호별 방문하거나 특정장소에 모이게 하는 경우(법 제37조 제2항 및 제115조 제1항 위반)

– 임원 또는 대의원 선거와 관련하여 연설·벽보, 그 밖의 방법으로 거짓의 사실을 공표하거나 공연히 사실을 적시하여 후보자를 비방하는 경우(법 제37조 제3항 및 제115조 제1항 위반)

– 임원 또는 대의원 선거와 관련하여 선거 벽보의 부착, 선거 공보의

배부, 소형 인쇄물의 배부, 합동 연설회 또는 공개 토론회의 개최, 전화·컴퓨터통신을 이용한 지지 호소 이외의 방법으로 선거운동을 하는 경우(법 제37조 제4항 및 제115조 위반)

〈협동조합기본법〉

제117조(벌칙) ① 협동조합 등 및 사회적협동조합 등의 임직원 또는 청산인이 다음 각 호의 어느 하나에 해당하는 행위로 협동조합 등 및 사회적협동조합 등에 손해를 끼친 때에는 10년 이하의 징역 또는 3천만 원 이하의 벌금에 처한다. 이 경우 징역형과 벌금형은 병과할 수 있다.

1. 협동조합 등 및 사회적협동조합 등의 사업목적 이외의 다른 용도로 자금을 사용한 경우
2. 투기를 목적으로 협동조합 등 및 사회적협동조합 등의 재산을 처분하거나 이용한 경우

② 협동조합 등 및 사회적협동조합 등의 임직원 또는 청산인이 다음 각 호의 어느 하나에 해당하는 행위를 한 때에는 3년 이하의 징역 또는 2천만 원 이하의 벌금에 처한다.

1. 제45조 제3항, 제50조 제1항·제3항, 제51조부터 제53조까지, 제55조, 제58조, 제80조 제3항, 제97조제1항·제3항, 제98조, 제103조 및 제104조(제82조·제83조·제100조 또는 제115조에 따라 준용되는 경우를 포함한다)를 위반한 경우
2. 거짓 또는 부정한 방법으로 등기를 한 경우
3. 총회의 의결을 받아야 하는 사항에 대하여 의결을 받지 아니하고 집행한 경우

③ 다음 각 호의 어느 하나에 해당하는 자는 2년 이하의 징역 또는 1천만 원 이하의 벌금에 처한다.

1. 제9조 제2항을 위반하여 공직선거에 관여한 자
2. 제37조(제79조·제92조 및 제115조에 따라 준용되는 경우를 포함한다)를 위반한 자

제118조(양벌규정) 협동조합 등 및 사회적협동조합 등의 임직원 또는 청산인

이 그 협동조합 등 및 사회적협동조합 등의 업무에 관하여 제117조 제1항 및 제2항의 위반행위를 하면 그 행위자를 벌하는 외에 그 협동조합등 및 사회적협동조합 등에도 해당 조문의 벌금형을 과(科)한다. 다만, 협동조합 등 및 사회적협동조합 등이 그 위반행위를 방지하기 위하여 해당 업무에 관하여 상당한 주의와 감독을 게을리하지 아니한 경우에는 그러하지 아니하다.

□ **(과태료)** 기획재정부는 사회적협동조합연합회가 협동조합법령을 위반하는 지 감독하고 다음 위반사항 적발시 과태료 부과

○ 과태료 처분에 관한 일반사항

– **(가중처분)** 해당 위반행위가 있은 날 이전 최근 2년간 같은 위반행위로 처분받은 경우

– **(감경처분)** 위반행위의 정도·동기·결과를 고려하여 감경하되, 과태료를 체납하고 있는 위반행위자에 대해서는 감경하지 않음. 특히, 다음의 경우에는 최대 1/2까지 감경 가능

▌감경대상자

1. 국민기초생활보장법에 따른 수급자
2. 한부보가족지원법에 따른 보호대상자
3. 장애인복지법에 따른 1급·2급·3급 장애인
4. 국가유공자 등 예우 및 지원에 관한 법률에 따른 1급·2급·3급 상이유공자
5. 미성년자
6. 위반행위가 사소한 부주의나 오류로 인한 것
7. 위반행위자가 법 위반상태를 시정하거나 해소한 경우

○ 1차 위반시 과태료 100만원에 해당하는 사항

* 자연인 또는 법인에게 부과

- 사회적협동조합연합회가 아니면서 동 명칭을 사용한 경우(법 제3조 제3항 위반)

○ 1차 위반시 과태료 100만원에 해당하는 사항

* 법인에게 부과

- 조합원 1인의 출자좌수가 총 출자좌수의 100분의 30을 초과한 경우(법 제22조 제2항 및 제115조 제1항 위반)
- 허용된 비회원 이외에 자에게 사업을 이용하게 한 경우(법 제81조 및 제115조 제2항 위반)

○ 1차 위반시 과태료 50만원에 해당하는 사항

* 자연인인 임직원 또는 청산인에게 부과

- 사회적협동조합연합회의 임직원 또는 청산인이 신고·등기를 게을리한 때
- 사회적협동조합연합회의 임직원 또는 청산인이 정관·규약·규정, 총회·이사회 의사록, 회계장부 및 조합원 명부를 주된 사무소에 비치하지 아니한 경우(법 제96조 제2항 및 제115조 제3항 위반)
- 사회적협동조합연합회의 임직원 또는 청산인이 채권자·조합원의 서류 열람 및 사본 청구를 거부한 경우(법 제96조 제3항 및 제115조 제3항 위반)
- 사회적협동조합연합회의 임직원 또는 청산인이 기획재정부 또는 협동조합연합회의 홈페이지에 주요 경영공시자료를 게재하지 않은 경우(법 제96조 제4항 및 제115조 제3항 위반)
- 사회적협동조합연합회의 임직원 또는 청산인이 감독기관 또는 총회에 대하여 거짓의 진술 또는 보고를 하거나 사실을 은폐한 때
- 사회적협동조합연합회의 임직원 또는 청산인이 감독기관의 검사를 거부·방해 또는 기피한 때

[시행규칙 별표]

과태료의 부과기준(제23조 관련)

1. 일반기준

가. 위반행위의 횟수에 따른 과태료의 부과기준은 해당 위반행위를 한 날 이전 최근 2년간 같은 위반행위로 부과처분을 받은 경우에 적용한다.

나. 부과권자는 위반행위의 정도, 위반행위의 동기와 그 결과 등 다음 사항을 고려하여 제2호의 개별기준에서 정한 금액의 2분의 1 범위에서 그 금액을 줄일 수 있다. 다만, 과태료를 체납하고 있는 위반행위자에 대해서는 그러하지 아니하다.

1) 위반행위자가 「질서위반행위규제법 시행령」 제2조의2 제1항 각 호의 어느 하나에 해당하는 경우

2) 위반행위가 사소한 부주의나 오류로 인한 것으로 인정되는 경우

3) 위반행위자가 법 위반상태를 시정하거나 해소한 경우

2. 개별기준

(단위 : 만원)

위반행위	근 거 법조문	과태료 금액	
		1차 위반	2차 이상 위반
가. 법 제3조 제3항을 위반하여 명칭을 사용한 경우	법 제119조 제1항	100	200
나. 협동조합 등 및 사회적협동조합 등이 법 제22조 제2항(법 제76조·제91조 및 제115조 제1항에 따라 준용되는 경우를 포함한다)을 위반하여 조합원 등 1인의 출자좌수 제한을 초과하게 한 경우	법 제119조 제2항 제1호	100	200
다. 협동조합 등 및 사회적협동조합 등이 법 제23조 제1항(법 제91조에 따라 준용되는 경우를 포함한다)을 위반하여 조합원의 의결권·선거권에 차등을 둔 경우	법 제119조 제2항 제2호	100	200

라. 협동조합 등 및 사회적협동조합 등이 법 제46조, 제81조 및 제95조(법 제115조 제2항에 따라 준용되는 경우를 포함한다)를 위반하여 조합원 등이 아닌 자에게 협동조합 등의 사업을 이용하게 한 경우	법 제119조 제2항 제3호	100	200
마. 협동조합 등 및 사회적협동조합 등의 임직원 또는 청산인이 법 제49조 제2항(법 제82조에 따라 준용되는 경우를 포함한다) 및 법 제96조 제2항(법 제115조 제3항에 따라 준용되는 경우를 포함한다)에 따른 서류비치를 게을리한 때	법 제119조 제3항 제2호	50	100
바. 협동조합 등 및 사회적협동조합 등의 임직원 또는 청산인이 법 제49조 제3항 및 제4항(법 제82조에 따라 준용되는 경우를 포함한다), 법 제96조 제3항 및 제4항(법 제115조 제3항에 따라 준용되는 경우를 포함한다)에 따른 운영의 공개를 게을리한 때	법 제119조 제3항 제3호	50	100
사. 협동조합 등 및 사회적협동조합 등이 법 제94조를 위반하여 소액대출 및 상호부조의 총사업한도, 이자율, 대출한도, 상호부조의 범위, 상호부조금, 상호부조계약 및 상호부조회비 등을 초과하게 한 경우	법 제119조 제2항 제4호	100	200
아. 협동조합 등 및 사회적협동조합 등의 임직원 또는 청산인이 신고·등기를 게을리한 때	법 제119조 제3항 제1호	50	100
자. 협동조합 등 및 사회적협동조합 등의 임직원 또는 청산인이 감독기관 또는 총회에 대하여 거짓의 진술 또는 보고를 하거나 사실을 은폐한 때	법 제119조 제3항 제4호	50	100
차. 협동조합 등 및 사회적협동조합 등의 임직원 또는 청산인이 감독기관의 검사를	법 제119조 제3항 제5호	50	100

거부·방해 또는 기피한 때			

〈협동조합기본법〉

제119조(과태료) ① 제3조 제3항을 위반한 자에게는 200만 원 이하의 과태료를 부과한다.

② 협동조합 등 및 사회적협동조합 등이 다음 각 호의 어느 하나에 해당하는 경우에는 200만 원 이하의 과태료를 부과한다.

1. 제22조 제2항(제76조·제91조 및 제115조 제1항에 따라 준용되는 경우를 포함한다)을 위반하여 조합원등 1인의 출자좌수 제한을 초과하게 한 경우
2. 제23조 제1항(제91조에 따라 준용되는 경우를 포함한다)을 위반하여 조합원의 의결권·선거권에 차등을 둔 경우
3. 제46조, 제81조 및 제95조(제115조 제2항에 따라 준용되는 경우를 포함한다)를 위반하여 조합원 등이 아닌 자에게 협동조합 등의 사업을 이용하게 한 경우
4. 제94조를 위반하여 소액대출 및 상호부조의 총사업한도, 이자율, 대출한도, 상호부조의 범위, 상호부조금, 상호부조계약 및 상호부조회비 등을 초과하게 한 경우

③ 협동조합 등 및 사회적협동조합 등의 임직원 또는 청산인이 다음 각 호의 어느 하나에 해당하는 때에는 100만 원 이하의 과태료를 부과한다.

1. 신고·등기를 게을리한 때
2. 제49조 제2항(제82조에 따라 준용되는 경우를 포함한다) 및 제96조 제2항(제115조 제3항에 따라 준용되는 경우를 포함한다)에 따른 서류비치를 게을리한 때
3. 제49조 제3항 및 제4항(제82조에 따라 준용되는 경우를 포함한다), 제96조 제3항 및 제4항(제115조 제3항에 따라 준용되는 경우를 포함한다)에 따른 운영의 공개를 게을리한 때
4. 감독기관 또는 총회에 대하여 거짓의 진술 또는 보고를 하거나 사실을 은폐한 때
5. 감독기관의 검사를 거부·방해 또는 기피한 때

④ 제1항부터 제3항까지의 규정에 따른 과태료는 대통령령으로 정하는 바에 따라 기획재정부장관 또는 시·도지사가 부과·징수한다.

□ **(정치적 중립의무 안내)** 공직선거 관여 금지 등 정치적 중립 의무를 철저히 준수

〈협동조합기본법〉

제9조(공직선거 관여 금지) ① 협동조합 등 및 사회적협동조합 등은 공직선거에서 특정 정당을 지지·반대하는 행위 또는 특정인을 당선되도록 하거나 당선되지 아니하도록 하는 행위를 하여서는 아니 된다.

② 누구든지 협동조합 등 및 사회적협동조합 등을 이용하여 제1항에 따른 행위를 하여서는 아니 된다.

제117조(벌칙) ③ 다음 각 호의 어느 하나에 해당하는 자는 2년 이하의 징역 또는 1천만 원 이하의 벌금에 처한다.

1. 제9조 제2항을 위반하여 공직선거에 관여한 자

부록 4. 협동조합 관련 중앙부처 및 시·도 담당부서

1) 중앙부처·청

연번	소 속	담당부서	연 락 처
1	기획재정부	협동조합기획단	02-2150-2151 02-2150-2152
2	교육과학기술부	(교육) 평생학습정책과	02-2100-6378
		(과학) 과기인재기반과	02-2100-6867
3	외교통상부	문화교류협력과	02-2100-7727
4	통 일 부	규제개혁법무담당관	02-2100-5714
5	법 무 부	기획재정담당관실	02-2100-3496
6	국 방 부	조직관리담당관실	02-748-6556
7	행정안전부	지역경제과	02-2100-2979
8	문화체육관광부	규제개혁법무담당관	02-3704-9285
9	농림수산식품부	농어촌사회과	02-500-1815
10	지식경제부	행정관리담당관	02-2110-3924
11	보건복지부	규제개혁법무담당관	02-2023-7815
12	환 경 부	규제개혁법무담당관	02-2110-6641
13	고용노동부	사회적기업과	02-6902-8456
14	여성가족부	법무감사정보화담당관	02-2075-4593
15	국토해양부	규제개혁법무담당관	02-2110-6149
16	감 사 원	행정지원실 (서무행정팀)	02-2011-3820
17	방송통신위원회	규제개혁법무담당관	02-750-1651

연번	소　속	담당부서	연 락 처
18	국가과학기술위원회	정책조정과	02-724-8652
19	원자력안전위원회	운영지원과	02-397-7238
20	법 제 처	법제총괄담당관	02-2100-2562
21	국가보훈처	규제개혁법무담당관	02-2020-5132
22	공정거래위원회	소비자정책과	02-2023-4298
23	금융위원회	중소금융과	02-2156-9852
24	국민권익위원회	행정관리담당관	02-360-6805
25	관 세 청	규제개혁법무담당관	042-481-7988
26	조 달 청	규제개혁법무담당관	070-4056-7511
27	통 계 청	통계정책과	042-481-2426
28	검 찰 청	형사1과	02-3840-2264
29	병 무 청	운영지원과	042-481-2834
30	방위사업청	규제개혁법무담당관	02-2079-6224
31	경 찰 청	경 무 과	02-3150-0706
32	소방방재청	행정관리담당관	02-2110-5124
33	문화재청	활용정책과	042-481-4806
34	농촌진흥청	행정법무담당관	031-299-2944
35	산 림 청	법무감사담당관	042-481-4283
36	중소기업청	판로정책과	042-481-4394
37	특 허 청	규제개혁법무담당관	042-481-8567
38	식품의약품안전청	규제개혁법무담당관	043-719-1525
39	기 상 청	기상산업정책과	02-2181-0843
40	해양경찰청	기획담당관	032-835-2323

2) 지방자치단체

연번	소 속	담당부서	연 락 처
1	서울특별시	사회적경제과	02-2133-5485
2	부산광역시	경제정책과	051-888-3016
3	대구광역시	경제정책과	053-803-3211
4	인천광역시	생활경제과(협동조합팀)	032-440-4217
5	광주광역시	경제산업정책관	062-613-3710
6	대전광역시	일자리추진기획단	042-270-3584
7	울산광역시	경제정책과	052-229-2791
8	경 기 도	경제정책과	031-8008-4586
9	강 원 도	기업지원과	033-249-2752
10	충청북도	생활경제과	043-220-3216
11	충청남도	일자리경제정책과	042-251-2694
12	전라북도	민생경제과	063-280-3227
13	전라남도	일자리창출과	061-286-3743
14	경상북도	민생경제교통과	053-950-2792
15	경상남도	경제기업정책과	055-211-2694
16	제주특별자치도	경제정책과	064-710-2512
17	세종특별자치시	지역경제과 (일자리정책담당)	044-211-4232

협동조합 설립 신고 및 인가 서식

[서식 1] 협동조합/협동조합연합회 설립신고서(시행규칙 서식)

■ 협동조합 기본법 시행규칙 [별지 제1호서식]

[ ] 협 동 조 합 / [ ] 협동조합연합회 설립신고서

※ 첨부서류를 확인하시기 바라며, 색상이 어두운 난은 신청인이 작성하지 않습니다.

접수번호	접 수 일	처리기간 30일

구분			
설립신고인	성 명(명칭)		생년월일(사업자등록번호)
	주 소		전화번호
신고내용	설립동의자 수	총 출 자 금 액	발기일 및 창립 총회 개최일
법 인	조합명(연합회명)		전화번호
	소재지		
	이사장(회장) 성명		주민등록번호(외국인등록번호)
	주소		전화번호

「협동조합 기본법」 제15조제1항 또는 제71조제1항에 따라 위와 같이 설립하였음을 신고합니다.

년 월 일

신 고 인 (서명 또는 인)

기획재정부장관 / 시 · 도 지 사 귀하

첨부서류	1. 정관 사본 1부 2. 창립총회 의사록 사본 1부 3. 사업계획서 1부 4. 임원 명부(임원의 이력서 및 사진 첨부) 1부 5. 설립동의자 명부 1부 6. 수입·지출 예산서 1부 7. 출자 1좌당 금액과 조합원 또는 회원별로 인수하려는 출자 좌수를 적은 서류 1부 8. 창립총회 개최 공고문 1부 9. 합병 또는 분할을 의결한 총회 의사록[「협동조합 기본법」 제56조(제83조에서 준용하는 경우를 포함한다)에 따른 합병 또는 분할로 인하여 설립하는 경우에만 제출합니다) 1부	수수료 없 음

처 리 절 차

설립신고서 작성	→	접 수	→	서류 확인 및 검 토	→	결 재	→	신고필증 교부
신고인		처리기관 (기획재정부장관 또는 시·도지사)		처리기관 (기획재정부장관 또는 시·도지사)		처리기관 (기획재정부장관 또는 시·도지사)		

210mm×297mm[백상지 80g/m²(재활용품)]

[서식 2] 협동조합/협동조합연합회 설립신고필증(시행규칙 서식)

■ 협동조합 기본법 시행규칙 [별지 제2호서식]

신고번호 제 호

(협동조합·협동조합연합회) 설립신고필증

조 합 명 :
(연 합 회 명)

대표자 성명 :

주 소 :

「협동조합 기본법」 제15조 제1항 또는 제71조 제1항에 따라 위와 같이 설립을 신고하였음을 확인합니다.

년 월 일

기획재정부장관
시 · 도 지 사

직 인

[서식 3] 협동조합/협동조합연합회 사업계획서(시행규칙 서식)

■ 협동조합 기본법 시행규칙 [별지 제4호서식]

협동조합 등 사업계획서

(제1쪽)

<table>
<tr><td rowspan="8">조직 개요</td><td colspan="4">조합명(연합회명)</td><td colspan="3">업종(표준산업분류번호)</td></tr>
<tr><td colspan="4">설립 연월일</td><td colspan="3">업태</td></tr>
<tr><td colspan="4">신고번호</td><td colspan="3">사업자등록번호</td></tr>
<tr><td colspan="7">연합회 가입 현황(* 협동조합만 작성)</td></tr>
<tr><td rowspan="3">주소</td><td colspan="6">주사무소</td></tr>
<tr><td colspan="6">제1 지사무소</td></tr>
<tr><td colspan="6">제2 지사무소</td></tr>
<tr><td colspan="4">출자금
백만원</td><td colspan="3"></td></tr>
<tr><td rowspan="2">조직 연혁</td><td colspan="2">연월일</td><td colspan="5">주요내용</td></tr>
<tr><td colspan="2"></td><td colspan="5"></td></tr>
<tr><td>설립 목적</td><td colspan="7"></td></tr>
<tr><td>의사결정 기구</td><td colspan="7">[ ]조합원 총회 [ ]대의원 총회 [ ]이사회
※ 중복 표시 가능</td></tr>
<tr><td>조직도</td><td colspan="7"></td></tr>
<tr><td rowspan="6">임 원
현 황</td><td colspan="2">직 위</td><td colspan="2">성 명</td><td colspan="2">경 력</td><td>직원 겸직 여부</td></tr>
<tr><td colspan="2"></td><td colspan="2"></td><td colspan="2"></td><td></td></tr>
<tr><td colspan="2"></td><td colspan="2"></td><td colspan="2"></td><td></td></tr>
<tr><td colspan="2"></td><td colspan="2"></td><td colspan="2"></td><td></td></tr>
<tr><td colspan="2"></td><td colspan="2"></td><td colspan="2"></td><td></td></tr>
<tr><td colspan="2"></td><td colspan="2"></td><td colspan="2"></td><td></td></tr>
<tr><td rowspan="2">조합원
현 황
※ 해당유형에만 표기</td><td>생산자</td><td>소비자</td><td>직 원</td><td colspan="2">자원봉사자</td><td>후원자</td><td>계</td></tr>
<tr><td>명</td><td>명</td><td>명</td><td colspan="2">명</td><td>명</td><td>명</td></tr>
<tr><td>직원 현황</td><td colspan="7">명</td></tr>
</table>

210mm×297mm[백상지 80g/m²(재활용품)]

[서식 4] 협동조합/협동조합연합회 수입·지출 예산서(지침 서식)

협동조합 등 수입·지출 예산서

회계연도 : ○○○년도

조직 개요			
	조합명(연합회명)		업종(표준산업분류번호)
	설립 연월일		업태
	신고번호		사업자등록번호
	주 소	주사무소	
		제1 지사무소	
		제2 지사무소	
	출자금 백만원		

수 입 (단위 : 원)			지 출 (단위 : 원)		
구 분		금 액	구 분		금 액
① 전기이월금			① 경상비	인건비	
② 사업 수입	○○사업			운영비	
	〃			소 계	
	〃		② 사업비	○○사업	
	소 계			〃	
③ 사업외 수입	기부출연금			〃	
	지원금			소 계	
	기 타		③ 사업외 지출	기부출연금	
	소 계			지원금	
④ 출자금				기 타	
⑤ 차입금				소 계	
⑥ 기타수입			④ 출자금반환		
			⑤ 차입금상환		
			⑥ 배당금		
			⑦ 기타지출		
			⑧ 차기이월금		
합 계			합 계		

작성방법
예시된 항목 외의 수입 또는 지출항목이 있을 경우 모두 적습니다.

[서식 5] 협동조합/협동조합연합회 사업결산 보고서(시행규칙 서식)

■ 협동조합 기본법 시행규칙 [별지 제5호서식]

협동조합 등 사업결산 보고서

<table>
<tr><td colspan="4">회계연도 : ○○○년도</td></tr>
<tr><td rowspan="7">조직 개요</td><td colspan="2">조합명(연합회명)</td><td>업종(표준산업분류번호)</td></tr>
<tr><td colspan="2">설립 연월일</td><td>업태</td></tr>
<tr><td colspan="2">신고번호</td><td>사업자등록번호</td></tr>
<tr><td rowspan="3">주 소</td><td colspan="2">주사무소</td></tr>
<tr><td colspan="2">제1 지사무소</td></tr>
<tr><td colspan="2">제2 지사무소</td></tr>
<tr><td colspan="2">출자금 백만원</td><td></td></tr>
</table>

<table>
<tr><td colspan="3">수 입 (단위 : 원)</td><td colspan="3">지 출 (단위 : 원)</td></tr>
<tr><td colspan="2">구 분</td><td>금 액</td><td colspan="2">구 분</td><td>금 액</td></tr>
<tr><td colspan="2">① 전기이월금</td><td></td><td rowspan="3">① 경상비</td><td>인건비</td><td></td></tr>
<tr><td rowspan="4">② 사업 수입</td><td>○○사업</td><td></td><td>운영비</td><td></td></tr>
<tr><td>〃</td><td></td><td>소 계</td><td></td></tr>
<tr><td>〃</td><td></td><td rowspan="4">② 사업비</td><td>○○사업</td><td></td></tr>
<tr><td>소 계</td><td></td><td>〃</td><td></td></tr>
<tr><td rowspan="4">③ 사업외 수입</td><td>기부출연금</td><td></td><td>〃</td><td></td></tr>
<tr><td>지원금</td><td></td><td>소 계</td><td></td></tr>
<tr><td>기 타</td><td></td><td rowspan="4">③ 사업외 지출</td><td>기부출연금</td><td></td></tr>
<tr><td>소 계</td><td></td><td>지원금</td><td></td></tr>
<tr><td colspan="2">④ 출자금</td><td></td><td>기 타</td><td></td></tr>
<tr><td colspan="2">⑤ 차입금</td><td></td><td>소 계</td><td></td></tr>
<tr><td colspan="2">⑥ 기타수입</td><td></td><td colspan="2">④ 출자금반환</td><td></td></tr>
<tr><td colspan="2"></td><td></td><td colspan="2">⑤ 차입금상환</td><td></td></tr>
<tr><td colspan="2"></td><td></td><td colspan="2">⑥ 배당금</td><td></td></tr>
<tr><td colspan="2"></td><td></td><td colspan="2">⑦ 기타지출</td><td></td></tr>
<tr><td colspan="2"></td><td></td><td colspan="2">⑧ 차기이월금</td><td></td></tr>
<tr><td colspan="2">합 계</td><td></td><td colspan="2">합 계</td><td></td></tr>
<tr><td colspan="6">작성방법</td></tr>
<tr><td colspan="6">예시된 항목 외의 수입 또는 지출항목이 있을 경우 모두 적습니다.</td></tr>
</table>

210mm×297mm[백상지 80g/m²(재활용품)]

[서식 6] 협동조합/협동조합연합회 정관변경 신고서(시행규칙 서식)

■ 협동조합 기본법 시행규칙 [별지 제3호서식]

[ ] 협 동 조 합
[ ] 협동조합연합회 정관변경 신고서

※ 첨부서류를 확인하시기 바라며, 색상이 어두운 난은 신청인이 작성하지 않습니다.

접수번호	접 수 일	처리기간 7일

신 고 인	성 명(명칭)	생년월일(사업자등록번호)
	주 소	전화번호
법 인	조합명(연합회명)	전화번호
	소재지	
	이사장(회장) 성명	주민등록번호(외국인등록번호)
	주소	전화번호
신청내용	첨부서류 참조	

「협동조합 기본법」 제16조 제2항 또는 제72조에 따라 위와 같이 정관을 변경하였음을 신고합니다.

년 월 일

신 고 인(이사장·회장) (서명 또는 인)

**기획재정부장관
시 · 도 지 사 귀하**

첨부서류	1. 정관 중 변경하려는 사항을 적은 서류 1부 2. 정관 변경을 의결한 총회 의사록 1부 3. 정관 변경 후의 사업계획서와 수입·지출 예산서 1부(사업계획이 변경되어 정관을 변경하는 경우에만 제출합니다) 4. 대차대조표와 출자감소의 의결, 채권자 공고 및 이의신청의 처리 등의 사실관계를 증명할 수 있는 서류 각 1부(출자 1좌당 금액 감소에 따라 정관을 변경하는 경우에만 제출합니다)	수수료 없 음

처 리 절 차

신고서 작성	→	접 수	→	서류 확인 및 검 토	→	결 재	→	결과 통지
신고인		처리기관 (기획재정부장관 또는 시·도지사)		처리기관 (기획재정부장관 또는 시·도지사)		처리기관 (기획재정부장관 또는 시·도지사)		

210mm×297mm[백상지 80g/m²(재활용품)]

[서식 7] 협동조합/협동조합연합회 해산신고서(시행규칙 서식)

■ 협동조합 기본법 시행규칙 [별지 제7호서식]

[ ] 협 동 조 합
[ ] 협동조합연합회 해산신고서

※ 첨부서류를 확인하시기 바라며, 색상이 어두운 난은 신청인이 작성하지 않습니다.

접수번호	접 수 일	처리기간 7일

청 산 인	성 명	주민등록번호(외국인등록번호)
	주 소	전화번호
신고내용	첨부서류 참조	

「협동조합 기본법」 제57조 제2항 또는 제83조에 따라 위와 같이 해산을 신고합니다.

년 월 일

신 고 인(이사장·회장) (서명 또는 인)

**기획재정부장관
시 · 도 지 사 귀하**

첨부서류	해산을 결의한 총회 의사록 1부	수수료 없 음
담당공무원 확인사항	법인 등기사항증명서	

처 리 절 차

신고서 작성	→	접 수	→	서류 확인 및 검토	→	결 재
신고인		처리기관 (기획재정부장관 또는 시·도지사)		처리기관 (기획재정부장관 또는 시·도지사)		처리기관 (기획재정부장관 또는 시·도지사)

210mm×297mm[백상지 80g/m²(재활용품)]

[서식 8] 사회적협동조합/사회적협동조합연합회 설립인가 신청서(시행규칙 서식)

■ 협동조합 기본법 시행규칙 [별지 제8호서식]

[ ] 사회적협동조합 / [ ] 사회적협동조합연합회 설립인가 신청서

※ 첨부서류를 확인하시기 바라며, 색상이 어두운 난은 신청인이 작성하지 않습니다.

접수번호	접 수 일	처리기간 60일

신 고 인	성 명(명칭)		생년월일(사업자등록번호)	
	주 소		전화번호	
법 인	조합명(연합회명)		전화번호	
	소재지			
	이사장(회장) 성명		주민등록번호(외국인등록번호)	
	주소		전화번호	
설립신청 내 용	설립동의자 수	총 출자금액/1인당 최저출자금(*)	출자금 납입 총액(*) 및 총자산 대비 비중(%)(*)	발기일 및 창립 총회 개최일
	(*) 항목은 보건의료 사업을 하는 사회적협동조합의 경우에만 작성			
설립목적	[ ] 지역사업형(「협동조합 기본법」 제93조 제1항 제1호) [ ] 취약계층 사회서비스 제공형(「협동조합 기본법」 제93조 제1항 제2호) [ ] 취약계층 고용형(「협동조합 기본법」 제93조 제1항 제2호) [ ] 위탁사업형(「협동조합 기본법」 제93조 제1항 제3호) [ ] 기타 공익증진형(「협동조합 기본법」 제93조 제1항 제4호) [ ] 혼합형			

「협동조합 기본법」 제85조 제1항 또는 제114조 제1항에 따라 위와 같이 설립인가를 신청합니다.

년 월 일

신 고 인 (서명 또는 인)

기획재정부장관 / 중앙행정기관장 귀하

첨부 서류	1. 정관 사본 1부 2. 창립총회 의사록 사본 1부 3. 사업계획서(추정재무제표 포함) 1부 4. 임원 명부(임원의 이력서 및 사진 첨부) 1부 5. 설립동의자 명부 1부 6. 합병 또는 분할을 의결한 총회의사록(「협동조합 기본법」 제101조 및 제115조에 따른 합병 또는 분할로 인하여 설립하는 경우에만 제출합니다) 1부 7. 수입·지출 예산서 1부 8. 출자 1좌당 금액과 조합원 또는 회원별로 인수하려는 출자 좌수를 적은 서류 1부 9. 창립총회 개최 공고문 10. 주 사업의 내용이 설립인가 기준을 충족함을 증명하는 서류	수수료 없 음

처 리 절 차

신고서 작성	→	접 수	→	서류 확인 및 검 토	→	결 재	→	설립인가증 발급
신고인		처리기관 (기획재정부장관·중앙행정기관장)		처리기관 (기획재정부장관·중앙행정기관장)		처리기관 (기획재정부장관·중앙행정기관장)		

210mm×297mm[백상지 80g/m²(재활용품)]

[서식 9] 사회적협동조합/사회적협동조합연합회 설립인가증(시행규칙 서식)

■ 협동조합 기본법 시행규칙 [별지 제10호서식]

인가번호 제 호

(사회적협동조합·사회적협동조합연합회) 설립인가증

조 합 명 :
(연 합 회 명)

대표자 성명 :

주 소 :

「협동조합 기본법」 제85조 제1항 또는 제114조 제1항에 따라 위의 설립을 인가합니다.

년 월 일

기획재정부장관
중앙행정기관장 직인

[서식 10] 총회 의사록 공증 면제 추천 신청서(사회적협동조합 등에 한함)

총회 의사록 공증 면제 추천 신청서

<table>
<tr><td rowspan="8">조 직
개 요</td><td colspan="3">조합명</td><td>업종(표준산업분류번호)</td></tr>
<tr><td colspan="3">설립연월일</td><td>업 태</td></tr>
<tr><td colspan="3">협동조합 신고(인가)번호</td><td>사업자등록번호</td></tr>
<tr><td rowspan="3">주 소</td><td>본 사</td><td colspan="2"></td></tr>
<tr><td>제1사업장</td><td colspan="2"></td></tr>
<tr><td>제2사업장</td><td colspan="2"></td></tr>
<tr><td colspan="3">출자 자본금 백만원</td><td></td></tr>
<tr><td>주사업 유형</td><td colspan="3">[ ]지역사업형 [ ]취약계층배려형 [ ]위탁사업협 [ ]기타공익증진형 [ ]혼합형</td></tr>
<tr><td>설 립
근 거</td><td colspan="4"><협동조합기본법>
제2조(정의)
3. "사회적협동조합"이란 협동조합 중 지역주민들의 권익·복리 증진과 관련된 사업을 수행하거나 취약계층에게 사회서비스 또는 일자리를 제공하는 등 영리를 목적으로 하지 아니하는 협동조합을 말한다.
4. "사회적협동조합연합회"란 사회적협동조합의 공동이익을 도모하기 위한 연합회를 말한다.
제4조(법인격과 주소) ② 사회적협동조합등은 비영리법인으로 한다.
제93조(사업) ① 사회적협동조합은 다음 각 호의 사업 중 하나 이상을 주 사업으로 하여야 한다.
1. 지역사회 재생, 지역경제 활성화, 지역 주민들의 권익·복리 증진 및 그 밖에 지역사회가 당면한 문제 해결에 기여하는 사업
2. 취약계층에게 복지·의료·환경 등의 분야에서 사회서비스 또는 일자리를 제공하는 사업
3. 국가·지방자치단체로부터 위탁받은 사업
4. 그 밖에 공익증진에 이바지하는 사업
제80조(사업) ① 연합회는 설립 목적을 달성하기 위하여 필요한 사업을 정관으로 정하되, 다음 각 호의 사업은 포함하여야 한다.
1. 회원에 대한 지도·지원·연락 및 조정에 관한 사업
2. 회원에 속한 조합원 및 직원에 대한 상담, 교육·훈련 및 정보 제공 사업
3. 회원의 사업에 관한 조사·연구 및 홍보사업
제115조(준용규정) ② 사회적협동조합연회에 관하여는 제80조를 준영한다. 이 경우 "연합회"는 "사회적협동조합연합회"로 본다.</td></tr>
<tr><td>사업의
공익성</td><td colspan="4">※ 사업의 공익성에 대하여 핵심사항 위주로 기재</td></tr>
</table>

위와 같이 총회 의사록 공증 면제 추천을 신청합니다.

년 월 일

신청인(대표자) (서명 또는 인)

○○○ 장관 귀하

구비서류	1. 정관 이외에 사업의 공익성과 관련한 참고자료

[서식 11] 총회 의사록 공증 면제 추천 검토의견서

총회 의사록 공증 면제 추천 신청서

<table>
<tr><td rowspan="7">조 직
개 요</td><td colspan="3">조합명</td><td>업종(표준산업분류번호)</td></tr>
<tr><td colspan="3">설립연월일</td><td>업 태</td></tr>
<tr><td colspan="3">협동조합 신고(인가)번호</td><td>사업자등록번호</td></tr>
<tr><td rowspan="3">주 소</td><td>본 사</td><td colspan="2"></td></tr>
<tr><td>제1사업장</td><td colspan="2"></td></tr>
<tr><td>제2사업장</td><td colspan="2"></td></tr>
<tr><td colspan="3">출자 자본금 백만원</td><td></td></tr>
<tr><td></td><td>주사업 유형</td><td colspan="3">[ ]지역사업형 [ ]취약계층배려형 [ ]위탁사업협 [ ]기타공익증진형 [ ]혼합형</td></tr>
<tr><td>설 립
근 거</td><td colspan="4"><협동조합기본법>
제2조(정의)
3. “사회적협동조합”이란 협동조합 중 지역주민들의 권익·복리 증진과 관련된 사업을 수행하거나 취약계층에게 사회서비스 또는 일자리를 제공하는 등 영리를 목적으로 하지 아니하는 협동조합을 말한다.
4. “사회적협동조합연합회”란 사회적협동조합의 공동이익을 도모하기 위한 연합회를 말한다.
제4조(법인격과 주소) ② 사회적협동조합등은 비영리법인으로 한다.
제93조(사업) ① 사회적협동조합은 다음 각 호의 사업 중 하나 이상을 주 사업으로 하여야 한다.
1. 지역사회 재생, 지역경제 활성화, 지역 주민들의 권익·복리 증진 및 그 밖에 지역사회가 당면한 문제 해결에 기여하는 사업
2. 취약계층에게 복지·의료·환경 등의 분야에서 사회서비스 또는 일자리를 제공하는 사업
3. 국가·지방자치단체로부터 위탁받은 사업
4. 그 밖에 공익증진에 이바지하는 사업
제80조(사업) ① 연합회는 설립 목적을 달성하기 위하여 필요한 사업을 정관으로 정하되, 다음 각 호의 사업은 포함하여야 한다.
1. 회원에 대한 지도·지원·연락 및 조정에 관한 사업
2. 회원에 속한 조합원 및 직원에 대한 상담, 교육·훈련 및 정보 제공 사업
3. 회원의 사업에 관한 조사·연구 및 홍보사업
제115조(준용규정) ② 사회적협동조합연회에 관하여는 제80조를 준영한다. 이 경우 “연합회”는 “사회적협동조합연합회”로 본다.</td></tr>
<tr><td rowspan="3">사업의
공익성</td><td colspan="2">공 익 성</td><td colspan="2"></td></tr>
<tr><td colspan="2">지도감독</td><td colspan="2"></td></tr>
<tr><td colspan="2">의사록 인증 제외
추천 여부</td><td colspan="2">추 천</td></tr>
</table>

<table>
<tr><td rowspan="2">구비서류</td><td>기관명</td><td>부서명</td><td>직 급</td><td>성 명</td><td>전화번호</td></tr>
<tr><td></td><td></td><td></td><td></td><td></td></tr>
</table>

[서식 12] 사회적협동조합/사회적협동조합연합회 사업계획서(시행규칙 서식)

■ 협동조합 기본법 시행규칙 [별지 제12호서식]

사회적협동조합 등 사업계획서

(제1쪽)

<table>
<tr><td rowspan="9">조직 개요</td><td colspan="2">조합명(연합회명)</td><td>업종(표준산업분류번호)</td></tr>
<tr><td colspan="2">설립 연월일</td><td>업태</td></tr>
<tr><td colspan="2">인가번호</td><td>사업자등록번호</td></tr>
<tr><td colspan="3">연합회 가입 현황(* 사회적협동조합만 작성)</td></tr>
<tr><td rowspan="3">주 소</td><td colspan="2">주사무소</td></tr>
<tr><td colspan="2">제1 지사무소</td></tr>
<tr><td colspan="2">제2 지사무소</td></tr>
<tr><td colspan="2">출자금 백만원</td><td></td></tr>
<tr><td>주 사업
유 형</td><td colspan="2">[ ]지역사업형 [ ]취약계층배려형 [ ]위탁사업형
[ ]기타 공익증진형 [ ]혼합형</td></tr>
<tr><td rowspan="2">조직 연혁</td><td>연월일</td><td colspan="2">주요 내용</td></tr>
<tr><td></td><td colspan="2"></td></tr>
<tr><td>설립 목적</td><td colspan="3"></td></tr>
<tr><td>의사결정
기 구</td><td colspan="3">[ ]조합원 총회 [ ]대의원 총회 [ ]이사회
※ 중복 표시 가능</td></tr>
<tr><td>조직도</td><td colspan="3"></td></tr>
</table>

<table>
<tr><td rowspan="5">임원 현황</td><td>직 위</td><td>성 명</td><td>경 력</td><td>직원 겸직 여부</td></tr>
<tr><td></td><td></td><td></td><td></td></tr>
<tr><td></td><td></td><td></td><td></td></tr>
<tr><td></td><td></td><td></td><td></td></tr>
<tr><td></td><td></td><td></td><td></td></tr>
</table>

<table>
<tr><td rowspan="2">조합원 현황
※ 해당 유형에만 표기</td><td>생산자</td><td>소비자</td><td>직 원</td><td>자원봉사자</td><td>후원자</td><td>계</td></tr>
<tr><td>명</td><td>명</td><td>명</td><td>명</td><td>명</td><td>명</td></tr>
</table>

<table>
<tr><td rowspan="3">직원 현황</td><td>성 별</td><td>남 성</td><td>명</td><td>여 성</td><td>명</td><td>계</td><td>명</td></tr>
<tr><td>고용 형태</td><td>정규직</td><td>명</td><td>비정규직</td><td>명</td><td>계</td><td>명</td></tr>
<tr><td>취약계층 고용</td><td>취약계층</td><td>명</td><td>비취약계층</td><td>명</td><td>계</td><td>명</td></tr>
</table>

210mm×297mm[백상지 80g/m²(재활용품)]

(제2쪽)

해당 연도 사업계획(* 해당 내용만 작성. 다만, 혼합형은 해당 내용을 모두 작성)

① 지역사업형(판단기준 : 사업비/서비스 공급 비율 중 택일)

구 분		사업비(원)		서비스 공급(인원수/시간/회)	
		직전연도 결산	해당연도 예산	직전연도 실적	해당연도 계획
총 계 (A)					
지역사업	소 계(B)				
	ㅇㅇ사업				
	ㅁㅁ사업				
	…				
기타사업	소 계				
	ㅇㅇ사업				
	ㅁㅁ사업				
	…				
지역사업 비율(C=B/A)(%)					

② 취약계층배려형(판단기준 : 인건비/직원수/서비스 공급 비율 중 택일)

구 분	인건비 (원)		직원수 (명)		서비스 공급 (인원수/시간/회)	
	직전연도 결산	해당연도 예산	직전연도 결산	해당연도 예산	직전연도 실적	해당연도 계획
총 계 (A)						
취약계층(B)						
기 타						
취약계층비율 (C=B/A)(%)						

③ 위탁사업형(판단기준 : 사업비 비율)

구 분		사업비(원)	
		직전연도 결산	해당연도 예산
총 계 (A)			
위탁사업	소 계(B)		
	ㅇㅇ사업(위탁기관)		
	ㅁㅁ사업(위탁기관)		
	…		
자체사업	소 계		
	ㅇㅇ사업		
	ㅁㅁ사업		
	…		
위탁사업 비율(C=B/A)(%)			

(제3쪽)

④ 기타 공익증진형(판단기준 : 사업비/서비스 공급 비율 중 택일)

구 분		사업비(원)		서비스 공급(인원수/시간/회)	
		직전연도 결산	해당연도 예산	직전연도 실적	해당연도 계획
총 계 (A)					
공익사업	소 계(B)				
	ㅇㅇ사업				
	ㅁㅁ사업				
	…				
기타사업	소 계				
	ㅇㅇ사업				
	ㅁㅁ사업				
	…				
공익사업 비율(C=B/A)(%)					

⑤ 혼합형(판단기준 : ①+②+③+④ 비율의 합계)

구 분	비 율(%)		내 용
	직전연도 실적	해당연도 계획	
① 지역사업 비율			
② 취약계층배려형 사업 비율			
③ 위탁사업 비율			
④ 기타공익증진형 사업 비율			
합 계			

[서식 13] 사회적협동조합/사회적협동조합연합회 수입·지출 예산서(시행규칙 서식)

■ 협동조합 기본법 시행규칙 [별지 제9호서식]

사회적협동조합 등 수입·지출 예산서

회계연도 : ○○○년도

조직 개요				
	조합명(연합회명)		업종(표준산업분류번호)	
	설립연월일		업태	
	인가번호		사업자등록번호	
	주 소	주사무소		
		제1 지사무소		
		제2 지사무소		
	출자금 백만원			
	주 사업유형	[ ]지역사업형 [ ]취약계층배려형 [ ]위탁사업형 [ ]기타 공익증진형 [ ]혼합형		

수입 (단위 : 원)				지출 (단위 : 원)			
구 분		금 액	구성비(%)	구 분		금액	구성비(%)
① 주 사업	○○사업			① 주 사업	○○사업		
	〃				〃		
	〃				〃		
	〃				〃		
② 기타사업	○○사업			② 기타사업	○○사업		
	〃				〃		
	〃				〃		
	〃				〃		
③ 사업비 합계				③ 사업비 합계			
④ 사업외 수입	이자수익			④ 경상비 (판매비와 관리비)	인건비		
	후원금 등				취약계층 인건비		
	〃				운영비 등		
	〃				〃		
⑤ 출자금				⑤ 사업외 비용	이자비용		
⑥ 차입금					잡손실 등		
〃					〃		
〃				⑥ 출자금 반환			
〃				⑦ 차입금 상환			
〃				⑧ 예비비 등			
합 계				합 계			

작성방법

1. 예시된 항목 외의 수입 또는 지출항목이 있을 경우 모두 적습니다.
2. 사회적협동조합이 「협동조합 기본법 시행규칙」 제12조 제1항 제3호 가목에 따라 전체 인건비 총액 중 취약계층인 직원에게 지급한 인건비가 40% 이상일 것을 판단기준으로 하는 경우 인건비와 취약계층 인건비 항목을 구분하여 작성하시기 바랍니다.

210mm×297mm[백상지 80g/m²(재활용품)]

[서식 14] 사회적협동조합/사회적협동조합연합회 사업결산 보고서(시행규칙 서식)

■ 협동조합 기본법 시행규칙 [별지 제13호서식]

사회적협동조합 등 사업결산 보고서

회계연도 : ○○○년도

조직개요				
조직개요	조합명(연합회명)		업종(표준산업분류번호)	
	설립연월일		업태	
	인가번호		사업자등록번호	
	주 소	주사무소		
		제1 지사무소		
		제2 지사무소		
	출자금	백만원		
	주 사업유형	[ ]지역사업형 [ ]취약계층배려형 [ ]위탁사업형 [ ]기타 공익증진형 [ ]혼합형		

수 입 (단위 : 원)					지 출 (단위 : 원)				
구 분		금 액		예산대비	구 분		금액		예산대비
		결산	예산	(%)			결산	예산	(%)
① 주 사업	○○사업				① 주 사업	○○사업			
	〃					〃			
	〃					〃			
	〃					〃			
② 기타사업	○○사업				② 기타사업	○○사업			
	〃					〃			
	〃					〃			
	〃					〃			
③ 사업비 합계					③ 사업비 합계				
④ 사업외 수입	이자수익				④ 경상비 (판매비와 관리비)	인건비			
	후원금 등					취약계층 인건비			
	〃					운영비 등			
	〃					〃			
⑤ 출자금					⑤ 사업외 비용	이자비용			
⑥ 차입금						잡손실 등			
〃						〃			
〃					⑥ 출자금 반환				
〃					⑦ 차입금 상환				
〃					⑧ 예비비 등				
합 계					합 계				

작성방법

1. 예시된 항목 외의 수입 또는 지출항목이 있을 경우 모두 적습니다.
2. 사회적협동조합이 「협동조합 기본법 시행규칙」 제12조 제1항 제3호 가목에 따라 전체 인건비 총액 중 취약계층인 직원에게 지급한 인건비 총액이 차지하는 비율이 40% 이상일 것을 판단기준으로 하는 경우 인건비와 취약계층 인건비를 구분하여 작성하시기 바랍니다.

210mm×297mm[백상지 80g/m²(재활용품)]

[서식 15] 사회적협동조합/사회적협동조합연합회 사업결과 보고서(시행규칙 서식)

■ 협동조합 기본법 시행규칙 [별지 제14호서식]

사회적협동조합 등 사업결과 보고서

(제1쪽)

<table>
<tr><td rowspan="8">조직 개요</td><td colspan="3">조합명(연합회명)</td><td colspan="2">업종(표준산업분류번호)</td></tr>
<tr><td colspan="3">설립 연월일</td><td colspan="2">업태</td></tr>
<tr><td colspan="3">인가번호</td><td colspan="2">사업자등록번호</td></tr>
<tr><td rowspan="3">주 소</td><td colspan="4">주사무소</td></tr>
<tr><td colspan="4">제1 지사무소</td></tr>
<tr><td colspan="4">제2 지사무소</td></tr>
<tr><td colspan="3">출자금 백만원</td><td colspan="2"></td></tr>
<tr><td>주 사업 유 형</td><td colspan="4">[ ]지역사업형 [ ]취약계층배려형 [ ]위탁사업형
[ ]기타 공익증진형 [ ]혼합형</td></tr>
<tr><td rowspan="2">조직 연혁</td><td>연월일</td><td colspan="4">주요 내용</td></tr>
<tr><td></td><td colspan="4"></td></tr>
<tr><td rowspan="2">정관·규약</td><td>변경 여부</td><td colspan="4">[ ]변경 없음 [ ]변경</td></tr>
<tr><td>변경 내용</td><td colspan="4"></td></tr>
<tr><td>설립 목적</td><td colspan="5"></td></tr>
<tr><td>의사결정 기 구</td><td colspan="5">[ ]조합원 총회 [ ]대의원 총회 [ ]이사회
※ 중복 표시 가능</td></tr>
<tr><td>조직도</td><td colspan="5"></td></tr>
<tr><td rowspan="5">임원 현황</td><td>직 위</td><td colspan="2">성 명</td><td>경 력</td><td>직원 겸직 여부</td></tr>
<tr><td></td><td colspan="2"></td><td></td><td></td></tr>
<tr><td></td><td colspan="2"></td><td></td><td></td></tr>
<tr><td></td><td colspan="2"></td><td></td><td></td></tr>
<tr><td></td><td colspan="2"></td><td></td><td></td></tr>
</table>

210mm×297mm[백상지 80g/m²(재활용품)]

(제2쪽)

조합원 현황 ※ 해당 유형 에만 표기	생산자	소비자	직 원	자원봉사자	후원자	계
	명	명	명	명	명	명

직원 현황							
	성 별	남 성	명	여 성	명	계	명
	고용 형태	정규직	명	비정규직	명	계	명
	취약계층 고용	취약계층	명	비취약계층	명	계	명

지역사회 기여실적	연월일	주요 내용

인가부처 감독사항과 그 조치결과	연월일	주요 내용

해당 연도 사업 결과(* 해당 내용만 작성. 다만, 혼합형은 해당 내용을 모두 작성)

① 지역사업형(판단기준 : 사업비/서비스 공급 비율 중 택일)

구 분		사업비(원)		서비스 공급(인원수/시간/회)	
		해당연도 예산	해당연도 결산	해당연도 계획	해당연도 실적
총 계 (A)					
지역사업	소 계(B)				
	ㅇㅇ사업				
	ㅁㅁ사업				
	…				
기타사업	소 계				
	ㅇㅇ사업				
	ㅁㅁ사업				
	…				
지역사업 비율(C=B/A)(%)					

첨부서류	서비스 대상 인원, 시간, 횟수, 등 서비스 내용을 확인할 수 있는 서류

(제3쪽)

② 취약계층배려형(판단기준 : 인건비/직원수/서비스 공급 비율 중 택일)

구 분	인건비 (원)		직원수 (명)		서비스 공급 (인원수/시간/회)	
	해당연도 예산	해당연도 결산	해당연도 계획	해당연도 실적	해당연도 계획	해당연도 실적
총 계 (A)						
취약계층(B)						
기 타						
취약계층비율 (C=B/A)(%)						
첨부서류	1. 전체직원 및 취약계층 직원의 명단(생년월일 포함), 직원별 인건비 지출 명세 2. 취약계층 증명서류(① 가구 월평균 소득이 전국 가구 월평균 소득의 100분의 60 이하인 사람 : 「국민기초생활 보장법」에 따른 수급자 또는 차상위자 증명서, 전년도 건강보험료 납부확인서, 급여명세서 등 전년도 소득증명서 등 ② 장애인 : 장애인등록증명서 사본 ③ 그 밖에 취약계층임을 확인할 수 있는 서류) 3. 그 밖에 서비스 공급 실적을 확인할 수 있는 서류					

③ 위탁사업형(판단기준 : 사업비 비율)

구 분		사업비(원)	
		해당연도 예산	해당연도 결산
총 계 (A)			
위탁사업	소 계(B)		
	ㅇㅇ사업(위탁기관)		
	ㅁㅁ사업(위탁기관)		
	…		
자체사업	소 계		
	ㅇㅇ사업		
	ㅁㅁ사업		
	…		
위탁사업 비율(C=B/A)(%)			
첨부서류	1. 위탁사업 계약서 2. 위탁사업 지출내역서 3. 그 밖에 위탁사업 내용을 확인할 수 있는 서류		

(제4쪽)

④ 기타 공익증진형(판단기준 : 사업비/서비스 공급 비율 중 택일)

구 분		사업비(원)		서비스 공급(인원수/시간/회)	
		해당연도 예산	해당연도 결산	해당연도 계획	해당연도 실적
총 계 (A)					
공익사업	소 계(B)				
	ㅇㅇ사업				
	ㅁㅁ사업				
	…				
기타사업	소 계				
	ㅇㅇ사업				
	ㅁㅁ사업				
	…				
공익사업 비율(C=B/A)(%)					
첨부서류	서비스 대상 인원, 시간, 횟수 등 서비스 내용을 확인할 수 있는 서류				

⑤ 혼합형(판단기준 : ①+②+③+④ 비율의 합계)

구 분	비 율(%)		내 용
	해당연도 계획	해당연도 실적	
① 지역사업 비율			
② 취약계층배려형 사업 비율			
③ 위탁사업 비율			
④ 기타공익증진형 사업 비율			
합 계			
첨부서류	각 유형별 비율을 확인할 수 있는 서류		

[서식 16] 소액대출 및 상호부조 사업결과 보고서(시행규칙 서식)

■ 협동조합 기본법 시행규칙 [별지 제15호서식]

소액대출 및 상호부조 사업결과 보고서
(○○년 12월 31일 현재)

(제1쪽)

조직 개요	조합명		업종(표준산업분류번호)
	설립연월일		업태
	인가번호		사업자등록번호
	주 소	주사무소	
		제1 지사무소	
		제2 지사무소	
	출자금		원(A)
	주 사업 유형	[ ]지역사업형 [ ]취약계층배려형 [ ]위탁사업형 [ ]기타 공익증진형 [ ]혼합형	

1. 소액대출 사업 현황

① 대출 조건	소액대출 이자율	연 00.00 (%)	(기획재정부 장관 고시 최고 이자율)	연 00.00 (%)
	소액대출 연체 이자율	연 00.00 (%)	1인당 대출한도	원
② 대출 현황	총 대출금액(B)	원	총 상환액(C)	원
	총 대출잔액(D=B-C)	원	출자금 대비 대출잔액 비율(E=D/A)	(%)
	대출자 수/조합원 수	/	대출잔액 최고액 대출자 1인의 대출잔액(F)	원

③분기별 소액대출 추이(매월 말일 기준, 단위: 원, %)

구 분	직전연도 4/4분기	해당연도 1/4분기	해당연도 2/4분기	해당연도 3/4분기	해당연도 4/4분기
총출자금액(A)					
총대출금액(B)					
총상환액(C)					
총대출잔액(D)					
출자금 대비 대출 잔액 비율(E)					
대출잔액 최고액 대출자 1인의 대출잔액(F)					

210mm×297mm[백상지 80g/m²(재활용품)]

(제2쪽)

2. 상호부조 사업 현황

<table>
<tr><td rowspan="10">① 상호부조 계약 현황</td><td>월별 납부액</td><td colspan="2">(정액기준시) 00,000원, (정률기준시) 기준액 * 0.00% 등 정관·규약·규정 등에 정한 납부액 명시</td></tr>
<tr><td rowspan="9">지급사유별 지급액</td><td>혼례(본 인)</td><td>원</td></tr>
<tr><td>혼례(자 녀)</td><td>원</td></tr>
<tr><td>사망(본 인)</td><td>원</td></tr>
<tr><td>사망(배우자)</td><td>원</td></tr>
<tr><td>ㅇㅇㅇ</td><td>원</td></tr>
<tr><td>△△△</td><td>원</td></tr>
<tr><td></td><td></td></tr>
<tr><td></td><td></td></tr>
<tr><td></td><td></td></tr>
<tr><td rowspan="5">② 상호부조 기금 현황</td><td>전년도 기금 잔액(G)</td><td colspan="2">원</td></tr>
<tr><td>해당 연도 수입(H)</td><td colspan="2">원</td></tr>
<tr><td>해당 연도 지출(I)</td><td colspan="2">원</td></tr>
<tr><td>해당 연도 기금 잔액
(J = G + H − I)</td><td colspan="2">원</td></tr>
<tr><td>출자금 대비 기금 잔액
비율(K = J/A)</td><td colspan="2">(%)</td></tr>
</table>

③ 분기별 상호부조기금 현황(매월 말일 기준, 단위 : 원, %)

구 분	직전연도 4/4분기	해당연도 1/4분기	해당연도 2/4분기	해당연도 3/4분기	해당연도 4/4분기
전기 잔액(G)					
당기 수입(H)					
당기 지출(I)					
당기 잔액(J)					
출자금 대비 기금 잔액 비율(K)					

[서식 17] 사회적협동조합/사회적협동조합연합회 정관 변경인가 신청서(시행규칙 서식)

■ 협동조합 기본법 시행규칙 [별지 제11호서식]

[ ] 사회적협동조합 / [ ] 사회적협동조합연합회 정관 변경인가 신고서

※ 첨부서류를 확인하시기 바라며, 색상이 어두운 난은 신청인이 작성하지 않습니다.

접수번호	접 수 일	처리기간	10일

신 고 인	성 명(명칭)	생년월일(사업자등록번호)
	주 소	전화번호
법 인	조합명(연합회명)	전화번호
	소재지	
	이사장(회장) 성명	주민등록번호(외국인등록번호)
	주소	전화번호
신청내용	첨부서류 참조	

「협동조합 기본법」 제86조 제2항 또는 제115조 제3항에 따라 위와 같이 정관 변경의 인가를 신청합니다.

년 월 일

신 고 인(이사장·회장) (서명 또는 인)

기획재정부장관 / 중앙행정기관장 귀하

첨부서류	1. 정관 중 변경하려는 사항을 적은 서류 1부 2. 정관의 변경을 의결한 총회 의사록 1부 3. 정관 변경 후의 사업계획서와 수입·지출 예산서(사업계획이 변경되어 정관을 변경하는 경우에만 제출합니다) 4. 대차대조표와 출자감소의 의결, 채권자 공고 및 이의신청의 처리 등의 사실관계를 증명할 수 있는 서류 각 1부(출자 1좌당 금액 감소에 따라 정관을 변경하는 경우에만 제출합니다)	수수료 없 음

처 리 절 차

신고서 작성	→	접 수	→	서류 확인 및 검 토	→	결 재	→	결과 통지
신고인		처리기관 (기획재정부장관·중앙행정기관장)		처리기관 (기획재정부장관·중앙행정기관장)		처리기관 (기획재정부장관·중앙행정기관장)		

210mm×297mm[백상지 80g/m²(재활용품)]

[서식 18] 사회적협동조합/사회적협동조합연합회 해산신고서(시행규칙 서식)

■ 협동조합 기본법 시행규칙 [별지 제16호서식]

[ ] 사회적협동조합
[ ] 사회적협동조합연합회 해산신고서

※ 첨부서류를 확인하시기 바라며, 색상이 어두운 난은 신청인이 작성하지 않습니다.

접수번호	접 수 일	처리기간 7일

청 산 인	성 명	주민등록번호(외국인등록번호)
	주 소	전화번호
신고내용	첨부서류 참조	

「협동조합 기본법」 제102조 제2항 또는 제115조 제3항에 따라 위와 같이 해산을 신고합니다.

년 월 일

신 고 인(이사장·회장) (서명 또는 인)

**기획재정부장관
중앙행정기관장 귀하**

첨부서류	1. 해산 당시의 재산목록 1부 2. 잔여재산 처분방법의 개요를 적은 서류 1부 3. 해산 당시의 정관 1부 4. 해산을 결의한 총회 의사록 1부	수수료 없 음
담당공무원 확인사항	법인 등기사항증명서	

처 리 절 차

신고서 작성	→	접 수	→	서류 확인 및 검토	→	결 재
신고인		처리기관 (기획재정부장관· 중앙행정기관장)		처리기관 (기획재정부장관· 중앙행정기관장)		처리기관 (기획재정부장관· 중앙행정기관장)

210mm×297mm[백상지 80g/m²(재활용품)]

[서식 19] 설립동의자 명부(지침 서식)

연번	성 명	주민등록번호	연락처	이해관계자
1	김가나	381111－1******	01*－****－1111	소비자
2	이다라	750101－2******	01*－****－2222	직 원
3	박마바	620303－1******	01*－****－3333	
4	…	…	…	…
…				
20	최하나	680404－2******	01*－****－8888	자원봉사자

※ 이해관계자란은 사회적협동조합인 경우만 기재

[서식 20] 조합원 모집 홍보기간 신고서(지침 서식)

조합원 모집 홍보기간 신고서

<table>
<tr><td rowspan="11">조직
개요</td><td colspan="3">조합명</td><td>업종(표준산업분류번호)</td></tr>
<tr><td colspan="3">설립연월일</td><td>업태</td></tr>
<tr><td colspan="3">협동조합 신고(인가)번호</td><td>사업자등록번호</td></tr>
<tr><td></td><td colspan="2"></td><td></td></tr>
<tr><td rowspan="3">주 소</td><td>본사</td><td colspan="2"></td></tr>
<tr><td>제1사업장</td><td colspan="2"></td></tr>
<tr><td>제2사업장</td><td colspan="2"></td></tr>
<tr><td colspan="3">출자 자본금 백만원</td><td></td></tr>
<tr><td colspan="4"></td></tr>
<tr><td>주사업
유 형</td><td colspan="3">[ ]지역사업형 [ ]취약계층배려형 [ ]위탁사업협
[ ]기타공익증진형 [ ]혼합형
※ 주사업 유형은 사회적협동조합 및 사회적협동조합연합회만 기재함.</td></tr>
<tr><td colspan="4"></td></tr>
<tr><td>홍보
기간</td><td colspan="4">○○.○.○ ~ ○○.○.○ (○개월)

※ 홍보기간은 1년에 3개월을 넘지 못하며 전년도 총 공급고의 100분의 5의 범위내 에서 공급 가능
다만, 설립신고필증이나 설립인가를 받은 날로부터 1년(단위 매장의 경우 매장 개장일로부터 1년) 동안은 홍보기간을 6개월까지 가능하며 공급가액에 관계없이 공급 가능</td></tr>
<tr><td colspan="5"></td></tr>
<tr><td colspan="5">위와 같이 조합원 모집을 위한 홍보를 시행하고자 신고합니다.

년 월 일

신고인(이사장·회장) (서명 또는 인)

○○시·도지사(○○○○ 장관) 귀하</td></tr>
</table>

구비서류	※ 없음

[서식 21] 총회, 대의원총회, 이사회 활동 상황(시행규칙 서식)

■ 협동조합기본법 시행규칙 [별지 제6호서식]

총회, 대의원 총회, 이사회 활동 상황

<table>
<tr><td rowspan="7">조직 개요</td><td colspan="2">조합명(연합회명)</td><td>업종(표준산업분류번호)</td></tr>
<tr><td colspan="2">설립 연월일</td><td>업태</td></tr>
<tr><td colspan="2">신고(인가)번호</td><td>사업자등록번호</td></tr>
<tr><td rowspan="3">주소</td><td>주사무소</td><td></td></tr>
<tr><td>제1 지사무소</td><td></td></tr>
<tr><td>제2 지사무소</td><td></td></tr>
<tr><td colspan="2">출자 자본금 백만원</td><td></td></tr>
</table>

[총회]

일시	장소	조합원·회원(명)	참석자(명)	결정사항	비고

[대의원 총회]

일시	장소	대의원(명)	참석자(명)	결정사항	비고

[이사회]

일시	장소	임원(명)	참석자(명)	결정사항	비고

[기타]

일시	장소	대상자(명)	참석자(명)	결정사항	비고

210mm×297mm[보존용지(1종) 120g/㎡]

기타 신청서류

■ 신청서류 예시① 창립총회 개최 공고문

○○○ 협동조합 창립총회 개최 공고

○○○ 협동조합 창립총회를 다음과 같이 개최하오니 조합 설립에 참여하실 분은 빠짐없이 참여해 주시기 바랍니다.

1. **일시** : 20 . . (○요일) 오전 ○○시
2. **장소** : ○○시 ○○구 ○○로 ○○○-○, ○○빌딩 ○○호
3. **조합원 자격요건**
   가. 조합의 설립목적에 동의하는 자
   나.
4. **의결 사항**
   가. 정관 확정
   나. 사업계획 및 예산 확정
   다. 임원 선출
   라. 설립 경비 등 기타 설립에 필요한 사항

20 . . .

※ 창립총회 공고는 총회개최일 7일 전까지 해야 함(법 제28조⑤, 영 제6조①)
(예) 7월 20일에 창립총회를 개최한다면, 민법상 기일 기산에 따라 20일이 아닌 (초일은 산입하지 않음) 19일부터 역산하여 7일이 되는 13일까지 공고

(가칭) ○○○ 협동조합

발기인 대표 ○ ○ ○ (인)

■ 신청서류 예시② 창립총회 개최 개별 안내문

○○○ 협동조합 창립총회 개최 안내

(설립동의자) 님 안녕하십니까?

○○○ 협동조합 발기인 대표 ○○○입니다.

그동안 준비해온 '(가칭) ○○○ 협동조합'의 창립총회를 다음과 같이 개최하오니 바쁘시더라도 꼭 참석하여 주시기 바랍니다.

1. **일시** : 20 . . (○요일) 오전 ○○시

2. **장소** : ○○시 ○○구 ○○로 ○○○－○, ○○빌딩 ○○호

3. **조합원 자격요건**

가. 조합의 설립목적에 동의하는 자

나.

4. **의결 사항**

가. 정관 확정

나. 사업계획 및 예산 확정

다. 임원 선출

라. 설립 경비 등 기타 설립에 필요한 사항

20 . . .

(가칭) ○○○ 협동조합

발기인 대표 ○ ○ ○ (인)

■ 신청서류 예시 ③ 창립총회 의사록

○○○ 협동조합 창립총회 의사록

1. **총회 개최 공고일** : 20 . . (○요일)

2. **총회일시 및 장소**

   가. 일시 : 20 . . (○요일) ○○시

   나. 장소 : ○○시 ○○구 ○○○로 ○○○－○, ○○빌딩 ○○호

3. **참석자**

   가. 재적 설립동의자 : ○○명(개인 ○○명, 법인 ○개)

   － ○○○, △△△, □□□, … ▽▽▽(재적 설립동의자 이름 나열)

   나. 참석 설립동의자 : ○○명(개인 ○○명, 법인 ○개)

   － ○○○, △△△, … ▽▽▽(참석 설립동의자 이름 나열)

4. **총회 안건**

   － 제1호 의안. 정관 승인의 건

   － 제2호 의안. 임원 선출의 건

   － 제3호 의안. 20○○년 사업계획(안) 및 수입·지출예산(안) 승인의 건

   － 제4호 의안. 설립경비 등 기타 설립에 필요 안건

5. **총회 내용**

   가. 발기인대표 ○○○가 (임시)의장으로 회의를 진행하다.

   나. 성원 보고와 개회 선언

   － 전체 설립동의자 ○○명 중 ○○명 참석으로 성원되었음을 확인하고 의장이 개회를 선언하다.

   다. 의사록 서기와 기명날인인 지명

   － 의장이 회의의 기록과 확인을 위한 서기로 ○○○ 조합원을, 기명날인인으로 ○○○, △△△, … ▽▽▽를 지명하고 수락여부를 확인

하여 전원 수락하다.

※ 기명날인인을 별도로 지명하지 않고 설립동의자 중 이사와 감사 등 임원으로 선출된 자 3인 이상이 기명날인하여도 무방

라. 의사일정 확정

- 의장이 공고된 상정 의안에 대해 설명하고 의사일정 및 의안심의 순서에 따라 진행할 것을 묻고, 전원 동의로 의안 순서를 확정하다.

마. 제1호 의안. 정관 승인의 건

- 의장이 ○○○ 조합원에게 정관에 대해 설명해 줄 것을 요청하다.
- ○○○ 조합원이 정관의 목적, 조합의 책무, 조합원의 자격 등 각 조항에 대해 배경과 내용을 설명하다.
- 의장이 정관에 대해 질문이 있는지 묻다.
- △△△ 조합원이 정관 제○조에서 '○○○○'를 '△△△△'로 수정하자는 제안을 하다.
- □□□ 조합원이 제○○조 제○항의 문구에 '▽▽▽▽▽▽'를 추가하자는 제안을 하다.
- 의장이 정관 제○조, 제○○조 제○항의 수정안에 대해 조합원의 동의와 재청을 묻다.
- ◇◇◇ 조합원의 재청, 전원 동의로 수정인이 성립되다.
- 의장이 정관 제○조, 제○○조 제○항를 제안과 같이 수정하여 정관을 확정하는 것에 대한 승인을 묻고, 조합원 전원의 동의로 수정안을 수정하고 정관을 확정하다.

바. 제2호 의안. 임원 선출의 건

- (후보추천 예시①) 의장이 임원 후보를 추천해 줄 것을 요청하여 이사로 ○○○, △△△, … ▽▽▽, 감사로 ◇◇◇가 추천되다.

<이사후보>

- ○○○(발기인 대표)
- △△△(발기인, ○○○○ 대표)

…

<감사후보>

- ○○○(발기인)
- 임원후보 전원이 인사말을 하다.
- 의장이 추천된 임원 후보 전원을 거수로 선출하는 방법을 제안하고 이에 대해 조합원 전원의 이의가 없음을 확인하여 선출방법을 확정하다.
- 의장이 추천된 임원 후보 전원에 대한 찬성하는 조합원은 거수할 것을 주문하여 전원이 동의하여 후보 전원이 임원으로 선출되다.
- 의장이 선출된 임원 전원에 대해 수락여부를 묻고 선출된 임원 전원이 수락하다.
- 의장이 이사로 선출된 자 가운데 이사장 후보를 추천해 줄 것을 주문하고, ○○○ 이사를 이사장으로 추천하다.
- ▽▽▽ 이사가 다른 후보가 없는지 확인하고, ○○○ 이사를 이사장으로 선출하는 것에 대한 총회의 승인을 주문하여 전원 동의로 선출하다.

사. 제3호 의안. 20○○년 사업계획(안) 및 수입·지출예산(안) 승인의 건

- 의장이 ○○○ 조합원에게 20○○년 사업계획(안) 및 수입·지출예산(안)에 대해 설명해 줄 것을 요청하다.
- ○○○ 조합원이 20○○년 사업계획(안) 및 수입·지출예산(안)에 대해 총회에 참석한 조합원들에게 설명하다.
- 의장이 20○○년 사업계획(안) 및 수입·지출예산(안)에 대해 승인해 줄 것을 주문하고 조합원 전원의 동의로 승인하다.

아. 제4호 의안. 설립경비 등 기타 설립에 필요 안건

- 의장이 협동조합 설립과정에서 경비가 소요된 내역 및 설립 시까지 소요 될 예상 경비를 보고하고 설립에 필요한 경비는 우선 ○○○○○○하여 사용하도록 하고 차후 설립인가 후 출자금 납입이 되면 비용으로 처리하는 것에 대해 승인해 줄 것을 주문하다.

– 조합원 ○○○이 동의하고 조합원 △△△의 재청 및 조합원 전원의 동의로 승인되었음을 선언하다.

자. 폐회 선언

– 의장이 참석자들에게 상정할 다른 안건이 있는지를 묻고 없음을 확인한 후 폐회에 대한 의사를 묻고 조합원들에게 의결사항을 재차 확인한 다음 ○○○ 협동조합 창립총회 폐회를 선언하다.

20 . . .

(가칭) ○○○ 협동조합 창립총회

이사장 ○ ○ ○ (인)

이사 또는 의사록 기명날인인 ○ ○ ○ (인)

이사 또는 의사록 기명날인인 ○ ○ ○ (인)

이사 또는 의사록 기명날인인 ○ ○ ○ (인)

■ 신청서류 예시④ 임원 이력서

<table>
<tr><td rowspan="4">사 진
(3×4)</td><td colspan="4">협동조합 임원 이력서</td></tr>
<tr><td rowspan="1">성 명</td><td></td><td colspan="2">주민등록번호
–</td></tr>
<tr><td>자택전화</td><td></td><td rowspan="2">이메일</td><td rowspan="2">@</td></tr>
<tr><td>휴대전화</td><td></td></tr>
<tr><td>주 소</td><td colspan="4">(도로명 주소)</td></tr>
<tr><td>등록기준지</td><td colspan="4">(도로명 주소)</td></tr>
<tr><td>임 원 의
결격사유
해당여부</td><td></td><td colspan="3">※ 협동조합기본법 제36조(임원 등의 결격사유)
1. 피성년후견인
2. 피한정후견인
3. 파산선고를 받고 복권되지 아니한 사람
4. 금고 이상의 실형을 선고받고 그 집행이 끝나거나(집행이 끝난 것으로 보는 경우를 포함한다) 집행이 면제된 날부터 3년이 지나지 아니한 사람
5. 금고 이상의 형의 집행유예를 선고받고 그 유예기간 중에 있거나 유예기간이 끝난 날부터 2년이 지나지 아니한 사람
6. 금고 이상의 형의 선고유예를 받고 그 선고유예기간 중에 있는 사람
7. 법원의 판결 또는 다른 법률에 따라 자격이 상실 또는 정지된 사람</td></tr>
</table>

년	월	일	학력 / 경력 / 자격 사항	비 고

위 내용이 사실과 같음을 확인합니다.

20 . . .

작성자 : ○ ○ ○ (인)

■ 신청서류 예시 ⑤ 출자 1좌당 금액과 조합원 또는 회원별로 인수하려는 출자좌수를 적은 서류

○○○ 협동조합 출자자 명부

※ 1좌당 금액 : 10,000원 (단위 : 좌, 원, %)

연번	성 명 (법인명)	주민등록번호 (법인등록번호)	출자좌수	출자금액	비 율
1	○○○	000000－1111111	50	500,000	10.0
2	△△△	000000－1111111	100	1,000,000	20.0
3		·			
4		·			
※ 조합원 1인의 출자좌수는 30/100을 초과해서는 안 됨 (연합회의 경우 한 회원의 출자좌수가 40/100을 초과해서는 안 됨).					
합 계				5,000,000	100.0

협동조합 등기절차

협동조합 등기절차

□ 공증절차
  ○ 공증기관 : 변호사 사무실
  ○ 준비서류
    1. 정관 2부
    2. 창립총회 의사록 3부
    3. 대표자 진술서 1부
    4. 위임장 : 발기인 및 창립총회 참석자(인감날인) 1부
    5. 임감증명 1부
    6. 조합원명부 1부
    7. 출자현황 1부

□ 등록면허세 납부
  ○ 납부기관 : 관할 구청
  ○ 등록면허세 영수필 확인서

□ 법인등기
  ○ 등기기관 : 관내 등기소
  ○ 준비서류
    1. (사회적)협동조합 설립등기신청서
    2. 정관 1부
    3. 창립총회 의사록 1부
    4. 임원의 취임승낙서 각 1부(이사, 감사)
    5. 임원의 인감증명 각 1부
    6. 임원의 주민등록 초본 또는 등본 각 1부
    7 주무관청의 설립 신고필증 또는 설립 인가증 1부
    8. 등록면허세 영수필 확인서 1부
    9. 인지세 : 현금영수증(3만 원) 신한은행 또는 농협
    10. 법인 인감 도장
    11. 인감신고서 : 인감대지 + 인감신청서
    12. 출자금 총액의 납입이 있음을 증명하는 잔액증명서 1부
    13. 출자자 명부 1부

협동조합 등기서류

협동조합 등기 신청서 첨부서류	준 비 사 항
등기 신청서	신청서의 신청란은 상업목적으로서 통계청의 대한민국 업종분류에 의한 사업종을 넣는데 이는 정관에 명시되어야 한다.
정관 3통	발기인 또는 총회참가 동의자가 날인 및 간인
창립총회의사록 3통	공증필요. 정관은 공증 안함. (붙임 삭제)
위임장	– 공증시에 필요 – 창립총회 참가, 동의자(조합원, 발기인)의 인감증명(3개월이내)과 위임장에 인감 날인
– 이사, 감사 취임승낙서 – 이사, 감사의 인감증명서 2통	– 공증사무소 제시하여 공증 – 이사 및 감사 전체 – 1통은 공증사무소 공증시 제출 – 1통은 등기 시 등기소 제출
진술서	– 공증사무소에서 양식을 받아서 작성(개인인감과 법인인감 날인)
조합원 명부	– 공증사무소에 제출 – 조합원 명단(성명, 주민번호, 출자수, 출자금, 서명)으로 법인인감이 날인된 것 – 대표자 인적사항 기록 및 인감 날인
주민등록 등(초)본 1통	이사 및 감사 전체
주무관청의 설립신고필증	원본 복사하여, 원본 대조필 후 법인인감 날인
출자금 총액의 납입신고필증	통장 만든 것으로 은행에서 잔액증명 잔액증명을 한 후 24시간 이내에는 입출금이 안 된다는 것에 유의 할것

법인 인감신고서	등기소에서 양식 받아서 법인인감 등록 서류작성 하여 등기서류시 제출
등록면허세 영수필 확인서	법인사무실 관할 구청의 부가과에서 등록하고 세금 영수증, 등록면허세 신고서(법인명, 설립등기)
위임장(대리인일 경우)	법인대표가 직접 수행하는 경우는 하지 아니함
등기시 수수료	30,000원 신한은행 등기신청수수료 현금영수증

협동조합 등기 관련 각종 서식

이사장취임 승낙서

조합 정관 제22조의 규정에 의하여 20○○년 ○월 ○일 개최된 창립총회에서 선임된 이사장에 취임할 것을 승낙합니다.

20○○년 ○월 ○일

업 체 명 : ○○○ ○○○ 협동조합
이 사 : (인감날인)

○○○ ○○○ **협동조합 이사장 귀하**

이사취임 승낙서

조합 정관 제22조의 규정에 의하여 20○○년 ○월 ○일 개최된 창립총회에서 선임된 이사에 취임할 것을 승낙합니다.

20○○년 ○월 ○일

업 체 명 : ○○○ ○○○ 협동조합
이 사 : (인감날인)

○○○ ○○○ 협동조합 이사장 귀하

감사취임 승낙서

조합 정관 제22조의 규정에 의하여 20○○년 ○월 ○일 개최된 창립총회에서 선임된 감사에 취임할 것을 승낙합니다.

20○○년 ○월 ○일

업 체 명 : ○○○ ○○○ 협동조합
이 사 : (인감날인)

○○○ ○○○ 협동조합 이사장 귀하

출 자 자 명 부

20○○년 ○월 ○일 현재

출자자명	출자구좌수	회의 출석	의결 찬성	인증 촉탁	비 고

총출좌수	출석구좌수	의결찬성구좌수	인증촉탁구좌수	1좌당금액
				원

위 출자자명부는 본사에 비치된 출자자명부와 대조하여 틀림이 없음을 증명합니다.

20○○년 ○월 ○일

- 회 사 명 : ○○○ ○○○ 협동조합
- 소 재 지 :
- 대표이사 :

진 술 서

법 인 명	○○○ ○○○ 협동조합
소 재 지	
회의의종류	○○○ ○○○ 협동조합 창립 총회
소 집 일 시	20○○. ○. ○.
소 집 장 소	

본인은 에서 위 법인의사록의 인증을 촉탁함에 있어서 위 법인의 조합원으로서 위 회의가 적법하게 소집되었으며, 결의의 절차와 내용이 진실에 부합함을 진술합니다.

20○○년 ○월 ○일

위 진술인 : (인감날인)

주 소 :

별지 제1호 양식[인감·개인(改印) 신고서]

인감·개인(改印) 신고서

(신고하는 인감날인란) (인감제출자에 관한 사항)

상호(명칭)			등기번호	
본점(주사무소)				
인 감 제출자	자격/성명			
	주민등록번호			
	주 소			

☐ 위와 같이 인감을 신고합니다.

☐ 위와 같이 개인(改印)하였음을 신고합니다.

20 년 월 일

(인감 날인란)

신고인 본 인 성 명 (인)

대리인 성 명 (인)

○○지방법원 ○○등기소 귀중

주 1. 인감 날인란에는 「인감증명법」에 의하여 신고한 인감을 날인하고 그 인감증명서(발행일로부터 3개월 이내의 것)를 첨부하여야 합니다. 개인(改印)신고의 경우, 개인인감을 날인하는 대신에 등기소에 신고한 유효한 종전 인감을 날인하여도 됩니다.

2. 인감·개인신고서에는 신고하는 인감을 날인한 인감대지를 첨부하여야 합니다.

3. 지배인이 인감을 신고하는 경우에는 인감제출자의 주소란에 지배인을 둔 장소를 기재하고, 「상업등기규칙」 제36조제4항의 보증서면(영업주가 등기소에 신고한 인감날인)을 첨부하여야 합니다. 위 보증서면은 아래의 보증서면란에 기재하는 것으로 갈음할 수 있습니다.

보 증 서 면

위 신고하는 인감은 지배인 의 인감임이 틀림없음을 보증합니다.

대표이사 (법인인감)

위 임 장

성 명: 주민등록번호( )

주 소:

위의 사람에게, 위 인감신고 또는 개인신고에 관한 일체의 권한을 위임함.

20 년 월 일

인감(개인) 신고인 성 명 (인)

별지 제2호 양식(인감대지)

인 감 대 지

신고하는 인감날인란	상 호(명 칭) : 자격 및 성명 : 이사장 주민등록번호 :

주 1. 자격은 대표이사(이사), 이사장, 지배인, 대리인, 상호사용자, 무능력자, 법정대리인 등으로 기재합니다.

인 감 신 고 서

위와 같이 인감신고 합니다.

20 년 월 일

신고인 상 호

법인주소

이 사 장 (法印) (個人)

○○지방법원 ○○등기소 귀 중

<table>
<tr><td colspan="5">법인인감카드발급신청서</td></tr>
<tr><td colspan="2">법 인 구 분</td><td>협동조합</td><td>등 기 번 호</td><td></td></tr>
<tr><td colspan="2">상 호</td><td colspan="3"></td></tr>
<tr><td rowspan="2">인
감
제출
자</td><td>자
격</td><td colspan="3"></td></tr>
<tr><td>성
명</td><td></td><td>주민등록번호</td><td></td></tr>
<tr><td colspan="2">비 밀 번 호</td><td></td><td>사 유</td><td>신 규</td></tr>
<tr><td colspan="5">20 년 월 일

이사장 성명 :
대리인 성명 : (인)

법인인감
(인)

○○지방법원 ○○등기소 귀중</td></tr>
<tr><td colspan="2">접 수 번 호</td><td></td><td>카 드 번 호</td><td></td></tr>
</table>

<table>
<tr><td colspan="3">법인인감카드발급신청서접수증</td></tr>
<tr><td>접 수</td><td>20 년 월 일</td><td>제 호</td></tr>
<tr><td colspan="3">20 년 월 일

신 청 인 : 대리인 :
(회사명)

※ 주 : 1. 접수번호란과 카드번호란은 신청인이 기재하는 란이 아닙니다.
2. 비밀번호는 아라비아숫자 6자릿수로 기재하여야 하며 비밀번호는 카드와 인감증명을 신청할 권한이 있는 것으로 보게 되는 중요한 것이므로 권한이 없는 사람이 알지 못하도록 주의하시기 바랍니다.</td></tr>
</table>

개인정보 제공 및 활용 동의서

참고 개인정보 제공 및 활용 동의서

본인은 「○○ 사회적협동조합(가칭) 설립발기인회」에서 추진하는 ○○ 사회적협동조합(가칭) 설립과 관련하여, 법인 설립 및 운영 업무의 원활한 진행을 위해 「개인정보보호법」 제15조 내지 제22조에 의거하여 아래의 내용과 같이 본인의 개인정보에 대한 제공 및 수집·이용에 동의합니다.

□ **개인정보 수집 항목**

- 성명, 주소, 주민등록번호, 전화번호(휴대폰번호 포함)

□ **개인정보 수집 및 이용의 목적**

- 설립인가 등 설립업무 진행
- 출자금 확인 및 관리를 위한 개인 식별
- 설립동의자 명부 및 조합원 명부 작성

□ **개인정보의 보유 및 이용 기간**

- 조합원 탈퇴시 파기함, 단 출자금 반환 등의 사유로 내부규정에 의해 최대 2년간 보존할 수 있음.

□ **개인정보의 제3자 제공**

- 수집한 정보는 설립인가, 법인등기, 사업자등록증의 발급 등의 사유로 필요시 아래의 기관에 제공될 수 있음.

가. 정보제공 기관
- 설립인가 관련 : 중앙행정기관, 한국사회적기업진흥원
- 법인등기 관련 : 주사무소 관할 등기소
- 사업자등록 관련 : 주사무소 관할 세무서

나. 정보제공 범위 : 성명, 주소(임원의 경우 등록기준지 포함), 주민등록번호, 전화번호(휴대폰번호 포함)

다. 개인정보를 제공받는 자의 개인정보 보유 및 이용 기간 : 각 기관별 내부규정에 따름

□ **동의를 거부할 권리 및 거부시 불이익**

- 위 개인정보의 제공, 수집·이용을 거부할 수 있으며, 이 경우 사회적협동조합의 설립 참여에 제한이 있을 수 있음.

년 월 일

성명 (서명 또는 인)

○○○ 사회적협동조합(가칭) 설립발기인 대표 귀하

참고 개인정보 제공 및 활용 동의서

본인은 「○○ 협동조합(가칭) 설립발기인회」에서 추진하는 ○○협동조합(가칭) 설립과 관련하여, 법인 설립 및 운영 업무의 원활한 진행을 위해 「개인정보보호법」 제15조 내지 제22조에 의거하여 아래의 내용과 같이 본인의 개인정보에 대한 제공 및 수집·이용에 동의합니다.

□ **개인정보 수집 항목**

- 성명, 주소, 주민등록번호, 전화번호(휴대폰번호 포함)

□ **개인정보 수집 및 이용의 목적**

- 설립인가 등 설립업무 진행
- 출자금 확인 및 관리를 위한 개인 식별
- 설립동의자 명부 및 조합원 명부 작성

□ **개인정보의 보유 및 이용 기간**

- 조합원 탈퇴시 파기함, 단 출자금 반환 등의 사유로 내부규정에 의해 최대 2년간 보존할 수 있음.

□ **개인정보의 제3자 제공**

- 수집한 정보는 설립인가, 법인등기, 사업자등록증의 발급 등의 사유로 필요시 아래의 기관에 제공될 수 있음.

가. 정보제공 기관

- 설립인가 관련 : 기획재정부, 주사무소 관할 시·도, 한국사회적기업진흥원
- 법인등기 관련 : 주사무소 관할 등기소
- 사업자등록 관련 : 주사무소 관할 세무서

나. 정보제공 범위 : 성명, 주소(임원의 경우 등록기준지 포함), 주민등록번

호, 전화번호(휴대폰번호 포함)

다. 개인정보를 제공받는 자의 개인정보 보유 및 이용 기간 : 각 기관별 내부규정에 따름.

□ **동의를 거부할 권리 및 거부시 불이익**

- 위 개인정보의 제공, 수집·이용을 거부할 수 있으며, 이 경우 협동조합의 설립 참여에 제한이 있을 수 있음.

년 월 일

성명 (서명 또는 인)

○○○ 협동조합(가칭) 설립발기인 대표 귀하

기본법 표준정관례
(일반협동조합 & 연합회)

일반협동조합 표준정관례

■는 선택기재 조항, 나머지는 필수기재 조항

제1조(설립과 명칭) 이 조합은 협동조합기본법에 의하여 설립하며, ○○협동조합이라 한다.

제2조(목적) ○○협동조합(이하 '조합'이라 한다)은 자주적·자립적·자치적인 협동조합 활동을 통하여 구성원의 복리증진과 상부상조 및 국민경제의 균형 있는 발전에 기여함을 목적으로 한다.

〈소비자협동조합 정관례〉 제2조를 다음과 같이 규정한다.

제2조(목적) ○○협동조합(이하 '조합'이라 한다)은 자주적·자립적·자치적인 협동조합 활동을 통하여 구성원의 복리증진과 상부상조 및 국민경제의 균형 있는 발전에 기여하기 위하여 조합원이 필요로 하는 물품을 공동으로 구매하거나 조합이 공동으로 구성한 서비스를 공동으로 이용하는 것을 목적으로 한다.

[비고] '산악장비', '육아용품' 등 조합이 공동으로 구매하는 물품을 구체적으로 명시하거나 '주택임대', '공동육아' 등 조합이 공동으로 구성한 서비스를 구체적으로 명시할 수도 있다.

〈사업자협동조합 정관례〉 제2조를 다음과 같이 규정한다.

제2조(목적) ○○협동조합(이하 '조합'이라 한다)은 자주적·자립적·자치적인 협동조합 활동을 통하여 구성원의 복리증진과 상부상조 및 국민경제의 균형 있는 발전에 기여하기 위하여 ○○○업(혹은 ○○지역의 ○○업, ○○시장 등 조합원 구성에 적합한 문구를 적시)의 건전한 발전을 목적으로 한다.

〈직원협동조합 정관례〉 제2조를 다음과 같이 규정한다.

제2조(목적) ○○협동조합(이하 '조합'이라 한다)은 자주적·자립적·자치적인 협동조합 활동을 통하여 구성원의 복리증진과 상부상조 및 국민경제의 균형 있는 발전에 기여하기 위하여 직원이 함께 조합을 소유하고 관리하며, 안정적인 일자리를 늘려나가는 것을 목적으로 한다.

[비고] 조합원의 3분의 2 이상이 직원이고, 조합원인 직원이 전체 직원의 3분의

2 이상인 협동조합을 직원협동조합이라고 함.

〈다중이해관계자협동조합 정관례〉 제2조를 다음과 같이 규정한다.

제2조(목적) ○○협동조합(이하 '조합'이라 한다)은 자주적·자립적·자치적인 협동조합 활동을 통하여 구성원의 복리증진과 상부상조 및 국민경제의 균형 있는 발전에 기여하기 위하여 둘 이상 유형의 조합원들이 모여 조합원의 경영 개선 및 생활 향상을 목적으로 한다.

제3조(조합의 책무) ① 조합은 조합원 등의 권익 증진을 위하여 교육·훈련 및 정보제공 등의 활동을 적극적으로 수행한다.

② 조합은 다른 협동조합, 다른 법률에 따른 협동조합, 외국의 협동조합 및 관련 국제기구 등과의 상호 협력, 이해 증진 및 공동사업 개발 등을 위하여 노력한다.

제4조(사무소의 소재지) 조합의 주된 사무소는 ○○시·도 ○○시·군·구 ○○읍·면·동 ○○리에 두며, 규정에 따라 필요한 곳에 지사무소를 둘 수 있다.

제5조(공고방법) ① 조합의 공고는 주된 사무소의 게시판(지사무소의 게시판을 포함한다)에 게시하고, 필요하다고 인정하는 때에는 ○○특별시·광역시·특별자치시·도·특별자치도에서 발간되는 일간신문 및 중앙일간지에 게재할 수 있다.

② 제1항의 공고기간은 7일 이상으로 하며, 조합원의 이해에 중대한 영향을 미칠 수 있는 내용에 대하여는 공고와 함께 서면으로 조합원에게 통지하여야 한다.

(■)제6조(통지 및 최고방법) 조합원에 대한 통지 및 최고는 조합원명부에 기재된 주소지로 하고, 통지 및 최고기간은 7일 이상으로 한다. 다만, 조합원이 따로 연락받을 연락처를 지정하였을 때에는 그곳으로 한다.

제7조(공직선거 관여 금지) ① 조합은 공직선거에 있어서 특정 정당을 지지·반대하거나 특정인을 당선되도록 하거나 당선되지 아니하도록 하는 일체의 행위를 하여서는 아니 된다.

② 누구든지 조합을 이용하여 제1항에 따른 행위를 하여서는 아니 된다.

제8조(규약 또는 규정) 조합의 운영 및 사업실시에 관하여 필요한 사항으로서 이 정관으로 정한 것을 제외하고는 규약 또는 규정으로 정할 수 있다.

제9조(조합원의 자격) 조합의 설립목적에 동의하고 조합원으로서의 의무를 다하고자 하는 자는 조합원이 될 수 있다.

〈직원협동조합 정관례〉 제9조를 다음과 같이 규정한다.

제9조(조합원의 자격) 조합의 설립목적에 동의하고 조합원으로서의 의무를 다하고자 하는 자는 조합원이 될 수 있다. 다만, 이 조합의 직원은 ○개월 이상 계속 근무 할 경우 조합원이 될 수 있다.

[비고] 직원의 조합원 가입은 이 조합에 정규 직원으로 채용되는 것을 의미하므로 수습기간이 필요함.

〈다중이해관계자협동조합 정관례〉 제9조를 다음과 같이 규정한다.

제9조(조합원의 자격 및 유형) ① 조합의 설립목적에 동의하고 조합원으로서의 의무를 다하고자 하는 자는 조합원이 될 수 있다.

② 조합원의 유형은 다음 각 호와 같다.

1. 생산자조합원: 조합의 생산활동 등에 함께 참여하는 자
2. 소비자조합원: 조합의 재화나 서비스를 이용하는 자
3. 직원조합원: 조합에 고용된 자
4. 자원봉사자조합원: 조합에 무상으로 필요한 서비스 등을 제공하는 자
5. 후원자조합원: 조합에 필요한 물품 등을 기부하거나 자금 등을 후원하는 자

[비고] 다중이해관계자협동조합은 위 5가지 중 2 이상의 다양한 유형의 조합원으로 구성되어야 한다.

제10조(조합원의 가입) ① 조합원의 자격을 가진 자가 조합에 가입하고자 할 때에는 가입신청서를 제출하여야 한다.

② 조합은 제1항에 따른 신청서가 접수되면 신청인의 자격을 확인하고 가입의 가부를 결정하여 신청서를 접수한 날부터 2주 이내에 신청인에게 서면 또는 전화 등의 방법으로 통지하여야 한다.

③ 제2항의 규정에 따라 가입의 통지를 받은 자는 조합에 가입할 자격을 가지며 납입하기로 한 출자좌수에 대한 금액 중 제1회의 금액을 지정한 기일 내에 조합에 납부함으로써 조합원이 된다.

④ 조합은 정당한 사유 없이 조합원의 자격을 갖추고 있는 자에 대하여 가입을 거절하거나 가입에 관하여 다른 조합원보다 불리한 조건을 붙일 수 없다.

[비고] 협동조합의 설립 목적 및 특성에 부합되는 자로 조합원의 자격을 정관으로 제한할 수 있다.

(■)제11조(조합원의 고지의무) 조합원은 제10조 제1항에 따라 제출한 가입신청서의 기재사항에 변경이 있을 때 또는 조합원으로서의 자격을 상실하였을 때에는

지체 없이 조합에 이를 고지하여야 한다.

제12조(조합원의 책임) 조합원의 책임은 납입한 출자액을 한도로 한다.

제13조(탈퇴) ① 조합원은 예고하고 조합을 탈퇴할 수 있다.

② 조합원은 다음 각 호의 어느 하나에 해당하는 때에는 당연히 탈퇴된다.

1. 조합원 지위의 양도 등 조합원으로서의 자격을 상실한 경우
2. 사망한 경우
3. 파산한 경우
4. 금치산선고를 받은 경우
5. 조합원인 법인이 해산한 경우

[비고] 그 밖에 필요에 따라 제13조제2항의 사유를 정관에 정할 수 있다.

제14조(제명) ① 조합은 조합원이 다음 각 호의 어느 하나에 해당하면 총회의 의결을 얻어 제명할 수 있다.

1. ○년 이상 계속해서 조합의 시설 또는 사업을 이용하지 아니한 경우
2. 출자금 및 경비의 납입 등 조합에 대한 의무를 이행하지 아니한 경우
3. 조합의 목적사업과 관련된 법령·행정처분·정관 및 규정을 위반한 경우
4. 고의 또는 중대한 과실로 조합의 사업을 방해하거나 신용을 상실하게 하는 행위를 한 경우

〈직원협동조합 정관례〉 다음과 같이 제14조 제1항 제5호를 추가한다.

5. ○년 이상 계속해서 조합의 활동에 참여하지 아니한 경우

[비고] 조합의 성질을 고려하여 그 밖에 제명 사유를 추가하여 정할 수 있다.

② 조합은 제1항에 따라 조합원을 제명하고자 할 때에는 총회 개최 10일 전에 그 조합원에게 제명의 사유를 알리고 총회에서 의견을 진술할 기회를 주어야 한다.

③ 제2항에 따른 의견진술의 기회를 주지 아니하고 행한 총회의 제명 의결은 해당 조합원에게 효력이 없다.

④ 조합은 제명결의가 있었을 때에 제명된 조합원에게 제명이유를 서면으로 통지하여야 한다.

제15조(탈퇴·제명조합원의 지분환급청구권) ① 조합을 탈퇴하거나 조합으로부터 제명된 조합원은 다음 각 호의 정하는 바에 따라 지분의 환급을 청구할 수 있다.

1. 제13조의 규정에 의한 탈퇴의 경우에는 탈퇴조합원의 출자금에 해당하는 금액

2. 제14조 제1항의 1호 및 2호의 규정에 의한 제명의 경우에는 제명조합원의 출자금에 해당하는 금액

② 제1항의 지분은 제명 또는 탈퇴한 회계연도 말의 조합의 자산과 부채에 따라 정한다.

③ 조합은 탈퇴 조합원이 조합에 대한 채무를 다 갚을 때까지는 제1항에 따른 지분의 환급을 정지할 수 있다.

④ 조합은 탈퇴하거나 제명된 조합원이 조합에 대하여 채무가 있을 때에는 제1항에 따른 환급금과 상계할 수 있다.

⑤ 제1항에 따른 청구권은 탈퇴하거나 제명된 날부터 2년간 행사하지 아니하면 소멸된다.

⑥ 제1항에 따른 청구권은 탈퇴하거나 제명된 당시의 회계연도의 다음 회계연도부터 청구할 수 있다. 다만, 이사회의 승인이 있을 경우 탈퇴 또는 제명 당시에 바로 지급할 수 있다.

제16조(탈퇴조합원의 손실액 부담) ① 탈퇴한 조합원의 지분 환급분을 계산할 때이 조합의 재산으로 그 채무를 다 갚을 수 없는 경우에는 탈퇴한 조합원은 납입의무를 이행하지 아니한 출자액의 범위에서 그가 부담하여야 할 손실액을 납입한다.

② 제1항에 따른 손실액의 납입 청구에 관하여는 제15조 제5항을 준용한다.

제17조(출자) ① 조합원은 1좌 이상의 출자를 하여야 하며 출자 1좌의 금액은 ○○○원으로 한다.

② 한 조합원의 출자좌수는 총 출자좌수의 100분의 30을 넘어서는 아니 된다.
[비고] 100분의 30의 범위 안에서 정관으로 정할 수 있다.

③ 출자금은 일시에 납입한다. 다만, 불가피할 경우에는 2회로 나누어 납입할 수 있다.

④ 제3항 단서의 경우 출자 제1회의 납입금액은 출자금액의 2분의 1로 하고, 제2회 납입일자는 제1회 출자납입일로부터 6개월 이내로 한다.

⑤ 조합에 납입할 출자금은 조합에 대한 채권과 상계하지 못한다.

⑥ 출자는 현물로도 할 수 있고, 현물출자의 경우 규약이 정하는 바에 따라 출자액을 계산한다. 이 경우 현물출자자는 출자의 납입기일에 출자의 목적인 재산의 전부를 조합 또는 조합에서 지정한 장소에 납입하여야 한다.

(■)제18조(출자증서 등의 교부) ① 조합의 이사장은 조합원이 제17조의 규정에 의

하여 최초 출자금을 납입한 때 및 조합원이 요구할 때에는 다음 각 호의 사항을 적은 출자증서 또는 출자를 확인할 수 있는 증표에 기명날인하여 조합원에게 발급하여야 한다.

1. 조합의 명칭
2. 조합원의 성명 또는 명칭
3. 조합 가입 연월일
4. 출자금의 납입 연월일
5. 출자금액 또는 출자좌수
6. 발행 연월일

② 조합의 이사장은 매년 정기총회 7일 전까지 조합원의 출자금액 변동상황을 조합원에게 알려주어야 한다. 이 경우 우편, 전자메일, 팩시밀리, 휴대폰 문자 등을 이용하여 통지할 수 있다.

제19조(지분 등의 양도와 취득금지) ① 조합원 지위의 양도 또는 조합원 지분의 양도는 총회의 의결을 받아야 한다.

② 조합원이 아닌 자가 지분을 양수하려고 할 때에는 가입의 예에 따른다.

③ 지분의 양수인은 그 지분에 관하여 양도인의 권리의무를 승계한다.

④ 조합원은 지분을 공유하지 못한다.

⑤ 조합은 조합원의 출자지분을 취득하거나 이를 질권의 목적으로 하여서는 아니 된다.

(■)제20조(경비의 부과 및 징수) ① 조합은 조합의 사업 및 그 사업에 부대하는 사업에 필요한 경비를 충당하기 위하여 조합원에게 경비를 부과 및 징수할 수 있다.

[비고] 조합이 경비를 징수하는 경우에는 그 명목을 구체적으로 명시하여야 한다.

② 제1항에 따른 경비의 부과금액, 부과방법, 징수시기와 징수방법은 이사회에서 정한다.

[비고] 서비스를 이용하는 소비자협동조합의 경우에는 경비가 조합원의 조합 이용에 있어 중요한 사항이므로 '경비의 부과금액, 부과방법, 징수시기와 징수방법을 규약으로 정하고, 회계연도 중 시급한 조정이 필요한 경우에는 이사회에서 조정 후 임시총회를 소집하여 사후 추인을 받아야 한다'고 규정할 필요 있음.

③ 조합원은 제1항에 따른 경비를 납입할 때 조합에 대한 채권과 상계할 수 없다.

④ 제2항의 부과금에 있어서 조합원에 대한 부과금액의 산정기준 사항에 변경이 있어도 이미 부과한 금액은 변경하지 못한다.

(■)제21조(사용료 및 수수료) ① 이 조합은 조합의 사업을 이용하는 자에 대하여 사용료나 수수료를 부과할 수 있다.

② 이 조합이 계약을 체결함에 있어 계약당사자의 위임에 따라 운송·보관 그 밖의 행위를 대행하는 경우에는 이 조합은 그 대행에 필요한 부대비를 징수한다.

③ 제1항에 따른 조합원의 사용료나 수수료 납입을 조합에 대한 채권과 상계할 수 없다.

④ 제1항의 부과에 관한 사항은 규약으로 정한다.

(■)제22조(과태금) ① 조합은 조합원이 출자금 또는 경비 등의 납입의무를 그 기한까지 이행하지 아니하는 경우에는 과태금을 징수할 수 있다.

[비고] 조합이 징수할 수 있는 과태금의 명목을 구체적으로 명시하여야 한다.

② 조합원은 제1항에 따른 과태금을 조합에 대한 채권과 상계할 수 없다.

③ 과태금의 금액 및 징수방법은 규약으로 정한다.

제23조(총회) ① 조합은 총회를 둔다.

② 총회는 정기총회와 임시총회로 구분한다.

③ 총회는 이사장과 조합원으로 구성하며, 이사장이 그 의장이 된다.

제24조(대의원총회) ① 조합원의 수가 200인을 초과하는 경우 총회에 갈음할 대의원 총회를 둘 수 있다.

② 대의원은 조합원 중에서 선출한다.

〈다중이해관계자협동조합 정관례〉 제24조제2항을 다음과 같이 규정한다.

② 대의원은 조합원 중에서 제9조 제2항의 조합원 유형에 따라 각각 선출한다. 다만, 선출할 대의원 수는 이사회에서 정한다.

[비고] 대의원은 조합원 유형에 따라 2 이상의 유형으로 구성하여야 한다.

③ 대의원의 의결권 및 선거권은 대리인으로 하여금 행사하게 할 수 없다.

④ 대의원의 정수는 ○○명이상으로 하며 임기는 ○년으로 한다.

[비고] 대의원의 정수는 50명 이상으로 하며, 임기는 4년 이내로 하여야 한다.

⑤ 결원으로 인하여 선출된 대의원의 임기는 전임자 임기의 남은 기간으로 한다.

⑥ 대의원은 조합원의 선거를 통하여 선출하며, 선거방법에 관한 사항은 선거관리규약으로 정한다.

⑦ 대의원총회에 관하여는 총회에 관한 사항을 준용하며, 이 경우 "조합원"은 "대의원"으로 본다.

⑧ 대의원총회는 조합의 합병, 분할 및 해산에 관한 사항은 의결할 수 없다.

(■)제25조(대의원의 의무 및 자격상실) ① 대의원은 성실히 대의원총회에 출석하고, 그 의결에 참여하여야 한다.

② 대의원총회는 대의원이 다음 각 호의 어느 하나에 해당하는 행위를 할 때에는 그 의결로 대의원자격을 상실하게 할 수 있다. 이 경우 해당 대의원에게 서면으로 자격상실 이유를 의결일 7일 전까지 통지하고, 총회 또는 대의원총회에서 의견을 진술할 기회를 주어야 한다.

1. 대의원총회 소집통지서를 받고 정당한 사유 없이 계속하여 3회 이상 출석하지 아니하거나 대의원총회에 출석하여 같은 안건에 대한 의결에 2회 이상 참가하지 아니한 경우
2. 부정한 방법으로 대의원총회의 의사를 방해한 경우
3. 고의 또는 중대한 과실로 이 조합의 명예 또는 신용을 훼손시킨 경우

제26조(선거운동의 제한) ① 누구든지 자기 또는 특정인을 조합의 임원 또는 대의원으로 당선되도록 하거나 당선되지 아니하도록 할 목적으로 다음 각 호의 어느 하나에 해당하는 행위를 할 수 없다.

1. 조합원(협동조합에 가입신청을 한 자를 포함한다. 이하 이 조에서 같다)이나 그 가족 또는 조합원이나 그 가족이 설립·운영하고 있는 기관·단체·시설에 대한 다음 각 목의 어느 하나에 해당하는 행위
   가. 금전·물품·향응이나 그 밖의 재산상의 이익을 제공하는 행위
   나. 공사의 직을 제공하는 행위
   다. 금전·물품·향응, 그 밖의 재산상의 이익이나 공사의 직을 제공하겠다는 의사표시 또는 그 제공을 약속하는 행위
2. 후보자가 되지 못하도록 하거나 후보자를 사퇴하게 할 목적으로 후보자가 되려는 사람이나 후보자에게 제1호 각 목에 규정된 행위를 하는 행위
3. 제1호 또는 제2호의 이익이나 직을 제공받거나 그 제공의 의사표시를 승낙하는 행위 또는 그 제공을 요구하거나 알선하는 행위

② 임원 또는 대의원이 되려는 사람은 후보자등록마감일의 다음날부터 선거일 전일까지의 선거운동기간을 제외하고는 선거운동을 위하여 조합원을 호별로 방문하거나 특정 장소에 모이게 할 수 없다.

③ 누구든지 협동조합의 임원 또는 대의원 선거와 관련하여 연설·벽보, 그 밖의 방법으로 거짓의 사실을 공표하거나 공연히 사실을 적시하여 후보자를 비방할 수 없다.

④ 누구든지 임원 또는 대의원 선거와 관련하여 다음 각 호의 방법 이외의 선거운동을 할 수 없다.
1. 선전 벽보의 부착
2. 선거 공보의 배부
3. 소형 인쇄물의 배부
4. 합동 연설회 또는 공개 토론회의 개최
5. 전화·컴퓨터통신을 이용한 지지 호소

제27조(선거관리위원회의 구성·운영) ① 조합의 임원 및 대의원 선거사무를 공정하게 관리하기 위하여 본 조합에 선거관리위원회(이하 "위원회"라 한다)를 둘 수 있다.
② 위원회는 조합원(대의원을 포함한다)중에서 이사회의 의결을 거쳐 이사장이 위촉하는 ○명 이내의 위원으로 구성한다. 이 경우 당해 선거에 임원으로 후보등록한 자는 위원이 될 수 없다.
③ 위원회는 다음 각 호의 사무를 관장한다.
1. 후보자의 자격심사
2. 선거인 명부의 확정
3. 후보자 추천의 유·무효 판정
4. 선거공보의 작성과 선거운동방법 결정 및 계도
5. 선거관리, 투표관리 및 개표관리
6. 투표의 유·무효의 이의에 대한 판정
7. 선거관련 분쟁의 조정
8. 선거운동 제한규정 위반여부 심사 및 조치
9. 당선인의 확정
10. 그 밖에 선거에 필요한 사항
④ 그 밖에 위원회의 구성·운영 등에 관하여 필요한 사항은 선거관리규약으로 정한다.

제28조(정기총회) 정기총회는 매년 1회 회계연도 종료 후 3개월 이내에 이사장이 소집한다.

제29조(임시총회) ① 임시총회는 다음 각 호의 어느 하나에 해당하는 경우에 이사장이 소집한다.
1. 이사장 및 이사회가 필요하다고 인정할 때

2. 조합원이 조합원 5분의 1 이상의 동의를 받아 소집의 목적과 이유를 적은 서면을 제출하여 이사장에게 소집을 청구한 때

   [비고] 직원 협동조합의 경우 조합의 원활한 운영을 위해 조합원의 동의 비율을 3분의 1 이상 등으로 조정할 수 있다.

3. 감사가 조합의 재산상황이나 업무집행에 부정한 사실이 있는 것을 발견하고 그 내용을 총회에 신속히 보고할 필요가 있다고 인정하여 이사장에게 소집을 청구한 때

② 이사장은 제1항 제2호(제48조 규정에 따른 해임 요구를 포함한다) 및 제3호의 청구를 받으면 정당한 사유가 없는 한 2주 이내에 소집절차를 밟아야 한다.
③ 제1항 제2호 및 제3호의 규정에 의하여 총회의 소집을 청구하였으나 총회를 소집할 자가 없거나 그 청구가 있은 날부터 2주 이내에 이사장이 총회의 소집절차를 밟지 아니한 때에는 감사가 7일 이내에 소집절차를 밟아야 한다. 이 경우 감사가 의장의 직무를 수행한다.
④ 감사가 제3항의 기한 이내에 총회의 소집절차를 밟지 아니하거나 소집할 수 없는 경우에는 제1항 제2호의 규정에 의하여 총회의 소집을 청구한 조합원의 대표가 이를 소집한다. 이 경우 조합원의 대표가 의장의 직무를 수행한다.

제30조(총회의 소집절차) ① 이사장은 총회 개최 7일 전까지 회의목적·안건·일시 및 장소를 정하여 우편 또는 전자메일 등으로 각 조합원에게 통지하여야 한다.
② 이사장이 궐위 또는 부득이한 사유로 총회를 소집할 수 없는 때에는 제50조에서 정하고 있는 순으로 이를 소집한다.

제31조(총회의 의결사항) 다음 각 호의 사항은 총회의 의결을 얻어야 한다.

1. 정관의 변경
2. 규약의 제정과 변경 또는 폐지
3. 임원의 선출과 해임
4. 사업계획 및 예산의 승인
5. 대차대조표, 수지계산서, 결산보고서의 승인과 잉여금의 처분 및 손실금의 처리
6. 감사보고서의 승인
7. 조합의 합병·분할·해산 또는 휴업
8. 조합원의 제명
9. 그 밖에 이사장 또는 이사회가 필요하다고 인정하는 사항

   [비고] 조합은 법령에 반하지 않는 범위에서 총회의결사항을 추가적으로 규

정할 수 있다.

제32조(총회의 의사) ① 총회의 의사는 법령상 다른 규정이 있는 경우를 제외하고는 총 조합원 과반수의 출석으로 개회하고 출석조합원 과반수의 찬성으로 의결한다.

② 제1항의 규정에 의한 총회의 개의 정족수 미달로 총회가 유회된 때에는 이사장은 20일 이내에 다시 총회를 소집하여야 한다.

③ 총회는 제30조에 따라 미리 통지한 사항에 한하여 의결할 수 있다. 다만, 긴급을 요하여 총 조합원의 3분의 2이상의 출석과 출석조합원 3분의 2 이상의 찬성이 있는 때에는 그러하지 아니하다.

④ 총회에서 조합과 조합원간의 이익이 상반되는 사항에 대하여 의결을 행할 때에는 해당 조합원은 의결에 참가하지 못한다.

제33조(합병·분할 및 해산등의 의결) 다음 각 호의 사항은 조합원 과반수의 출석과 출석조합원 3분의 2 이상의 찬성으로 의결한다.

1. 정관의 변경
2. 조합의 합병·분할·해산 또는 휴업
3. 조합원의 제명

제34조(의결권 및 선거권) ① 조합원은 출자좌수에 관계없이 각각 1개의 의결권과 선거권을 갖는다.

② 조합원은 대리인으로 하여금 의결권 및 선거권을 행사하게 할 수 있다. 이 경우 그 조합원은 출석한 것으로 본다.

③ 제35조의 자격을 갖춘 대리인이 의결권 또는 선거권을 행사할 때에는 대리권을 증명하는 서면을 의결권 또는 선거권을 행사하기 전에 조합이 정하는 양식에 따라 미리 조합에 제출하여야 한다.

제35조(대리인이 될 자격) 전조 제2항에 따른 대리인은 다른 조합원 또는 본인과 동거하는 가족(조합원의 배우자, 조합원 또는 그 배우자의 직계 존속·비속과 형제자매, 조합원의 직계 존속·비속 및 형제자매의 배우자를 말한다. 이하 같다)이어야 하며, 대리인이 대리할 수 있는 조합원의 수는 1인에 한한다.

제36조(총회의 의사록) ① 총회의 의사에 관하여 의사록을 작성하여야 한다.

② 의사록에는 의사의 진행 상황과 그 결과를 적고 의장과 총회에서 선출한 조합원 3인 이상이 기명날인하거나 서명하여야 한다.

(■)제37조(총회의 운영규약) 정관에 규정하는 외에 총회의 운영에 관하여 필요한

사항은 총회운영규약으로 정한다.

(■)제38조(총회의 회기연장) ① 총회의 회기는 총회의 결의에 의하여 연장할 수 있다.

② 제1항의 규정에 의하여 속행된 총회는 제30조제1항의 규정을 적용하지 아니한다.

제39조(이사회) ① 조합에 이사회를 두고, 이사회는 조합의 업무집행을 결정한다.

② 이사회는 이사로서 구성하고 이사장 1인 외 부이사장, 전무이사, 상무이사 등을 둘 수 있다.

[비고] 이사의 종류 및 명칭은 필요에 따라 달리 정할 수 있다.

③ 이사장은 이사회를 소집하고 그 의장이 된다.

④ 이사회의 소집은 회의일 7일전까지 회의의 목적사항, 일시 및 장소를 기재한 서면을 각 이사에게 통지하여야 한다. 다만 긴급을 요하여 이사회 구성원 과반수의 동의가 있을 때에는 소집절차를 생략할 수 있다.

⑤ 이사 3분의 1 이상 또는 감사 전원이 회의목적 사항과 회의 소집이유를 기재한 서류를 제출하고 이사회의 소집을 요구할 수 있다.

⑥ 이사장은 제5항의 요구가 있는 때에는 7일 이내에 이사회를 소집하여야 한다.

제40조(이사회의 의결사항) ① 이사회는 다음 각 호의 사항을 의결한다.

1. 조합의 재산 및 업무집행에 관한 사항
2. 총회의 소집과 총회에 상정할 의안
3. 규정, 규칙 등의 제정과 변경 및 폐지
4. 사업계획 및 예산안 작성
5. 간부 직원의 임면 승인
6. 기본자산의 취득과 처분
7. 그 밖에 조합의 운영에 중요한 사항
8. 이사장이 부의하는 사항

   [비고] 협동조합기본법 제29조에 규정된 필요적 총회의결 사항은 이사회에 위임할 수 없다.

   [비고] 조합은 법령에 반하지 않는 범위에서 조합의 업무집행을 위하여 필요한 사항을 추가적으로 규정할 수 있다.

② 이사회는 제55조 각 호의 사업을 수행하기 위하여 필요한 위원회를 설치 운영할 수 있다.

③ 제2항의 위원회 구성 및 운영에 관하여는 별도 규약으로 정한다.

제41조(이사회의 의사) ① 이사회는 구성원 과반수의 출석으로 개회하고 출석이사 과반수의 찬성으로 의결한다.

② 이사장은 의결에 참가하지 아니하며, 가부동수일 때에는 결정권을 갖는다.

③ 이사의 개인 이익과 조합의 이익이 상반되는 사항이나 신분에 관련되는 사항에 관하여는 당해이사는 이사회의 의결에 관여할 수 없다.

제42조(이사회의 의사록) 이사회의 의사에 관하여는 의사의 경과와 그 결과를 기재한 의사록을 작성하고 참석 이사 전원이 이에 기명날인하거나 서명하여야 한다.

제43조(임원의 정수) ① 조합의 임원으로 이사장 1명을 포함한 3명 이상 ○○명 이내의 이사와 1명 이상의 감사를 둔다.

〈다중이해관계자협동조합 정관례〉 제43조 제1항을 다음과 같이 규정한다.

① 조합의 임원으로 이사장 1명을 포함한 3명 이상 ○○명 이내의 이사와 1명 이상의 감사를 둔다. 다만, 이사는 다양한 이해관계자들로 구성하여야 한다.

② 제1항의 임원 중 이사회의 호선에 의해 상임임원을 둘 수 있다.

제44조(임원의 선임) ① 이사 및 감사는 총회가 조합원 중에서 선출한다. 다만, 이사는 정수의 5분의 1의 범위 내에서, 감사는 2분의 1의 범위 내에서 이사회의 추천에 따라 조합원 외의 자를 선출할 수 있다.

② 이사장은 이사 중에서 총회에서 선출하고, 부이사장, 전무이사 및 상무이사 등은 이사회가 이사 중에서 호선한다.

[비고] 임원의 직책은 조합의 필요에 따라 달리 정할 수 있다.

③ 제1항, 제2항의 선거 방법, 절차 등에 관하여는 별도의 선거관리규약으로 정한다.

제45조(임원의 결격사유) ① 다음 각 호의 어느 하나에 해당하는 자는 이 조합의 임원이 될 수 없다.

1. 금치산자
2. 한정치산자
3. 파산선고를 받고 복권되지 아니한 사람
4. 금고 이상의 실형을 선고받고 그 집행이 끝나거나(집행이 끝난 것으로 보는 경우를 포함한다) 집행이 면제된 날부터 3년이 지나지 아니한 사람
5. 금고 이상의 형의 집행유예를 선고받고 그 유예기간 중에 있거나 유예기간이

끝난 날부터 2년이 지나지 아니한 사람
6. 금고 이상의 형의 선고유예를 받고 그 선고유예기간 중에 있는 사람
7. 법원의 판결 또는 다른 법률에 따라 자격이 상실 또는 정지된 사람

② 제1항 각호의 사유가 발생하면 해당 임원은 당연히 퇴직된다.

③ 제2항에 따라 퇴직된 임원이 퇴직 전에 관여한 행위는 그 효력을 상실하지 아니한다.

제46조(임원의 임기) ① 임원의 임기는 ○년으로 한다.

[비고] 임원의 임기는 4년의 범위 내에서 정관으로 정해야 한다.

② 임원은 연임할 수 있다. 다만, 이사장은 2차에 한하여 연임할 수 있다.

③ 결원으로 인하여 선출된 임원의 임기는 전임자의 임기종료일까지로 한다.

제47조(임원의 의무와 책임) ① 임원은 법령과 조합의 정관, 규약, 규정 및 총회와 이사회의 의결을 준수하고 조합을 위하여 성실히 그 직무를 수행하여야 한다.

② 임원이 법령 또는 정관을 위반하거나 그 임무를 게을리하여 조합에 손해를 가한 때에는 연대하여 그 손해를 배상하여야 한다.

③ 임원이 고의 또는 중대한 과실로 그 임무를 게을리하여 제3자에게 손해를 끼친 때에는 제3자에게 연대하여 그 손해를 배상하여야 한다.

④ 제2항 및 제3항의 행위가 이사회의 의결에 의한 것일 때에는 그 의결에 찬성한 이사도 제2항 및 제3항의 책임이 있다.

⑤ 제4항의 의결에 참가한 이사로서 명백한 반대의사를 표시하지 아니한 자는 그 의결에 찬성한 것으로 본다.

⑥ 제2항부터 제5항까지의 규정에 따른 구상권의 행사는 감사 및 이사에 대하여는 이사장이, 이사장에 대하여는 감사가, 전체 임원에 대하여는 조합원 5분의 1 이상의 동의를 받은 조합원 대표가 한다.

제48조(임원의 해임) ① 조합원은 조합원 5분의 1 이상의 동의로 총회에 임원의 해임을 요구할 수 있다. 이 경우 해임의 사유를 서면으로 조합에 제출하여야 한다.

② 조합은 제1항에 따른 서면 제출이 있을 때에는 총회 개최 10일 전에 해당 임원에게 해임 이유를 서면으로 통보하고, 총회에서 의견을 진술할 기회를 주어야 한다.

(■)제49조(임원의 보수 등) ① 임원에 대하여 규정이 정하는 바에 따라 여비 등 조합업무와 관련된 비용을 실비 범위 내에서 지급할 수 있다.

② 상임임원에 대하여는 규정이 정하는 바에 따라 보수를 지급할 수 있다.

제50조(이사장 및 이사의 직무) ① 이사장은 이사회의 결정에 따라 조합의 업무를 집행하고 조합을 대표한다.

② 이사는 이사장을 보좌하며 조합의 업무를 집행한다.

③ 이사장이 사고가 있을 때에는 부이사장, 전무이사, 상무이사, 이사, 감사의 순으로 그 직무를 대행하고 해당자가 2인 이상일 경우에는 연장자 순으로 한다.

④ 제3항의 경우와 이사장이 권한을 위임한 경우를 제외하고는 이사장이 아닌 이사는 조합을 대표할 수 없다.

제51조(감사의 직무) ① 감사는 연 ○회 이상 조합의 업무집행 상황, 재산상태, 장부 및 서류 등을 감사하여 총회에 보고하여야 한다. 반기별 감사보고서는 이사회에, 반기별 감사보고서를 종합한 종합감사보고서는 정기총회에 각각 제출하여야 한다.

② 감사는 예고 없이 조합의 장부나 서류를 대조 확인할 수 있다.

③ 감사는 이사장 및 이사가 법령·정관·규약·규정 또는 총회의 의결에 반하여 업무를 집행한 때에는 이사회에 그 시정을 요구하여야 한다.

④ 감사는 총회 또는 이사회에 출석하여 의견을 진술할 수 있다.

⑤ 제1항 및 제2항의 감사보고서 제출에 있어서 감사가 2인 이상인 경우 감사의 의견이 일치하지 아니할 경우에는 각각 의견을 제출할 수 있다.

제52조(감사의 대표권) 조합이 이사장을 포함한 이사와 소송, 계약 등의 법률행위를 하는 때에는 감사가 조합을 대표한다.

제53조(임직원의 겸직금지) ① 이사장은 다른 조합의 이사장을 겸직할 수 없다.

② 이사장을 포함한 이사와 직원은 감사를 겸직할 수 없다.

③ 임원은 이 조합의 직원을 겸직할 수 없다. 다만, 조합원의 수가 10인 이하인 조합은 해당 기간 동안 그러하지 아니하다.

〈직원협동조합 정관례〉 제53조 내용 중 제3항을 삭제하고 규정함

(■)제54조(직원의 임면 등) ① 직원은 이사장이 임면한다. 다만, 간부직원은 이사회의 결의를 거쳐 이사장이 임면한다.

② 직원의 임면, 급여, 기타 직원에 관하여 필요한 사항은 규정으로 정한다.

제55조(사업의 종류) ① 이 조합은 그 목적을 달성하기 위하여 다음 각 호의 사업을 할 수 있다.

1. 조합원과 직원에 대한 상담, 교육·훈련 및 정보제공

2. 조합간 협력을 위한 사업
3. 조합의 홍보 및 지역사회를 위한 사업
4. ○○○ 사업
5. ○○○ 사업

[비고] 사업의 종류 중에서 제1호부터 제3호까지의 사업은 반드시 포함되어야 하고, 그 밖의 사업은 조합의 설립목적을 달성하기 위하여 필요한 사업을 정관으로 정한다.

<예시>

1. 국가·지방자치단체 또는 연합회나 전국연합회로부터 위탁받은 사업
2. 제1호부터 제3호까지의 사업과 관련된 부대사업
3. 제1호부터 제3호까지의 사업을 생산자, 생산자단체 및 문화단체와 공동으로 추진하는 사업
4. 정부, 지방자치단체 및「공공기관의 운영에 관한 법률」제4조에 따른 공공기관과 공동으로 추진하는 사업
5. 소비자협동조합의 경우 '조합원이 필요로 하는 물품의 공동구매 사업', '돌봄서비스 사업', '임대사업', '사업자문 및 컨설팅 사업' 등을 규정할 수 있다.
6. 생산자협동조합의 경우 '조합원에게 필요한 자재의 공동구매 사업', '조합원 생산품의 공동판매 사업', '공동브랜드 개발 및 판촉 사업' 등을 규정할 수 있다.
7. 다중이해관계자협동조합의 경우 '친환경농산물 꾸러미 사업', '지역클러스터 등 상호 협력하는 회원제 사업' 등을 규정할 수 있다.

② 제1항에도 불구하고 조합은「통계법」제22조 제1항에 따라 통계청장이 고시하는 한국표준산업분류에 의한 금융 및 보험업을 영위할 수 없다.

제56조(사업의 이용) 조합은 조합원이 아닌 자에게 조합의 사업을 이용하게 하여서는 아니 된다. 다만, 다음 각 호의 경우에는 조합원이 아닌 자도 사업을 이용할 수 있다.

1. 조합이 재고로 보유하고 있는 물품으로서 부패 또는 변질의 우려가 있어 즉시 유통되지 아니하면 제품의 품질을 유지하기 어려운 물품을 처리하기 위한 경우
2. 조합원으로 가입하도록 홍보하기 위하여 견본품을 유상 또는 무상으로 공급하는 경우. 다만, 조합이「사회서비스 이용 및 이용권 관리에 관한 법률」제2조 제4호에 따른 사회서비스 제공자인 경우는 제외한다.

3. 공공기관·사회단체 등이 공익을 목적으로 주최하는 행사에 참여하는 경우
4. 조합이 정부, 지방자치단체 및 「공공기관 운영에 관한 법률」 제4조에 따른 공공기관과 공동으로 추진하는 사업에서 일반 국민이 해당 사업의 목적에 따라 사업을 이용하는 경우
5. 다른 법령에서 조합원이 아닌 자에게 의무적으로 물품을 공급하게 하거나 용역을 제공하도록 규정하는 경우
6. 천재지변이나 그 밖에 이와 유사한 긴급한 상황일 때 공중(公衆)에게 생활필수품 또는 용역을 공급하는 경우
7. 학교를 사업구역으로 하는 조합이 그 사업구역에 속하는 학생·교직원 및 학교 방문자를 상대로 물품을 공급하거나 용역을 제공하는 경우
8. 조합(「사회서비스 이용 및 이용권 관리에 관한 법률」 제2조 제4호에 따른 사회서비스 제공자에 해당하는 협동조합은 제외한다)이 가입을 홍보하기 위하여 시·도지사에게 신고하는 기간(이하 이 호에서 '홍보기간'이라 하며, 그 기간은 1년에 3개월을 넘지 못한다) 동안 전년도 총공급고(總供給高)의 100분의 5 범위에서 물품을 유상 또는 무상으로 공급하는 경우. 다만, 조합이 설립신고필증을 받은 날부터 1년(단위매장의 경우에는 매장 개장일부터 1년) 동안은 홍보기간이 6개월을 넘지 아니하는 범위에서 총공급고에 대한 제한 없이 물품을 유상 또는 무상으로 공급할 수 있다.
9. 조합원과 같은 가구에 속하는 자가 조합의 사업을 이용하는 경우

[비고] 조합은 조합의 종류에 따라 해당성이 있는 조항을 선택·명시하여야 한다.

〈직원협동조합 정관례〉 제56조를 다음과 같이 규정한다.

제56조(사업의 이용) 조합은 조합원이 아닌 자를 직원으로 고용해서는 아니 된다. 다만, 다음 각 호의 경우에는 조합원이 아닌 자를 고용할 수 있다.

1. 전체 직원의 3분의 1을 넘지 아니하는 범위에서 조합원이 아닌 자를 고용하는 경우
2. 조합이 정부, 지방자치단체 및 「공공기관의 운영에 관한 법률」 제4조에 따른 공공기관과 공동으로 추진하는 사업에서 일반 국민을 해당 사업의 목적에 따라 고용하는 경우

[비고] 직원협동조합의 경우 사업의 이용은 다른 협동조합과 달리 직원을 고용하는 것을 말한다.

제57조(사업계획과 수지예산) ① 이사회는 매 회계연도 경과 후 3개월 이내에 해당

연도의 사업계획을 수립하고 동 계획의 집행에 필요한 수지예산을 편성하여 총회의 의결을 받아야 한다.

② 제1항에 따른 사업계획과 예산이 총회에서 확정될 때까지는 전년도 예산에 준하여 가예산을 편성하여 집행할 수 있다. 이 경우 총회의 사후 승인을 받아야 한다.

③ 이사회가 총회에서 확정된 사업계획과 예산을 변경한 때에는 차기 총회에서 사후 변경승인을 받아야 한다.

제58조(회계연도 등) ① 조합의 회계연도는 매년 ○월 ○일부터 ○월 ○일까지로 한다.

② 조합의 회계는 일반회계와 특별회계로 구분하되, 당해 조합의 주 사업은 일반회계로 하고 그 외의 사업은 특별회계로 한다.

[비고] 각 회계별 사업구분을 정하여 정관에 규정한다.

(■)제59조(특별회계의 설치) 특별회계는 조합의 주 사업외의 특정사업을 운영할 때, 특정자금을 보유하여 운영할 때, 기타 일반회계와 구분 경리할 필요가 있을 때 설치한다.

제60조(운영의 공개) ① 이사장은 결산결과의 공고 등 운영사항을 적극 공개하여야 한다.

② 이사장은 정관·규약·규정과 총회·이사회의 의사록, 회계장부 및 조합원 명부를 주된 사무소에 비치하여야 한다.

③ 결산보고서는 정기총회 7일 전까지 주된 사무소에 비치하여야 한다.

④ 조합원과 조합의 채권자는 이사장에게 제2항 및 제3항의 서류의 열람 또는 그 사본을 청구할 수 있다.

[비고] 조합은 조합원의 개인정보보호 등 정당한 사유로 서류의 사본청구를 제한하는 규정을 둘 수 있다.

⑤ 이사장은 제4항의 청구가 있을 때에는 정당한 이유 없이 이를 거부하지 못한다.

⑥ 이사장은 결산일로부터 3개월 이내에 설립신고를 한 ○○특별시·광역시·특별자치시·도·특별자치도 또는 협동조합연합회의 홈페이지에 다음 각 호의 자료를 게재하여야 한다.

1. 정관, 규약, 규정
2. 사업계획서
3. 결산서

4. 조합원·직원 등에 대한 교육·홍보 실적
5. 총회, 대의원총회, 이사회의 활동 상황

[비고] 조합원수가 200인 이상인 협동조합이거나 정기총회의 승인을 받은 직전 사업연도의 결산보고서에 적힌 자기자본이 30억 원 이상인 협동조합은 제6항의 자료를 게재하여야 함

제61조(법정적립금) ① 조합은 매 회계연도 결산의 결과 잉여금이 있는 때에는 자기자본의 3배가 될 때까지 잉여금의 100분의 10 이상을 적립하여야 한다.

[비고] 잉여금의 최저비율은 100분의 10으로 되어 있으나, 정관에서 그 이상으로 정할 수 있다.

② 제1항의 법정적립금은 손실금의 보전에 충당하거나 해산하는 경우 외에는 사용하여서는 아니 된다.

제62조(임의적립금) ① 조합은 매 회계연도의 잉여금에서 제61조에 따른 법정적립금을 빼고 나머지가 있을 때에는 총회에서 결정하는 바에 따라 매 회계연도 잉여금의 ○○분의 ○이상을 임의적립금으로 적립할 수 있다.

② 임의적립금은 총회에서 결정하는 바에 따라 사업준비금, 사업개발비, 교육 등 특수목적을 위하여 지출할 수 있다.

제63조(손실금의 보전) 조합은 매 회계연도의 결산 결과 손실금(당기손실금을 말한다)이 발생하면 미처분이월금, 임의적립금, 법정적립금 순으로 이를 보전하고, 보전 후에도 부족이 있을 때에는 이를 다음 회계연도에 이월한다.

제64조(잉여금의 배당 및 이월) ① 조합은 제63조에 따른 손실금의 보전과 제61조 및 제62조의 법정적립금 및 임의적립금 등을 적립한 후에 잔여가 있을 때에는 총회의 결의로 조합원에게 잉여금을 배당할 수 있다.

② 제1항의 배당시 조합원별 배당금의 계산은 조합사업의 이용실적 또는 조합원이 납입한 출자액의 비율에 따라 이를 행한다. 이 경우 잉여배당금은 다음 각 호의 원칙을 준수하여야 한다.

1. 이용실적에 대한 배당은 전체 배당액의 100분의 50 이상이어야 한다.
2. 납입출자액에 대한 배당은 납입출자금의 100분의 10을 초과하여서는 아니 된다.

[비고] 이용실적 또는 조합원이 납입한 출자액 비율 이외에 인적배당 등 배당금 지급기준을 추가로 규정할 수 있다.

③ 잉여금배당의 방법, 절차 등은 규약으로 정한다.

④ 조합은 제63조에 따른 보전과 제61조 및 제62조에 따른 적립금 적립 및 제1항에 따른 배당을 실시한 후에 잔여가 있을 때에는 총회의 결의로 잉여금을 다음 회계연도에 이월할 수 있다.

제65조(출자금액의 감소의결) ① 조합은 부득이한 사유가 있을 때에는 조합원의 신청에 의하여 출자좌수를 감소할 수 있다.

② 조합은 출자 1좌의 금액 또는 출자좌수의 감소(이하 "출자감소"라 한다)를 총회에서 의결한 경우에는 그 의결을 한 날부터 14일 이내에 대차대조표를 작성한다.

③ 조합은 제1항에 따른 의결을 한 날부터 14일 이내에 채권자에 대하여 이의가 있으면 조합의 주된 사무소에 이를 서면으로 진술하라는 취지를 공고하고, 이미 알고 있는 채권자에게는 개별적으로 최고하여야 한다.

④ 제3항에 따른 이의신청 기간은 30일 이상으로 한다.

⑤ 그 밖의 출자좌수의 감소 절차와 방법에 관하여는 별도의 규약으로 정할 수 있다.

제66조(출자감소 의결에 대한 채권자의 이의) ① 채권자가 제65조의 이의신청 기간에 출자감소에 관한 의결에 대하여 이의를 신청하지 아니하면 출자 1좌 금액의 감소를 승인한 것으로 본다.

② 채권자가 이의를 신청하면 조합은 채무를 변제하거나 상당한 담보를 제공하여야 한다.

제67조(결산 등) ① 조합은 정기총회일 7일 전까지 결산보고서(사업보고서, 대차대조표, 손익계산서, 잉여금처분안 또는 손실금처리안 등을 말한다)를 감사에게 제출하여야 한다.

② 조합은 제1항에 따른 결산보고서와 감사의 의견서를 정기총회에 제출하여 승인을 받아야 한다.

제68조(합병과 분할) ① 조합은 합병계약서 또는 분할계획서를 작성한 후 총회의 의결을 얻어 합병 또는 분할할 수 있다.

② 합병 또는 분할로 인하여 존속 또는 새로 설립되는 조합은 합병 또는 분할로 인하여 소멸되는 조합의 권리·의무를 승계한다.

제69조(해산) ① 조합은 다음 각 호의 어느 하나에 해당하는 사유가 발생하였을 때에는 해산하고 해산절차는 민법 등 관련 법령에 의한다.

1. 총회의 의결

2. 합병·분할 또는 파산

[비고] 필요한 해산사유를 정관으로 정한다.

② 이사장은 조합이 해산한 때에는 지체 없이 조합원에게 통지하고 공고하여야 한다.

제70조(청산인) ① 조합이 해산한 때에는 파산으로 인한 경우를 제외하고는 이사장이 청산인이 된다. 다만, 총회에서 다른 사람을 청산인으로 선임하였을 경우에는 그에 따른다.

② 청산인은 취임 후 지체 없이 재산상태를 조사하고 재산목록과 대차대조표를 작성하여 재산처분의 방법을 정하여 총회의 승인을 얻어야 한다.

③ 청산사무가 종결된 때에는 청산인은 지체 없이 결산보고서를 작성하여 총회의 승인을 얻어야 한다.

④ 제2항 및 제3항의 경우에 총회를 2회 이상 소집하여도 총회가 구성되지 아니할 때에는 출석 조합원 3분의 2 이상의 찬성이 있으면 총회의 승인이 있은 것으로 본다.

제71조(청산 잔여재산의 처리) ① 조합이 해산 후 채무를 변제하고 청산잔여재산이 있을 때에는 출자좌수의 비율에 따라 총회가 정한 산정방법에 의하여 이를 조합원에게 분배한다.

② 조합의 청산잔여재산은 총회에서 정하는 바에 따라 이 조합과 유사한 목적을 가진 비영리법인에 증여할 수 있다.

부 칙

이 정관은 ○○○시·도지사의 신고서류 수리가 완료된 날부터 시행한다.

일반협동조합연합회 표준정관례

■는 선택기재 조항, 나머지는 필수기재 조항

제1조(설립과 명칭) 이 연합회는 협동조합기본법에 의하여 설립하며, ○○협동조합연합회라 한다.

제2조(목적) ○○협동조합연합회(이하 '연합회'라 한다)는 자주적·자립적·자치적인 협동조합연합회 활동을 통하여 구성원의 복리증진과 상부상조 및 국민경제의 균형 있는 발전에 기여함을 목적으로 한다.

제3조(연합회의 책무) ① 연합회는 회원 등의 권익 증진을 위하여 교육·훈련 및 정보 제공 등의 활동을 적극적으로 수행한다.
② 연합회는 다른 협동조합 및 연합회, 다른 법률에 따른 협동조합, 외국의 협동조합 및 관련 국제기구 등과의 상호 협력, 이해 증진 및 공동사업 개발 등을 위하여 노력한다.

제4조(사무소의 소재지) 연합회의 주된 사무소는 ○○시·도 ○○시·군·구 ○○읍·면·동 ○○리에 두며, 규정에 따라 필요한 곳에 지사무소를 둘 수 있다.

제5조(공고방법) ① 연합회의 공고는 주된 사무소의 게시판(지사무소의 게시판을 포함한다)에 게시하고, 필요하다고 인정하는 때에는 ○○특별시·광역시·특별자치시·도·특별자치도에서 발간되는 일간신문 또는 중앙일간지에 게재할 수 있다.
② 제1항의 공고기간은 7일 이상으로 하며, 회원의 이해에 중대한 영향을 미칠 수 있는 내용에 대하여는 공고와 함께 서면으로 회원에게 통지하여야 한다.

(■)제6조(통지 및 최고방법) 회원에 대한 통지 및 최고는 회원명부에 기재된 주소지로 하고, 통지 및 최고기간은 7일 이상으로 한다. 다만, 회원이 따로 연락받을 연락처를 지정하였을 때에는 그곳으로 한다.

제7조(공직선거 관여 금지) ① 연합회는 공직선거에 있어서 특정 정당을 지지·반대하거나 특정인을 당선되도록 하거나 당선되지 아니하도록 하는 일체의 행위를 하여서는 아니 된다.
② 누구든지 연합회를 이용하여 제1항에 따른 행위를 하여서는 아니 된다.

제8조(규약 또는 규정) 연합회의 운영 및 사업실시에 관하여 필요한 사항으로서 이

정관으로 정한 것을 제외하고는 규약 또는 규정으로 정할 수 있다.

제9조(회원의 자격) 연합회의 설립목적에 동의하고 회원으로서의 의무를 다하고자 하는 협동조합은 회원이 될 수 있다.

제10조(회원의 가입) ① 회원의 자격을 가진 자가 연합회에 가입하고자 할 때에는 가입신청서를 제출하여야 한다.

② 연합회는 제1항에 따른 신청서가 접수되면 신청인의 자격을 확인하고 가입의 가부를 결정하여 신청서를 접수한 날부터 2주 이내에 신청인에게 서면 또는 전화 등의 방법으로 통지하여야 한다.

③ 제2항의 규정에 따라 가입의 통지를 받은 자는 연합회에 가입할 자격을 가지며 납입하기로 한 출자좌수에 대한 금액을 지정한 기일 내에 연합회에 납부함으로써 회원이 된다.

④ 연합회는 정당한 사유없이 회원의 자격을 갖추고 있는 자에 대하여 가입을 거절하거나 가입에 관하여 다른 회원보다 불리한 조건을 붙일 수 없다.

[비고] 연합회의 설립 목적 및 특성에 부합되는 자로 회원의 자격을 정관으로 제한할 수 있다.

(■)제11조(회원의 고지의무) 회원은 제10조 제1항에 따라 제출한 가입신청서의 기재사항에 변경이 있을 때 또는 회원의 자격을 상실하였을 때에는 지체 없이 연합회에 이를 고지하여야 한다.

제12조(회원의 책임) 회원의 책임은 납입한 출자액을 한도로 한다.

제13조(탈퇴) ① 회원은 예고하고 연합회를 탈퇴할 수 있다.

② 회원은 다음 각 호의 어느 하나에 해당하는 때에는 당연히 탈퇴된다.

1. 회원으로서의 자격을 상실한 경우
2. 해산 또는 파산한 경우

[비고] 그 밖에 필요에 따라 제13조제2항의 사유를 정관에 정할 수 있다.

제14조(제명) ① 연합회는 회원이 다음 각 호의 어느 하나에 해당하면 총회의 의결을 얻어 제명할 수 있다.

1. ○년 이상 계속해서 연합회의 시설 또는 사업을 이용하지 아니한 경우
2. 출자금 및 경비의 납입 등 연합회에 대한 의무를 이행하지 아니한 경우
3. 연합회의 목적사업과 관련된 법령·행정처분·정관 및 규정을 위반한 경우
4. 고의 또는 중대한 과실로 연합회의 사업을 방해하거나 신용을 상실하게 하는 행위를 한 경우

[비고] 연합회의 성질을 고려하여 그 밖에 제명 사유를 추가하여 정할 수 있다.

② 연합회는 제1항에 따라 회원을 제명하고자 할 때에는 총회 개최 10일 전에 그 회원에게 제명의 사유를 알리고 총회에서 의견을 진술할 기회를 주어야 한다.

③ 제2항에 따른 의견진술의 기회를 주지 아니하고 행한 총회의 제명 의결은 해당 회원에게 효력이 없다.

④ 연합회는 제명결의가 있었을 때에 제명된 회원에게 제명이유를 서면으로 통지하여야 한다.

제15조(탈퇴·제명 회원의 지분환급청구권) ① 연합회를 탈퇴하거나 연합회로부터 제명된 회원은 다음 각 호의 정하는 바에 따라 지분의 환급을 청구할 수 있다.

1. 제13조의 규정에 의한 탈퇴의 경우에는 탈퇴회원의 출자금에 해당하는 금액
2. 제14조 제1항의 1호 및 2호의 규정에 의한 제명의 경우에는 제명회원의 출자금에 해당하는 금액

② 제1항의 지분은 제명 또는 탈퇴한 회계연도 말의 연합회의 자산과 부채에 따라 정한다.

③ 연합회는 탈퇴 회원이 연합회에 대한 채무를 다 갚을 때까지는 제1항에 따른 지분의 환급을 정지할 수 있다.

④ 연합회는 탈퇴하거나 제명된 회원이 연합회에 대하여 채무가 있을 때에는 제1항에 따른 환급금과 상계할 수 있다.

⑤ 제1항에 따른 청구권은 탈퇴하거나 제명된 날부터 2년간 행사하지 아니하면 소멸된다.

⑥ 제1항에 따른 청구권은 탈퇴하거나 제명된 당시의 회계연도의 다음 회계연도부터 청구할 수 있다. 다만, 이사회의 승인이 있을 경우 탈퇴 또는 제명 당시에 바로 지급할 수 있다.

제16조(탈퇴회원의 손실액 부담) ① 탈퇴한 회원의 지분 환급분을 계산할 때 이 연합회의 재산으로 그 채무를 다 갚을 수 없는 경우에는 탈퇴한 회원은 납입의무를 이행하지 아니한 출자액의 범위에서 그가 부담하여야 할 손실액을 납입한다.

② 제1항에 따른 손실액의 납입 청구에 관하여는 제15조 제5항을 준용한다.

제17조(출자) ① 회원은 1좌 이상의 출자를 하여야 하며 출자 1좌의 금액은 ○○○원으로 한다.

② 한 회원의 출자좌수는 총 출자좌수의 100분의 40을 넘어서는 아니 된다.

③ 연합회에 납입할 출자금은 연합회에 대한 채권과 상계하지 못한다.

④ 출자는 현물로도 할 수 있고, 현물출자의 경우 규약이 정하는 바에 따라 출자액을 계산한다. 이 경우 현물출자자는 출자의 납입기일에 출자의 목적인 재산의 전부를 연합회 또는 연합회에서 지정한 장소에 납입하여야 한다.

(■)제18조(출자증서 등의 교부) ① 연합회의 회장은 회원이 제17조의 규정에 의하여 최초 출자금을 납입한 때 및 회원이 요구할 때에는 다음 각 호의 사항을 적은 출자증서 또는 출자를 확인할 수 있는 증표에 기명날인하여 회원에게 발급하여야 한다.

1. 연합회의 명칭
2. 회원의 명칭
3. 연합회 가입 연월일
4. 출자금의 납입 연월일
5. 출자금액 또는 출자좌수
6. 발행 연월일

② 연합회의 회장은 매년 정기총회 7일 전까지 회원의 출자금액 변동상황을 회원에게 알려주어야 한다. 이 경우 우편, 전자메일, 팩시밀리, 휴대폰 문자 등을 이용하여 통지할 수 있다.

제19조(지분의 취득금지) 연합회는 회원의 지분을 취득하거나 이를 질권의 목적으로 하여서는 아니 된다.

(■)제20조(경비의 부과 및 징수) ① 연합회는 연합회의 사업 및 그 사업에 부대하는 사업에 필요한 경비를 충당하기 위하여 회원에게 경비를 부과 및 징수할 수 있다.

[비고] 연합회가 경비를 징수하는 경우에는 그 명목을 구체적으로 명시하여야 한다.

② 제1항에 따른 경비의 부과금액, 부과방법, 징수시기와 징수방법은 이사회에서 정한다.

③ 회원은 제1항에 따른 경비를 납입할 때 연합회에 대한 채권과 상계할 수 없다.

④ 제2항의 부과금에 있어서 회원에 대한 부과금액의 산정기준 사항에 변경이 있어도 이미 부과한 금액은 변경하지 못한다.

(■)제21조(사용료 및 수수료) ① 이 연합회는 연합회의 사업을 이용하는 자에 대하여 사용료나 수수료를 부과할 수 있다.

② 이 연합회가 계약을 체결함에 있어 계약당사자의 위임에 따라 운송·보관 그

밖의 행위를 대행하는 경우에는 이 연합회는 그 대행에 필요한 부대비를 징수한다.
③ 제1항에 따른 회원의 사용료나 수수료 납입을 연합회에 대한 채권과 상계할 수 없다.
④ 제1항의 부과에 관한 사항은 규약으로 정한다.

(■)제22조(과태금) ① 연합회는 회원이 출자금 또는 경비 등의 납입의무를 그 기한까지 이행하지 아니하는 경우에는 과태금을 징수할 수 있다.
[비고] 연합회가 징수할 수 있는 과태금의 명목을 구체적으로 명시하여야 한다.
② 회원은 제1항에 따른 과태금을 연합회에 대한 채권과 상계할 수 없다.
③ 과태금의 금액 및 징수방법은 규약으로 정한다.

제23조(총회) ① 연합회는 총회를 둔다.
② 총회는 정기총회와 임시총회로 구분한다.
③ 총회는 회장과 회원으로 구성하며, 회장이 그 의장이 된다.

제24조(대의원총회) ① 회원의 수가 200회원을 초과하는 경우 총회에 갈음할 대의원 총회를 둘 수 있다.
② 대의원은 회원 중에서 선출한다.
③ 대의원의 의결권 및 선거권은 대리인으로 하여금 행사하게 할 수 없다.
④ 대의원의 정수는 ○○회원 이상으로 하며 임기는 ○년으로 한다.
[비고] 대의원의 정수는 50회원 이상으로 하며, 임기는 4년 이내로 하여야 한다.
⑤ 결원으로 인하여 선출된 대의원의 임기는 전임자 임기의 남은 기간으로 한다.
⑥ 대의원은 회원의 선거를 통하여 선출하며, 선거방법에 관한 사항은 선거관리 규약으로 정한다.
⑦ 대의원총회에 관하여는 총회에 관한 사항을 준용하며, 이 경우 "회원"은 "대의원"으로 본다.
⑧ 대의원총회는 연합회의 합병, 분할 및 해산에 관한 사항은 의결할 수 없다.

(■)제25조(대의원의 의무 및 자격상실) ① 대의원은 성실히 대의원회에 출석하고, 그 의결에 참여하여야 한다.
② 대의원회는 대의원이 다음 각 호의 어느 하나에 해당하는 행위를 할 때에는 그 의결로 대의원자격을 상실하게 할 수 있다. 이 경우 해당 대의원에게 서면으로 자격상실 이유를 의결일 7일 전까지 통지하고, 총회 또는 대의원회에서 의견을 진술할 기회를 주어야 한다.
1. 대의원총회 소집통지서를 받고 정당한 사유 없이 계속하여 3회 이상 출석하

지 아니하거나 대의원총회에 출석하여 같은 안건에 대한 의결에 2회 이상 참가하지 아니한 경우

2. 부정한 방법으로 대의원총회의 의사를 방해한 경우
3. 고의 또는 중대한 과실로 이 연합회의 명예 또는 신용을 훼손시킨 경우

제26조(선거운동의 제한) ① 누구든지 자기 또는 특정인을 연합회의 임원 또는 대의원으로 당선되도록 하거나 당선되지 아니하도록 할 목적으로 다음 각 호의 어느 하나에 해당하는 행위를 할 수 없다.

1. 대의원이나 회원에 속한 조합원(가입신청을 한 협동조합에 속한 조합원을 포함한다. 이하 이 조에서 같다)이 설립·운영하고 있는 기관·단체·시설에 대한 다음 각 목의 어느 하나에 해당하는 행위
   가. 금전·물품·향응이나 그 밖의 재산상의 이익을 제공하는 행위
   나. 공사의 직을 제공하는 행위
   다. 금전·물품·향응, 그 밖의 재산상의 이익이나 공사의 직을 제공하겠다는 의사표시 또는 그 제공을 약속하는 행위
2. 후보자가 되지 못하도록 하거나 후보자를 사퇴하게 할 목적으로 후보자가 되려는 사람이나 후보자에게 제1호 각 목에 규정된 행위를 하는 행위
3. 제1호 또는 제2호의 이익이나 직을 제공받거나 그 제공의 의사표시를 승낙하는 행위 또는 그 제공을 요구하거나 알선하는 행위

② 임원 또는 대의원이 되려는 사람은 후보자등록마감일의 다음날부터 선거일 전일까지의 선거운동기간을 제외하고는 선거운동을 위하여 회원을 호별로 방문하거나 특정 장소에 모이게 할 수 없다.

③ 누구든지 협동연합회의 임원 또는 대의원 선거와 관련하여 연설·벽보, 그 밖의 방법으로 거짓의 사실을 공표하거나 공연히 사실을 적시하여 후보자를 비방할 수 없다.

④ 누구든지 임원 또는 대의원 선거와 관련하여 다음 각 호의 방법 이외의 선거운동을 할 수 없다.

1. 선전 벽보의 부착
2. 선거 공보의 배부
3. 소형 인쇄물의 배부
4. 합동 연설회 또는 공개 토론회의 개최
5. 전화·컴퓨터통신을 이용한 지지 호소

제27조(선거관리위원회의 구성·운영) ① 연합회의 임원 및 대의원 선거사무를 공

정하게 관리하기 위하여 본 연합회에 선거관리위원회(이하 “위원회”라 한다)를 둘 수 있다.

② 위원회는 회원(대의원을 포함한다)중에서 이사회의 의결을 거쳐 회장이 위촉하는 ○명 이내의 위원으로 구성한다. 이 경우 당해 선거에 임원으로 후보등록한 자는 위원이 될 수 없다.

③ 위원회는 다음 각 호의 사무를 관장한다.

1. 후보자의 자격심사
2. 선거인 명부의 확정
3. 후보자 추천의 유·무효 판정
4. 선거공보의 작성과 선거운동방법 결정 및 계도
5. 선거관리, 투표관리 및 개표관리
6. 투표의 유·무효의 이의에 대한 판정
7. 선거관련 분쟁의 조정
8. 선거운동 제한규정 위반여부 심사 및 조치
9. 당선인의 확정
10. 그 밖에 선거에 필요한 사항

④ 그 밖에 위원회의 구성·운영 등에 관하여 필요한 사항은 선거관리규약으로 정한다.

제28조(정기총회) 정기총회는 매년 1회 회계연도 종료 후 3개월 이내에 회장이 소집한다.

제29조(임시총회) ① 임시총회는 다음 각 호의 어느 하나에 해당하는 경우에 회장이 소집한다.

1. 회장 및 이사회가 필요하다고 인정할 때
2. 회원이 회원 5분의 1 이상의 동의를 받아 소집의 목적과 이유를 적은 서면을 제출하여 회장에게 소집을 청구한 때
3. 감사가 연합회의 재산상황이나 업무집행에 부정한 사실이 있는 것을 발견하고 그 내용을 총회에 신속히 보고할 필요가 있다고 인정하여 회장에게 소집을 청구한 때

② 회장은 제1항 제2호(제47조 규정에 따른 해임 요구를 포함한다) 및 제3호의 청구를 받으면 정당한 사유가 없는 한 2주 이내에 소집절차를 밟아야 한다.

③ 제1항 제2호 및 제3호의 규정에 의하여 총회의 소집을 청구하였으나 총회를 소집할 자가 없거나 그 청구가 있은 날부터 2주 이내에 회장이 총회의 소집절차

를 밟지 아니한 때에는 감사가 7일 이내에 소집절차를 밟아야 한다. 이 경우 감사가 의장의 직무를 수행한다.

④ 감사가 제3항의 기한 이내에 총회의 소집절차를 밟지 아니하거나 소집할 수 없는 경우에는 제1항 제2호의 규정에 의하여 총회의 소집을 청구한 회원의 대표가 이를 소집한다. 이 경우 회원의 대표가 의장의 직무를 수행한다.

제30조(총회의 소집절차) ① 회장은 총회 개최 7일 전까지 회의목적·안건·일시 및 장소를 정하여 우편 또는 전자메일 등으로 각 회원에게 통지하여야 한다.

② 회장이 궐위 또는 부득이한 사유로 총회를 소집할 수 없는 때에는 제49조에서 정하고 있는 순으로 이를 소집한다.

제31조(총회의 의결사항) 다음 각 호의 사항은 총회의 의결을 얻어야 한다.

1. 정관의 변경
2. 규약의 제정과 변경 또는 폐지
3. 임원의 선출과 해임
4. 사업계획 및 예산의 승인
5. 대차대조표, 수지계산서, 결산보고서의 승인과 잉여금의 처분 및 손실금의 처리
6. 감사보고서의 승인
7. 연합회의 합병·분할·해산 또는 휴업
8. 회원의 제명
9. 그 밖에 회장 또는 이사회가 필요하다고 인정하는 사항

[비고] 연합회는 법령에 반하지 않는 범위에서 총회의결사항을 추가적으로 규정할 수 있다.

제32조(총회의 의사) ① 총회의 의사는 법령상 다른 규정이 있는 경우를 제외하고는 총 회원 과반수의 출석으로 개회하고 출석회원 과반수의 찬성으로 의결한다.

② 제1항의 규정에 의한 총회의 개의 정족수 미달로 총회가 유회된 때에는 회장은 20일 이내에 다시 총회를 소집하여야 한다.

③ 총회는 제30조에 따라 미리 통지한 사항에 한하여 의결할 수 있다. 다만, 긴급을 요하여 총회원의 3분의 2이상의 출석과 출석회원 3분의 2 이상의 찬성이 있는 때에는 그러하지 아니하다.

④ 총회에서 조합과 회원간의 이익이 상반되는 사항에 대하여 의결을 행할 때에는 해당 회원은 의결에 참가하지 못한다.

제33조(합병·분할 및 해산등의 의결) 다음 각 호의 사항은 회원 과반수의 출석과 출석 회원 3분의 2 이상의 찬성으로 의결한다.

1. 정관의 변경
2. 연합회의 합병·분할·해산 및 휴업
3. 회원의 제명

제34조(의결권 및 선거권) ① 회원은 회원인 협동조합의 조합원 수(또는 출자좌수, 연합회 사업참여량 등 중에서 선택)에 따라 ○개의 의결권과 선거권을 갖는다.

[비고] 연합회는 회원인 조합의 조합원 수, 연합회 사업참여량, 출자좌수 등에 따라 회원의 의결권 및 선거권을 차등하여 부여할 수 있고, 의결권 및 선거권에 차등을 둘 경우 구체적인 차등기준 등을 정관에 명시하여야 한다.

② 회원은 대리인으로 하여금 의결권 및 선거권을 행사하게 할 수 있다. 이 경우 그 회원은 출석한 것으로 본다.

③ 대리인이 의결권 또는 선거권을 행사할 때에는 대리권을 증명하는 서면을 의결권 또는 선거권을 행사하기 전에 연합회가 정하는 양식에 따라 미리 연합회에 제출하여야 한다.

제35조(총회의 의사록) ① 총회의 의사에 관하여 의사록을 작성하여야 한다.

② 의사록에는 의사의 진행 상황과 그 결과를 적고 의장과 총회에서 선출한 회원 3인 이상이 기명날인하거나 서명하여야 한다.

(■)제36조(총회의 운영규약) 정관에 규정하는 외에 총회의 운영에 관하여 필요한 사항은 총회운영규약으로 정한다.

(■)제37조(총회의 회기연장) ① 총회의 회기는 총회의 결의에 의하여 연장할 수 있다.

② 제1항의 규정에 의하여 속행된 총회는 제30조제1항의 규정을 적용하지 아니한다.

제38조(이사회) ① 연합회에 이사회를 두고, 이사회는 연합회의 업무집행을 결정한다.

② 이사회는 이사로서 구성하고 이사장 1인 외 부회장, 전무이사, 상무이사 등을 둘 수 있다.

[비고] 이사의 종류 및 명칭은 필요에 따라 달리 정할 수 있다.

③ 회장은 이사회를 소집하고 그 의장이 된다.

④ 이사회의 소집은 회의일 7일전까지 회의의 목적사항, 일시 및 장소를 기재한 서면을 각 이사에게 통지하여야 한다. 다만 긴급을 요하여 이사회 구성원 과반

수의 동의가 있을 때에는 소집절차를 생략할 수 있다.

⑤ 이사 3분의 1 이상 또는 감사 전원이 회의목적 사항과 회의 소집이유를 기재한 서류를 제출하고 이사회의 소집을 요구할 수 있다.

⑥ 회장은 제5항의 요구가 있는 때에는 7일 이내에 이사회를 소집하여야 한다.

제39조(이사회의 의결사항) ① 이사회는 다음 각 호의 사항을 의결한다.

1. 연합회의 재산 및 업무집행에 관한 사항
2. 총회의 소집과 총회에 상정할 의안
3. 규정, 규칙 등의 제정과 변경 및 폐지
4. 사업계획 및 예산안 작성
5. 간부 직원의 임면 승인
6. 기본자산의 취득과 처분
7. 그 밖에 연합회의 운영에 중요한 사항
8. 회장이 부의하는 사항

[비고] 협동조합기본법 제29조에 규정된 필요적 총회의결 사항은 이사회에 위임할 수 없다.

[비고] 연합회는 법령에 반하지 않는 범위에서 연합회의 업무집행을 위하여 필요한 사항을 추가적으로 규정할 수 있다.

② 이사회는 제54조 각 호의 사업을 수행하기 위하여 필요한 위원회를 설치 운영할 수 있다.

③ 제2항의 위원회 구성 및 운영에 관하여는 별도 규약으로 정한다.

제40조(이사회의 의사) ① 이사회는 구성원 과반수의 출석으로 개회하고 출석이사 과반수의 찬성으로 의결한다.

② 회장은 의결에 참가하지 아니하며, 가부동수일 때에는 결정권을 갖는다.

③ 이사의 개인 이익과 연합회의 이익이 상반되는 사항이나 신분에 관련되는 사항에 관하여는 당해 이사는 이사회의 의결에 관여할 수 없다.

제41조(이사회의 의사록) 이사회의 의사에 관하여는 의사의 경과와 그 결과를 기재한 의사록을 작성하고 참석 이사 전원이 이에 기명날인하거나 서명하여야 한다.

제42조(임원의 정수) ① 연합회의 임원으로 회장 1명을 포함한 3명 이상 ○○명 이내의 이사와 1명 이상의 감사를 둔다.

② 제1항의 임원중 이사회의 호선에 의해 상임임원을 둘 수 있다.

제43조(임원의 선임) ① 이사 및 감사는 총회가 회원 중에서 선출한다. 다만, 이사

는 정수의 5분의 1의 범위 내에서, 감사는 2분의 1의 범위 내에서 이사회의 추천에 따라 회원 외의 자를 선출할 수 있다.

② 회장은 이사 중에서 총회에서 선출하고, 부회장, 전무이사 및 상무이사 등은 이사회가 이사 중에서 호선한다.

[비고] 임원의 직책은 연합회의 필요에 따라 달리 정할 수 있다.

③ 제1항, 제2항의 선거 방법, 절차 등에 관하여는 별도의 선거관리규약으로 정한다.

제44조(임원의 결격사유) ① 다음 각 호의 어느 하나에 해당하는 자는 이 연합회의 임원이 될 수 없다.

1. 금치산자
2. 한정치산자
3. 파산선고를 받고 복권되지 아니한 사람
4. 금고 이상의 실형을 선고받고 그 집행이 끝나거나(집행이 끝난 것으로 보는 경우를 포함한다) 집행이 면제된 날부터 3년이 지나지 아니한 사람
5. 금고 이상의 형의 집행유예를 선고받고 그 유예기간 중에 있거나 유예기간이 끝난 날부터 2년이 지나지 아니한 사람
6. 금고 이상의 형의 선고유예를 받고 그 선고유예기간 중에 있는 사람
7. 법원의 판결 또는 다른 법률에 따라 자격이 상실 또는 정지된 사람

② 제1항 각호의 사유가 발생하면 해당 임원은 당연히 퇴직된다.

③ 제2항에 따라 퇴직된 임원이 퇴직 전에 관여한 행위는 그 효력을 상실하지 아니 한다.

제45조(임원의 임기) ① 임원의 임기는 ○년으로 한다.

[비고] 임원의 임기는 4년의 범위 내에서 정관으로 정해야 한다.

② 임원은 연임할 수 있다. 다만, 회장은 2차에 한하여 연임할 수 있다.

③ 결원으로 인하여 선출된 임원의 임기는 전임자의 임기종료일까지로 한다.

제46조(임원의 의무와 책임) ① 임원은 법령과 연합회의 정관, 규약, 규정 및 총회와 이사회의 의결을 준수하고 연합회를 위하여 성실히 그 직무를 수행하여야 한다.

② 임원이 법령 또는 정관을 위반하거나 그 임무를 게을리하여 연합회에 손해를 가한 때에는 연대하여 그 손해를 배상하여야 한다.

③ 임원이 고의 또는 중대한 과실로 그 임무를 게을리하여 제3자에게 손해를 끼친 때에는 제3자에게 연대하여 그 손해를 배상하여야 한다.

④ 제2항 및 제3항의 행위가 이사회의 의결에 의한 것일 때에는 그 의결에 찬성한 이사도 제2항 및 제3항의 책임이 있다.

⑤ 제4항의 의결에 참가한 이사로서 명백한 반대의사를 표시하지 아니한 자는 그 의결에 찬성한 것으로 본다.

⑥ 제2항부터 제5항까지의 규정에 따른 구상권의 행사는 감사 및 이사에 대하여는 회장이, 회장에 대하여는 감사가, 전체 임원에 대하여는 회원 5분의 1 이상의 동의를 받은 회원 대표가 한다.

제47조(임원의 해임) ① 회원은 회원 3분의 1 이상의 동의로 임원의 해임을 요구할 수 있다. 이 경우 해임의 사유를 서면으로 연합회에 제출하여야 한다.

② 연합회는 제1항에 따른 서면 제출이 있을 때에는 총회 개최 10일 전에 해당 임원에게 해임 이유를 서면으로 통보하고, 총회에서 의견을 진술할 기회를 주어야 한다.

(■)제48조(임원의 보수 등) ① 임원에 대하여 규정이 정하는 바에 따라 여비 등 조합업무와 관련된 비용을 실비 범위 내에서 지급할 수 있다.

② 상임임원에 대하여는 규정이 정하는 바에 따라 보수를 지급할 수 있다.

제49조(회장 및 이사의 직무) ① 회장은 이사회의 결정에 따라 연합회의 업무를 집행하고 연합회를 대표한다.

② 이사는 회장을 보좌하며 연합회의 업무를 집행한다.

③ 회장이 사고가 있을 때에는 부회장, 전무이사, 상무이사, 이사, 감사의 순으로 그 직무를 대행하고 해당자가 2명 이상일 경우에는 연장자 순으로 한다.

④ 제3항의 경우와 회장이 권한을 위임한 경우를 제외하고는 회장이 아닌 이사는 연합회를 대표할 수 없다.

제50조(감사의 직무) ① 감사는 연 ○회 이상 연합회의 업무집행 상황, 재산상태, 장부 및 서류 등을 감사하여 총회에 보고하여야 한다. 반기별 감사보고서는 이사회에, 반기별 감사보고서를 종합한 종합감사보고서는 정기총회에 각각 제출하여야 한다.

② 감사는 예고 없이 연합회의 장부나 서류를 대조 확인할 수 있다.

③ 감사는 회장 및 이사가 법령·정관·규약·규정 또는 총회의 의결에 반하여 업무를 집행한 때에는 이사회에 그 시정을 요구하여야 한다.

④ 감사는 총회 또는 이사회에 출석하여 의견을 진술할 수 있다.

⑤ 제1항 및 제2항의 감사보고서 제출에 있어서 감사가 2명 이상인 경우 감사의

의견이 일치하지 아니할 경우에는 각각 의견을 제출할 수 있다.

제51조(감사의 대표권) 연합회가 회장을 포함한 이사와 소송, 계약 등의 법률행위를 하는 때에는 감사가 연합회를 대표한다.

제52조(임직원의 겸직금지) ① 회장은 다른 연합회의 회장을 겸직할 수 없다.

② 회장을 포함한 이사와 직원은 감사를 겸직할 수 없다.

③ 임원은 이 연합회의 직원을 겸직할 수 없다.

〈직원협동조합연합회 정관례〉 제53조 내용 중 제3항을 삭제하고 규정함

(■)제53조(직원의 임면 등) ① 직원은 회장이 임면한다. 다만, 간부직원은 이사회의 결의를 거쳐 회장이 임면한다.

② 직원의 임면, 급여, 기타 직원에 관하여 필요한 사항은 규정으로 정한다.

제54조(사업의 종류) ① 이 연합회는 그 목적을 달성하기 위하여 다음 각 호의 사업을 할 수 있다.

1. 회원과 직원에 대한 지도·지원·연락 및 조정에 관한 사업
2. 회원에 속한 조합원 및 직원에 대한 상담, 교육·훈련 및 정보 제공 사업
3. 회원의 사업에 관한 조사·연구 및 홍보 사업
4. ○○○ 사업
5. ○○○ 사업

[비고] 사업의 종류 중에서 제1호부터 제3호까지의 사업은 반드시 포함되어야 하고, 그 밖의 사업은 연합회의 설립목적을 달성하기 위하여 필요한 사업을 정관으로 정한다.

<예시>

1. 국가·지방자치단체 또는 전국연합회로부터 위탁받은 사업
2. 제1호부터 제3호까지의 사업과 관련된 부대사업
3. 제1호부터 제3호까지의 사업을 생산자, 생산자단체 및 문화단체와 공동으로 추진하는 사업
4. 정부, 지방자치단체 및 「공공기관의 운영에 관한 법률」 제4조에 따른 공공기관과 공동으로 추진하는 사업

② 제1항에도 불구하고 연합회는 「통계법」 제22조 제1항에 따라 통계청장이 고시하는 한국표준산업분류에 의한 금융 및 보험업을 영위할 수 없다.

제55조(사업의 이용) ① 연합회는 회원이 아닌 자에게 연합회의 사업을 이용하게

하여서는 아니 된다. 다만, 다음 각 호의 경우에는 회원이 아닌 자도 사업을 이용할 수 있다.

1. 연합회가 재고로 보유하고 있는 물품으로서 부패 또는 변질의 우려가 있어 즉시 유통되지 아니하면 제품의 품질을 유지하기 어려운 물품을 처리하기 위한 경우
2. 회원으로 가입하도록 홍보하기 위하여 견본품을 유상 또는 무상으로 공급하는 경우. 다만, 조합이 「사회서비스 이용 및 이용권 관리에 관한 법률」 제2조 제4호에 따른 사회서비스 제공자인 경우는 제외한다.
3. 공공기관·사회단체 등이 공익을 목적으로 주최하는 행사에 참여하는 경우
4. 연합회가 정부, 지방자치단체 및 「공공기관 운영에 관한 법률」 제4조에 따른 공공기관과 공동으로 추진하는 사업에서 일반 국민이 해당 사업의 목적에 따라 사업을 이용하는 경우
5. 다른 법령에서 회원이 아닌 자에게 의무적으로 물품을 공급하게 하거나 용역을 제공하도록 규정하는 경우
6. 천재지변이나 그 밖에 이와 유사한 긴급한 상황일 때 공중(公衆)에게 생활필수품 또는 용역을 공급하는 경우
7. 학교를 사업구역으로 하는 연합회가 그 사업구역에 속하는 학생·교직원 및 학교 방문자를 상대로 물품을 공급하거나 용역을 제공하는 경우
8. 연합회(「사회서비스 이용 및 이용권 관리에 관한 법률」 제2조 제4호에 따른 사회서비스 제공자에 해당하는 협동조합은 제외한다)가 가입을 홍보하기 위하여 기획재정부장관에게 신고하는 기간(이하 이 호에서 '홍보기간'이라 하며, 그 기간은 1년에 3개월을 넘지 못한다) 동안 전년도 총공급고(總供給高)의 100분의 5 범위에서 물품을 유상 또는 무상으로 공급하는 경우. 다만, 조합이 설립신고필증을 받은 날부터 1년(단위매장의 경우에는 매장 개장일부터 1년) 동안은 홍보기간이 6개월을 넘지 아니하는 범위에서 총공급고에 대한 제한 없이 물품을 유상 또는 무상으로 공급할 수 있다.
9. 전체 회원 조합에 속하는 조합원과 같은 가구에 속하는 자가 조합의 사업을 이용하는 경우

② 회원인 조합의 조합원이 이 연합회를 이용하는 경우에는 이 연합회의 회원이 이용한 것으로 본다.

[비고] 연합회는 연합회의 종류에 따라 해당성이 있는 조항을 선택·명시하여야 한다.

제56조(사업계획과 수지예산) ① 이사회는 매 회계연도 경과 후 3개월 이내에 해당 연도의 사업계획을 수립하고 동 계획의 집행에 필요한 수지예산을 편성하여 총회의 의결을 받아야 한다.

② 제1항에 따른 사업계획과 예산이 총회에서 확정될 때까지는 전년도 예산에 준하여 가예산을 편성하여 집행할 수 있다. 이 경우 총회의 사후 승인을 받아야 한다.

③ 이사회가 총회에서 확정된 사업계획과 예산을 변경한 때에는 차기 총회에서 사후 변경승인을 받아야 한다.

제57조(회계연도 등) ① 연합회의 회계연도는 매년 ○월 ○일부터 ○월 ○일까지로 한다.

② 연합회의 회계는 일반회계와 특별회계로 구분하되, 당해 조합의 주 사업은 일반회계로 하고 그 외의 사업은 특별회계로 한다.

[비고] 각 회계별 사업구분을 정하여 정관에 규정한다.

(■)제58조(특별회계의 설치) 특별회계는 연합회의 주 사업외의 특정사업을 운영할 때, 특정자금을 보유하여 운영할 때, 기타 일반회계와 구분 경리할 필요가 있을 때 설치한다.

제59조(운영의 공개) ① 회장은 결산결과의 공고 등 운영사항을 적극 공개하여야 한다.

② 회장은 정관·규약·규정과 총회·이사회의 의사록, 회계장부 및 회원 명부를 주된 사무소에 비치하여야 한다.

③ 결산보고서는 정기총회 7일전까지 주된 사무소에 비치하여야 한다.

④ 회원과 연합회의 채권자는 회장에게 제2항 및 제3항의 서류의 열람 또는 그 사본을 청구할 수 있다.

[비고] 연합회는 회원의 개인정보보호 등 정당한 사유로 서류의 사본청구를 제한하는 규정을 둘 수 있다.

⑤ 회장은 제4항의 청구가 있을 때에는 정당한 이유 없이 이를 거부하지 못한다.

⑥ 회장은 결산일로부터 3개월 이내에 설립신고를 한 기획재정부 홈페이지 또는 연합회의 홈페이지에 다음 각 호의 자료를 게재하여야 한다.

1. 정관, 규약, 규정
2. 사업계획서
3. 결산서

4. 회원·회원 조합에 속한 조합원·직원 등에 대한 교육·홍보 실적
5. 총회, 대의원총회, 이사회의 활동 상황

[비고] 전체 회원 조합에 속한 조합원 총수가 200인 이상인 연합회이거나 정기총회의 승인을 받은 직근 사업연도의 결산보고서에 적힌 자기자본이 30억원 이상인 연합회는 제6항의 자료를 게재하여야 함.

제60조(법정적립금) ① 연합회는 매 회계연도 결산의 결과 잉여금이 있는 때에는 자기자본의 3배가 될 때까지 잉여금의 100분의 10 이상을 적립하여야 한다.

[비고] 잉여금의 최저비율은 100분의 10으로 되어 있으나, 정관에서 그 이상으로 정할 수 있다.

② 제1항의 법정적립금은 손실금의 보전에 충당하거나 해산하는 경우 외에는 사용하여서는 아니 된다.

제61조(임의적립금) ① 연합회는 매 회계연도의 잉여금에서 제60조에 따른 법정적립금을 빼고 나머지가 있을 때에는 총회에서 결정하는 바에 따라 매 회계연도 잉여금의 ○○분의 ○이상을 임의적립금으로 적립할 수 있다.

② 임의적립금은 총회에서 결정하는 바에 따라 사업준비금, 사업개발비, 교육 등 특수목적을 위하여 지출할 수 있다.

제62조(손실금의 보전) 연합회는 매 회계연도의 결산 결과 손실금(당기손실금을 말한다)이 발생하면 미처분이월금, 임의적립금, 법정적립금 순으로 이를 보전하고, 보전 후에도 부족이 있을 때에는 이를 다음 회계연도에 이월한다.

제63조(잉여금의 배당 및 이월) ① 연합회는 제62조에 따른 손실금의 보전과 제60조 및 제61조의 법정적립금 및 임의적립금 등을 적립한 후에 잔여가 있을 때에는 총회의 결의로 회원에게 잉여금을 배당할 수 있다.

② 제1항의 배당시 회원별 배당금의 계산은 조합사업의 이용실적 또는 회원이 납입한 출자액의 비율에 따라 이를 행한다. 이 경우 잉여배당금은 다음의 원칙을 준수하여야 한다.

1. 이용실적에 대한 배당은 전체 배당액의 100분의 50 이상이어야 한다.
2. 납입출자액에 대한 배당은 납입출자금의 100분의 10을 초과하여서는 아니된다.

[비고] 이용실적 또는 회원이 납입한 출자액 비율 이외에 인적배당 등 배당금 지급기준을 추가로 규정할 수 있다.

③ 잉여금배당의 방법, 절차 등은 규약으로 정한다.

④ 연합회는 제62조에 따른 보전과 제60조 및 제61조에 따른 적립금 적립 및 제1항에 따른 배당을 실시한 후에 잔여가 있을 때에는 총회의 결의로 잉여금을 다음 회계연도에 이월할 수 있다.

제64조(출자금액의 감소의결) ① 연합회는 부득이한 사유가 있을 때에는 회원의 신청에 의하여 출자좌수를 감소할 수 있다.

② 연합회는 출자 1좌의 금액 또는 출자좌수의 감소(이하 "출자감소"라 한다)를 총회에서 의결한 경우에는 그 의결을 한 날부터 14일 이내에 대차대조표를 작성한다.

③ 연합회는 제1항에 따른 의결을 한 날부터 14일 이내에 채권자에 대하여 이의가 있으면 연합회의 주된 사무소에 이를 서면으로 진술하라는 취지를 공고하고, 이미 알고 있는 채권자에게는 따로 최고한다.

④ 제3항에 따른 이의신청 기간은 30일 이상으로 한다.

⑤ 그 밖의 출자좌수의 감소 절차와 방법에 관하여는 별도의 규약으로 정할 수 있다.

제65조(출자감소 의결에 대한 채권자의 이의) ① 채권자가 제64조의 이의신청 기간에 출자감소에 관한 의결에 대하여 이의를 신청하지 아니하면 출자 1좌 금액의 감소를 승인한 것으로 본다.

② 채권자가 이의를 신청한 때에는 연합회는 채무를 변제하거나 상당한 담보를 제공하여야 한다.

제66조(결산 등) ① 연합회는 정기총회일 7일 전까지 결산보고서(사업보고서, 대차대조표, 손익계산서, 잉여금처분안 또는 손실금처리안 등을 말한다)를 감사에게 제출하여야 한다.

② 연합회는 제1항에 따른 결산보고서와 감사의 의견서를 정기총회에 제출하여 승인을 받아야 한다.

제67조(합병과 분할) ① 연합회는 합병계약서 또는 분할계획서를 작성한 후 총회의 의결을 얻어 합병 또는 분할할 수 있다.

② 합병 또는 분할로 인하여 존속 또는 새로 설립되는 연합회는 합병 또는 분할로 인하여 소멸되는 연합회의 권리·의무를 승계한다.

제68조(해산) ① 연합회는 다음 각 호의 어느 하나에 해당하는 사유가 발생하였을 때에는 해산하고 해산절차는 민법 등 관련 법령에 의한다.

1. 총회의 의결

2. 합병·분할 또는 파산
   [비고] 필요한 해산사유를 정관으로 정한다.

② 회장은 연합회가 해산한 때에는 지체 없이 회원에게 통지하고 공고하여야 한다.

제69조(청산인) ① 연합회가 해산한 때에는 파산으로 인한 경우를 제외하고는 회장이 청산인이 된다. 다만, 총회에서 다른 사람을 청산인으로 선임하였을 경우에는 그에 따른다.

② 청산인은 취임 후 지체 없이 재산상태를 조사하고 재산목록과 대차대조표를 작성하여 재산처분의 방법을 정하여 총회의 승인을 얻어야 한다.

③ 청산사무가 종결된 때에는 청산인은 지체 없이 결산보고서를 작성하여 총회의 승인을 얻어야 한다.

④ 제2항 및 제3항의 경우에 총회를 2회 이상 소집하여도 총회가 구성되지 아니할 때에는 출석 회원 3분의 2 이상의 찬성이 있으면 총회의 승인이 있은 것으로 본다.

제70조(청산 잔여재산의 처리) ① 연합회가 해산 후 채무를 변제하고 청산잔여재산이 있을 때에는 출자좌수의 비율에 따라 총회가 정한 산정방법에 의하여 이를 회원에게 분배한다.

② 연합회의 청산잔여재산은 총회에서 정하는 바에 따라 이 연합회와 유사한 목적을 가진 비영리법인에 증여할 수 있다.

부 칙

이 정관은 기획재정부장관의 신고서류 수리가 완료된 날부터 시행한다.

기본법 표준정관례
(사회적협동조합 & 연합회)

사회적협동조합 표준정관례

■는 선택기재 조항, 나머지는 필수기재 조항

제1조(설립과 명칭) 이 조합은 협동조합기본법에 의하여 설립하며, ○○사회적협동조합이라 한다.

제2조(목적) ○○협동조합(이하 '조합'이라 한다)은 자주적·자립적·자치적인 협동조합 활동을 통하여 구성원의 복리증진과 상부상조 및 국민경제의 균형 있는 발전에 기여하기 위하여 둘 이상 유형의 조합원들이 모여 조합원의 경영 개선 및 생활 향상과 지역사회 발전을 목적으로 한다.

〈보건의료사회적협동조합 정관례〉 제2조를 다음과 같이 규정한다.

제2조(목적) ○○보건의료사회적협동조합(이하 '조합'이라 한다)은 자주적·자립적·자치적인 협동조합 활동을 통하여 구성원의 복리증진과 상부상조 및 국민경제의 균형 있는 발전에 기여하기 위하여 2명 이상의 서로 다른 이해관계자들이 모여 구성원의 건강증진 및 사회복지 향상과 지역사회 발전을 목적으로 한다.

제3조(조합의 책무) ① 조합은 조합원 등의 권익 증진을 위하여 교육·훈련 및 정보 제공 등의 활동을 적극적으로 수행한다.

② 조합은 다른 협동조합, 다른 법률에 따른 협동조합, 외국의 협동조합 및 관련 국제기구 등과의 상호 협력, 이해 증진 및 공동사업 개발 등을 위하여 노력한다.

제4조(사무소의 소재지) 조합의 주된 사무소는 ○○시·도 ○○시·군·구 ○○읍·면·동 ○○리에 두며, 규정에 따라 필요한 곳에 지사무소를 둘 수 있다.

제5조(공고방법) ① 조합의 공고는 주된 사무소의 게시판(지사무소의 게시판을 포함한다)에 게시하고, 필요하다고 인정하는 때에는 ○○특별시·광역시·특별자치시·도·특별자치도에서 발간되는 일간신문 또는 중앙일간지에 게재할 수 있다.

② 제1항의 공고기간은 7일 이상으로 하며, 조합원의 이해에 중대한 영향을 미칠 수 있는 내용에 대하여는 공고와 함께 서면으로 조합원에게 통지하여야 한다.

(■)제6조(통지 및 최고방법) 조합원에 대한 통지 및 최고는 조합원명부에 기재된 주소지로 하고, 통지 및 최고기간은 7일 이상으로 한다. 다만, 조합원이 따로 연락받을 연락처를 지정하였을 때에는 그곳으로 한다.

제7조(공직선거 관여 금지) ① 조합은 공직선거에 있어서 특정 정당을 지지·반대하거나 특정인을 당선되도록 하거나 당선되지 아니하도록 하는 일체의 행위를 하여서는 아니 된다.

② 누구든지 조합을 이용하여 제1항에 따른 행위를 하여서는 아니 된다.

제8조(규약 또는 규정) 조합의 운영 및 사업실시에 관하여 필요한 사항으로서 이 정관으로 정한 것을 제외하고는 규약 또는 규정으로 정할 수 있다.

제9조(조합원의 자격 및 유형) ① 조합의 설립목적에 동의하고 조합원으로서의 의무를 다하고자 하는 자는 조합원이 될 수 있다.

② 조합원의 유형은 다음 각 호와 같다.

1. 생산자조합원 : 조합의 생산활동 등에 함께 참여하는 자
2. 소비자조합원 : 조합의 재화나 서비스를 이용하는 자
3. 직원조합원 : 조합에 고용된 자
4. 자원봉사자조합원 : 조합에 무상으로 필요한 서비스 등을 제공하는 자
5. 후원자조합원 : 조합에 필요한 물품 등을 기부하거나 자금 등을 후원하는 자

[비고] 위 5가지 중 2 이상의 다양한 유형의 조합원으로 구성되어야 한다.

〈보건의료사회적협동조합 정관례〉 제9조를 다음과 같이 규정한다.

제9조(조합원의 자격 및 유형) ① 조합의 설립목적에 동의하고 조합원으로서의 의무를 다하고자 하는 자는 조합원이 될 수 있다.

② 조합원의 유형은 다음 각 호와 같다.

1. 소비자조합원 : 조합이 제공하는 보건의료서비스를 이용하는 자
2. 직원조합원 : 조합에 고용된 자
3. 자원봉사자조합원 : 조합에 무상으로 필요한 서비스 등을 제공하는 자
4. 후원자조합원 : 조합에 필요한 물품 등을 기부하거나 자금 등을 후원하는 자

제10조(조합원의 가입) ① 조합원의 자격을 가진 자가 조합에 가입하고자 할 때에는 가입신청서를 제출하여야 한다.

② 조합은 제1항에 따른 신청서가 접수되면 신청인의 자격을 확인하고 가입의 가부를 결정하여 신청서를 접수한 날부터 2주 이내에 신청인에게 서면 또는 전화 등의 방법으로 통지하여야 한다.

③ 제2항의 규정에 따라 가입의 통지를 받은 자는 조합에 가입할 자격을 가지며 납입하기로 한 출자좌수에 대한 금액 중 제1회의 금액을 지정한 기일 내에 조합에 납부함으로써 조합원이 된다.

〈보건의료사회적협동조합 정관례〉 제10조제3항을 다음과 같이 규정한다.

③ 제2항의 규정에 따라 가입의 통지를 받은 자는 조합에 가입할 자격을 가지며 납입하기로 한 출자좌수에 대한 금액을 지정한 기일 내에 조합에 납부함으로써 조합원이 된다.

[비고] 보건의료사회적협동조합은 출자금 분납불가

④ 조합은 정당한 사유없이 조합원의 자격을 갖추고 있는 자에 대하여 가입을 거절하거나 가입에 관하여 다른 조합원보다 불리한 조건을 붙일 수 없다.

[비고] 협동조합의 설립 목적 및 특성에 부합되는 자로 조합원의 자격을 정관으로 제한할 수 있다.

(■)제11조(조합원의 고지의무) 조합원은 제10조제1항에 따라 제출한 가입신청서의 기재사항에 변경이 있을 때 또는 조합원의 자격을 상실하였을 때에는 지체없이 조합에 이를 고지하여야 한다.

제12조(조합원의 책임) 조합원의 책임은 납입한 출자액을 한도로 한다.

제13조(탈퇴) ① 조합원은 예고하고 조합을 탈퇴할 수 있다.

② 조합원은 다음 각 호의 어느 하나에 해당하는 때에는 당연히 탈퇴된다.

1. 조합원 지위의 양도 등 조합원으로서의 자격을 상실한 경우
2. 사망한 경우
3. 파산한 경우
4. 금치산선고를 받은 경우
5. 조합원인 법인이 해산한 경우

[비고] 그 밖에 필요에 따라 제13조제2항의 사유를 정관에 정할 수 있다.

제14조(제명) ① 조합은 조합원이 다음 각 호의 어느 하나에 해당하면 총회의 의결을 얻어 제명할 수 있다.

1. ○년 이상 계속해서 조합의 시설 또는 사업을 이용하지 아니한 경우
2. 출자금 및 경비의 납입 등 조합에 대한 의무를 이행하지 아니한 경우
3. 조합의 목적사업과 관련된 법령·행정처분·정관 및 규정을 위반한 경우
4. 고의 또는 중대한 과실로 조합의 사업을 방해하거나 신용을 상실하게 하는 행위를 한 경우

[비고] 조합의 성질을 고려하여 그 밖에 제명 사유를 추가하여 정할 수 있다.

② 조합은 제1항에 따라 조합원을 제명하고자 할 때에는 총회 개최 10일 전에 그 조합원에게 제명의 사유를 알리고 총회에서 의견을 진술할 기회를 주어야

한다.

③ 제2항에 따른 의견진술의 기회를 주지 아니하고 행한 총회의 제명 의결은 해당 조합원에게 효력이 없다.

④ 조합은 제명결의가 있었을 때에 제명된 조합원에게 제명이유를 서면으로 통지하여야 한다.

제15조(탈퇴·제명조합원의 지분환급청구권) ① 조합을 탈퇴하거나 조합으로부터 제명된 조합원은 다음 각 호의 정하는 바에 따라 지분의 환급을 청구할 수 있다.

1. 제13조의 규정에 의한 탈퇴의 경우에는 탈퇴조합원의 출자금에 해당하는 금액
2. 제14조 제1항의 1호 및 2호의 규정에 의한 제명의 경우에는 제명조합원의 출자금에 해당하는 금액

② 제1항의 지분은 제명 또는 탈퇴한 회계연도 말의 조합의 자산과 부채에 따라 정한다.

③ 조합은 탈퇴 조합원이 조합에 대한 채무를 다 갚을 때까지는 제1항에 따른 지분의 환급을 정지할 수 있다.

④ 조합은 탈퇴하거나 제명된 조합원이 조합에 대하여 채무가 있을 때에는 제1항에 따른 환급금과 상계할 수 있다.

⑤ 제1항에 따른 청구권은 탈퇴하거나 제명된 날부터 2년간 행사하지 아니하면 소멸된다.

⑥ 제1항에 따른 청구권은 탈퇴하거나 제명된 당시의 회계연도의 다음 회계연도부터 청구할 수 있다. 다만, 이사회의 승인이 있을 경우 탈퇴 또는 제명 당시에 바로 지급할 수 있다.

제16조(탈퇴조합원의 손실액 부담) ① 탈퇴한 조합원의 지분 환급분을 계산할 때 이 조합의 재산으로 그 채무를 다 갚을 수 없는 경우에는 탈퇴한 조합원은 납입의무를 이행하지 아니한 출자액의 범위에서 그가 부담하여야 할 손실액을 납입한다.

② 제1항에 따른 손실액의 납입 청구에 관하여는 제15조 제5항을 준용한다.

제17조(출자) ① 조합원은 1좌 이상의 출자를 하여야 하며 출자 1좌의 금액은 ○○원으로 한다.

② 한 조합원의 출자좌수는 총 출자좌수의 100분의 30을 넘어서는 아니 된다.

③ 출자금은 일시에 납입한다. 다만, 불가피할 경우에는 2회로 나누어 납입할 수 있다.

④ 제3항 단서의 경우 출자 제1회의 납입금액은 출자금액의 2분의 1로 하고, 제2회 납입일자는 제1회 출자납입일로부터 6개월 이내로 한다.
⑤ 조합에 납입할 출자금은 조합에 대한 채권과 상계하지 못한다.
⑥ 출자는 현물로도 할 수 있고, 현물출자의 경우 규약이 정하는 바에 따라 출자액을 계산한다. 이 경우 현물출자자는 출자의 납입기일에 출자의 목적인 재산의 전부를 조합 또는 조합에서 지정한 장소에 납입하여야 한다.

〈보건의료사회적협동조합 정관례〉 제17조를 다음과 같이 규정한다.

제17조(출자) ① 조합원은 1좌 이상의 출자를 하여야 하고, 출자 1좌의 금액은 ○○○원으로 하며, 조합원 1인당 최저출자금은 5만 원 이상이어야 한다. 다만, 다음 각 호에 해당하는 자는 제외한다.

1. 「의료급여법」제3조에 따른 수급권자
2. 「장애인고용촉진 및 직업재활법」 제2조 제1호에 따른 장애인
3. 「한부모가족지원법」 제5조 및 제5조의2에 따른 보호대상자
4. 「재한외국인 처우 기본법」 제2조 제3호에 따른 결혼이민자
5. 보건복지부장관이 정하여 고시하는 희귀난치성질환을 가진 자
6. 조합원과 같은 가구에 속하는 자

② 한 조합원의 최고출자금은 출자금 납입총액의 10퍼센트 이내여야 한다. 다만, 2인 이상의 조합원이 6촌 이내의 혈족, 4촌 이내의 인척, 배우자(사실상의 혼인관계에 있는 자 포함)일 경우에는 그 2인 이상의 조합원 출자금 총액이 총출자금 납입총액의 10퍼센트 이내여야 한다.
③ 조합에 납입할 출자금은 조합에 대한 채권과 상계하지 못한다.
④ 출자는 현물로도 할 수 있고, 현물출자의 경우 규약이 정하는 바에 따라 출자액을 계산한다. 이 경우 현물출자자는 출자의 납입기일에 출자의 목적인 재산의 전부를 조합 또는 조합에서 지정한 장소에 납입하여야 한다.
⑤ 출자금 납입총액이 1억원 이상이면서 총자산 대비 100분의 50 이상이어야 한다.
[비고] 인가관청의 승인을 받은 경우 총자산 대비 출자금 납입총액의 비율을 100분의 50 미만으로 할 수 있다.

(■)제18조(출자증서 등의 교부) ① 조합의 이사장은 조합원이 제17조의 규정에 의하여 최초 출자금을 납입한 때 및 조합원이 요구할 때에는 다음 각 호의 사항을 적은 출자증서 또는 출자를 확인할 수 있는 증표에 기명날인하여 조합원에게 발

급하여야 한다.
1. 조합의 명칭
2. 조합원의 성명 또는 명칭
3. 조합 가입 연월일
4. 출자금의 납입 연월일
5. 출자금액 또는 출자좌수
6. 발행 연월일

② 조합의 이사장은 매년 정기총회 7일전까지 조합원의 출자금액 변동상황을 조합원에게 알려주어야 한다. 이 경우 우편, 전자메일, 팩시밀리, 휴대폰 문자 등을 이용하여 통지할 수 있다.

제19조(지분 등의 양도와 취득금지) ① 조합원 지위의 양도 또는 조합원 지분의 양도는 총회의 의결을 받아야 한다.
② 조합원이 아닌 자가 지분을 양수하려고 할 때에는 가입의 예에 따라야 한다.
③ 지분의 양수인은 그 지분에 관하여 양도인의 권리의무를 승계한다.
④ 조합원은 지분을 공유하지 못한다.
⑤ 조합은 조합원의 출자지분을 취득하거나 이를 질권의 목적으로 하여서는 아니 된다.

(■)제20조(경비의 부과 및 징수) ① 조합은 조합의 사업 및 그 사업에 부대하는 사업에 필요한 경비를 충당하기 위하여 조합원에게 경비를 부과 및 징수할 수 있다.
[비고] 조합이 경비를 징수하는 경우에는 그 명목을 구체적으로 명시하여야 한다.
② 제1항에 따른 경비의 부과금액, 부과방법, 징수시기와 징수방법은 이사회에서 정한다.
③ 조합원은 제1항에 따른 경비를 납입할 때 조합에 대한 채권과 상계할 수 없다.
④ 제2항의 부과금에 있어서 조합원에 대한 부과금액의 산정기준 사항에 변경이 있어도 이미 부과한 금액은 변경하지 못한다.

(■)제21조(사용료 및 수수료) ① 이 조합은 조합의 사업을 이용하는 자에 대하여 사용료나 수수료를 부과할 수 있다.
② 이 조합이 계약을 체결함에 있어 계약당사자의 위임에 따라 운송·보관 그 밖의 행위를 대행하는 경우에는 이 조합은 그 대행에 필요한 부대비를 징수한다.
③ 제1항에 따른 조합원의 사용료나 수수료 납입을 조합에 대한 채권과 상계할

수 없다.

④ 제1항의 부과에 관한 사항은 규약으로 정한다.

(■)제22조(과태금) ① 조합은 조합원이 출자금 또는 경비 등의 납입의무를 그 기한까지 이행하지 아니하는 경우에는 과태금을 징수할 수 있다.

[비고] 조합이 징수할 수 있는 과태금의 명목을 구체적으로 명시하여야 한다.

② 조합원은 제1항에 따른 과태금을 조합에 대한 채권과 상계할 수 없다.

③ 과태금의 금액 및 징수방법은 규약으로 정한다.

제23조(총회) ① 조합은 총회를 둔다.

② 총회는 정기총회와 임시총회로 구분한다.

③ 총회는 이사장과 조합원으로 구성하며, 이사장이 그 의장이 된다.

제24조(대의원총회) ① 조합원의 수가 200인을 초과하는 경우 총회에 갈음할 대의원 총회를 둘 수 있다.

〈보건의료사회적협동조합 정관례〉 제24조 제1항을 다음과 같이 규정한다.

① 조합은 총회에 갈음할 대의원 총회를 둘 수 있다.

② 대의원은 조합원 중에서 제9조제2항의 조합원 유형에 따라 각각 선출한다. 다만, 선출할 대의원 수는 이사회에서 정한다.

[비고] 대의원은 조합원 유형에 따라 2 이상의 유형으로 구성하여야 한다.

③ 대의원의 의결권 및 선거권은 대리인으로 하여금 행사하게 할 수 없다.

④ 대의원의 정수는 oo명이상으로 하며 임기는 ○년으로 한다.

[비고] 대의원의 정수는 50명 이상으로 하며, 임기는 4년 이내로 하여야 한다.

⑤ 결원으로 인하여 선출된 대의원의 임기는 전임자 임기의 남은 기간으로 한다.

⑥ 대의원은 조합원의 선거를 통하여 선출하며, 선거방법에 관한 사항은 선거관리규약으로 정한다.

⑦ 대의원총회에 관하여는 총회에 관한 사항을 준용하며, 이 경우 "조합원"은 "대의원"으로 본다.

⑧ 대의원총회는 조합의 합병, 분할 및 해산에 관한 사항은 의결할 수 없다.

(■)제25조(대의원의 의무 및 자격상실) ① 대의원은 성실히 대의원회에 출석하고, 그 의결에 참여하여야 한다.

② 대의원회는 대의원이 다음 각 호의 어느 하나에 해당하는 행위를 할 때에는 그 의결로 대의원자격을 상실하게 할 수 있다. 이 경우 해당 대의원에게 서면으

로 자격상실 이유를 의결일 7일 전까지 통지하고, 총회 또는 대의원회에서 의견을 진술할 기회를 주어야 한다.

1. 대의원총회 소집통지서를 받고 정당한 사유 없이 계속하여 3회 이상 출석하지 아니하거나 대의원총회에 출석하여 같은 안건에 대한 의결에 2회 이상 참가하지 아니한 경우
2. 부정한 방법으로 대의원총회의 의사를 방해한 경우
3. 고의 또는 중대한 과실로 이 조합의 명예 또는 신용을 훼손시킨 경우

제26조(선거운동의 제한) ① 누구든지 자기 또는 특정인을 조합의 임원 또는 대의원으로 당선되도록 하거나 당선되지 아니하도록 할 목적으로 다음 각 호의 어느 하나에 해당하는 행위를 할 수 없다.

1. 조합원(협동조합에 가입신청을 한 자를 포함한다. 이하 이 조에서 같다)이나 그 가족 또는 조합원이나 그 가족이 설립·운영하고 있는 기관·단체·시설에 대한 다음 각 목의 어느 하나에 해당하는 행위
   가. 금전·물품·향응이나 그 밖의 재산상의 이익을 제공하는 행위
   나. 공사의 직을 제공하는 행위
   다. 금전·물품·향응, 그 밖의 재산상의 이익이나 공사의 직을 제공하겠다는 의사표시 또는 그 제공을 약속하는 행위
2. 후보자가 되지 못하도록 하거나 후보자를 사퇴하게 할 목적으로 후보자가 되려는 사람이나 후보자에게 제1호 각 목에 규정된 행위를 하는 행위
3. 제1호 또는 제2호의 이익이나 직을 제공받거나 그 제공의 의사표시를 승낙하는 행위 또는 그 제공을 요구하거나 알선하는 행위

② 임원 또는 대의원이 되려는 사람은 후보자등록마감일의 다음날부터 선거일 전일까지의 선거운동기간을 제외하고는 선거운동을 위하여 조합원을 호별로 방문하거나 특정 장소에 모이게 할 수 없다.

③ 누구든지 협동조합의 임원 또는 대의원 선거와 관련하여 연설·벽보, 그 밖의 방법으로 거짓의 사실을 공표하거나 공연히 사실을 적시하여 후보자를 비방할 수 없다.

④ 누구든지 임원 또는 대의원 선거와 관련하여 다음 각 호의 방법 이외의 선거운동을 할 수 없다.

1. 선전 벽보의 부착
2. 선거 공보의 배부
3. 소형 인쇄물의 배부

4. 합동 연설회 또는 공개 토론회의 개최
5. 전화·컴퓨터통신을 이용한 지지 호소

제27조(선거관리위원회의 구성·운영) ① 조합의 임원 및 대의원 선거사무를 공정하게 관리하기 위하여 본 조합에 선거관리위원회(이하 "위원회"라 한다)를 둘 수 있다.

② 위원회는 조합원(대의원을 포함한다)중에서 이사회의 의결을 거쳐 이사장이 위촉하는 ○명 이내의 위원으로 구성한다. 이 경우 당해 선거에 임원으로 후보등록한 자는 위원이 될 수 없다.

③ 위원회는 다음 각 호의 사무를 관장한다.

1. 후보자의 자격심사
2. 선거인 명부의 확정
3. 후보자 추천의 유·무효 판정
4. 선거공보의 작성과 선거운동방법 결정 및 계도
5. 선거관리, 투표관리 및 개표관리
6. 투표의 유·무효의 이의에 대한 판정
7. 선거관련 분쟁의 조정
8. 선거운동 제한규정 위반여부 심사 및 조치
9. 당선인의 확정
10. 그 밖에 선거에 필요한 사항

④ 그 밖에 위원회의 구성·운영 등에 관하여 필요한 사항은 선거관리규약으로 정한다.

제28조(정기총회) 정기총회는 매년 1회 회계연도 종료 후 3개월 이내에 이사장이 소집한다.

제29조(임시총회) ① 임시총회는 다음 각 호의 어느 하나에 해당하는 경우에 이사장이 소집한다.

1. 이사장 및 이사회가 필요하다고 인정할 때
2. 조합원이 조합원 5분의 1 이상의 동의를 받아 소집의 목적과 이유를 적은 서면을 제출하여 이사장에게 소집을 청구한 때
3. 감사가 조합의 재산상황이나 업무집행에 부정한 사실이 있는 것을 발견하고 그 내용을 총회에 신속히 보고할 필요가 있다고 인정하여 이사장에게 소집을 청구한 때

② 이사장은 제1항 제2호(제48조 규정에 따른 해임 요구를 포함한다) 및 제3호의 청구를 받으면 정당한 사유가 없는 한 2주 이내에 소집절차를 밟아야 한다.
③ 제1항 제2호 및 제3호의 규정에 의하여 총회의 소집을 청구하였으나 총회를 소집할 자가 없거나 그 청구가 있은 날부터 2주 이내에 이사장이 총회의 소집절차를 밟지 아니한 때에는 감사가 7일 이내에 소집절차를 밟아야 한다. 이 경우 감사가 의장의 직무를 수행한다.
④ 감사가 제3항의 기한 이내에 총회의 소집절차를 밟지 아니하거나 소집할 수 없는 경우에는 제1항 제2호의 규정에 의하여 총회의 소집을 청구한 조합원의 대표가 이를 소집한다. 이 경우 조합원의 대표가 의장의 직무를 수행한다.

제30조(총회의 소집절차) ① 이사장은 총회 개최 7일 전까지 회의목적·안건·일시 및 장소를 정하여 우편 또는 전자메일 등으로 각 조합원에게 통지하여야 한다.
② 이사장이 궐위 또는 부득이한 사유로 총회를 소집할 수 없는 때에는 제50조에서 정하고 있는 순으로 이를 소집한다.

제31조(총회의 의결사항) 다음 각 호의 사항은 총회의 의결을 얻어야 한다.

1. 정관의 변경
2. 규약의 제정과 변경 또는 폐지
3. 임원의 선출과 해임
4. 사업계획 및 예산의 승인
5. 대차대조표, 수지계산서, 결산보고서의 승인과 잉여금의 처분 및 손실금의 처리
6. 감사보고서의 승인
7. 조합의 합병, 분할, 해산 또는 휴업
8. 조합원의 제명
9. 그 밖에 이사장 또는 이사회가 필요하다고 인정하는 사항

〈보건의료사회적협동조합 정관례〉 제31조 제10항을 다음과 같이 추가한다.

10. 차입금의 최고한도 결정

[비고] 조합은 법령에 반하지 않는 범위에서 총회의결사항을 추가적으로 규정할 수 있다.

제32조(총회의 의사) ① 총회의 의사는 법령상 다른 규정이 있는 경우를 제외하고는 총 조합원 과반수의 출석으로 개회하고 출석조합원 과반수의 찬성으로 의결한다.

② 제1항의 규정에 의한 총회의 개의 정족수 미달로 총회가 유회된 때에는 이사장은 20일 이내에 다시 총회를 소집하여야 한다.

③ 총회는 제30조에 따라 미리 통지한 사항에 한하여 의결할 수 있다. 다만, 긴급을 요하여 총 조합원의 3분의 2 이상의 출석과 출석조합원 3분의 2 이상의 찬성이 있는 때에는 그러하지 아니하다.

④ 총회에서 조합과 조합원간의 이익이 상반되는 사항에 대하여 의결을 행할 때에는 해당 조합원은 의결에 참가하지 못한다.

제33조(합병·분할 및 해산등의 의결) 다음 각 호의 사항은 조합원 과반수의 출석과 출석조합원 3분의 2 이상의 찬성으로 의결한다.

1. 정관의 변경
2. 조합의 합병·분할·해산 또는 휴업
3. 조합원의 제명

제34조(의결권 및 선거권) ① 조합원은 출자좌수에 관계없이 각각 1개의 의결권과 선거권을 갖는다.

② 조합원은 대리인으로 하여금 의결권 및 선거권을 행사하게 할 수 있다. 이 경우 그 조합원은 출석한 것으로 본다.

③ 제35조의 자격을 갖춘 대리인이 의결권 또는 선거권을 행사할 때에는 대리권을 증명하는 서면을 의결권 또는 선거권을 행사하기 전에 조합이 정하는 양식에 따라 미리 조합에 제출하여야 한다.

제35조(대리인이 될 자격) 전조 제2항에 따른 대리인은 다른 조합원 또는 본인과 동거하는 가족(조합원의 배우자, 조합원 또는 그 배우자의 직계 존속·비속과 형제자매, 조합원의 직계 존속·비속 및 형제자매의 배우자를 말한다. 이하 같다)이어야 하며, 대리인이 대리할 수 있는 조합원의 수는 1인에 한한다.

제36조(총회의 의사록) ① 총회의 의사에 관하여 의사록을 작성하여야 한다.

② 의사록에는 의사의 진행 상황과 그 결과를 적고 의장과 총회에서 선출한 조합원 3인 이상이 기명날인하거나 서명하여야 한다.

(■)제37조(총회의 운영규약) 정관에 규정하는 외에 총회의 운영에 관하여 필요한 사항은 총회운영규약으로 정한다.

(■)제38조(총회의 회기연장) ① 총회의 회기는 총회의 결의에 의하여 연장할 수 있다.

② 제1항의 규정에 의하여 속행된 총회는 제30조 제1항의 규정을 적용하지 아

니한다.

제39조(이사회) ① 조합에 이사회를 두고, 이사회는 조합의 업무집행을 결정한다.

② 이사회는 이사로서 구성하고 이사장 1인 외 부이사장, 전무이사, 상무이사 등을 둘 수 있다.

[비고] 이사의 종류 및 명칭은 필요에 따라 달리 정할 수 있다.

③ 이사장은 이사회를 소집하고 그 의장이 된다.

④ 이사회의 소집은 회의일 7일전까지 회의의 목적사항, 일시 및 장소를 기재한 서면을 각 이사에게 통지하여야 한다. 다만 긴급을 요하여 이사회 구성원 과반수의 동의가 있을 때에는 소집절차를 생략할 수 있다.

⑤ 이사 3분의 1 이상 또는 감사 전원이 회의목적 사항과 회의 소집이유를 기재한 서류를 제출하고 이사회의 소집을 요구할 수 있다.

⑥ 이사장은 제5항의 요구가 있는 때에는 7일 이내에 이사회를 소집하여야 한다.

제40조(이사회의 의결사항) ① 이사회는 다음 각 호의 사항을 의결한다.

1. 조합의 재산 및 업무집행에 관한 사항
2. 총회의 소집과 총회에 상정할 의안
3. 규정, 규칙 등의 제정과 변경 및 폐지
4. 사업계획 및 예산안 작성
5. 간부 직원의 임면 승인
6. 기본자산의 취득과 처분
7. 그 밖에 조합의 운영에 중요한 사항
8. 이사장이 부의하는 사항

[비고] 협동조합기본법 제29조에 규정된 필요적 총회의결 사항은 이사회에 위임할 수 없다.

[비고] 조합은 법령에 반하지 않는 범위에서 조합의 업무집행을 위하여 필요한 사항을 추가적으로 규정할 수 있다.

② 이사회는 제55조 각 호의 사업을 수행하기 위하여 필요한 위원회를 설치 운영할 수 있다.

③ 제2항의 위원회 구성 및 운영에 관하여는 별도 규약으로 정한다.

제41조(이사회의 의사) ① 이사회는 구성원 과반수의 출석으로 개회하고 출석이사 과반수의 찬성으로 의결한다.

② 이사장은 의결에 참가하지 아니하며, 가부동수일 때에는 결정권을 갖는다.

③ 이사의 개인 이익과 조합의 이익이 상반되는 사항이나 신분에 관련되는 사항에 관하여는 당해이사는 이사회의 의결에 관여할 수 없다.

제42조(이사회의 의사록) 이사회의 의사에 관하여는 의사의 경과와 그 결과를 기재한 의사록을 작성하고 참석 이사 전원이 이에 기명날인하거나 서명하여야 한다.

제43조(임원의 정수) ① 조합의 임원으로 이사장 1명을 포함한 3명 이상 ○○명 이내의 이사와 1명 이상의 감사를 둔다. 다만, 이사는 제9조 제2항의 조합원 유형에 따라 다양한 이해관계자들로 구성하여야 한다.

② 제1항의 임원중 이사회의 호선에 의해 상임임원을 둘 수 있다.

제44조(임원의 선임) ① 이사 및 감사는 총회가 조합원 중에서 선출한다. 다만, 이사는 정수의 5분의 1의 범위 내에서, 감사는 2분의 1의 범위 내에서 이사회의 추천에 따라 조합원 외의 자를 선출할 수 있다.

② 이사장은 이사 중에서 총회에서 선출하고, 부이사장, 전무이사 및 상무이사는 이사회가 이사 중에서 호선한다.

③ 제1항, 제2항의 선거 방법, 절차 등에 관하여는 별도의 선거관리규약으로 정한다.

제45조(임원의 결격사유) ① 다음 각 호의 어느 하나에 해당하는 자는 이 조합의 임원이 될 수 없다.

1. 금치산자
2. 한정치산자
3. 파산선고를 받고 복권되지 아니한 사람
4. 금고 이상의 실형을 선고받고 그 집행이 끝나거나(집행이 끝난 것으로 보는 경우를 포함한다) 집행이 면제된 날부터 3년이 지나지 아니한 사람
5. 금고 이상의 형의 집행유예를 선고받고 그 유예기간 중에 있거나 유예기간이 끝난 날부터 2년이 지나지 아니한 사람
6. 금고 이상의 형의 선고유예를 받고 그 선고유예기간 중에 있는 사람
7. 법원의 판결 또는 다른 법률에 따라 자격이 상실 또는 정지된 사람

② 제1항 각호의 사유가 발생하면 해당 임원은 당연히 퇴직된다.

③ 제2항에 따라 퇴직된 임원이 퇴직 전에 관여한 행위는 그 효력을 상실하지 아니한다.

제46조(임원의 임기) ① 임원의 임기는 ○년으로 한다.

[비고] 임원의 임기는 4년의 범위 내에서 정관으로 정해야 한다.

② 임원은 연임할 수 있다. 다만, 이사장은 2차에 한하여 연임할 수 있다.

③ 결원으로 인하여 선출된 임원의 임기는 전임자의 임기종료일까지로 한다.

제47조(임원의 의무와 책임) ① 임원은 법령과 조합의 정관, 규약, 규정 및 총회와 이사회의 의결을 준수하고 조합을 위하여 성실히 그 직무를 수행하여야 한다.

② 임원이 법령 또는 정관을 위반하거나 그 임무를 게을리하여 조합에 손해를 가한 때에는 연대하여 그 손해를 배상하여야 한다.

③ 임원이 고의 또는 중대한 과실로 그 임무를 게을리하여 제3자에게 손해를 끼친 때에는 제3자에게 연대하여 그 손해를 배상하여야 한다.

④ 제2항 및 제3항의 행위가 이사회의 의결에 의한 것일 때에는 그 의결에 찬성한 이사도 제2항 및 제3항의 책임이 있다.

⑤ 제4항의 의결에 참가한 이사로서 명백한 반대의사를 표시하지 아니한 자는 그 의결에 찬성한 것으로 본다.

⑥ 제2항부터 제5항까지의 규정에 따른 구상권의 행사는 감사 및 이사에 대하여는 이사장이, 이사장에 대하여는 감사가, 전체 임원에 대하여는 조합원 5분의 1 이상의 동의를 받은 조합원 대표가 한다.

제48조(임원의 해임) ① 조합원은 조합원 5분의 1 이상의 동의로 총회에 임원의 해임을 요구할 수 있다. 이 경우 해임의 사유를 서면으로 조합에 제출하여야 한다.

② 조합은 제1항에 따른 서면 제출이 있을 때에는 총회 개최 10일 전에 해당 임원에게 해임 이유를 서면으로 통보하고, 총회에서 의견을 진술할 기회를 주어야 한다.

(■)제49조(임원의 보수 등) ① 임원에 대하여 규정이 정하는 바에 따라 여비 등 조합업무와 관련된 비용을 실비 범위 내에서 지급할 수 있다.

② 상임임원에 대하여는 규정이 정하는 바에 따라 보수를 지급할 수 있다.

제50조(이사장 및 이사의 직무) ① 이사장은 이사회의 결정에 따라 조합의 업무를 집행하고 조합을 대표한다.

② 이사는 이사장을 보좌하며 조합의 업무를 집행한다.

③ 이사장이 사고가 있을 때에는 부이사장, 전무이사, 상무이사, 이사, 감사의 순으로 그 직무를 대행하고 해당자가 2인 이상일 경우에는 연장자 순으로 한다.

④ 제3항의 경우와 이사장이 권한을 위임한 경우를 제외하고는 이사장이 아닌 이사는 조합을 대표할 수 없다.

제51조(감사의 직무) ① 감사는 연 ○회 이상 조합의 업무집행 상황, 재산상태, 장

부 및 서류 등을 감사하여 총회에 보고하여야 한다. 반기별 감사보고서는 이사회에, 반기별 감사보고서를 종합한 종합감사보고서는 정기총회에 각각 제출하여야 한다.

② 감사는 예고 없이 조합의 장부나 서류를 대조 확인할 수 있다.

③ 감사는 이사장 및 이사가 법령·정관·규약·규정 또는 총회의 의결에 반하여 업무를 집행한 때에는 이사회에 그 시정을 요구하여야 한다.

④ 감사는 총회 또는 이사회에 출석하여 의견을 진술할 수 있다.

⑤ 제1항 및 제2항의 감사보고서 제출에 있어서 감사가 2인 이상인 경우 감사의 의견이 일치하지 아니할 경우에는 각각 의견을 제출할 수 있다.

제52조(감사의 대표권) 조합이 이사장을 포함한 이사와 소송, 계약 등의 법률행위를 하는 때에는 감사가 조합을 대표한다.

제53조(임직원의 겸직금지) ① 이사장은 다른 조합의 이사장을 겸직할 수 없다.

② 이사장을 포함한 이사와 직원은 감사를 겸직할 수 없다.

③ 임원 총 수의 3분의 1을 초과하여 임원은 이 조합의 직원을 겸직할 수 없다. 다만, 조합원의 수가 10인 이하인 조합은 해당 기간 동안 그러하지 아니하다.

[비고] 사회적협동조합 중 조합원의 3분의 2 이상이 직원이고, 조합원인 직원이 전체 직원의 3분의 2 이상인 협동조합인 경우 제53조 제3항을 삭제하고 규정할 수 있다.

(■)제54조(직원의 임면 등) ① 직원은 이사장이 임면한다. 다만, 간부직원은 이사회의 결의를 거쳐 이사장이 임면한다.

② 직원의 임면, 급여, 기타 직원에 관하여 필요한 사항은 규정으로 정한다.

제55조(사업의 종류) ① 이 조합은 그 목적을 달성하기 위하여 다음 각 호의 사업 중 하나 이상을 주 사업으로 하여야 하고, 주 사업은 협동조합 전체 사업량의 100분의 40 이상이어야 한다.

1. ○○○ 사업
2. ○○○ 사업
3. ○○○ 사업

[비고] 주 사업은 지역사회 재생, 지역경제 활성화, 지역 주민들의 권익·복리 증진 및 그 밖에 지역사회가 당면한 문제 해결에 기여하는 사업, 취약계층에게 복지·의료·환경 등의 분야에서 사회서비스 또는 일자리를 제공하는 사업, 국가·지방자치단체로부터 위탁받은 사업, 그 밖에 공익증진에 이바지 하는 사업 등이

될 수 있다.
<지역사회 재생 및 지역경제의 활성화에 기여하는 사업 예시>
1. 지역특산품·자연자원 활용사업
2. 전통시장·상가 활성화 사업
3. 농산물·임산물·축산물·수산물의 생산 및 유통에 관한 사업
<지역주민의 권익과 복리를 증진시키는 사업 예시>
1. 지역주민의 생활환경 개선사업
2. 지역의 공중접객업소 위생 개선 사업
3. 지역의 감염병 또는 질병 예방에 관한 사업
4. 지역의 재해, 화재 또는 안전사고의 예방에 관한 사업
5. 지역주민들의 고충상담을 위한 사업
6. 지역주민에게 사회서비스를 제공하는 사업
<취약계층에게 사회서비스 또는 일자리를 제공하는 사업 예시>
1. 교육, 보건·의료, 사회복지, 환경 및 문화 분야의 관련 사업
2. 보육, 간병 및 가사 지원 서비스를 제공하는 사업
3. 「직업안정법」 제2조의2 제9호에 따른 고용서비스를 제공하는 사업
4. 예술·관광 및 운동 분야의 사업
5. 산림 보전 및 관리 서비스를 제공하는 사업
6. 문화재 보존 또는 활용과 관련된 사업
7. 청소 등 사업시설 관리 사업
8. 범죄 예방 및 상담치료 관련 사업
② 이 조합은 그 목적을 달성하기 위하여 다음 각 호의 사업을 기타 사업으로 할 수 있다.
1. ○○○ 사업
2. ○○○ 사업
3. ○○○ 사업
[비고] 기타 사업은 조합원에 대한 소액대출 사업, 조합원에 대한 상호부조 사업, 조합원과 직원에 대한 상담, 교육·훈련 및 정보제공 사업, 조합간 협력을 위한 사업, 조합의 홍보 및 지역사회를 위한 사업 등이 될 수 있다.
③ 이 조합은 주 사업의 목적 및 판단기준을 적용하기 위하여 수행할 사업방식은 ○○로 한다.
[비고] 주 사업의 목적 및 판단기준은 아래 내용 중 정관으로 정한다.

1. 목적사업이 ‘지역사회 재생, 지역경제 활성화, 지역 주민들의 권익·복리 증진 및 그 밖에 지역사회가 당면한 문제 해결에 기여하는 사업’ 또는 ‘그 밖에 공익증진에 이바지 하는 사업’에 해당하는 경우 ‘수입·지출 예산서상 전체 사업비의 100분의 40 이상을 주 사업 목적으로 지출할 것’ 또는 ‘사업계획서상 주 사업에 해당하는 서비스 대상인원, 시간, 횟수 등이 전체 서비스의 100분의 40 이상일 것’으로 한다.
2. 목적사업이 ‘취약계층에게 복지·의료·환경 등의 분야에서 사회서비스를 제공하는 사업’에 해당하는 경우 ‘사업계획서상 취약계층에게 제공된 사회서비스 대상인원, 시간, 횟수 등이 전체 사회서비스의 100분의 40 이상일 것’으로 한다.
3. 목적사업이 ‘취약계층에게 복지·의료·환경 등의 분야에서 일자리를 제공하는 사업’에 해당하는 경우 ‘수입·지출 예산서상 전체 인건비 총액 중 취약계층인 직원에게 지급한 인건비 총액이 차지하는 비율이 100분의 40 이상일 것’ 또는 ‘사업계획서상 전체 직원 중 취약계층인 직원이 차지하는 비율이 100분의 40 이상일 것’으로 한다.
4. 목적사업이 ‘국가·지방자치단체로부터 위탁받은 사업’에 해당하는 경우 ‘수입·지출 예산서상 전체 사업비의 100분의 40 이상이 국가 및 지방자치단체로부터 위탁받은 사업의 예산일 것’으로 한다.
5. 목적사업이 위 ‘제1호부터 제4호까지의 사업에 중복’하여 해당하는 경우 ‘목적사업이 제1호부터 제4호까지의 사업에 해당하는 비율의 합이 100분의 40 이상일 것’으로 한다.

④ 이 경우 주 사업 및 기타 사업은 구분하여 따로 회계처리되어야 한다.

⑤ 조합의 사업구역은 ○○○로 한다.

[비고] 사업구역에 대한 제한은 없으나, 필요시 정관으로 정할 수 있다.

제56조(소액대출) ① 조합은 상호복리 증진을 위하여 제55조의 주 사업 이외의 사업으로 조합원을 대상으로 납입 출자금 총액의 3분의 2를 초과하지 않는 범위에서 소액대출을 할 수 있다.

[비고] 소액대출 총액은 출자금 총액의 3분의 2를 초과할 수 없다.

② 조합원 가입 후 ○개월이 경과한 조합원에 한해서 대출자격을 가진다.

[비고] 조합의 설립취지 등에 부합하는 조합원 활동을 충족한 자에 대해서 대출제공

③ 제1항에 따른 소액대출을 할 때 조합원 1인당 한도는 ○○○원으로 한다.

[비고] 조합원당 소액대출 한도는 출자금 총액의 3분의 1 범위 내에서 조합이 정관에 정한다.

④ 소액대출 이자율은 ○○으로 한다.

[비고] 소액대출 이자율은 기획재정부장관이 고시하는 최고 한도(5%) 내에서 조합이 정관에 정한다.

⑤ 소액대출 연체이자율은 ○○으로 한다.

[비고] 소액대출 연체이자율은 해당 대출에 적용된 이자율의 1.5배를 최고 한도로 조합이 정관에 정한다. 다만, 연체이자율의 최고한도는 「이자제한법」 제2조 제1항에 따른 최고이자율(연 30%)을 초과할 수 없다.

⑥ 대출 종류, 대출 종류별 이자율 및 연체이자율, 대출절차와 상환 등 소액대출 사업 운영에 대한 세부 사항은 별도의 규약으로 정한다.

⑦ 조합은 정기적으로 대출 조합원의 채무상환능력과 금융거래내용 등을 감안하여 적정한 수준의 대손충당금을 적립·유지하여야 하며, 대손충당의 구체적 적립수준 등에 관해서는 별도의 규약으로 정한다.

⑧ 소액대출 사업은 제55조에 따른 주 사업 및 기타 사업과 구분하여 따로 회계처리되어야 한다.

제57조(상호부조) ① 조합은 조합원 간 상부상조를 목적으로 조합원들이 각자 나눠 낸 상호부조회비를 기금으로 적립하여 그 기금으로 상호부조회비를 낸 조합원에게 혼례, 사망, 질병 등의 사유가 생긴 경우 일정 금액의 상호부조금을 지급한다.

[비고] 조합은 상호부조사업의 여부 및 상호부조의 조건에 해당하는 혼례, 사망, 질병 등을 정관으로 정할 수 있다.

② 조합원 가입 후 ○개월이 경과한 조합원 가운데 심사위원회의 승인을 얻은 조합원에 한해서 상호부조사업 참여자격을 가진다.

[비고] 조합의 설립취지 등에 부합하는 조합원 활동을 충족한 자에 대해서 사업 참여

③ 조합원 1인당 상호부조의 범위는 ○○○원 이내로 한다.

[비고] 상호부조의 범위는 납입 출자금 총액의 한도에서 정관으로 정한다.

④ 제1항의 상호부조회비는 ○○원으로 한다. 상호부조 사업에 참여하는 조합원은 상호부조 회비를 매월 납부하여야 한다.

⑤ 상회부조 계약은 조합의 상호부조사업부 또는 계약사업부와 조합원 간에 직접 이루어지도록 해야 하며, 제3의 판매조직이나 금융기관과의 제휴를 통한 계약은 허용되지 않는다.

⑥ 상호부조 회비 적립금의 운영은 지나친 위험에 노출되지 않도록 하여야 한다. 이를 위해 예금 및 국공채 이외의 주식, 회사채, 여타 시장성 증권에 투자하여서는 아니 된다.

⑦ 상호부조계약의 양식, 상호부조 회비의 사용, 상호부조 회비의 환급 등 사업 운영에 대한 세부 사항은 별도의 규약으로 정한다.

⑧ 상호부조 사업은 제55조에 따른 주 사업 및 기타 사업과 구분하여 따로 회계처리되어야 한다.

제58조(사업의 이용) ① 조합은 조합원이 아닌 자에게 조합의 사업을 이용하게 하여서는 아니 된다. 다만, 조합원이 이용하는데 지장이 없는 범위에서 다음 각 호의 경우에는 조합원이 아닌 자도 사업을 이용할 수 있다.

1. 조합이 재고로 보유하고 있는 물품으로서 부패 또는 변질의 우려가 있어 즉시 유통되지 아니하면 제품의 품질을 유지하기 어려운 물품을 처리하기 위한 경우
2. 조합원으로 가입하도록 홍보하기 위하여 견본품을 유상 또는 무상으로 공급하는 경우. 다만, 조합이 「사회서비스 이용 및 이용권 관리에 관한 법률」 제2조 제4호에 따른 사회서비스 제공자인 경우는 제외한다.
3. 공공기관·사회단체 등이 공익을 목적으로 주최하는 행사에 참여하는 경우
4. 조합이 정부, 지방자치단체 및 「공공기관 운영에 관한 법률」 제4조에 따른 공공기관과 공동으로 추진하는 사업에서 일반 국민이 해당 사업의 목적에 따라 사업을 이용하는 경우
5. 다른 법령에서 조합원이 아닌 자에게 의무적으로 물품을 공급하게 하거나 용역을 제공하도록 규정하는 경우
6. 천재지변이나 그 밖에 이와 유사한 긴급한 상황일 때 공중(公衆)에게 생활필수품 또는 용역을 공급하는 경우
7. 학교를 사업구역으로 하는 조합이 그 사업구역에 속하는 학생·교직원 및 학교 방문자를 상대로 물품을 공급하거나 용역을 제공하는 경우
8. 조합이 법령에 따라 국가나 공공단체로부터 위탁받은 사회서비스를 제공하거나 취약계층의 일자리 창출을 위한 사업을 하는 경우
9. 조합(「사회서비스 이용 및 이용권 관리에 관한 법률」 제2조 제4호에 따른 사회서비스 제공자에 해당하는 협동조합은 제외한다)이 가입을 홍보하기 위하여 기획재정부장관에게 신고하는 기간(이하 이 호에서 '홍보기간'이라 하며, 그 기간은 1년에 3개월을 넘지 못한다) 동안 전년도 총공급고(總供給高)의

100분의 5 범위에서 물품을 유상 또는 무상으로 공급하는 경우. 다만, 조합이 설립인가를 받은 날부터 1년(단위매장의 경우에는 매장 개장일부터 1년) 동안은 홍보기간이 6개월을 넘지 아니하는 범위에서 총공급고에 대한 제한 없이 물품을 유상 또는 무상으로 공급할 수 있다.

10. 조합원과 같은 가구에 속하는 자가 조합의 사업을 이용하는 경우

〈보건의료사회적협동조합 정관례〉 제58조를 다음과 같이 규정한다.

제58조(사업의 이용) ① 조합은 조합원이 아닌 자에게 조합의 사업을 이용하게 하여서는 아니 된다. 다만, 조합원이 이용하는데 지장이 없는 범위에서 다음 각 호의 경우에는 조합원이 아닌 자도 사업을 이용할 수 있다.

1. 조합이 재고로 보유하고 있는 물품으로서 부패 또는 변질의 우려가 있어 즉시 유통되지 아니하면 제품의 품질을 유지하기 어려운 물품을 처리하기 위한 경우
2. 공공기관·사회단체 등이 공익을 목적으로 주최하는 행사에 참여하는 경우
3. 조합이 정부, 지방자치단체 및「공공기관 운영에 관한 법률」제4조에 따른 공공기관과 공동으로 추진하는 사업에서 일반 국민이 해당 사업의 목적에 따라 사업을 이용하는 경우
4. 다른 법령에서 조합원이 아닌 자에게 의무적으로 물품을 공급하게 하거나 용역을 제공하도록 규정하는 경우
5. 천재지변이나 그 밖에 이와 유사한 긴급한 상황일 때 공중(公衆)에게 생활필수품 또는 용역을 공급하는 경우
6. 학교를 사업구역으로 하는 조합이 그 사업구역에 속하는 학생·교직원 및 학교 방문자를 상대로 물품을 공급하거나 용역을 제공하는 경우
7. 조합이 법령에 따라 국가나 공공단체로부터 위탁받은 사회서비스를 제공하거나 취약계층의 일자리 창출을 위한 사업을 하는 경우
8. 조합원과 같은 가구에 속하는 자가 조합의 사업을 이용하는 경우

② 제1항에도 불구하고 조합은 총 공급고의 100분의 50의 범위에서 조합원이 아닌 자 중 다음 각 호에 해당하는 사람에 대하여 보건의료서비스를 제공할 수 있다.

1. 「응급의료에 관한 법률」 제2조 제1호에 따른 응급환자
2. 「의료급여법」제3조에 따른 수급권자
3. 「장애인고용촉진 및 직업재활법」 제2조 제1호에 따른 장애인

4. 「한부모가족 지원법」 제5조 및 제5조의2에 따른 보호대상자
5. 「재한외국인 처우 기본법」 제2조 제3호에 따른 결혼이민자
6. 보건복지부장관이 정하여 고시하는 희귀난치성질환을 가진 자
7. 조합(「사회적기업 육성법」 제7조에 따른 사회적기업의 인증을 받은 사회적 협동조합에 한한다)이 개설한 의료기관이 소재하는 시·도의 관할 구역에 주소·거소·사업장 또는 근무지가 있는 자
8. 조합원과 같은 가구에 속하는 자

③ 조합의 공급고의 산정기준은 직전 연도 매출액 또는 서비스 이용인원으로 한다. 이 경우 제2항 제8호에 해당하는 자에게 보건·의료 서비스를 제공하는 경우 해당 조합원이 이사회의 승인을 받으면 그 조합원이 이용한 것으로 보아 공급고를 산정한다.

[비고] 조합의 공급고 산정기준은 직전 연도 매출액 또는 서비스 이용인원 중 정관에서 기준을 선택할 수 있다.

제59조(사업계획과 수지예산) ① 이사회는 매 회계연도 경과 후 3개월 이내에 해당 연도의 사업계획을 수립하고 동 계획의 집행에 필요한 수지예산을 편성하여 총회의 의결을 받아야 한다.

② 제1항에 따른 사업계획과 예산이 총회에서 확정될 때까지는 전년도 예산에 준하여 가예산을 편성하여 집행할 수 있다. 이 경우 총회의 사후 승인을 받아야 한다.

③ 이사회가 총회에서 확정된 사업계획과 예산을 변경한 때에는 차기 총회에서 사후 변경승인을 받아야 한다.

제60조(회계연도 등) ① 조합의 회계연도는 매년 ○월 ○일부터 ○월 ○일까지로 한다.

② 조합의 회계는 일반회계와 특별회계로 구분하되, 당해 조합의 주사업은 일반회계로 하고 그 외의 사업은 특별회계로 한다.

[비고] 각 회계별 사업구분을 정하여 정관에 규정한다.

(■)제61조(특별회계의 설치) 특별회계는 조합의 주 사업외의 특정사업을 운영할 때, 특정자금을 보유하여 운영할 때, 기타 일반회계와 구분 경리할 필요가 있을 때 설치한다.

제62조(운영의 공개) ① 이사장은 결산결과의 공고 등 운영사항을 적극 공개하여야 한다.

② 이사장은 정관·규약·규정과 총회·이사회의 의사록, 회계장부 및 조합원 명부를 주된 사무소에 비치하여야 한다.

③ 결산보고서는 정기총회 7일 전까지 주된 사무소에 비치하여야 한다.

④ 조합원과 조합의 채권자는 이사장에게 제2항 및 제3항의 서류의 열람 또는 그 사본을 청구할 수 있다.

[비고] 조합은 조합원의 개인정보보호 등 정당한 사유로 서류의 사본청구를 제한하는 규정을 둘 수 있다.

⑤ 이사장은 제4항의 청구가 있을 때에는 정당한 이유 없이 이를 거부하지 못한다.

⑥ 이사장은 결산일로부터 3개월 이내에 기획재정부 또는 사회적협동조합연합회의 홈페이지에 다음 각 호의 자료를 게재하여야 한다.

1. 정관, 규약, 규정
2. 사업계획서
3. 결산서
4. 조합원·직원 등에 대한 교육·홍보 실적
5. 총회, 대의원총회, 이사회의 활동 상황
6. 수지예산서
7. 사업결과보고서
8. 소액대출 및 상호부조 사업현황

第63조(법정적립금) ① 조합은 매 회계연도 결산의 결과 잉여금이 있는 때에는 자기자본의 3배가 될 때까지 잉여금의 100분의 30 이상을 적립하여야 한다.

[비고] 잉여금의 최저비율은 100분의 30으로 되어 있으나, 정관에서 그 이상으로 정할 수 있다.

② 제1항의 법정적립금은 손실금의 보전에 충당하거나 해산하는 경우 외에는 사용하여서는 아니 된다.

第64조(임의적립금) ① 조합은 매 회계연도의 잉여금에서 제63조에 따른 법정적립금을 빼고 나머지가 있을 때에는 총회에서 결정하는 바에 따라 매 회계연도 잉여금의 ○○분의 ○이상을 임의적립금으로 적립할 수 있다.

② 임의적립금은 총회에서 결정하는 바에 따라 사업준비금, 사업개발비, 교육 등 특수목적을 위하여 지출할 수 있다.

第65조(손실금의 보전) ① 조합은 매 회계연도의 결산 결과 손실금(당기손실금을 말한다)이 발생하면 미처분이월금, 임의적립금, 법정적립금 순으로 이를 보전하고, 보전 후에도 부족이 있을 때에는 이를 다음 회계연도에 이월한다.

② 조합은 제1항에 따른 손실금을 보전하고 제63조에 따른 법정적립금 등을 적립한 이후에 발생하는 잉여금은 임의적립금으로 적립하여야 하고, 이를 조합원에게 배당할 수 없다.

제66조(출자금액의 감소의결) ① 조합은 부득이한 사유가 있을 때에는 조합원의 신청에 의하여 출자좌수를 감소할 수 있다.

② 조합은 출자 1좌의 금액 또는 출자좌수의 감소(이하 "출자감소"라 한다)를 총회에서 의결한 경우에는 그 의결을 한 날부터 14일 이내에 대차대조표를 작성한다.

③ 조합은 제1항에 따른 의결을 한 날부터 14일 이내에 채권자에 대하여 이의가 있으면 조합의 주된 사무소에 이를 서면으로 진술하라는 취지를 공고하고, 이미 알고 있는 채권자에게는 개별적으로 최고하여야 한다.

④ 제3항에 따른 이의신청 기간은 30일 이상으로 한다.

⑤ 그 밖의 출자좌수의 감소 절차와 방법에 관하여는 별도의 규약으로 정할 수 있다.

제67조(출자감소 의결에 대한 채권자의 이의) ① 채권자가 제66조의 이의신청 기간에 출자감소에 관한 의결에 대하여 이의를 신청하지 아니하면 출자 1좌 금액의 감소를 승인한 것으로 본다.

② 채권자가 이의를 신청하면 조합은 채무를 변제하거나 상당한 담보를 제공하여야 한다.

제68조(결산 등) ① 조합은 정기총회일 7일전까지 결산보고서(사업보고서, 대차대조표, 손익계산서, 잉여금처분안 또는 손실금처리안 등을 말한다)를 감사에게 제출하여야 한다.

② 조합은 제1항에 따른 결산보고서와 감사의 의견서를 정기총회에 제출하여 승인을 받아야 한다.

제69조(합병과 분할) ① 조합은 합병계약서 또는 분할계획서를 작성한 후 총회의 의결을 받아 합병 또는 분할할 수 있다.

[비고] 조합이 합병 또는 분할할 경우 기획재정부장관의 인가를 받아야 한다.

② 합병 또는 분할로 인하여 존속 또는 새로 설립되는 조합은 합병 또는 분할로 인하여 소멸되는 조합의 권리·의무를 승계한다.

[비고] 조합은 협동조합기본법에 따른 사회적협동조합 이외의 법인, 단체 및 협

동조합 등과 합병하거나 동법에 따른 사회적협동조합 이외의 법인, 단체 및 협동조합 등으로 분할할 수 없다.

第70条(해산) ① 조합은 다음 각 호의 어느 하나에 해당하는 사유가 발생하였을 때에는 해산하고 해산절차는 민법 등 관련 법령에 의한다.

1. 총회의 의결
2. 합병·분할 또는 파산
3. 설립인가의 취소

[비고] 필요한 해산사유를 정관으로 정한다.

② 이사장은 조합이 해산한 때에는 지체 없이 조합원에게 통지하고 공고하여야 한다.

第71条(청산인) ① 조합이 해산한 때에는 파산으로 인한 경우를 제외하고는 이사장이 청산인이 된다. 다만, 총회에서 다른 사람을 청산인으로 선임하였을 경우에는 그에 따른다.

② 청산인은 취임 후 지체 없이 재산상태를 조사하고 재산목록과 대차대조표를 작성하여 재산처분의 방법을 정하여 총회의 승인을 얻어야 한다.

③ 청산사무가 종결된 때에는 청산인은 지체 없이 결산보고서를 작성하여 총회의 승인을 얻어야 한다.

④ 제2항 및 제3항의 경우에 총회를 2회 이상 소집하여도 총회가 구성되지 아니할 때에는 출석 조합원 3분의 2 이상의 찬성이 있으면 총회의 승인이 있은 것으로 본다.

第72条(청산 잔여재산의 처리) 조합이 해산 후 채무를 변제하고 청산잔여재산이 있을 때에는 다음 각 호의 어느 하나에 귀속한다.

1. 상급 사회적협동조합연합회
2. 유사한 목적의 사회적협동조합
3. 비영리법인·공익법인
4. 국고

[비고] 제1호부터 제4호까지의 사항 중 하나를 정관으로 정한다.

부 칙

이 정관은 ○○○○○장관의 인가를 받은 날부터 시행한다.

사회적협동조합연합회 표준정관례

■는 선택기재 조항, 나머지는 필수기재 조항

제1조(설립과 명칭) 이 연합회는 협동조합기본법에 의하여 설립하며, ○○사회적협동조합연합회라 한다.

제2조(목적) ○○사회적협동조합연합회(이하 '연합회'이라 한다)는 자주적·자립적·자치적인 협동조합 활동을 통하여 구성원의 복리증진 및 상부상조와 국민경제의 균형 있는 발전 및 지역사회 발전에 기여함을 목적으로 한다.

제3조(연합회의 책무) ① 연합회는 회원 등의 권익 증진을 위하여 교육·훈련 및 정보 제공 등의 활동을 적극적으로 수행한다.

② 연합회는 다른 협동조합 및 연합회, 다른 법률에 따른 협동조합, 외국의 협동조합 및 관련 국제기구 등과의 상호 협력, 이해 증진 및 공동사업 개발 등을 위하여 노력한다.

제4조(사무소의 소재지) 연합회의 주된 사무소는 ○○시·도 ○○시·군·구 ○○읍·면·동 ○○리에 두며, 규정에 따라 필요한 곳에 지사무소를 둘 수 있다.

제5조(공고방법) ① 연합회의 공고는 주된 사무소의 게시판(지사무소의 게시판을 포함한다)에 게시하고, 필요하다고 인정하는 때에는 ○○특별시·광역시·특별자치시·도·특별자치도에서 발간되는 일간신문 또는 중앙일간지에 게재할 수 있다.

② 제1항의 공고기간은 7일 이상으로 하며, 회원의 이해에 중대한 영향을 미칠 수 있는 내용에 대하여는 공고와 함께 서면으로 회원에게 통지하여야 한다.

(■)제6조(통지 및 최고방법) 회원에 대한 통지 및 최고는 회원명부에 기재된 주소지로 하고, 통지 및 최고기간은 7일 이상으로 한다. 다만, 회원이 따로 연락받을 연락처를 지정하였을 때에는 그곳으로 한다.

제7조(공직선거 관여 금지) ① 연합회는 공직선거에 있어서 특정 정당을 지지·반대하거나 특정인을 당선되도록 하거나 당선되지 아니하도록 하는 일체의 행위를 하여서는 아니 된다.

② 누구든지 연합회를 이용하여 제1항에 따른 행위를 하여서는 아니 된다.

제8조(규약 또는 규정) 연합회의 운영 및 사업실시에 관하여 필요한 사항으로서 이

정관으로 정한 것을 제외하고는 규약 또는 규정으로 정할 수 있다.

제9조(회원의 자격) 연합회의 설립목적에 동의하고 회원으로서의 의무를 다하고자 하는 사회적협동조합은 회원이 될 수 있다.

제10조(회원의 가입) ① 회원의 자격을 가진 자가 연합회에 가입하고자 할 때에는 가입신청서를 제출하여야 한다.

② 연합회는 제1항에 따른 신청서가 접수되면 신청인의 자격을 확인하고 가입의 가부를 결정하여 신청서를 접수한 날부터 2주 이내에 신청인에게 서면 또는 전화 등의 방법으로 통지하여야 한다.

③ 제2항의 규정에 따라 가입의 통지를 받은 자는 연합회에 가입할 자격을 가지며 납입하기로 한 출자좌수에 대한 금액을 지정한 기일 내에 연합회에 납부함으로써 회원이 된다.

④ 연합회는 정당한 사유 없이 회원의 자격을 갖추고 있는 자에 대하여 가입을 거절하거나 가입에 관하여 다른 회원보다 불리한 조건을 붙일 수 없다.

[비고] 연합회의 설립 목적 및 특성에 부합되는 자로 회원의 자격을 정관으로 제한할 수 있다.

(■)제11조(회원의 고지의무) 회원은 제10조 제1항에 따라 제출한 가입신청서의 기재사항에 변경이 있을 때 또는 회원의 자격을 상실하였을 때에는 지체 없이 연합회에 이를 고지하여야 한다.

제12조(회원의 책임) 회원의 책임은 납입한 출자액을 한도로 한다.

제13조(탈퇴) ① 회원은 예고하고 연합회를 탈퇴할 수 있다.

② 회원은 다음 각 호의 어느 하나에 해당하는 때에는 당연히 탈퇴된다.

1. 회원으로서의 자격을 상실한 경우
2. 해산 또는 파산한 경우

[비고] 그 밖에 필요에 따라 제13조제2항의 사유를 정관에 정할 수 있다.

제14조(제명) ① 연합회는 회원이 다음 각 호의 어느 하나에 해당하면 총회의 의결을 얻어 제명할 수 있다.

1. ○년 이상 계속해서 연합회의 시설 또는 사업을 이용하지 아니한 경우
2. 출자금 및 경비의 납입 등 연합회에 대한 의무를 이행하지 아니한 경우
3. 연합회의 목적사업과 관련된 법령·행정처분·정관 및 규정을 위반한 경우
4. 고의 또는 중대한 과실로 연합회의 사업을 방해하거나 신용을 상실하게 하는 행위를 한 경우

[비고] 연합회의 성질을 고려하여 그 밖에 제명 사유를 추가하여 정할 수 있다.

② 연합회는 제1항에 따라 회원을 제명하고자 할 때에는 총회 개최 10일 전에 그 회원에게 제명의 사유를 알리고 총회에서 의견을 진술할 기회를 주어야 한다.

③ 제2항에 따른 의견진술의 기회를 주지 아니하고 행한 총회의 제명 의결은 해당 회원에게 효력이 없다.

④ 연합회는 제명결의가 있었을 때에 제명된 회원에게 제명이유를 서면으로 통지하여야 한다.

제15조(탈퇴·제명 회원의 지분환급청구권) ① 연합회를 탈퇴하거나 연합회로부터 제명된 회원은 다음 각 호의 정하는 바에 따라 지분의 환급을 청구할 수 있다.

1. 제13조의 규정에 의한 탈퇴의 경우에는 탈퇴회원의 출자금에 해당하는 금액
2. 제14조 제1항의 1호 및 2호의 규정에 의한 제명의 경우에는 제명회원의 출자금에 해당하는 금액

② 제1항의 지분은 제명 또는 탈퇴한 회계연도 말의 연합회의 자산과 부채에 따라 정한다.

③ 연합회는 탈퇴 회원이 연합회에 대한 채무를 다 갚을 때까지는 제1항에 따른 지분의 환급을 정지할 수 있다.

④ 연합회는 탈퇴하거나 제명된 회원이 연합회에 대하여 채무가 있을 때에는 제1항에 따른 환급금과 상계할 수 있다.

⑤ 제1항에 따른 청구권은 탈퇴하거나 제명된 날부터 2년간 행사하지 아니하면 소멸된다.

⑥ 제1항에 따른 청구권은 탈퇴하거나 제명된 당시의 회계연도의 다음 회계연도부터 청구할 수 있다. 다만, 이사회의 승인이 있을 경우 탈퇴 또는 제명 당시에 바로 지급할 수 있다.

제16조(탈퇴회원의 손실액 부담) ① 탈퇴한 회원의 지분 환급분을 계산할 때 이 연합회의 재산으로 그 채무를 다 갚을 수 없는 경우에는 탈퇴한 회원은 납입의무를 이행하지 아니한 출자액의 범위에서 그가 부담하여야 할 손실액을 납입한다.

② 제1항에 따른 손실액의 납입 청구에 관하여는 제15조 제5항을 준용한다.

제17조(출자) ① 회원은 1좌 이상의 출자를 하여야 하며 출자 1좌의 금액은 ○○○원으로 한다.

② 한 회원의 출자좌수는 총 출자좌수의 100분의 40을 넘어서는 아니 된다.

③ 연합회에 납입할 출자금은 연합회에 대한 채권과 상계하지 못한다.

④ 출자는 현물로도 할 수 있고, 현물출자의 경우 규약이 정하는 바에 따라 출자액을 계산한다. 이 경우 현물출자자는 출자의 납입기일에 출자의 목적인 재산의 전부를 연합회 또는 연합회에서 지정한 장소에 납입하여야 한다.

(■)제18조(출자증서 등의 교부) ① 연합회의 회장은 회원이 제17조의 규정에 의하여 최초 출자금을 납입한 때 및 회원이 요구할 때에는 다음 각 호의 사항을 적은 출자증서 또는 출자를 확인할 수 있는 증표에 기명날인하여 회원에게 발급하여야 한다.

1. 연합회의 명칭
2. 회원의 명칭
3. 연합회 가입 연월일
4. 출자금의 납입 연월일
5. 출자금액 또는 출자좌수
6. 발행 연월일

② 연합회의 회장은 매년 정기총회 7일 전까지 회원의 출자금액 변동상황을 회원에게 알려주어야 한다. 이 경우 우편, 전자메일, 팩시밀리, 휴대폰 문자 등을 이용하여 통지할 수 있다.

제19조(지분의 취득금지) 연합회는 회원의 지분을 취득하거나 이를 질권의 목적으로 하여서는 아니 된다.

(■)제20조(경비의 부과 및 징수) ① 연합회는 연합회의 사업 및 그 사업에 부대하는 사업에 필요한 경비를 충당하기 위하여 회원에게 경비를 부과 및 징수할 수 있다.

[비고] 연합회가 경비를 징수하는 경우에는 그 명목을 구체적으로 명시하여야 한다.

② 제1항에 따른 경비의 부과금액, 부과방법, 징수시기와 징수방법은 이사회에서 정한다.

③ 회원은 제1항에 따른 경비를 납입할 때 연합회에 대한 채권과 상계할 수 없다.

④ 제2항의 부과금에 있어서 회원에 대한 부과금액의 산정기준 사항에 변경이 있어도 이미 부과한 금액은 변경하지 못한다.

(■)제21조(사용료 및 수수료) ① 이 연합회는 연합회의 사업을 이용하는 자에 대하여 사용료나 수수료를 부과할 수 있다.

② 이 연합회가 계약을 체결함에 있어 계약당사자의 위임에 따라 운송·보관 그

밖의 행위를 대행하는 경우에는 이 연합회는 그 대행에 필요한 부대비를 징수한다.

③ 제1항에 따른 회원의 사용료나 수수료 납입을 연합회에 대한 채권과 상계할 수 없다.

④ 제1항의 부과에 관한 사항은 규약으로 정한다.

(■)제22조(과태금) ① 연합회는 회원이 출자금 또는 경비 등의 납입의무를 그 기한까지 이행하지 아니하는 경우에는 과태금을 징수할 수 있다.

[비고] 연합회가 징수할 수 있는 과태금의 명목을 구체적으로 명시하여야 한다.

② 회원은 제1항에 따른 과태금을 연합회에 대한 채권과 상계할 수 없다.

③ 과태금의 금액 및 징수방법은 규약으로 정한다.

제23조(총회) ① 연합회는 총회를 둔다.

② 총회는 정기총회와 임시총회로 구분한다.

③ 총회는 회장과 회원으로 구성하며, 회장이 그 의장이 된다.

제24조(대의원총회) ① 회원의 수가 200회원을 초과하는 경우 총회에 갈음할 대의원 총회를 둘 수 있다.

② 대의원은 회원 중에서 선출한다.

③ 대의원의 의결권 및 선거권은 대리인으로 하여금 행사하게 할 수 없다.

④ 대의원의 정수는 ○○회원 이상으로 하며 임기는 ○년으로 한다.

[비고] 대의원의 정수는 50회원 이상으로 하며, 임기는 4년 이내로 하여야 한다.

⑤ 결원으로 인하여 선출된 대의원의 임기는 전임자 임기의 남은 기간으로 한다.

⑥ 대의원은 회원의 선거를 통하여 선출하며, 선거방법에 관한 사항은 선거관리규약으로 정한다.

⑦ 대의원총회에 관하여는 총회에 관한 사항을 준용하며, 이 경우 "회원"은 "대의원"으로 본다.

⑧ 대의원총회는 연합회의 합병, 분할 및 해산에 관한 사항은 의결할 수 없다.

(■)제25조(대의원의 의무 및 자격상실) ① 대의원은 성실히 대의원회에 출석하고, 그 의결에 참여하여야 한다.

② 대의원회는 대의원이 다음 각 호의 어느 하나에 해당하는 행위를 할 때에는 그 의결로 대의원자격을 상실하게 할 수 있다. 이 경우 해당 대의원에게 서면으로 자격상실 이유를 의결일 7일 전까지 통지하고, 총회 또는 대의원회에서 의견을 진술할 기회를 주어야 한다.

1. 대의원총회 소집통지서를 받고 정당한 사유 없이 계속하여 3회 이상 출석하

지 아니하거나 대의원총회에 출석하여 같은 안건에 대한 의결에 2회 이상 참가하지 아니한 경우

2. 부정한 방법으로 대의원총회의 의사를 방해한 경우
3. 고의 또는 중대한 과실로 이 연합회의 명예 또는 신용을 훼손시킨 경우

제26조(선거운동의 제한) ① 누구든지 자기 또는 특정인을 연합회의 임원 또는 대의원으로 당선되도록 하거나 당선되지 아니하도록 할 목적으로 다음 각 호의 어느 하나에 해당하는 행위를 할 수 없다.

1. 대의원이나 회원에 속한 조합원(가입신청을 한 협동조합에 속한 조합원을 포함한다. 이하 이 조에서 같다)이 설립·운영하고 있는 기관·단체·시설에 대한 다음 각 목의 어느 하나에 해당하는 행위
   가. 금전·물품·향응이나 그 밖의 재산상의 이익을 제공하는 행위
   나. 공사의 직을 제공하는 행위
   다. 금전·물품·향응, 그 밖의 재산상의 이익이나 공사의 직을 제공하겠다는 의사표시 또는 그 제공을 약속하는 행위
2. 후보자가 되지 못하도록 하거나 후보자를 사퇴하게 할 목적으로 후보자가 되려는 사람이나 후보자에게 제1호 각 목에 규정된 행위를 하는 행위
3. 제1호 또는 제2호의 이익이나 직을 제공받거나 그 제공의 의사표시를 승낙하는 행위 또는 그 제공을 요구하거나 알선하는 행위

② 임원 또는 대의원이 되려는 사람은 후보자등록마감일의 다음날부터 선거일 전일까지의 선거운동기간을 제외하고는 선거운동을 위하여 회원을 호별로 방문하거나 특정 장소에 모이게 할 수 없다.

③ 누구든지 협동연합회의 임원 또는 대의원 선거와 관련하여 연설·벽보, 그 밖의 방법으로 거짓의 사실을 공표하거나 공연히 사실을 적시하여 후보자를 비방할 수 없다.

④ 누구든지 임원 또는 대의원 선거와 관련하여 다음 각 호의 방법 이외의 선거운동을 할 수 없다.

1. 선전 벽보의 부착
2. 선거 공보의 배부
3. 소형 인쇄물의 배부
4. 합동 연설회 또는 공개 토론회의 개최
5. 전화·컴퓨터통신을 이용한 지지 호소

제27조(선거관리위원회의 구성·운영) ① 연합회의 임원 및 대의원 선거사무를 공

정하게 관리하기 위하여 본 연합회에 선거관리위원회(이하 “위원회”라 한다)를 둘 수 있다.

② 위원회는 회원(대의원을 포함한다)중에서 이사회의 의결을 거쳐 회장이 위촉하는 ○명 이내의 위원으로 구성한다. 이 경우 당해 선거에 임원으로 후보등록한 자는 위원이 될 수 없다.

③ 위원회는 다음 각 호의 사무를 관장한다.

1. 후보자의 자격심사
2. 선거인 명부의 확정
3. 후보자 추천의 유·무효 판정
4. 선거공보의 작성과 선거운동방법 결정 및 계도
5. 선거관리, 투표관리 및 개표관리
6. 투표의 유·무효의 이의에 대한 판정
7. 선거관련 분쟁의 조정
8. 선거운동 제한규정 위반여부 심사 및 조치
9. 당선인의 확정
10. 그 밖에 선거에 필요한 사항

④ 그 밖에 위원회의 구성·운영 등에 관하여 필요한 사항은 선거관리규약으로 정한다.

제28조(정기총회) 정기총회는 매년 1회 회계연도 종료 후 3개월 이내에 회장이 소집한다.

제29조(임시총회) ① 임시총회는 다음 각 호의 어느 하나에 해당하는 경우에 회장이 소집한다.

1. 회장 및 이사회가 필요하다고 인정할 때
2. 회원이 회원 3분의 1 이상의 동의를 받아 소집의 목적과 이유를 적은 서면을 제출하여 회장에게 소집을 청구한 때
3. 감사가 연합회의 재산상황이나 업무집행에 부정한 사실이 있는 것을 발견하고 그 내용을 총회에 신속히 보고할 필요가 있다고 인정하여 회장에게 소집을 청구한 때

② 회장은 제1항 제2호(제47조 규정에 따른 해임 요구를 포함한다) 및 제3호의 청구를 받으면 정당한 사유가 없는 한 2주 이내에 소집절차를 밟아야 한다.

③ 제1항 제2호 및 제3호의 규정에 의하여 총회의 소집을 청구하였으나 총회를 소집할 자가 없거나 그 청구가 있은 날부터 2주 이내에 회장이 총회의 소집절차

를 밟지 아니한 때에는 감사가 7일 이내에 소집절차를 밟아야 한다. 이 경우 감사가 의장의 직무를 수행한다.

④ 감사가 제3항의 기한 이내에 총회의 소집절차를 밟지 아니하거나 소집할 수 없는 경우에는 제1항 제2호의 규정에 의하여 총회의 소집을 청구한 회원의 대표가 이를 소집한다. 이 경우 회원의 대표가 의장의 직무를 수행한다.

제30조(총회의 소집절차) ① 회장은 총회 개최 7일 전까지 회의목적·안건·일시 및 장소를 정하여 우편 또는 전자메일 등으로 각 회원에게 통지하여야 한다.

② 회장이 궐위 또는 부득이한 사유로 총회를 소집할 수 없는 때에는 제49조에서 정하고 있는 순으로 이를 소집한다.

제31조(총회의 의결사항) 다음 각 호의 사항은 총회의 의결을 얻어야 한다.

1. 정관의 변경
2. 규약의 제정과 변경 또는 폐지
3. 임원의 선출과 해임
4. 사업계획 및 예산의 승인
5. 대차대조표, 수지계산서, 결산보고서의 승인과 잉여금의 처분 및 손실금의 처리
6. 감사보고서의 승인
7. 연합회의 합병·분할·해산 또는 휴업
8. 회원의 제명
9. 그 밖에 회장 또는 이사회가 필요하다고 인정하는 사항

[비고] 연합회는 법령에 반하지 않는 범위에서 총회의결사항을 추가적으로 규정할 수 있다.

제32조(총회의 의사) ① 총회의 의사는 법령상 다른 규정이 있는 경우를 제외하고는 총 회원 과반수의 출석으로 개회하고 출석회원 과반수의 찬성으로 의결한다.

② 제1항의 규정에 의한 총회의 개의 정족수 미달로 총회가 유회된 때에는 회장은 20일 이내에 다시 총회를 소집하여야 한다.

③ 총회는 제30조에 따라 미리 통지한 사항에 한하여 의결할 수 있다. 다만, 긴급을 요하여 총회원의 3분의 2 이상의 출석과 출석회원 3분의 2 이상의 찬성이 있는 때에는 그러하지 아니하다.

④ 총회에서 조합과 회원간의 이익이 상반되는 사항에 대하여 의결을 행할 때에는 해당 회원은 의결에 참가하지 못한다.

제33조(합병·분할 및 해산등의 의결) 다음 각 호의 사항은 조합원 과반수의 출석과 출석조합원 3분의 2 이상의 찬성으로 의결한다.

1. 정관의 변경
2. 연합회의 합병·분할·해산 또는 휴업
3. 회원의 제명

제34조(의결권 및 선거권) ① 회원은 회원인 협동조합의 조합원 수(또는 출자좌수, 연합회 사업참여량 등 중에서 선택)에 따라 ○개의 의결권과 선거권을 갖는다.

[비고] 연합회는 회원인 조합의 조합원 수, 연합회 사업참여량, 출자좌수 등에 따라 회원의 의결권 및 선거권을 차등하여 부여할 수 있고, 의결권 및 선거권에 차등을 둘 경우 구체적인 차등기준 등을 정관에 명시하여야 한다.

② 회원은 대리인으로 하여금 의결권 및 선거권을 행사하게 할 수 있다. 이 경우 그 회원은 출석한 것으로 본다.

③ 대리인이 의결권 또는 선거권을 행사할 때에는 대리권을 증명하는 서면을 의결권 또는 선거권을 행사하기 전에 연합회가 정하는 양식에 따라 미리 연합회에 제출하여야 한다.

제35조(총회의 의사록) ① 총회의 의사에 관하여 의사록을 작성하여야 한다.

② 의사록에는 의사의 진행 상황과 그 결과를 적고 의장과 총회에서 선출한 회원 3인 이상이 기명날인하거나 서명하여야 한다.

(■)제36조(총회의 운영규약) 정관에 규정하는 외에 총회의 운영에 관하여 필요한 사항은 총회운영규약으로 정한다.

(■)제37조(총회의 회기연장) ① 총회의 회기는 총회의 결의에 의하여 연장할 수 있다.

② 제1항의 규정에 의하여 속행된 총회는 제30조제1항의 규정을 적용하지 아니한다.

제38조(이사회) ① 연합회에 이사회를 두고, 이사회는 연합회의 업무집행을 결정한다.

② 이사회는 이사로서 구성하고 이사장 1인 외 부회장, 전무이사, 상무이사 등을 둘 수 있다.

[비고] 이사의 종류 및 명칭은 필요에 따라 달리 정할 수 있다.

③ 회장은 이사회를 소집하고 그 의장이 된다.

④ 이사회의 소집은 회의일 7일전까지 회의의 목적사항, 일시 및 장소를 기재한 서면을 각 이사에게 통지하여야 한다. 다만 긴급을 요하여 이사회 구성원 과반

수의 동의가 있을 때에는 소집절차를 생략할 수 있다.

⑤ 이사 3분의 1 이상 또는 감사 전원이 회의목적 사항과 회의 소집이유를 기재한 서류를 제출하고 이사회의 소집을 요구할 수 있다.

⑥ 회장은 제5항의 요구가 있는 때에는 7일 이내에 이사회를 소집하여야 한다.

제39조(이사회의 의결사항) ① 이사회는 다음 각 호의 사항을 의결한다.

1. 연합회의 재산 및 업무집행에 관한 사항
2. 총회의 소집과 총회에 상정할 의안
3. 규정, 규칙 등의 제정과 변경 및 폐지
4. 사업계획 및 예산안 작성
5. 간부 직원의 임면 승인
6. 기본자산의 취득과 처분
7. 그 밖에 연합회의 운영에 중요한 사항
8. 회장이 부의하는 사항

[비고] 협동조합기본법 제29조에 규정된 필요적 총회의결 사항은 이사회에 위임할 수 없다.

[비고] 연합회는 법령에 반하지 않는 범위에서 연합회의 업무집행을 위하여 필요한 사항을 추가적으로 규정할 수 있다.

② 이사회는 제54조 각 호의 사업을 수행하기 위하여 필요한 위원회를 설치 운영할 수 있다.

③ 제2항의 위원회 구성 및 운영에 관하여는 별도 규약으로 정한다.

제40조(이사회의 의사) ① 이사회는 구성원 과반수의 출석으로 개회하고 출석이사 과반수의 찬성으로 의결한다.

② 회장은 의결에 참가하지 아니하며, 가부동수일 때에는 결정권을 갖는다.

③ 이사의 개인 이익과 연합회의 이익이 상반되는 사항이나 신분에 관련되는 사항에 관하여는 당해이사는 이사회의 의결에 관여할 수 없다.

제41조(이사회의 의사록) 이사회의 의사에 관하여는 의사의 경과와 그 결과를 기재한 의사록을 작성하고 참석 이사 전원이 이에 기명날인하거나 서명하여야 한다.

제42조(임원의 정수) ① 연합회의 임원으로 회장 1명을 포함한 3명이상 ○○명 이내의 이사와 1명 이상의 감사를 둔다.

② 제1항의 임원중 이사회의 호선에 의해 상임임원을 둘 수 있다.

제43조(임원의 선임) ① 이사 및 감사는 총회가 회원 중에서 선출한다. 다만, 이사

는 정수의 5분의 1의 범위 내에서, 감사는 2분의1의 범위 내에서 이사회의 추천에 따라 회원 외의 자를 선출할 수 있다.

② 회장은 이사 중에서 총회에서 선출하고, 부회장, 전무이사 및 상무이사 등은 이사회가 이사 중에서 호선한다.

[비고] 임원의 직책은 연합회의 필요에 따라 달리 정할 수 있다.

③ 제1항, 제2항의 선거 방법, 절차 등에 관하여는 별도의 선거관리규약으로 정한다.

제44조(임원의 결격사유) ① 다음 각 호의 어느 하나에 해당하는 자는 이 연합회의 임원이 될 수 없다.

1. 금치산자
2. 한정치산자
3. 파산선고를 받고 복권되지 아니한 사람
4. 금고 이상의 실형을 선고받고 그 집행이 끝나거나(집행이 끝난 것으로 보는 경우를 포함한다) 집행이 면제된 날부터 3년이 지나지 아니한 사람
5. 금고 이상의 형의 집행유예를 선고받고 그 유예기간 중에 있거나 유예기간이 끝난 날부터 2년이 지나지 아니한 사람
6. 금고 이상의 형의 선고유예를 받고 그 선고유예기간 중에 있는 사람
7. 법원의 판결 또는 다른 법률에 따라 자격이 상실 또는 정지된 사람

② 제1항 각호의 사유가 발생하면 해당 임원은 당연히 퇴직된다.

③ 제2항에 따라 퇴직된 임원이 퇴직 전에 관여한 행위는 그 효력을 상실하지 아니 한다.

제45조(임원의 임기) ① 임원의 임기는 ○년으로 한다.

[비고] 임원의 임기는 4년의 범위내에서 정관으로 정해야 한다.

② 임원은 연임할 수 있다. 다만, 회장은 2차에 한하여 연임할 수 있다.

③ 결원으로 인하여 선출된 임원의 임기는 전임자의 임기종료일까지로 한다.

제46조(임원의 의무와 책임) ① 임원은 법령과 연합회의 정관, 규약, 규정 및 총회와 이사회의 의결을 준수하고 연합회를 위하여 성실히 그 직무를 수행하여야 한다.

② 임원이 법령 또는 정관을 위반하거나 그 임무를 게을리하여 연합회에 손해를 가한 때에는 연대하여 그 손해를 배상하여야 한다.

③ 임원이 고의 또는 중대한 과실로 그 임무를 게을리하여 제3자에게 손해를 끼친 때에는 제3자에게 연대하여 그 손해를 배상하여야 한다.

④ 제2항 및 제3항의 행위가 이사회의 의결에 의한 것일 때에는 그 의결에 찬성한 이사도 제2항 및 제3항의 책임이 있다.

⑤ 제4항의 의결에 참가한 이사로서 명백한 반대의사를 표시하지 아니한 자는 그 의결에 찬성한 것으로 본다.

⑥ 제2항부터 제5항까지의 규정에 따른 구상권의 행사는 감사 및 이사에 대하여는 회장이, 회장에 대하여는 감사가, 전체 임원에 대하여는 회원 5분의 1 이상의 동의를 받은 회원 대표가 한다.

제47조(임원의 해임) ① 회원은 회원 3분의 1 이상의 동의로 임원의 해임을 요구할 수 있다. 이 경우 해임의 사유를 서면으로 연합회에 제출하여야 한다.

② 연합회는 제1항에 따른 서면 제출이 있을 때에는 총회 개최 10일 전에 해당 임원에게 해임 이유를 서면으로 통보하고, 총회에서 의견을 진술할 기회를 주어야 한다.

(■)제48조(임원의 보수 등) ① 임원에 대하여 규정이 정하는 바에 따라 여비 등 조합업무와 관련된 비용을 실비 범위 내에서 지급할 수 있다.

② 상임임원에 대하여는 규정이 정하는 바에 따라 보수를 지급할 수 있다.

제49조(회장 및 이사의 직무) ① 회장은 이사회의 결정에 따라 연합회의 업무를 집행하고 연합회를 대표한다.

② 이사는 회장을 보좌하며 연합회의 업무를 집행한다.

③ 회장이 사고가 있을 때에는 부회장, 전무이사, 상무이사, 이사, 감사의 순으로 그 직무를 대행하고 해당자가 2인 이상일 경우에는 연장자 순으로 한다.

④ 제3항의 경우와 회장이 권한을 위임한 경우를 제외하고는 회장을 제외한 이사는 연합회를 대표할 수 없다.

제50조(감사의 직무) ① 감사는 연 ○회 이상 연합회의 업무집행 상황, 재산상태, 장부 및 서류 등을 감사하여 총회에 보고하여야 한다. 반기별 감사보고서는 이사회에, 반기별 감사보고서를 종합한 종합감사보고서는 정기총회에 각각 제출하여야 한다.

② 감사는 예고 없이 연합회의 장부나 서류를 대조 확인할 수 있다.

③ 감사는 회장 및 이사가 법령·정관·규약·규정 또는 총회의 의결에 반하여 업무를 집행한 때에는 이사회에 그 시정을 요구하여야 한다.

④ 감사는 총회 또는 이사회에 출석하여 의견을 진술할 수 있다.

⑤ 제1항 및 제2항의 감사보고서 제출에 있어서 감사가 2인 이상인 경우 감사의

의견이 일치하지 아니할 경우에는 각각 의견을 제출할 수 있다.

제51조(감사의 대표권) 연합회가 회장을 포함한 이사와 소송, 계약 등의 법률행위를 하는 때에는 감사가 연합회를 대표한다.

제52조(임직원의 겸직금지) ① 회장은 다른 연합회의 회장을 겸직할 수 없다.

② 회장을 포함한 이사와 직원은 감사를 겸직할 수 없다.

③ 임원 총 수의 3분의 1을 초과하여 임원은 이 연합회의 직원을 겸직할 수 없다.

[비고] 사회적협동조합연합회 중 전체 회원 조합에 속한 조합원 총수의 3분의 2 이상이 직원이고, 조합원인 직원이 전체 회원 조합에 속한 직원의 3분의 2 이상인 연합회인 경우 제52조제3항을 삭제하고 규정할 수 있다.

(■)제53조(직원의 임면 등) ① 직원은 회장이 임면한다. 다만, 간부직원은 이사회의 결의를 거쳐 회장이 임면한다.

② 직원의 임면, 급여, 기타 직원에 관하여 필요한 사항은 규정으로 정한다.

제54조(사업의 종류) ① 이 연합회는 그 목적을 달성하기 위하여 다음 각 호의 사업을 할 수 있다.

1. 회원과 직원에 대한 지도·지원·연락 및 조정에 관한 사업
2. 회원에 속한 조합원 및 직원에 대한 상담, 교육·훈련 및 정보 제공 사업
3. 회원의 사업에 관한 조사·연구 및 홍보 사업
4. ○○○ 사업
5. ○○○ 사업

[비고] 사업의 종류 중에서 제1호부터 제3호까지의 사업은 반드시 포함되어야 하고, 그 밖의 사업은 연합회의 설립목적을 달성하기 위하여 필요한 사업을 정관으로 정한다.

<예시>

1. 국가·지방자치단체 또는 전국연합회로부터 위탁받은 사업
2. 제1호부터 제3호까지의 사업과 관련된 부대사업
3. 제1호부터 제3호까지의 사업을 생산자, 생산자단체 및 문화단체와 공동으로 추진하는 사업
4. 정부, 지방자치단체 및 「공공기관의 운영에 관한 법률」 제4조에 따른 공공기관과 공동으로 추진하는 사업

② 제1항에도 불구하고 연합회는 「통계법」 제22조 제1항에 따라 통계청장이 고시하는 한국표준산업분류에 의한 금융 및 보험업을 영위할 수 없다.

第55조(사업의 이용) ① 연합회는 회원이 아닌 자에게 연합회의 사업을 이용하게 하여서는 아니 된다. 다만, 회원이 이용하는데 지장이 없는 범위에서 다음 각 호의 경우에는 회원이 아닌 자도 사업을 이용할 수 있다.

1. 연합회가 재고로 보유하고 있는 물품으로서 부패 또는 변질의 우려가 있어 즉시 유통되지 아니하면 제품의 품질을 유지하기 어려운 물품을 처리하기 위한 경우
2. 회원으로 가입하도록 홍보하기 위하여 견본품을 유상 또는 무상으로 공급하는 경우. 다만, 조합이 「사회서비스 이용 및 이용권 관리에 관한 법률」 제2조 제4호에 따른 사회서비스 제공자인 경우는 제외한다.
3. 공공기관·사회단체 등이 공익을 목적으로 주최하는 행사에 참여하는 경우
4. 연합회가 정부, 지방자치단체 및 「공공기관 운영에 관한 법률」제4조에 따른 공공기관과 공동으로 추진하는 사업에서 일반 국민이 해당 사업의 목적에 따라 사업을 이용하는 경우
5. 다른 법령에서 회원이 아닌 자에게 의무적으로 물품을 공급하게 하거나 용역을 제공하도록 규정하는 경우
6. 천재지변이나 그 밖에 이와 유사한 긴급한 상황일 때 공중(公衆)에게 생활필수품 또는 용역을 공급하는 경우
7. 학교를 사업구역으로 하는 연합회가 그 사업구역에 속하는 학생·교직원 및 학교 방문자를 상대로 물품을 공급하거나 용역을 제공하는 경우
8. 연합회가 법에 따라 국가나 공공단체로부터 위탁받은 사회서비스를 제공하거나 취약계층의 일자리 창출을 위한 사업을 하는 경우
9. 연합회(「사회서비스 이용 및 이용권 관리에 관한 법률」 제2조 제4호에 따른 사회서비스 제공자에 해당하는 협동조합은 제외한다)가 가입을 홍보하기 위하여 기획재정부장관에게 신고하는 기간(이하 이 호에서 '홍보기간'이라 하며, 그 기간은 1년에 3개월을 넘지 못한다) 동안 전년도 총공급고(總供給高)의 100분의 5 범위에서 물품을 유상 또는 무상으로 공급하는 경우. 다만, 조합이 설립신고필증을 받은 날부터 1년(단위매장의 경우에는 매장 개장일부터 1년) 동안은 홍보기간이 6개월을 넘지 아니하는 범위에서 총공급고에 대한 제한 없이 물품을 유상 또는 무상으로 공급할 수 있다.
10. 전체 회원 조합에 속하는 조합원과 같은 가구에 속하는 자가 조합의 사업을 이용하는 경우

② 회원인 조합의 조합원이 이 연합회를 이용하는 경우에는 이 연합회의 회원이

이용한 것으로 본다.

[비고] 연합회는 연합회의 종류에 따라 해당성이 있는 조항을 선택·명시하여야 한다.

제56조(사업계획과 수지예산) ① 이사회는 매 회계연도 경과 후 3개월 이내에 해당 연도의 사업계획을 수립하고 동 계획의 집행에 필요한 수지예산을 편성하여 총회의 의결을 받아야 한다.

② 제1항에 따른 사업계획과 예산이 총회에서 확정될 때까지는 전년도 예산에 준하여 가예산을 편성하여 집행할 수 있다. 이 경우 총회의 사후 승인을 받아야 한다.

③ 이사회가 총회에서 확정된 사업계획과 예산을 변경한 때에는 차기 총회에서 사후 변경승인을 받아야 한다.

제57조(회계연도 등) ① 연합회의 회계연도는 매년 ○월 ○일부터 ○월 ○일까지로 한다.

② 연합회의 회계는 일반회계와 특별회계로 구분하되, 당해 조합의 주 사업은 일반회계로 하고 그 외의 사업은 특별회계로 한다.

[비고] 각 회계별 사업구분을 정하여 정관에 규정한다.

(■)제58조(특별회계의 설치) 특별회계는 연합회의 주 사업외의 특정사업을 운영할 때, 특정자금을 보유하여 운영할 때, 기타 일반회계와 구분 경리할 필요가 있을 때 설치한다.

제59조(운영의 공개) ① 회장은 결산결과의 공고 등 운영사항을 적극 공개하여야 한다.

② 회장은 정관·규약·규정과 총회·이사회의 의사록, 회계장부 및 회원 명부를 주된 사무소에 비치하여야 한다.

③ 결산보고서는 정기총회 7일 전까지 주된 사무소에 비치하여야 한다.

④ 회원과 연합회의 채권자는 회장에게 제2항 및 제3항의 서류의 열람 또는 그 사본을 청구할 수 있다.

[비고] 연합회는 회원의 개인정보보호 등 정당한 사유로 서류의 사본청구를 제한하는 규정을 둘 수 있다.

⑤ 회장은 제4항의 청구가 있을 때에는 정당한 이유 없이 이를 거부하지 못한다.

⑥ 회장은 결산일로부터 3개월 이내에 설립신고를 한 기획재정부 홈페이지 또는 연합회의 홈페이지에 다음 각 호의 자료를 게재하여야 한다.

1. 정관, 규약, 규정
2. 사업계획서
3. 결산서
4. 회원·회원 조합에 속한 조합원·직원 등에 대한 교육·홍보 실적
5. 총회, 대의원총회, 이사회의 활동 상황
6. 수지예산서
7. 사업결과보고서
8. 소액대출 및 상호부조 사업현황

第60조(법정적립금) ① 연합회는 매 회계연도 결산의 결과 잉여금이 있는 때에는 자기자본의 3배가 될 때까지 잉여금의 100분의 30 이상을 적립하여야 한다.

[비고] 잉여금의 최저비율은 100분의 30으로 되어 있으나, 정관에서 그 이상으로 정할 수 있다.

② 제1항의 법정적립금은 손실금의 보전에 충당하거나 해산하는 경우 외에는 사용하여서는 아니 된다.

第61조(임의적립금) ① 연합회는 매 회계연도의 잉여금에서 제60조에 따른 법정적립금을 빼고 나머지가 있을 때에는 총회에서 결정하는 바에 따라 매 회계연도 잉여금의 ○○분의 ○이상을 임의적립금으로 적립할 수 있다.

② 임의적립금은 총회에서 결정하는 바에 따라 사업준비금, 사업개발비, 교육 등 특수목적을 위하여 지출할 수 있다.

第62조(손실금의 보전) ① 연합회는 매 회계연도의 결산 결과 손실금(당기손실금을 말한다)이 발생하면 미처분이월금, 임의적립금, 법정적립금 순으로 이를 보전하고, 보전 후에도 부족이 있을 때에는 이를 다음 회계연도에 이월한다.

② 연합회는 제1항에 따른 손실금을 보전하고 제60조에 따른 법정적립금 등을 적립한 이후에 발생하는 잉여금은 임의적립금으로 적립하여야하고, 이를 조합원에게 배당할 수 없다.

第63조(출자금액의 감소의결) ① 연합회는 부득이한 사유가 있을 때에는 회원의 신청에 의하여 출자좌수를 감소할 수 있다.

② 연합회는 출자 1좌의 금액 또는 출자좌수의 감소(이하 "출자감소"라 한다)를 총회에서 의결한 경우에는 그 의결을 한 날부터 14일 이내에 대차대조표를 작성한다.

③ 연합회는 제1항에 따른 의결을 한 날부터 14일 이내에 채권자에 대하여 이의

가 있으면 연합회의 주된 사무소에 이를 서면으로 진술하라는 취지를 공고하고, 이미 알고 있는 채권자에게는 따로 최고한다.

④ 제3항에 따른 이의신청 기간은 30일 이상으로 한다.

⑤ 그 밖의 출자좌수의 감소 절차와 방법에 관하여는 별도의 규약으로 정할 수 있다.

제64조(출자감소 의결에 대한 채권자의 이의) ① 채권자가 제○○조의 이의신청 기간에 출자감소에 관한 의결에 대하여 이의를 신청하지 아니하면 출자 1좌 금액의 감소를 승인한 것으로 본다.

② 채권자가 이의를 신청한 때에는 연합회는 채무를 변제하거나 상당한 담보를 제공하여야 한다.

제65조(결산 등) ① 연합회는 정기총회일 7일전까지 결산보고서(사업보고서, 대차대조표, 손익계산서, 잉여금처분안 또는 손실금처리안 등을 말한다)를 감사에게 제출하여야 한다.

② 연합회는 제1항에 따른 결산보고서와 감사의 의견서를 정기총회에 제출하여 승인을 받아야 한다.

제66조(합병과 분할) ① 연합회는 합병계약서 또는 분할계획서를 작성한 후 총회의 의결을 받아 합병 또는 분할할 수 있다.

[비고] 연합회가 합병 또는 분할할 경우 기획재정부장관의 인가를 받아야 한다.

② 합병 또는 분할로 인하여 존속 또는 새로 설립되는 연합회는 합병 또는 분할로 인하여 소멸되는 연합회의 권리·의무를 승계한다.

[비고] 연합회는 협동조합기본법에 따른 사회적협동조합 이외의 법인, 단체 및 협동조합 등과 합병하거나 동법에 따른 사회적협동조합 이외의 법인, 단체 및 협동조합 등으로 분할할 수 없다.

제67조(해산) ① 연합회는 다음 각 호의 어느 하나에 해당하는 사유가 발생하였을 때에는 해산하고 해산절차는 민법 등 관련 법령에 의한다.

1. 총회의 의결
2. 합병·분할 또는 파산
3. 설립인가의 취소

[비고] 필요한 해산사유를 정관으로 정한다.

② 회장은 연합회가 해산한 때에는 지체 없이 회원에게 통지하고 공고하여야 한다.

第68條(청산인) ① 연합회가 해산한 때에는 파산으로 인한 경우를 제외하고는 회장이 청산인이 된다. 다만, 총회에서 다른 사람을 청산인으로 선임하였을 경우에는 그에 따른다.

② 청산인은 취임 후 지체 없이 재산상태를 조사하고 재산목록과 대차대조표를 작성하여 재산처분의 방법을 정하여 총회의 승인을 얻어야 한다.

③ 청산사무가 종결된 때에는 청산인은 지체 없이 결산보고서를 작성하여 총회의 승인을 얻어야 한다.

④ 제1항 및 제2항의 경우에 총회를 2회 이상 소집하여도 총회가 구성되지 아니할 때에는 출석 대의원 3분의 2 이상의 찬성이 있으면 총회의 승인이 있은 것으로 본다.

第69條(청산 잔여재산의 처리) 연합회가 해산 후 채무를 변제하고 청산잔여재산이 있을 때에는 다음 각 호의 어느 하나에 귀속한다.

1. 상급 사회적협동조합연합회
2. 유사한 목적의 사회적협동조합연합회
3. 비영리법인·공익법인
4. 국고

[비고] 제1호부터 제3호까지의 사항 중 하나를 정관으로 정한다.

부 칙

이 정관은 기획재정부장관의 인가를 받은 날부터 시행한다.

저 자 약 력

■ **윤 해 진**

국립필리핀대학교(Univ. of the Philippines, Diliman) 경제학박사
건국대학교 축산대학 졸업
한국휴먼시큐리티연구원 원장(재단법인 휴먼시큐리티인터내셔널)
사회적경제전문가(SEC)협동조합 전문위원
한국사회적경제복지연구회 연구위원
남북하나재단 대외협력부장(전)
셀트리온 헬스케어 주식회사 부사장(전)
한국국제협력단(KOICA) 정책연구실장(전)

■ **채 영 제**

서울대학교 교육학박사
교육연구법인 에듀자인 대표
사단법인 수원사회적경제협회 교육원장
사회적경제전문가(SEC)협동조합 교육이사
사회적기업 휴먼플러스 교육이사
연구컨설팅법인 일과교육 연구소장(전)

■ **방 태 형**

아주대학교 경영대학원 경영학석사
사단법인 한국마을기업협회 사무총장
사회적경제전문가(SEC)협동조합 사무국장
경기지역 협동조합 협의회 운영위원
김포시 사회적기업 프로보노
김포시 사회적기업 전문위원(전)

■ **황 선 영**

일리노이대학교(Univ. of Illinois) Health Policy & Administration 박사
이화여자대학교 영어영문학과 졸업
그리스도대학교 사회복지학부 교수
한국사회적경제복지연구회 회장
한국사회복지행정학회 이사
한국케어복지인력개발원 원장
대한케어복지학회 회장(전)

우리나라 협동조합의 현실과 미래

저 자 윤해진·채영제·방태형·황선영

발행인 양 진 수

발행처 진 원 사

2014년 11월 20일 초판 인쇄
2014년 11월 28일 초판 발행

서울시 서초구 법원로2길 17-6 (서초3동, 형덕빌딩 1층)

전화 : 02) 916-1850 / 팩스 : 02) 916-3442

신고번호 제321-2512007002호

http://www.jinwonsa.co.kr

http://www.lawbookstore.co.kr

저자와의
협의하에
인지생략

ISBN : 978-89-6346-407-7 93360

정가 32,000원